项目资助

国家社会科学基金"十三五"规划2017年度教育学一般课题"集中连片特困地区义务教育精准扶贫实效评价与跟踪研究"（课题编号：BHA170115）

义务教育精准扶贫理论与实践

蔡其勇 等 编著

中国社会科学出版社

图书在版编目(CIP)数据

义务教育精准扶贫理论与实践 / 蔡其勇等编著. —北京：中国社会科学出版社，2022.9
ISBN 978-7-5227-0211-7

Ⅰ.①义… Ⅱ.①蔡… Ⅲ.①义务教育—扶贫—研究—中国 Ⅳ.①G522.3

中国版本图书馆 CIP 数据核字（2022）第 079034 号

出 版 人	赵剑英
责任编辑	赵　丽
责任校对	李　莉
责任印制	戴　宽

出　　版	中国社会科学出版社
社　　址	北京鼓楼西大街甲 158 号
邮　　编	100720
网　　址	http://www.csspw.cn
发 行 部	010-84083685
门 市 部	010-84029450
经　　销	新华书店及其他书店

印　　刷	北京明恒达印务有限公司
装　　订	廊坊市广阳区广增装订厂
版　　次	2022 年 9 月第 1 版
印　　次	2022 年 9 月第 1 次印刷

开　　本	710×1000　1/16
印　　张	25.75
插　　页	2
字　　数	385 千字
定　　价	138.00 元

凡购买中国社会科学出版社图书，如有质量问题请与本社营销中心联系调换
电话：010-84083683
版权所有　侵权必究

序　　言

让义务教育更有保障

　　近年来，国家加大了对集中连片特困地区的扶贫力度，这些地区的义务教育精准扶贫实效也备受社会关注。2015年以来，笔者先后主持完成了三期教育部"校长国培计划"边远特困地区农村校长助力工程初中校长培训项目，来自中西部近20个省份特困地区的200名农村校长接受了培训。在与参训校长的接触过程中，笔者了解到特困地区义务教育精准扶贫的现实情况，更加深刻地认识到义务教育精准扶贫的重大现实意义和深远历史意义。

　　2017年，由我负责申报的"集中连片特困地区义务教育精准扶贫实效评价与跟踪研究"课题获国家社会科学基金教育学一般项目立项。几年来，课题组深入12个国家集中连片特困地区50多个区（市、县）开展教育考察，与教育部门负责人和扶贫干部、义务教育学校校长、教师及学生家长进行了广泛交流和深度访谈，主持召开了"集中连片地区义务教育精准扶贫经验交流会"，收集整理了许多典型案例及材料。同时对近100个区（市、县）的教育部门、义务教育学校进行了在线问卷调查研究。在调研过程中，课题组成员亲身感受到了特困地区自实施义务教育精准扶贫战略以来，学校、教师及学生所受益处和变化情况，对特困地区广大干部和教师在教育精准扶贫工作中所付出的艰辛努力表示由衷敬佩。

　　调查研究表明，自国家实施针对特困地区义务教育精准扶贫战略以来，制约学校发展的薄弱环节得到了明显加强，办学条件得到极大

- 义务教育精准扶贫理论与实践

改善，师资队伍整体水平和能力有所提升，解决了制约学校发展的关键难题，教育精准扶贫为学校发展作出了实实在在的贡献，有力提高了学校的总体发展水平，学校和教师普遍受益。调查中所见到的实物、事件和情景，真实展现了教育精准扶贫所取得的显著成效，极大鼓舞了学校教师的工作热情。"学生营养餐改善计划"、资助"建档立卡"贫困家庭学生等项目的实施，显著改善了学生的日常学习和生活状况，切实帮扶了贫困群众家庭和贫困家庭学生，学生充分受益。

然而，要持续搞好特困地区义务教育精准扶贫工作，还应做到教育扶贫对象的精准识别，实行"一地一方案，一校一措施，一人一对策"。继续推进实施"全面改善特困地区义务教育薄弱学校基本办学条件"工作，加快义务教育学校标准化建设，完善学生教室、宿舍、食堂等设施设备，加快推进教育信息化建设。着力解决好农村学校师资力量不足、音体美教师短缺、教师编制不足、优秀农村教师流失严重等问题，加大教师专业培训力度，促进教师专业发展。继续改善教师住宿条件、多建乡村教师周转房，关心教师生活和身心健康，不断改善教师的工作环境，提高教师生活待遇。

集中连片特困地区各级教育部门和义务教育学校，要切实抓好"控辍保学"、贫困家庭学生资助和关爱留守儿童工作，让每一个贫困家庭孩子有学上、上好学，接受平等、公平的教育，促进学生德智体美劳全面发展，保障所有学生健康成长。要持续改善集中连片特困地区义务教育现状，提升义务教育的保障能力，努力实现"真扶贫扶真贫""让教育摆脱贫困"，阻断贫困代际传递，实现教育的社会价值，推动义务教育公平均衡发展，让特困地区的人民群众过上更加美好幸福的生活。

蔡其勇教授
重庆市教育科学研究院院长
2022 年 5 月 1 日

目　　录

第一章　贫困与扶贫 …………………………………………（1）
　　第一节　贫困与反贫困 ………………………………………（1）
　　第二节　扶贫与反贫困政策理论 ……………………………（7）

第二章　集中连片特困地区扶贫与反贫困 ……………………（20）
　　第一节　集中连片特困地区贫困问题的现状 ………………（20）
　　第二节　集中连片特困地区反贫困攻坚战略 ………………（31）

第三章　教育扶贫 ………………………………………………（39）
　　第一节　教育扶贫的内涵与价值 ……………………………（39）
　　第二节　中国教育扶贫的发展历程 …………………………（48）
　　第三节　义务教育的贫困与精准扶贫 ………………………（55）

第四章　义务教育精准扶贫组织和运行机制 …………………（83）
　　第一节　义务教育精准扶贫组织架构与管理机制 …………（83）
　　第二节　义务教育精准扶贫运行机制 ………………………（85）
　　第三节　义务教育精准扶贫项目实施策略 …………………（95）

第五章　义务教育精准扶贫跟踪与实效评价 …………………（113）
　　第一节　义务教育精准扶贫实效评价理论及方法 …………（113）
　　第二节　义务教育精准扶贫实施政策与实效评价 …………（119）
　　第三节　义务教育精准扶贫实施策略与实效评价 …………（126）

第四节　义务教育精准扶贫实施项目与实效评价………（129）
第五节　义务教育精准扶贫管理体制与实效评价………（135）
第六节　义务教育精准扶贫存在的主要问题……………（140）
第七节　义务教育精准扶贫实施对策与建议……………（146）

第六章　集中连片特困地区义务教育精准扶贫调查报告………（155）
第一节　义务教育精准扶贫成效调查总报告
　　　　——基于集中连片特困地区的调查……………（155）
第二节　六盘山地区义务教育精准
　　　　扶贫现状调查报告…………………………………（174）
第三节　秦巴山地区义务教育精准
　　　　扶贫现状调查报告…………………………………（204）
第四节　武陵山区、滇桂黔石漠化区义务教育
　　　　精准扶贫现状调查报告……………………………（251）
第五节　滇桂黔石漠化区云南片区义务教育
　　　　精准扶贫现状调查报告……………………………（279）
第六节　滇西边境山区义务教育精准扶贫现状调查报告………（313）

第七章　集中连片特贫地区教育精准扶贫经验……………（350）

参考文献……………………………………………………（389）

附　录………………………………………………………（393）
　附录1　调查问卷（学校用）……………………………（393）
　附录2　调查问卷（校长用）……………………………（396）
　附录3　调查问卷（教师用）……………………………（399）

后　记………………………………………………………（404）

第一章　贫困与扶贫

2021年7月1日，习近平总书记在庆祝中国共产党成立100周年大会上庄严宣告："经过全党全国各族人民持续奋斗，我们实现了第一个百年奋斗目标，在中华大地上全面建成了小康社会，历史性地解决了绝对贫困问题。"我们深知贫困与扶贫相辅相成；贫困与反贫困紧密相关。贫困的本质是头脑的贫困，贫困的根源是思想和思路的贫困。摆脱贫困其意义首先在于摆脱意识和思路的"贫困"，只有"摆脱"了我们头脑中的"贫困"，才能使我们主管的区域"摆脱贫困"，才能使我们整个国家和民族"摆脱贫困"，走上繁荣富裕之路。[①]

在党中央的正确领导下，中国如期完成脱贫攻坚目标任务。但是，我们也清醒地认识到扶贫工作与乡村振兴发展变化的复杂性、扶贫工作面临困难的艰巨性和贫困根源的解决时效长期性。为此，本章重点围绕贫困与扶贫、贫困与反贫困、扶贫与反贫困理论加以阐述分析。

第一节　贫困与反贫困

一　贫困的内涵与特征
（一）贫困的内涵
1. 贫困发展概述

贫困问题一直伴随人类社会。关于"贫困"的内涵有多种理解与

---

① 习近平：《摆脱贫困》，福建人民出版社1992年版，第216页。

阐释。从古至今，对于"贫困""贫穷""穷困""困难""弱势"等相关词汇概念往往与"富裕""富足""幸福"等相对，与"百姓""穷人""残疾人""弱势群体"等对象相关联。中国古代诸子文献均有相关表述。春秋战国时期《韩非子·奸劫弑臣》："夫施与贫困者，此世之所谓仁义；哀怜百姓，不忍诛罚者，此世之所谓惠爱也。"宋代范仲淹《答手诏条陈十事》："今百姓贫困，冗官至多，授任既轻，政事不举。"现代诗人艾青《双尖山》诗："一个世界两条道路，一条走向愚昧贫困，一条走向繁荣富强。"

资本主义发展初期对贫困的理解常指缺乏获得物品和服务的经济资源或经济能力的人和家庭的生活状况。到了市场经济完善时期贫困问题依然存在，欧共体于1989年发布的《向贫困开战的共同体特别行动计划的中期报告》中对贫困作了如下定义："贫困应该被理解为个人、家庭和人的群体的资源（物质的、文化的和社会的）如此有限，以致他们被排除在他们所在的成员国的可以接受的最低限度的生活方式之外。"邓小平曾指出，"贫穷不是社会主义，社会主义要消灭贫穷"。

2. 贫困概念内涵

从字面意义上看，《现代汉语词典》（第7版）对"贫困"的解释：形容词，生活困难；贫穷（生产资料和生活资料缺乏，可见更多的意义是物质贫困，本书注）。

世界银行组织在《1990年世界发展报告》中将"贫困"界定为："缺少达到最低生活水准的能力。"因此，从近几年的研究趋势来看，对贫困定义的认同，已经从最初的关于收入与消费的定义以及关于行为与能力的定义进展到了脆弱性和权利的定义，这不得不说是贫困定义主流方向的转变，对贫困的新认识也影响着进一步的反贫困研究。这也说明收入作为贫困的重要物质特征已经不再是唯一的关注点了，而是将更多的注意力转到贫困的教育、文化、权利、能力、脆弱性等非物质性层面。[①]

[①] 徐晓军、胡倩：《反贫困的理论研究》，《中国经济时报》2013年2月22日第6版。

国家统计局的《中国农村贫困标准》对"贫困"界定是:"贫困一般是指物质生活困难,即一个人或一个家庭的生活水平达不到一种社会可接受的最低标准。他们缺乏某些必要的生活资料和服务,生活处于困难境地。"本书选取并以国家统计局课题组的这一概念作为研究的基本概念。中国目前常规贫困标准计算方法如下:贫困户当年人均纯收入稳定超过国家扶贫标准。计算方法:贫困户家庭人均纯收入=(家庭总收入-家庭经营费用支出-税费支出-生产性固定资产折旧)/贫困户家庭建档立卡人口数。

可见,贫困与对象主体在某方面能力或条件的欠缺、匮乏或不足有关系;同时"贫困"也是一个相对概念。即"贫困"是一定标准或一定条件下的应然概念。我们也应该看到,从世界眼光角度而言,排除精神"贫困"的哲学范畴概念,"贫困"更多时候是一物质经济学上的概念,但是也不排除"贫困"有时也是政治学意义上的权利概念。

根据不同的标准,贫困可以分为多种类型,比如根据贫困的程度,可以将贫困划分为绝对贫困和相对贫困。同时,从贫困对象所处区域看,贫困类型可以分为农村贫困和城市贫困。随着全球化的推进,城市与区域始终是一个不平衡的社会空间,而城市贫困是城市地区的一个永存问题。目前,城市贫困问题研究在西方发达国家已形成一套比较完整的体系,而中国的城市贫困研究正方兴未艾。[①]

(二)贫困的特征

按照本书选取"贫困"的概念定义,根据贫困的类型及内涵,我们可以明确贫困的特征可以从多角度加以解读。

1. 经济指标特征

中国界定贫困指标,在当下主要是以经济指标界定。由此,我们可以明确贫困特征的首要特点就是经济指标特征。以中国为例,按照2016年4月中共中央办公厅、国务院办公厅印发的《关于建立贫困退出机制的意见》,贫困的退出标准分为个体贫困户、贫困村及贫困

---

① 曹扶生、武前波:《国外城市反贫困理论研究综述》,《城市问题》2008年第10期。

2. 个体或家庭能力表征特征

根据贫困的内涵，贫困最先就是个人个体的贫困，然后才是家庭或某个集体的贫困。而这都与贫困主体在某方面能力表征上与常态能力基准线的要求差距紧密相关。从个体而言，有的表现为学习能力的欠缺导致的教育文化贫困，有的表现为生理能力尤其是劳动能力的欠缺导致的劳动力生产贫困，有的表现为思想意识精神文化方面（如好逸恶劳、懒惰等）的认识落后导致的主动"堕落式"贫困，还有的是因特殊事件导致失去某方面能力而被动返贫（如个体或家庭甚至集体的意外事件）导致的贫困等。

3. 区域性特征

从国家整体角度而言，中国的贫困区域性特征就较为明显。根据2019年8月12日中国扶贫在线网站《贫困区域扶贫力度持续加大整体减贫成效明显》一文报道：中华人民共和国成立70年来，受自然、历史等诸多因素影响，中国贫困具有区域性特征，中西部地区整体性贫困相对突出。20世纪80年代中期，中国聚焦贫困区域，实施减贫战略，党的十八大以来，党中央、国务院加大对特困地区尤其是深度特困地区政策力度，推进东西部地区协作扶贫，区域性整体减贫成效明显。可见，中国贫困区域性特征明显。从全球范围角度而言，区域性特征也很明显，非洲地区、南美洲及中亚地区相对于发达国家及欧共体等而言整体贫困程度明显。

二　扶贫起源与反贫困

（一）扶贫与反贫困概述

习近平总书记在2015年11月27日中央扶贫工作会议上的讲话中就曾指出：反贫困是古今中外治国理政的一件大事，是我们党的重要使命。"反贫困"这一概念术语，首先由诺贝尔获奖者瑞典学者、瑞典学派和新制度学派以及发展经济学的主要代表人物之一冈纳·缪尔达尔（Karl Gunnar Myrdal）引入学术研究中来，他从治理贫困的政策层面上提出了反贫困这一概念，这对后来人们使用这一概念产生了极大的影响。目前，在国内外学术研究和政策实践中反贫困（Anti-poverty）概念有以下几种表述：Poverty-reduction，其含义是减少贫困，强调反贫困的过程性；Poverty-alleviation，其含义是减轻、缓和贫困的手段；Support-poverty，其含义是扶持贫困，简称扶贫，主要是从政策实践的角度研究和落实政府或民间的反贫计划与项目；Poverty-eradication，其含义是根除、消灭贫困，强调反贫困的目的性。从总体上说，在当今社会，消除贫困绝非轻而易举，绝对贫困总伴随着相对贫困的大量滋生，脱贫与返贫仍在世界各国交替进行，消除贫困只能说是人类社会一个长远的、坚持不懈的战略目标。因此，国际社会在具体谈到反贫困时，更多地使用"缓解贫困"这一概念，而慎用"消除贫困"这一概念。从"反贫困"概念内涵看，反贫困是一个同时具有经济理论与政策实践双重含义的概念，就其本身而言，反贫困至少包含这样三层内涵：从制度化、规范化的角度，保障贫困人口的基本生活水平，使其能够生存下去；从体制和政策上，缩小贫富差距，促进收入分配的公平性，减少贫困人口在转型期遭遇的社会剥夺性，谋求经济社会稳定、和谐与持续发展；提高贫困人口的生存与发展能力，矫正对贫困人口的社会排斥或社会歧视，保证其就业、迁徙、居住、医疗和受教育等应有的权利，维护贫困者的人格尊严，促进贫困阶层融入主流社会，避免他们的疏离化、边缘化，充分张扬反贫困的人文关怀精神。[1]

贫困是一种全球现象，世界范围内都存在，反贫困是世界各国的大事。从古至今，从外国到中国，全球各国都不同程度地在与反贫困作斗争。以德国为例，慕尼黑就坚持"精准扶贫"，为让贫困人口对政府和慈善机构的各项扶贫措施一目了然，市政府每年都印刷发行一本《在慕尼黑的便利生活》，对市里的几百项扶贫便利措施进行详细的介绍。[2] 从扶贫角度而言，往往是外界主体对扶贫对象的帮扶，但是从脱贫角度而言，我们也要充分认识到脱贫除了外界的帮扶，还有主动的脱贫，可以称为"内生动力"的主体主动脱贫。也正因如此，

---

[1] 曹扶生、武前波：《国外城市反贫困理论研究综述》，《城市问题》2008年第10期。
[2] 钱杰：《慕尼黑精准扶贫》，《党员文摘》2018年第3期。

反贫困就有两种路径，一种为外界的帮助反贫困，另一种为内部主体的自动发展反贫困。扶贫与反扶贫有共同的地方，也有差异。

可以说，人类历史上自从有了阶级就有了财富悬殊的差距与贫困，有了贫困就有了扶贫，有了贫困就有了反贫困。反贫困是全球人类的共同使命。从当今世界全球发展历史而言，按照马克思主义的观点，资本主义制度克服不了自身的制度问题，最后也会通过反贫困走向社会主义和共产主义，实现人类的共同富裕。

（二）中华人民共和国扶贫起源与反贫困事业

2003年由国务院扶贫开发领导小组办公室编写的《中国农村扶贫开发（1978—2010年）概要》指出：1949年中华人民共和国成立后，特别是自20世纪70年代末实行改革开放政策以来，中国政府在致力于经济和社会全面发展的进程中，在全国范围内实施了以解决农村贫困人口温饱问题为主要目标的有计划、有组织的大规模扶贫开发。从1978年到2000年，中国政府采取强有力的措施，使农村没有解决温饱问题的贫困人口由2.5亿人减少到3000万人，占农村总人口的比例由30.7%下降到3%左右，基本实现了到20世纪末解决农村贫困人口温饱问题的战略目标。进入21世纪以后，中国政府根据中国全面进入建设小康社会新阶段和农村依然存在贫困问题的基本国情，制定了新的扶贫战略，决心继续大力推进扶贫开发，巩固扶贫成果，尽快使尚未脱贫的农村人口解决温饱问题，并逐步过上小康生活。

2016年10月17日，国务院新闻办公室发表的《中国的减贫行动与人权进步》白皮书指出：消除贫困是人类梦寐以求的理想，是各国人民追求幸福生活的基本权利。多年来，中国共产党和中国政府从基本国情出发，把人民的生存权、发展权放在首位，致力于减贫脱贫，努力保障和改善民生，发展各项社会事业，使发展成果更多更公平地惠及全体人民，保障人民平等参与、平等发展权利。守望相助，让各国人民都过上好日子，是中国作为发展中大国的胸怀与担当，是中国人民的美好愿望，更是中国特色对外援助不断实践和奋斗的目标。新时代中国的对外援助，正在努力构建对外援助治理体系、实施

"精准援外"、擦亮国际援助的"金字招牌",为构建人类命运共同体、推动全球治理贡献中国力量。①

第二节 扶贫与反贫困政策理论

贫困是个相对概念。贫困现象是个国际现象,不属中国专有。全世界相关政府部门、民间组织及百姓都在与贫困现象作斗争,人类一直运用人类智慧创造出相关的扶贫与反贫困理论。

一 国外扶贫与反贫困政策理论

(一)国外扶贫与反贫困政策保障

1992年联合国将每年的10月17日设为"国际消除贫困日",旨在提高世界各国的减贫意识。世界各国为反贫困行动积累了许多成功的政策经验。通过建立完善的社会福利和社会保障体系向低收入者和贫困群体提供帮助,以满足其教育、医疗、就业、养老等基本生活需求。如美国目前的公共福利方案主要包括对有小孩负担家庭的援助、额外保障收入、医疗救助方案和食品(券)补贴四项。法国的"最低收入补贴计划"直接向贫困家庭发放现金补贴。通过对特困地区实施区域援助政策消除地区间发展不平衡的差异,在缓解贫困的同时增强其内生发展能力。美国的《联邦受援区和受援社区法案》、英国的"选择性地区援助计划"、印度的"国家农村就业计划"、泰国的"加速农村发展计划"等综合性援助措施都旨在促进区域协调发展,缓解失业和贫困,为特困地区摆脱贫困创造机会。另外,还通过吸引民间力量参与扶贫开发积极倡导企业、私人部门、非政府组织等利益相关者参与反贫困行动。另外,在政府的支持和鼓励下,菲律宾、柬埔寨、肯尼亚等发展中国家的穷人还组建了"贫民联合会",以相互提供援助和精神鼓励。

---

① 贾文婷、陈思、吴思萱:《中国坚持对外援助为什么不是"穷大方"?》,2019年11月,中国国际扶贫中心网(http://www.iprcc.org.cn/Home/Index/skip/cid/5548.html)。

（二）国外扶贫与反贫困理论引领

扶贫、脱贫与反贫困相关理论从多个角度有很多学者的研究成果，比如多维贫困及应对理论、福利主义应对贫困理论、生活质量及其提升理论、政府管理精细化理论等。① 本书根据课题研究需要选取有代表性的相关扶贫或反贫困理论阐述分析，具体如下：

1. 马克思主义反贫困理论

马克思主义反贫困理论站在无产阶级立场上对资本主义社会制度做出批判，并揭露资本主义国家贫困的表现及贫困产生的根源。马克思主义反贫困理论对中国扶贫治贫具有重要的指导意义，只有坚持社会主义反贫困道路，并大力解放和发展社会生产力，才能逐步实现共同富裕的目标，进而促进人的全面发展。

马克思主义反贫困理论产生的阶级基础就是无产阶级立场。在《共产党宣言》中马克思恩格斯激情呼吁"全世界无产者，联合起来！""用暴力推翻全部现存的社会制度"，只有革命的无产阶级才能揭开资产阶级的假面具。这是马克思、恩格斯观察、分析资本主义国家贫困现象并形成反贫困理论的根本立足点和出发点。资本主义国家贫困的主要表现就是无产阶级贫困。劳动的异化是资本主义国家贫困现象的内在根本表现。马克思在《1844年经济学哲学手稿》中指出："工人创造的商品越多，他就越变成廉价的商品。"② 工人生产的劳动产品越多，工人受压迫受剥削的程度越深，工人就越发贫困。其次，大批工人失业是资本主义国家贫困现象的直接表现。正如马克思所说："资本主义积累不断地并且同它的能力和规模成比例生产出相对的，即超过资本增值的平均需要的，因而是过剩的或追加的工人人口。"③ 资本主义国家贫困产生的根源就是资本主义生产方式固有的矛盾。正如马克思所说："资本来到世间，从头到脚，每个毛孔都滴

---

① 王三秀：《中国扶贫精细化：理念、策略、保障》，社会科学文献出版社2017年版，第37页。
② 《马克思恩格斯选集》第2卷，人民出版社2012年版，第51页。
③ 《马克思恩格斯选集》第2卷，人民出版社2012年版，第284页。

着血和肮脏的东西。"① 资本主义经济制度的确立，激化了生产社会化和生产资料私人占有之间的矛盾。资本家通过购买劳动力这种可以增值的特殊商品的使用价值，来榨取工人的剩余价值，支付给工人远低于自身创造的价值的工资，并以工资形式掩盖剥削实质，正如马克思所说："罗马的奴隶是由锁链，雇佣工人则由看不见的线系在自己的所有者手里。"② "这就使得这个社会被自己的富有所窒息，而同时它的极大多数成员却几乎得不到或完全得不到保障去免除极度的贫困。"③

2. 其他反贫困理论

依附贫困理论由埃及经济学家、近代新马克思主义的代表人物之一萨米尔·阿明提出。他认为发展中国家对发达国家有很强的依附性，它们之间的不平等交换会扩大贫富差距。因此，要加强发展中国家间的合作，以平等的发展理念和合作路径发展各国经济，增加国民收入。罗尔斯主义由美国政治哲学家、伦理学家、普林斯顿大学哲学博士、哈佛大学教授约翰·罗尔斯提出。罗尔斯主义关注贫困问题，主张优先考虑最弱群体的福利最大化，认为这是正义之所在。瑞典冈纳·缪尔达尔提出"循环积累因果关系"理论，他认为贫困是资本、经济、政治、社会、制度等多因素综合作用的结果，发展中国家产生贫困的主要原因在于收入水平低下。因此，只要能提高贫困人口的收入水平，就能改善其健康和教育状况，从而提高生产率、促进收入的进一步增加，最终摆脱贫困。

个人反贫困理论构建方面，1998 年诺贝尔经济学奖得主印度的阿玛蒂亚·森提出了"能力贫困论"，他将贫困看作基本可行能力的剥夺和机会的丧失。因此，需重建和扩展个人能力，来避免和消除贫困，如增加能力和机会，鼓励贫困者参与社会生活，增加社会关怀等。美国著名经济学家西奥多·舒尔茨提出"人力资本"反贫困理论，他认为贫困的根源在于人力资本的质量。因此，要加大对

---

① 《马克思恩格斯选集》第 2 卷，人民出版社 2012 年版，第 297 页。
② 《马克思恩格斯选集》第 2 卷，人民出版社 2012 年版，第 258 页。
③ 《马克思恩格斯选集》第 2 卷，人民出版社 2012 年版，第 326 页。

● 义务教育精准扶贫理论与实践

贫困人口人力资本投资，通过教育和培训提高其劳动技能，丰富脱贫途径，提高脱贫能力。美国著名社会学家和人类学家奥斯卡·刘易斯提出"贫困文化"理论，他认为贫困本身也是造成新贫困的原因，因为长期生活在社会底层的贫困人口会形成一种贫困的"亚文化"，使他们愿意维持贫困，导致贫困的代际传递。因此，要提升贫困人口的文化水平和个人素质，包括特定的生活方式、行为习惯、心理定式、文化价值观等，形成一种积极的脱贫文化。①

二 国内扶贫与反贫困理论

与西方资本主义国家相比，中国早在先秦时期就开始关注贫困问题，而中国对贫困与反贫困理论的研究也在历史发展中得到了不断丰富和发展。中国学者在扶贫理论或反贫困理论方面近年也作出了较大的探索。上自党和国家政府领导人及管理部门，下至学术理论界及民众百姓，大家都在实践中探索或践行着相关理论。

（一）国内扶贫与反贫困政策保障机制

1. 国内扶贫与反贫困政策方略引领

中国历来高度重视国内扶贫与反贫困政策保障。特别是中国共产党第十八次全国代表大会以来，党中央与国务院带领全国人民从上至下，既建立了国内扶贫与反贫困政策法规保障方略机制，又带领人民在实践中与贫困现象作斗争并且取得了决定性的胜利。国务院2001年6月颁布的《中国农村扶贫开发纲要（2001—2010年）》（以下简称《纲要》），也称第一个十年扶贫开发纲要。《纲要》总结《国家八七扶贫攻坚计划（1994—2000年）》实施以来的成就和经验，研究部署21世纪头10年的扶贫开发工作。决定从2001年到2010年，集中力量，加快特困地区脱贫致富的进程，把中国扶贫开发事业推向一个新的阶段。《纲要》明确了扶贫开发应坚持的基本方针和原则：坚持

---

① 白维军：《精准扶贫对西方反贫困理论的借鉴与发展》，《中国人力资源社会保障》2018年第9期。

开发式扶贫方针；坚持综合开发、全面发展；坚持可持续发展；坚持自力更生、艰苦奋斗；坚持政府主导、全社会共同参与。《纲要》对扶贫开发的对象与重点、内容和途径、政策保障和组织领导等，进行了全面部署。按照集中连片的原则，国家把贫困人口集中的中西部少数民族地区、革命老区、边疆地区和特困地区作为扶贫开发的重点，并在上述四类地区确定扶贫开发工作重点县。

中共中央、国务院印发的《中国农村扶贫开发纲要（2011—2020年)》指出新时代的扶贫工作指导思想和工作方针：高举中国特色社会主义伟大旗帜，以邓小平理论和"三个代表"重要思想为指导，深入贯彻落实科学发展观，提高扶贫标准，加大投入力度，把连片特困地区作为主战场，把稳定解决扶贫对象温饱、尽快实现脱贫致富作为首要任务，坚持政府主导，坚持统筹发展，更加注重转变经济发展方式，更加注重增强扶贫对象自我发展能力，更加注重基本公共服务均等化，更加注重解决制约发展的突出问题，努力推动特困地区经济社会更好更快发展。

在此基础上，党的十八大以来，党中央国务院吹响了决胜全面小康、全面脱贫的号角，并建立了系列扶贫和反贫困机制。2012年党的十八大以来，在全面建成小康社会、实现中华民族伟大复兴中国梦的伟大进程中，坚持以人民为中心的发展思想，实施精准扶贫、精准脱贫基本方略，中国的减贫行动更加扎实有效，为世界减贫事业作出了重大贡献，创造了世界人权发展新奇迹。

2. 国内扶贫与反贫困政策系列机制保障

国务院新闻办公室2016年10月17日发表的《中国的减贫行动与人权进步》白皮书指出应该建立完善相关机制。2016年4月中共中央办公厅、国务院办公厅印发的《关于建立贫困退出机制的意见》进一步完善明确了贫困退出机制。并强调按照党中央、国务院决策部署，深入实施精准扶贫、精准脱贫，以脱贫实效为依据，以群众认可为标准，建立严格、规范、透明的贫困退出机制，促进贫困人口、贫困村、贫困县在2020年以前有序退出，确保如期实现脱贫攻坚目标。同时，在该意见中，提出了明确的工作要求：

（1）切实加强领导。各省（自治区、直辖市）党委和政府要高度重视贫困退出工作，加强组织领导和统筹协调，认真履行职责。贫困退出年度任务完成情况纳入中央对省级党委和政府扶贫开发工作成效考核内容。地方各级扶贫开发领导小组要层层抓落实，精心组织实施。地方各级扶贫部门要认真履职，当好党委和政府的参谋助手，协调有关方面做好调查核实、公示公告、备案管理、信息录入等工作。（2）做好退出方案。各省（自治区、直辖市）要按照省（自治区、直辖市）负总责的要求，因地制宜，尽快制订贫困退出具体方案，明确实施办法和工作程序。退出方案要符合脱贫攻坚实际情况，防止片面追求脱贫进度。（3）完善退出机制。贫困退出工作涉及面广、政策性强，要在实施过程中逐步完善。要做好跟踪研判，及时发现和解决退出机制实施过程中的苗头性、倾向性问题。要认真开展效果评估，确保贫困退出机制的正向激励作用。（4）强化监督问责。国务院扶贫开发领导小组、各省（自治区、直辖市）党委和政府要组织开展扶贫巡查工作，分年度、分阶段定期或不定期进行督导和专项检查。对贫困退出工作中发生重大失误、造成严重后果的，对存在弄虚作假、违规操作等问题的，要依纪依法追究相关部门和人员责任。同时，中国历来倡导积极建立国际扶贫合作机制、完善加强扶贫统计与贫困监测法制保障机制。还积极创新中国特色扶贫社会参与机制。中国充分利用社会主义特色制度的优势，创新扶贫开发社会参与机制并在实践中取得了明显成效。为贯彻落实《关于创新机制扎实推进农村扶贫开发工作的意见》（中办发〔2013〕25号）中关于"创新社会参与机制"精神，国务院扶贫开发领导小组办公室、中央组织部、中央统战部、中央直属机关工委、中央国家机关工委、解放军总政治部、教育部、民政部、财政部、人力资源和社会保障部、国务院国资委、税务总局、共青团中央、中国残联、全国工商联15个部门2014年研究制订下发了《创新扶贫开发社会参与机制实施方案》。

(二) 国内扶贫与反贫困理论探索指引

1. 中国古代及近代的扶贫思想及理论

中国古代的反贫困以民间救助与国家救助为主要形式，以各类的社会救助、慈善救济以及灾荒赈济为主，个人、邻里、宗教组织、社会机构、国家都是古代反贫困的重要载体。而在这一过程中，由先秦时期诸子百家提出的"仁爱""民本""兼爱""大同"等思想一直贯穿在中国古代扶贫思想与实践之中，为早期中国的民间救助与国家救助行为奠定了深厚的思想基础。国家赈济及仓储思想的发展，同时民间机构救助及宗教慈善机构的救助萌发等都发挥了积极作用。学术界对于中国古代反贫困思想的研究也主要集中在社会救助和慈善两种形式上。如邓云特的《中国救荒史》、梁其姿的《施舍与教化：明清的慈善组织》、周秋光等人编著的《中国慈善简史》等，都对中国古代的社会救助与慈善的反贫困式进行了研究。李更生在《中国古代反贫困思想及对当代的影响》一文中从传统道德伦理、土地政策、国家赈济、赋税政策四个方面论述了中国古代的贫困思想。近代中国，在内忧外患的背景之下，人民经受着特别沉重的苦难。特别是在世界经济危机、抗日战争以及自然灾害频发的影响下，中国农村落后的经济发展以及人民生活的艰辛贫困状态引发了社会的广泛关注。在此期间，很多学者开始关注贫困问题并提出相应的主张，由此形成了近代中国的贫困与反贫困思想。其中主要包括孙中山的民生及救助思想以及社会学及经济学领域对于贫困与反贫困问题的研究和阐释。[①]

2. 中国特色的扶贫开发理论

从马克思主义的发展生产力且推翻资本主义制度，列宁的战时新经济政策战时共产主义并工业品和农产品的双赢的交换过程提高农民生产积极性，到毛泽东的耕者有其田且工农互助，再到邓小平的先富带后富并共同富裕的系列思想，江泽民的"三个代表"思想，及胡锦涛"以人为本"的科学发展观思想，习近平在全球视野中考察构

[①] 伊敏：《中国的贫困与反贫困理论研究综述》，《技术经济与管理研究》2019年第11期。

建"人类命运共同体"的扶贫思想理论组成了中国特色的扶贫开发理论体系。中华人民共和国成立伊始,毛泽东在马克思反贫困理论的基础上,提出通过工业化和合作化实现反贫困的战略构想,奠定了中国特色扶贫开发理论。改革开放初期,邓小平在毛泽东"共同富裕"思想基础上,主张在中国社会改革、开放、发展的进程中消除贫困的思路,进一步推动了中国特色扶贫开发理论的发展。党的十八大以来,习近平"三位一体""五个一批""六个精准"的精准扶贫精准脱贫基本方略的提出,标志着中国特色扶贫开发理论基本成熟。从理论溯源看,马克思主义贫困理论是中国特色扶贫开发理论形成的基础,共同富裕贯穿中国特色扶贫开发理论的核心。从理论内容上看,中国特色扶贫开发理论要解决的根本问题是贫困的产生、贫困的缓解和消除以及特困地区的可持续发展。[①]

社会主义的本质包括解放、发展生产力与实现共同富裕两个方面,社会主义市场经济要求我们必须在发展生产力的同时,解决贫困问题,实现共同富裕。如果说资本主义市场经济更加重视生产力的发展,注重效率,那么社会主义市场经济则更加重视共同富裕,注重公平。[②]

3. 学术界基于实践的中国扶贫理论初纲

中华人民共和国成立以来,中国共产党和政府始终高度重视解决贫困问题,不断完善扶贫战略政策体系,持续向贫困宣战。改革开放以来,党和政府带领全国各族人民开拓创新,实施有计划、大规模开发式扶贫,7亿多贫困人口脱贫,创造了人类减贫史上的奇迹,成功走出了一条中国特色扶贫开发道路。党的十八大以来,党中央把扶贫开发摆在治国理政的突出位置,纳入"五位一体"总体布局、"四个全面"战略布局进行部署,明确目标任务,全面实施精准扶贫精准脱贫方略,全党全社会合力攻坚,脱贫攻坚取得决定性成就,为决胜全

---

① 郑继承:《中国特色扶贫开发理论的发展与创新》,《社会主义论坛》2020年第2期。

② 薛宝贵、何炼成:《反贫困的理论依据、挑战与对策》,《社会科学动态》2017年第2期。

面小康社会、决战脱贫攻坚打下了坚实基础。总结回顾中国扶贫历史进程，梳理分析支撑不同阶段扶贫战略与政策演进的相关理论认识，无疑是丰富和发展中国特色扶贫开发道路的重要内容。对于讲好中国扶贫脱贫故事，理解全球贫困治理的中国智慧、中国方案，具有重要的理论和实践意义。

中华人民共和国成立以来，历届领导人与中国人民勤劳勇敢，敢于与贫困作斗争，并在实践中创生了中国特色的社会主义扶贫理论。学术理论界也积极探究，相关代表专家主要以国务院扶贫办中国扶贫发展中心主任黄承伟博士为代表。在其论文《中国扶贫理论研究论纲》中，提出一系列有影响力的论断：基于中华人民共和国成立70年来扶贫开发的实践，特别是新时代脱贫攻坚的理论创新与实践创新，从战略地位、脱贫力量、扶贫脱贫方法、扶贫价值观四个维度和中国扶贫本质论、中国扶贫优势论、中国扶贫带动论、中国扶贫改革论、中国扶贫两动论、中国扶贫扶志论、中国扶贫综合论、中国扶贫精准论、中国扶贫衔接论、中国扶贫合作论十个方面对中国扶贫相关理论问题进行了阐述，旨在为中国扶贫理论总结研究提供认识基础。[①] 关于新时代扶贫理论在学术界近年越来越受到关注，相关硕士学位论文有2019年齐鲁工业大学徐少炜《新时代精准扶贫理论与实践研究》、2019年河南大学刘杉《改革开放以来中国共产党反贫困理论研究》、2019年江西农业大学姜艳利《马克思恩格斯反贫困理论及其在当代中国的发展研究》。

在教育等领域，又相应衍生出了各自的扶贫理论。教育扶贫，是指以政府、教育行政管理部门、学校、社会培训机构等教育大系统为主体，以贫困人群为客体，以传播知识技能和提升文化素质为内容，以脱贫致富为目标的一种扶贫方式。20世纪40年代开始，国内外学者从经济学、社会学、教育学、系统科学等多个视角对教育扶贫理论进行了研究。及时梳理和总结这些研究成果，对促进教育扶贫理论发

---

① 黄承伟：《中国扶贫理论研究论纲》，《华中农业大学学报（社会科学版）》2020年第3期。

展，指导中国当前教育扶贫工作具有重要意义。①

4. 习近平新时代中国特色社会主义思想关于扶贫的重要论述理论体系核心精准扶贫理论

2015年11月29日中共中央、国务院颁布的《关于打赢脱贫攻坚战的决定》是中国新时代时期脱贫攻坚的纲要性文件。该文件第七部分专门指出：大力营造良好氛围，为脱贫攻坚提供强大精神动力。创新中国特色扶贫开发理论。深刻领会习近平关于新时期扶贫开发的重要战略思想，系统总结我们党和政府领导亿万人民摆脱贫困的历史经验，提炼升华精准扶贫的实践成果，不断丰富完善中国特色扶贫开发理论，为脱贫攻坚注入强大思想动力。可以说，习近平新时代中国特色社会主义思想中关于扶贫及反贫困工作的重要论述中的思想精神是中国新时代最重要的扶贫理论。

2013年11月3日，习近平视察湖南十八洞村时首次提出了"精准扶贫"的指示。精准扶贫精准脱贫是习近平扶贫开发思想的核心内涵，对中国扶贫成败起到决定性作用。习近平指出，脱贫攻坚的好路子、好机制的核心就是精准扶贫、精准脱贫，要求做到"六个精准"，即扶持对象精准、项目安排精准、资金使用精准、措施到户精准、因村派人精准、脱贫成效精准。为推进精准扶贫，解决好"怎么扶"的问题，习近平还为贫困人口绘出了精准脱贫路线图，因地制宜实施"五个一批"工程。即发展生产脱贫一批，易地搬迁脱贫一批，生态补偿脱贫一批，发展教育脱贫一批，社会保障兜底一批。②

精准扶贫脱贫理论不断丰富发展，消除贫困、改善民生、实现共同富裕的精准扶贫思想已经成为习近平新时代中国特色社会主义思想的一部分。③ 作为贫困治理的重要举措，中国精准扶贫理念的提出，

---

① 李兴旺、朱超：《教育扶贫理论研究综述》，《科教导刊》2017年第3期。
② 魏博：《脱贫攻坚看中国：各地如何贯彻习近平扶贫开发思想？》，2016年10月，中国发展门户网（http://cn.chinagate.cn/news/2016-10/19/content_39517810.htm）。
③ 王伟光：《精准扶贫思想是习近平新时代中国特色社会主义思想的重要组成部分》，载王灵桂、侯波《精准扶贫：理论、路径与和田思考》，中国社会科学出版社2018年版，序言。

既借鉴了西方经典的反贫困理论,又结合中国实际进行了合理的创新发展,是马克思主义反贫困系列理论中国化的新贡献,指引着2020年全面脱贫目标的实现。贫困在全世界范围内都存在,反贫困是世界各国的一件大事。西方学者面对这一难题进行了积极的理论探索,提出各种反贫困理论,尝试指导脱贫实践并缓解和消除贫困问题。精准扶贫理念的提出,既体现了对西方经典反贫困理论的借鉴,又针对中国国情做出了合理创新与发展,在中国贫困治理中发挥着重要的指引作用。

从内涵与范围角度看,精准扶贫理论包含精准识别理论、内源式扶贫、生态扶贫理论等系列思想内涵,内蕴庞大。习近平历来重视贫困问题的解决,早在1969年,习近平在延安梁家河插队时就对农村的贫困问题有了初步的认识。经过几十年的实践和探索,逐渐形成了较为系统的反贫困思想,体现在《知之深、爱之初》《摆脱贫困》《展山海宏图创世纪辉煌——福建山海联动发展研究》《中国农村市场化研究》《干在实处、走在前列》《之江新语》等一系列著作当中。尤其是《摆脱贫困》,是从法国政论家、经济学家、小资产阶级社会主义者及无政府主义奠基人之一蒲鲁东的《贫困的哲学》到马克思主义的代表作的《哲学的贫困》的新时代马克思主义的发展。

习近平在2015年中央扶贫工作会议上的讲话指出:扶贫不是慈善救济,而是要引导和支持所有有劳动能力的人,依靠自己的双手开创美好明天。精准扶贫脱贫的根本特征是"发展性减贫",即实现"以人民为中心"的发展,促进产业的发展、共享发展和贫困者可行能力发展。[1] 精准脱贫是精准扶贫的目的和战略转换,高度体现着经济发展以人民为中心的目标导向,是保证人民共享成果发展、实现共同富裕和全面建成小康社会的具体实践与步骤。[2] 精准扶贫是中国共产党扶贫理论与政策的重大创新,在当前扶贫任务艰巨、原因复杂、

---

[1] 李萍、田世野:《习近平精准扶贫脱贫重要论述的内在逻辑与实现机制》,《教学与研究》2019年第2期。
[2] 王政武:《以人民为中心的中国精准扶贫机制构建逻辑与路径再造》,载郑长德《精准扶贫与精准脱贫》,经济科学出版社2017年版,第13页。

• **义务教育精准扶贫理论与实践**

成效难出的情况下,党中央坚持推进精准扶贫,使中国扶贫事业取得举世瞩目的成就,贫困人口大幅减少,特困地区人民生活水平不断提高。精准扶贫这一扶贫模式既是对以往扶贫工作的改进与发展,也是对扶贫开发机制的创新,是当前和今后中国扶贫开发的重要战略。精准扶贫思想的产生并不是一蹴而就的,它有着深厚的理论基础与现实基础。首先,精准扶贫继承了以往党的贫困治理中以人民为中心的思想。贫困治理一直坚持以人民为中心的思想,始终把人民放在首位,随着中国特色社会主义的发展,扶贫任务在变,不变的是党为广大人民尤其是贫困人口谋福利的初心。贫困人口作为弱势群体,始终是党扶贫工作的首要目标,精准扶贫也始终遵循这一原则。其次,精准扶贫把坚持发展的思想一以贯之。解决贫困人口的温饱问题仅仅是扶贫的第一步,如何提高特困地区人口的生存与发展能力,促进特困地区可持续发展的能力,防止"返贫"现象才是扶贫的关键。纵观中国的扶贫历程,党始终坚持发展才是硬道理,单纯的救济式扶贫已经不再适应大多数,无论是开发式扶贫,还是现阶段的精准扶贫,都在探索如何依靠特困地区自身力量发展实现脱贫致富这一问题。精准扶贫思想作为新时期扶贫开发的新政策,也具有自身的特点,其中最大的特点就在于"精",无论是贫困户识别,还是脱贫项目的安排都在于精。精准扶贫改变了以往大水漫灌式的扶贫方式,用更加科学有效的方法精准扶贫,既节省了扶贫成本,也提高了扶贫效率,是对党贫困治理理论的进一步丰富。[1] "精准扶贫"理论相对于马克思主义反贫困理论而言,既具有继承性,也具有创新性、发展性和实践性,是马克思主义反贫困理论中国化、当代化的理论成果和实践成果。[2] 同时,我们也要充分看到习近平新时代中国特色社会主义思想的精准扶贫理论的发展生命力及其对马克思主义的贡献。党的十八大以来,教育扶贫政策也逐渐形成一个完整、科学、系统的体系,并在理论和实践层

---

[1] 王亚荣:《从大扶贫到精准扶贫看党的贫困治理理论及其实践》,《党史博采(下)》2020年第2期。

[2] 张俊良、刘巳筠、段成荣:《习近平"精准扶贫"理论研究》,《经济学家》2020年第2期。

面实现了历史性的突破和转型，呈现出五大发展特征：在价值取向上，以人民为中心的价值取向更加明确；在目标定位上，扶贫在抬高民生底线中的作用更加重要；在战略理念上，创新扶贫理论，扶贫方式更加精准；在工作机制上，调动社会力量，形成社会合力共同扶贫；在全球视野上，关注人类命运共同体，大国责任使命更加强烈。①

---

① 吴霓、王学男：《党的十八大以来教育扶贫政策的发展特征》，《教育研究》2017年第9期。

第二章　集中连片特困地区扶贫与反贫困

第一节　集中连片特困地区贫困问题的现状

一　集中连片地区贫困概况

（一）集中连片特殊困难地区概念

国务院扶贫办信息中心汇编的《扶贫开发常用词汇释义》对"连片特困地区"的解释为：连片特困地区是集中连片特殊困难地区的简称，指《中国农村扶贫开发纲要（2011—2020年）》明确的新一轮扶贫攻坚主战场，包括六盘山片区、秦巴山片区、武陵山片区、乌蒙山片区、滇桂黔石漠化片区、滇西边境片区、大兴安岭南麓片区、燕山—太行山片区、吕梁山片区、大别山片区、罗霄山片区，以及已经实施特殊扶持政策的西藏、四省藏区和新疆南疆三地州。

连片特困地区是依据贫困区域分布规律和不同区域自然地理特征进行划分的。其划分原则是：（1）集中连片，即自然地理相连、气候环境相同、传统产业相似、文化习俗相通、致贫因素相近。（2）突出重点，即片区内各县的主要经济指标符合划分标准，同时对革命老区、少数民族地区、边境地区给予适当的倾斜。（3）以县为基础，即保持片区内各县的行政区划完整，一个县不能同时被划进两个片区。具体操作中选择农民人均纯收入、人均财政一般预算收入和人均地区生产总值作为县域经济评价指标，将这三项指标2007—2009年的三年平均值，与西部地区平均值对比，低于西部地区平均值的县纳入片区范围。

全国14个连片特困片区共包括680个县及县级单位（简称片区县），国土面积392万平方千米，占全国的40.8%。2009年，总人口2.36亿，其中乡村人口约2.3亿，分别占全国总数17.7%、23.9%。片区县中有440个国家扶贫开发工作重点县、252个革命老区县、368个少数民族县、57个边境县、448个地质灾害高发区县、661个县属于地方病病区，269个县位于国家主体功能区规划中的限制开发区和禁止开发区。14个片区基本覆盖了全国经济发展相对落后的县和贫困人口较为集中的地区，具有扶贫开发主战场的明显特征，符合中国新阶段扶贫开发工作的实际。

（二）集中连片特殊困难地区区域范围

所谓集中连片特困地区具体区域是指按照国务院扶贫开发领导小组2012年1月6日下发的文件《关于印发〈扶贫开发工作考核办法（试行）的通知〉》（国开发〔2012〕1号）官方权威界定范围：中西部指《中国农村扶贫开发纲要（2011—2020年）》中明确的六盘山区等11个集中连片特殊困难地区（以下简称"连片特困地区"），以及已明确实施特殊政策的西藏、四省藏区和新疆南疆三地州，共14个片区，680个县。11个连片特困地区的分区情况和分县名单以国务院扶贫开发领导小组《关于下发连片特困地区分县名单的通知》（国开发〔2011〕7号）为准；东部地区指东部各省自行划定的连片特困地区。同时，国务院扶贫办2012年6月14日下发了《关于公布全国连片特困地区分县名单的说明》，具体名单如表2-1所示。

表2-1　　六盘山区等11个集中连片特殊困难地区分县名单

分区	省名	地市名	县名
六盘山（61）	陕西（7）	宝鸡市	扶风县、陇县、千阳县、麟游县
		咸阳市	永寿县、长武县、淳化县
	甘肃（40）	兰州市	永登县、皋兰县、榆中县
		白银市	靖远县、会宁县、景泰县
		天水市	清水县、秦安县、甘谷县、武山县、张家川回族自治县、麦积区

- **义务教育精准扶贫理论与实践**

续表

分区	省名	地市名	县名
六盘山（61）	甘肃（40）	武威市	古浪县
		平凉市	崆峒区、泾川县、灵台县、庄浪县、静宁县
		庆阳市	庆城县、环县、华池县、合水县、正宁县、宁县、镇原县
		定西市	安定区、通渭县、陇西县、渭源县、临洮县、漳县、岷县
		临夏回族自治州	临夏市、临夏县、康乐县、永靖县、广河县、和政县、东乡族自治县、积石山自治县
	青海（7）	西宁市	湟中县、湟源县
		海东地区	民和回族土族自治县、乐都县、互助土族自治县、化隆回族自治县、循化撒拉族自治县
	宁夏（7）	吴忠市	同心县
		固原市	原州区、西吉县、隆德县、泾源县、彭阳县
		中卫市	海原县
秦巴山（75）	河南（10）	洛阳市	嵩县、汝阳县、洛宁县、栾川县
		平顶山市	鲁山县
		三门峡市	卢氏县
		南阳市	南召县、内乡县、镇平县、淅川县
	湖北（7）	十堰市	郧县、郧西县、竹山县、竹溪县、房县、丹江口市
		襄樊市	保康县
	重庆（5）	重庆市	城口县、云阳县、奉节县、巫山县、巫溪县
	四川（15）	绵阳市	北川羌族自治县、平武县
		广元市	元坝区、朝天区、旺苍县、青川县、剑阁县、苍溪县
		南充市	仪陇县
		达州市	宣汉县、万源市
		巴中市	巴州区、通江县、南江县、平昌县
	陕西（29）	西安市	周至县
		宝鸡市	太白县
		汉中市	南郑县、城固县、洋县、西乡县、勉县、宁强县、略阳县、镇巴县、留坝县、佛坪县
		安康市	汉滨区、汉阴县、石泉县、宁陕县、紫阳县、岚皋县、平利县、镇坪县、旬阳县、白河县
		商洛市	商州区、洛南县、丹凤县、商南县、山阳县、镇安县、柞水县
	甘肃（9）	陇南市	武都区、成县、文县、宕昌县、康县、西和县、礼县、徽县、两当县

续表

分区	省名	地市名	县名
武陵山（64）	湖北（11）	宜昌市	秭归县、长阳土家族自治县、五峰土家族自治县
		恩施土家族苗族自治州	恩施市、利川市、建始县、巴东县、宣恩县、咸丰县、来凤县、鹤峰县
	湖南（31）	邵阳市	新邵县、邵阳县、隆回县、洞口县、绥宁县、新宁县、城步苗族自治县、武冈市
		常德市	石门县
		张家界市	慈利县、桑植县
		益阳市	安化县
		怀化市	中方县、沅陵县、辰溪县、溆浦县、会同县、麻阳苗族自治县、新晃侗族自治县、芷江侗族自治县、靖州苗族侗族自治县、通道侗族自治县
		娄底市	新化县、涟源市
		湘西土家族苗族自治州	泸溪县、凤凰县、保靖县、古丈县、永顺县、龙山县、花垣县
	重庆（7）	重庆市	丰都县、石柱土家族自治县、秀山土家族苗族自治县、酉阳土家族苗族自治县、彭水苗族土家族自治县、黔江区、武隆县
	贵州（15）	遵义市	正安县、道真仡佬族苗族自治县、务川仡佬族苗族自治县、凤冈县、湄潭县
		铜仁地区	铜仁市、江口县、玉屏侗族自治县、石阡县、思南县、印江土家族苗族自治县、德江县、沿河土家族自治县、松桃苗族自治县、万山特区
乌蒙山（38）	四川（13）	泸州市	叙永县、古蔺县
		乐山市	沐川县、马边彝族自治县
		宜宾市	屏山县
		凉山彝族自治州	普格县、布拖县、金阳县、昭觉县、喜德县、越西县、美姑县、雷波县
	贵州（10）	遵义市	桐梓县、习水县、赤水市
		毕节地区	毕节市、大方县、黔西县、织金县、纳雍县、威宁彝族回族苗族自治县、赫章县
	云南（15）	昆明市	禄劝彝族苗族自治县、寻甸回族彝族自治县
		曲靖市	会泽县、宣威市
		昭通市	昭阳区、鲁甸县、巧家县、盐津县、大关县、永善县、绥江县、镇雄县、彝良县、威信县
		楚雄彝族自治州	武定县

- 义务教育精准扶贫理论与实践

续表

分区	省名	地市名	县名
滇桂黔石漠化区（80）	广西（29）	柳州市	融安县、融水苗族自治县、三江侗族自治县
		桂林市	龙胜各族自治县、资源县
		南宁市	隆安县、马山县、上林县
		百色市	田阳县、德保县、靖西县、那坡县、凌云县、乐业县、田林县、西林县、隆林各族自治县
		河池市	凤山县、东兰县、罗城仫佬族自治县、环江毛南族自治县、巴马瑶族自治县、都安瑶族自治县、大化瑶族自治县
		来宾市	忻城县
		崇左市	宁明县、龙州县、大新县、天等县
	贵州（40）	六盘水市	六枝特区、水城县
		安顺市	西秀区、平坝县、普定县、镇宁布依族苗族自治县、关岭布依族苗族自治县、紫云苗族布依族自治县
		黔西南布依族苗族自治州	兴仁县、普安县、晴隆县、贞丰县、望谟县、册亨县、安龙县
		黔东南苗族侗族自治州	黄平县、施秉县、三穗县、镇远县、岑巩县、天柱县、锦屏县、剑河县、台江县、黎平县、榕江县、从江县、雷山县、麻江县、丹寨县
		黔南布依族苗族自治州	荔波县、贵定县、独山县、平塘县、罗甸县、长顺县、龙里县、惠水县、三都水族自治县、瓮安县
	云南（11）	曲靖市	师宗县、罗平县
		红河哈尼族彝族自治州	屏边苗族自治县、泸西县
		文山壮族苗族自治州	砚山县、西畴县、麻栗坡县、马关县、丘北县、广南县、富宁县

续表

分区	省名	地市名	县名
滇西边境山区（56）	云南（56）	保山市	隆阳区、施甸县、龙陵县、昌宁县
		丽江市	玉龙纳西族自治县、永胜县、宁蒗彝族自治县
		普洱市	宁洱哈尼族彝族自治县、墨江哈尼族自治县、景东彝族自治县、景谷傣族彝族自治县、镇沅彝族哈尼族拉祜族自治县、江城哈尼族彝族自治县、孟连傣族拉祜族佤族自治县、澜沧拉祜族自治县、西盟佤族自治县
		临沧市	临翔区、凤庆县、云县、永德县、镇康县、双江拉祜族佤族布朗族傣族自治县、耿马傣族佤族自治县、沧源佤族自治县
		楚雄彝族自治州	双柏县、牟定县、南华县、姚安县、大姚县、永仁县
		红河哈尼族彝族自治州	石屏县、元阳县、红河县、金平苗族瑶族傣族自治县、绿春县
		西双版纳傣族自治州	勐海县、勐腊县
		大理白族自治州	漾濞彝族自治县、祥云县、宾川县、弥渡县、南涧彝族自治县、巍山彝族回族自治县、永平县、云龙县、洱源县、剑川县、鹤庆县
		德宏傣族景颇族自治州	潞西市、梁河县、盈江县、陇川县
		怒江傈僳族自治州	泸水县、福贡县、贡山独龙族怒族自治县、兰坪白族普米族自治县
大兴安岭南麓山区（19）	内蒙古（5）	兴安盟	阿尔山市、科尔沁右翼前旗、科尔沁右翼中旗、扎赉特旗、突泉县
	吉林（3）	白城市	镇赉县、通榆县、大安市
	黑龙江（11）	齐齐哈尔市	龙江县、泰来县、甘南县、富裕县、林甸县、克东县、拜泉县
		绥化市	明水县、青冈县、望奎县、兰西县

• 义务教育精准扶贫理论与实践

续表

分区	省名	地市名	县名
燕山—太行山区（33）	河北（22）	保定市	涞水县、阜平县、唐县、涞源县、望都县、易县、曲阳县、顺平县
		张家口市	宣化县、张北县、康保县、沽源县、尚义县、蔚县、阳原县、怀安县、万全县
		承德市	承德县、平泉县、隆化县、丰宁满族自治县、围场满族蒙古族自治县
	山西（8）	大同市	阳高县、天镇县、广灵县、灵丘县、浑源县、大同县
		忻州市	五台县、繁峙县
	内蒙古（3）	乌兰察布市	化德县、商都县、兴和县
吕梁山区（20）	山西（13）	忻州市	静乐县、神池县、五寨县、岢岚县
		临汾市	吉县、大宁县、隰县、永和县、汾西县
		吕梁市	兴县、临县、石楼县、岚县
	陕西（7）	榆林市	横山县、绥德县、米脂县、佳县、吴堡县、清涧县、子洲县
大别山区（36）	安徽（12）	安庆市	潜山县、太湖县、宿松县、望江县、岳西县
		阜阳市	临泉县、阜南县、颍上县
		六安市	寿县、霍邱县、金寨县
		亳州市	利辛县
	河南（16）	信阳市	光山县、新县、固始县、淮滨县、商城县、潢川县
		驻马店市	新蔡县
		开封市	兰考县
		商丘市	民权县、宁陵县、柘城县
		周口市	商水县、沈丘县、郸城县、淮阳县、太康县
	河北（8）	孝感市	孝昌县、大悟县
		黄冈市	团风县、红安县、罗田县、英山县、蕲春县、麻城市
罗霄山区（23）	江西（17）	萍乡市	莲花县
		赣州市	赣县、上犹县、安远县、宁都县、于都县、兴国县、会昌县、寻乌县、石城县、瑞金市、南康市
		吉安市	遂川县、万安县、永新县、井冈山市
		抚州市	乐安县
	湖南（16）	株洲市	茶陵县、炎陵县
		郴州市	宜章县、汝城县、桂东县、安仁县

表 2－2　　　　　　已明确实施特殊扶持政策的西藏、
四省藏区、新疆南疆三地州分县名单

分区	省名	地市名	县名
西藏区（74）	西藏自治区（74）	拉萨市	城关区、林周县、当雄县、尼木县、曲水县、堆龙德庆县、达孜县、墨竹工卡县
		昌都地区	昌都县、江达县、贡觉县 类乌齐县、丁青县、察雅县、八宿县、左贡县、芒康县、洛隆县、边坝县
		山南地区	乃东县、扎囊县、贡嘎县、桑日县、琼结县、曲松县、措美县、洛扎县、加查县、隆子县、错那县、浪卡子县
		日喀则地区	日喀则市、南木林县、江孜县、定日县、萨迦县、拉孜县、昂仁县、谢通门县、白朗县、仁布县、康马县、定结县、仲巴县、亚东县、吉隆县、聂拉木县、萨嘎县、岗巴县
		那曲地区	那曲县、嘉黎县、比如县、聂荣县、安多县、申扎县、索县、班戈县、巴青县、尼玛县双湖办事处
		阿里地区	普兰县、札达县、噶尔县、日土县、革吉县、改则县、措勤县
		林芝地区	林芝县、工布江达县、米林县、墨脱县、波密县、察隅县、朗县
四省藏区（77）	云南省（3）	迪庆藏族自治州	香格里拉县、德钦县、维西傈僳族自治县
	四川省（32）	阿坝藏族羌族自治州	汶川县、理县、茂县、松潘县、九寨沟县、金川县、小金县、黑水县、马尔康县、壤塘县、阿坝县、若尔盖县、红原县
		甘孜藏族自治州	康定县、泸定县、丹巴县、九龙县、雅江县、道孚县、炉霍县、甘孜县、新龙县、德格县、白玉县、石渠县、色达县、理塘县、巴塘县、乡城县、稻城县、得荣县
		凉山彝族自治州	木里藏族自治县
	甘肃省（9）	武威市	天祝藏族自治县
		甘南藏族自治州	合作市、临潭县、卓尼县、舟曲县、迭部县、玛曲县、碌曲县、夏河县

续表

分区	省名	地市名	县名
四省藏区（77）	青海省（33）	海北藏族自治州	门源回族自治县、祁连县、海晏县、刚察县
		黄南藏族自治州	同仁县、尖扎县、泽库县、河南蒙古族自治县
		海南藏族自治州	共和县、同德县、贵德县、兴海县、贵南县
		果洛藏族自治州	玛沁县、班玛县、甘德县、达日县、久治县、玛多县
		玉树藏族自治州	玉树县、杂多县、称多县、治多县、囊谦县、曲麻莱县
		海西蒙古族藏族自治州	格尔木市、德令哈市、乌兰县、都兰县、天峻县、冷湖行委、大柴旦行委、茫崖行委
新疆南疆三地州（24）	新疆维吾尔自治区（24）	克孜勒苏柯尔克孜自治州	阿图什市、阿克陶县、阿合奇县、乌恰县
		喀什地区	喀什市、疏附县、疏勒县、英吉沙县、泽普县、莎车县、叶城县、麦盖提县、岳普湖县、伽师县、巴楚县、塔什库尔干塔吉克自治县
		和田地区	和田市、和田县、墨玉县、皮山县、洛浦县、策勒县、于田县、民丰县

二 六大集中连片地区贫困主要问题

根据课题组研究需要，本书根据相关国家及省市官方权威部门公布的系列《集中片区区域发展与扶贫攻坚规划》（2011—2020年）数据，重点对以下几大集中连片特殊困难地区贫困主要问题简要介绍分析。

以六盘山集中连片地区为例，该区在全面脱贫前贫困状况与特殊困难如下：干旱缺水严重，贫困面广程度深。人均占有水资源367.6立方米，仅为全国平均水平的16.7%。干旱缺水是该区域发展的根本矛盾，严重制约工农业发展和群众生活水平提高。2010年，农民人均纯收入仅相当于全国平均水平的54.7%。基础设施落后，生产生活条件差。铁路运输能力不足，高速公路"断头路"多，国省干线公路技术等级偏低。城镇供水保障程度低，39.3%的农户存在饮水困难，60%的农户尚未解决饮水安全问题。基本农田有效灌溉面积仅为23.2%。3%的自然村不通电，15.4%的行政村未完成农网改造。部分群众住房困难。社会事业发展滞后，人才支撑不足。人均教育、卫生、社会保障和就业三项支出仅为1447.6元。教育设备落后，师资力量欠缺。劳动力素质整体偏低，经营管理人才短缺，专业技术人员不足，人才队伍适应市场经济发展的能力有待提高。产业发展乏力，县域经济薄弱。产业发展基础差，经营组织形式落后。农业生产力水平低，经营方式落后；工业总量小，结构单一；现代服务业发展滞后，商贸流通潜力未能充分发挥。生态环境脆弱，水土流失严重。气候干旱，地形破碎，土质疏松，植被稀疏，土壤肥力下降。干旱、冰雹、霜冻、沙尘暴、泥石流等自然灾害频发。生态环境脆弱、恢复难度大，是中国水土流失最为严重的地区之一，区域内水土流失面积达12.9万平方千米，占总面积的77.7%，区域内多县属于全国严重水土流失县。

除了自身地域差异，其他集中连片贫困地区也有类似的困难，比如乌蒙山区贫困状况与特殊困难表现为人口资源环境矛盾突出，贫困程度深；生态环境脆弱。石漠化面积占国土面积的16%，25度以上坡耕地占耕地总面积比重大。水土流失严重，土壤极其瘠薄，人口增长较快，人地矛盾尖锐。贫困群众住房困难突出，茅草房、石板房比例高。经济发展滞后，社会发育程度低。2010年城镇居民年人均可支配收入和农村居民年人均纯收入分别为12939元和3248元，仅相当于全国平均水平的67.7%和54.9%。城镇化率24%，不到全国平均水平的一半。群众生育观念落后，出生缺陷多发。人均受教育年限比全国平均水平低2年左右，相当部分群众市场意识淡薄，生产经营方式落后。基础设施薄弱，基本公共服务不足。片区内交通主干道网络尚未形成，道路等级低，47.4%的县城不通二级公路。市场环境和交易条件差，市场管理与服务水平低。

再如滇西边境山区贫困状况与特殊困难主要表现为：贫困程度深。人均地区生产总值仅相当于全国平均水平的37%，城镇居民人均可支配收入和农村居民人均纯收入分别相当于全国平均水平的71%和55.9%，农民收入水平低、来源单一，工资性、财产性、转移性收入所占比例不高，农民人均纯收入比全省平均水平低646元，比全国平均水平低2613元。相当部分群众还存在住房、出行、饮水、就医、上学等困难问题。因病、因灾返贫等现象突出。部分地区从原始社会末期、奴隶社会初期直接过渡到社会主义社会，社会发育相对滞后。基础设施瓶颈突出。2010年年底营运铁路仅297.3千米，10个市州中尚有7个不通铁路，高速公路通车里程仅为872.8千米，干线公路网络化程度较低，缺少东西、南北方向贯通的公路交通主通道。县乡公路等级低、质量差，3.7%的乡镇和72.6%的行政村不通沥青（水泥）路，32.2%的自然村不通公路。水利设施薄弱，骨干水利工程及其配套设施明显不足。小微型水利设施缺乏，基本农田中有效灌溉面积占比仅为58.5%。22.2%的行政村未完成农村电网改造，7.3%的自然村不通电。基本公共服务不足。到2010年，人均教育支出仅为1410.9元，高中阶段毛入学率比全国平均水平低31.6个百分点，教育设施整体落后，师资力量明显不足。人均卫生支出仅为319元，还有8.2%的农村居民未参加新型农村合作医疗，8.2%的行政村没有卫生室，近15.1%的行政村没有合格医生，农村医疗卫生条件差，妇幼保健力量弱，基层卫生服务能力不足。科技文化设施建设滞后，专业技术人员严重缺乏，农技推广服务不足，农业科技应用水平低，现代农业发展缓慢。社会保障程度低、水平不高。特色产业发展缓慢。经济发展水平较低，产业结构不合理，特色产业发展总体滞后。与全国相比，第一产业比例明显偏高，与农民增收直接相关的地方特色产业规模小、效益低、深度开发不足，缺乏有带动能力的龙头企业和基地。特色优势生物资源深度开发与综合利用水平和资源配置能力较低，产业集约化程度不高。水电、有色金属等资源开发滞后，二产对一产的拉动作用还没有完全形成。同时，产品要素交换和对外开放程度低，市场体系不健全，仓储、包装、运输等基础条件差，配套金融、技术、信息等高端市场体系不健全。生态环境保护任务艰巨。有9个县属于川滇森林生态及生物多样性生态功能区，有2处世界文化自然遗产、6处国家级风景名胜区、11个国家级自然保护区、11个国家森林公园，是长江、澜沧江、怒江上游生态环境重要保护地区，中国重要的生物多样性宝库和西南生态安全屏障。

第二节 集中连片特困地区反贫困攻坚战略

一 集中连片特困地区发展引领与政策扶贫

（一）领导人亲自擘画引领

党的十八大以来，党和国家领导人习近平率先垂范，专门考察走遍了所有14个集中连片特困地区，不仅在思想上，也在行动上带领全国人民走在迈向小康之路的大道上。据2017年8月15日新华网《全国14个集中连片特困地区，习近平都去了》一文报道：2017年6月的山西吕梁之行，实现了习近平到全国14个集中连片特困地区"看一看"的愿望。"人民对美好生活的向往，就是我们的奋斗目标。"这是习近平对人民作出的庄严承诺。从黄土高坡到雪域高原，从西北边陲到云贵高原，习近平走遍了全国14个集中连片特困地区。他对贫困群众深深牵挂。到2020年中国要实现全面建成小康社会的目标，难点就在集中连片特困地区。可以说，习近平率先垂范，以上示下，亲自擘画中国扶贫与反贫困的宏大战略，这在中国历史上及全球各个国家的扶贫进程中都是一个伟大创举。

（二）国家反贫困政策规划专项配套扶持

党的十八大以来，党中央与国务院出台了多项集中连片贫困地区的专项政策与规划，在战略规划上擘画引领。《中国农村扶贫开发纲要（2011—2020年）》等国家扶贫重要政策文件中均有专门关于集中连片特困地区发展的战略指引。每年国务院的1号文件都是关于三农问题与扶贫紧密相关的政策规定。

国务院扶贫办对每一个集中连片特困地区都作了相关精准分析，并指出了发展蓝图，同时出台了系列政策规章。另外，国务院各相关部门及各集中连片特困地区相关省、市、区、县也出台了相应的配套政策规章和专项政策，这样就较好保障了国家战略规划的落地实现；通过相关保障机制促进国家集中连片特困地区扶贫战略的实现。

2017年6月，中共中央办公厅、国务院办公厅印发的《关于支持深度特困地区脱贫攻坚的实施意见》强调：中央统筹，重点支持"三区三州"。新增脱贫攻坚资金、新增脱贫攻坚项目、新增脱贫攻坚举措主要用于深度特困地区。加大中央财政投入力度，加大金融扶贫支持力度，加大干部人才支持力度，加大社会帮扶力度，集中力量攻关，构建起适应深度特困地区脱贫攻坚需要的支撑保障体系。

2016年12月，教育部、国家发改委、民政部、财政部、人力资源和社会保障部、国务院扶贫办六部门联合印发《教育脱贫攻坚"十三五"规划》指出：把精准扶贫、精准脱贫作为基本方略，以国家扶贫开发工作重点县和集中连片特困地区县及建档立卡等贫困人口（含非建档立卡的农村贫困残疾人家庭、农村低保家庭、农村特困救助供养人员）为重点，采取超常规政策举措，精确瞄准教育最薄弱领域和最贫困群体，坚决打赢教育脱贫攻坚战。

2018年1月，国务院扶贫办六部门下发的《关于印发〈生态扶贫工作方案〉的通知》（发改农经〔2018〕124号）指出：坚持精准施策、提高实效。精确瞄准14个集中连片特困地区的片区县、片区外国家扶贫开发工作重点县和建档立卡贫困户，突出深度特困地区，坚持问题导向和目标导向，聚焦贫困人口脱贫，加强脱贫政策衔接，有针对性地制定和实施生态扶贫政策措施，确保生态扶贫工作取得实效。

为进一步聚焦深度特困地区教育扶贫，用三年时间集中攻坚，确保深度特困地区如期完成"发展教育脱贫一批"任务，2019年1月，《教育部、国务院扶贫办关于印发〈深度特困地区教育脱贫攻坚实施方案（2019—2020年）〉的通知》（教发〔2019〕1号）总体要求：以"三区三州"为重点，以补齐教育短板为突破口，以解决瓶颈制约为方向，充分调动各方面积极性、主动性和创造性，采取超常规举措，推动教育新增资金、新增项目、新增举措进一步向"三区三州"

倾斜，切实打好深度特困地区教育脱贫攻坚战。

以贵州省为例，早在2013年12月就出台了《省人民政府办公厅关于转发省教育厅等部门贵州省三大集中连片特殊困难地区教育扶贫工程实施方案的通知》（黔府办函〔2013〕153号），重点指出了2020年的中长期发展目标：到2020年，三大集中连片特殊困难地区基本公共教育服务水平接近全国平均水平。学前三年毛入园率达到75%以上，基本普及学前教育；义务教育巩固率达到95%以上，基本实现县域内义务教育均衡发展；高中阶段教育毛入学率达到90%以上，基本形成高中教育优质发展；中职、高职在校生占高中阶段、高等教育在校生的比例分别达到50%、44%以上，基本建成现代职业教育体系；高等教育毛入学率达到40%以上，内涵发展和服务区域经济社会发展能力明显提高。湖北省2015年8月25日专门就精准扶贫资金事宜下发专门文件《湖北省人民政府办公厅关于创新建立贫困县资金整合机制实施精准扶贫的意见》（鄂政办发〔2015〕63号），该意见指出集中财力精准扶贫、精准脱贫，落实全省"精准脱贫，不落一人"的总要求。

2018年《重庆市人民政府工作报告》指出：2018年要扎实推进精准脱贫，确保到2020年现行标准下农村贫困人口稳定脱贫、贫困区县全部摘帽。要推进交通扶贫和金融扶贫，因地制宜开展特色种养、生态旅游、电子商务、就业创业等扶贫行动，增强特困地区、少数民族地区造血功能。实施健康扶贫和教育扶贫工程，落实社保兜底政策。深化易地扶贫搬迁。深度改善特困地区生产生活生态条件，深度调整产业结构，深度推进农村集体产权制度改革，深度落实各项扶贫惠民政策，引导各类资金和项目向18个深度贫困乡镇倾斜，着力破解深度贫困问题。把扶贫和扶志、扶智结合起来，激发贫困群众脱贫内生动力。

二 集中连片特困地区反贫困战略

精准扶贫是当今中国扶贫（反贫困）开发的主题和脱贫攻坚的基

- 义务教育精准扶贫理论与实践

本方略。① 中国精准扶贫战略的实施可汲取和借鉴国外有益的实践经验。首先，经济增长是反贫困的最根本途径。要始终坚持把三农问题放在重要地位，通过培育经济增长点带动特困地区发展，在发展中解决贫困问题。其次，政府大力扶持是反贫困的关键。单纯依靠市场的力量无法解决贫困问题，政府不仅要从经济的角度，更要从政治和社会发展的高度，统筹谋划、顶层设计，科学制定精准扶贫的时间表和路线图。再次，扶贫方式转变是反贫困的突破口。要把政府机制与社会机制、市场机制有机结合起来，推动扶贫方式从物质扶贫到制度扶贫、从救济式扶贫到开发式扶贫、从粗放式扶贫到精准式扶贫的转变，建立高效的扶贫项目运作系统，提高扶贫的"成本—收益"比。最后，社会保障体系建设是反贫困的保障。要不断扩大延伸社会保障的覆盖范围，提高社会保障制度的救助作用。

党的十八大以来，中国先后制定了《中国农村扶贫开发纲要（2011—2020年）》《中共中央、国务院关于打赢脱贫攻坚战的决定》和《中华人民共和国国民经济和社会发展第十三个五年规划纲要》等系列纲要、决定或规划，均提出了相应的扶贫指导思想与发展战略，坚持以人民为中心的发展思想，也前后有机承接和科学发展。2015年11月29日，《中共中央、国务院关于打赢脱贫攻坚战的决定》是中共中央、国务院关于指导脱贫攻坚的纲要性文件，这一政策明确了集中特困地区扶贫战略。以教育为例，要深入推进教育精准扶贫，最基本也最为关键的环节就是从国家政策层面和制度层面保障不同民族、不同地域、不同社会阶层、不同宗教信仰、不同家庭背景出身的个体都享有同等的接受教育的权利和机会。②

坚持保护生态，实现绿色发展。牢固树立绿水青山就是金山银山的理念，把生态保护放在优先位置，扶贫开发不能以牺牲生态为代价，探索生态脱贫新路子，让贫困人口从生态建设与修复中得到更多实惠。坚持群众主体，激发内生动力。继续推进开发式扶贫，处理好

---

① 李培林：《中国扶贫开发报告（2017）》，社会科学文献出版社2007年版，第1页。
② 陈纯槿：《教育精准扶贫与代际流动》，华东师范大学出版社2017年版，序言。

国家、社会帮扶和自身努力的关系，发扬自力更生、艰苦奋斗、勤劳致富精神，充分调动特困地区干部群众的积极性和创造性，注重扶贫先扶智，增强贫困人口自我发展能力。正如王宏甲在《塘约道路》导言第一页所言：当前农村，似乎仍然静悄悄的连蟋蟀都不语，却在发生着惊心动魄的变革。塘约的实践，唤醒了两大资源：一是沉睡的土地资源，二是人的内在资源。[①] 同时在《中共中央、国务院关于打赢脱贫攻坚战的决定》第十七款专门指出：重点支持连片特困地区脱贫攻坚。推进集中连片特困地区脱贫攻坚。

三　国家及集中连片特困地区扶贫成效

（一）国家整体扶贫成效

2020年3月6日，习近平在出席决战决胜脱贫攻坚座谈会并发表重要讲话指出：党的十八大以来，我们坚持以人民为中心的发展思想，明确了到2020年中国现行标准下农村贫困人口实现脱贫、贫困县全部摘帽、解决区域性整体贫困的目标任务。目前看，脱贫进度符合预期，成就举世瞩目。

第一，脱贫攻坚目标任务接近完成。中国从20世纪80年代开始扶贫，有两个基本情况。一个是以当时的扶贫标准，贫困人口减到3000万左右就减不动了，另一个是戴贫困县帽子的越扶越多。这次脱贫攻坚扭转了这种趋势。贫困人口从2012年年底的9899万人减到2019年年底的551万人，贫困发生率由10.2%降至0.6%，连续7年每年减贫1000万人以上。到2020年2月底，全国832个贫困县中已有601个宣布摘帽，179个正在进行退出检查，未摘帽县还有52个，区域性整体贫困基本得到解决。

第二，贫困群众收入水平大幅度提高。我们坚持开发式扶贫方针，引导和支持所有有劳动能力的贫困人口依靠自己的双手创造美好明天。建档立卡贫困人口中，90%以上得到了产业扶贫和就业扶贫支持，三分之二以上主要靠外出务工和产业脱贫，工资性收入和生产经

[①] 王宏甲：《塘约道路》，人民出版社2016年版，第131页。

义务教育精准扶贫理论与实践

营性收入占比上升，转移性收入占比逐年下降，自主脱贫能力稳步提高。2013年至2019年，832个贫困县农民人均可支配收入由6079元增加到11567元，年均增长9.7%，比同期全国农民人均可支配收入增幅高2.2个百分点。全国建档立卡贫困户人均纯收入由2015年的3416元增加到2019年的9808元，年均增幅30.2%。贫困群众"两不愁"质量水平明显提升，"三保障"突出问题总体解决。

第三，特困地区基本生产生活条件明显改善。具备条件的建制村全部通硬化路，村村都有卫生室和村医，10.8万所义务教育薄弱学校的办学条件得到改善，农网供电可靠率达到99%，深度特困地区贫困村通宽带比例达到98%，960多万贫困人口通过易地扶贫搬迁摆脱了"一方水土养活不了一方人"的困境。特困地区群众出行难、用电难、上学难、看病难、通信难等长期没有解决的老大难问题普遍解决，义务教育、基本医疗、住房安全有了保障。党的十八大以来，我每年都到特困地区考察调研，前几年去，沿途山路颠颠簸簸，进了村坑坑洼洼，晴天尘土满鞋，雨天道路泥泞，贫困户房子破破烂烂、有的家徒四壁，一些贫困群众一年也吃不上几次肉，不少孩子没有上学或中途辍学，很多人生病基本靠扛，看了心里确实很沉重。这几年，我再去一些贫困村，看到了实实在在的变化，道路平坦通畅，新房子一片连着一片，贫困群众吃穿不成问题。看到群众脸上洋溢着真诚淳朴的笑容，我心里非常高兴。

第四，特困地区经济社会发展明显加快。我们坚持以脱贫攻坚统揽特困地区经济社会发展全局，特困地区呈现出新的发展局面。特色产业不断壮大，产业扶贫、电商扶贫、光伏扶贫、旅游扶贫等较快发展，特困地区经济活力和发展后劲明显增强。通过生态扶贫、易地扶贫搬迁、退耕还林还草等，特困地区生态环境明显改善，贫困户就业增收渠道明显增多，基本公共服务日益完善。

第五，贫困治理能力明显提升。我们推进抓党建促脱贫攻坚，特困地区基层组织得到加强，基层干部通过开展贫困识别、精准帮扶，本领明显提高，巩固了党在农村的执政基础。全国共派出25.5万个驻村工作队、累计选派290多万名县级以上党政机关和国有企事业单位干部到贫困村和软弱涣散村担任第一书记或驻村干部，目前在岗91.8万人，特别是青年干部了解了基层，学会了做群众工作，在实践锻炼中快速成长。在这次新冠肺炎疫情防控中，特困地区基层干部展现出较强的战斗力，许多驻村工作队拉起来就是防"疫"队、战"疫"队，这同他们经受了这几年脱贫工作历练是分不开的。

第六，中国减贫方案和减贫成就得到国际社会普遍认可。今年脱贫攻坚任务完成后，中国将有1亿左右贫困人口实现脱贫，提前10年实现联合国2030年可持续发展议程的减贫目标，世界上没有哪一个国家能在这么短的时间内帮助这么多人脱贫，这对中国和世界都具有重大意义。国际社会对中国减贫方案是高度赞扬的。联合国秘书长古特雷斯表示，精准扶贫方略是帮助贫困人口、实现2030年可持续发展议程设定的宏伟目标的唯一途径，中国的经验可以为其他发展中国家提供有益借鉴。在共建"一带一路"国际合作中，许多发展中国家希望分享中国减贫经验。我同许多国家领导人或国际组织主要负责人见面时，他们都肯定中国减贫成就。

总之，我们在脱贫攻坚领域取得了前所未有的成就，彰显了中国共产党领导和中国社会主义制度的政治优势。这些成绩的取得，凝聚了全党全国各族人民的智慧和心血，是广大干部群众扎扎实实干出来的。

（二）集中连片特困地区扶贫成效

2019年8月12日，国家扶贫网发布的《贫困区域扶贫力度持续加大，整体减贫成效明显》指出：从国家统计局获悉，中华人民共和国成立70年来，各地区社会经济不断发展，民生逐步改善。受自然、历史等诸多因素影响，中国贫困具有区域性特征，中西部地区整体性贫困相对突出。20世纪80年代中期，中国聚焦贫困区域，实施减贫战略，党的十八大以来，党中央、国务院加大对特困地区尤其是深度特困地区政策力度，推进东西部地区协作扶贫，区域性整体减贫成效明显。尤其是集中连片特困地区脱贫成效明显：集中连片特困地区农村贫困人口935万人，比2012年年末减少4132万人，6年累计减少81.5%；农村贫困发生率从2012年年末的24.4%下降至2018年年末的 4.5%，累计下降 19.9 个百分点，年均下降 3.3 个百分点。

2020 年 3 月 6 日，习近平在京出席决战决胜脱贫攻坚座谈会并发表重要讲话，他指出：脱贫攻坚战不是轻轻松松一冲锋就能打赢的，必须高度重视面临的困难挑战。剩余脱贫攻坚任务艰巨，巩固脱贫成果难度很大，部分贫困群众发展的内生动力不足，脱贫攻坚工作需要加强。各地区各部门要坚定不移把党中央决策部署落实好，确保如期完成脱贫攻坚目标任务。

集中连片特困区受地理、气候、文化等因素的综合影响，导致经济发展落后，基础条件差，致贫原因复杂。贫困人员在地区环境影响下，处于人力、物质、社会资本负向叠加的困境中，缺乏自我发展能力。对区域和贫困人员进行干预要注重内源性发展动能的培育，消除对土地的严重依赖，破解产业发展的困境，不断提高地区和贫困人员对外交流的能力与意识，破除贫困人员"等、靠、要"思想。从产业规划、政策推动和文化助力等方面入手；重视区域的经济发展与基础设施建设协调推进，保证贫困人员积极参与，实现自我能力稳步提升。使贫困人员实现真脱贫，集中连片特困区实现真发展。习近平强调，要继续聚焦（集中连片特困地区及）"三区三州"等深度特困地区，落实脱贫攻坚方案，瞄准突出问题和薄弱环节狠抓政策落实，攻坚克难完成任务。对 52 个未摘帽贫困县和 1113 个贫困村实施挂牌督战，国务院扶贫开发领导小组要较真碰硬"督"，各省区市要凝心聚力"战"，啃下最后的硬骨头。要巩固"两不愁三保障"成果，防止反弹。对没有劳动能力的特殊贫困人口要强化社会保障兜底，实现应保尽保。

（注：本章部分集中连片特困地区介绍资料来源于国务院扶贫开发领导小组办公室官网、中国扶贫在线、中国扶贫网官网、中国国际扶贫中心官网等公开数据资料。）

第三章 教育扶贫

教育扶贫是通过教育手段帮助特困地区及特困地区的人口掌握必要的知识与技能，具备参与经济社会生产劳动，并自我发展的能力，实现减贫脱贫并促进社会繁荣。它是阻断贫困代际传递的根本途径与方式。

第一节 教育扶贫的内涵与价值

在中国，首次将消除贫困作为一项特殊的政策提出是在《关于帮助特困地区尽快改变面貌的通知》里，还明确提出了包括增加智力投资在内的五项措施，这开启了教育扶贫的国家行动计划。而"教育扶贫"概念最早正是在《关于对全国143个少数民族贫困县实施教育扶贫的意见》里使用的。"教育脱贫"的概念首次明确提出是在《关于印发〈教育脱贫攻坚"十三五"规划〉的通知》里。这些都是从国家意志、顶层设计上着眼教育扶贫。而我国教育扶贫的理论研究则始于吴春选，在《谈智力扶贫》一文中提出了"教育扶贫"的概念。认为扶贫工作的重点是科技扶贫，而扶贫工作的根本途径则是教育扶贫。"教育扶贫论"则是由林乘东1997年提出的。目前，学界对教育扶贫概念的讨论主要有两种观念：一种是依靠教育扶贫，把教育作为扶贫的一种手段、一种策略。另一种是扶教育的贫，通过政策、资金投入，教育教学改革发展，加快教育发展进程，提高教育质量。

一种观点是把教育作为扶贫的手段，依托教育来扶贫。秉持这种观点的主要有钟秉林、林乘东、王嘉毅等专家学者。他们认为，通过

• 义务教育精准扶贫理论与实践

对特困地区的贫困人口采用教育的手段，帮助其增加脱贫致富的知识，掌握生存的技能，增加就业的能力，最终实现了通过教育提高特困地区人口的素质，实现扶贫目的。这是智力扶贫的一种。[①] 通过对特困地区贫困人口提供优质的教育资源和教育服务，改变其思想观念，提升整体综合素质，具备自我发展和参与经济社会发展的能力，从而阻断贫困代际传递。[②] 林乘东则认为通过教育改造贫困人口的素质。从这个层面讲，教育扶贫则是素质的扶贫。[③]

另一种观点认为教育扶贫是扶教育之贫。这种观点认为特困地区的教育水平低，教育发展水平不高，以至于特困地区的贫困人口综合素质不高。因此要大力发展教育，优先发展教育，通过政策倾斜、教育经费的增加、师资的引入、教育资源的共享、深化教育教学改革以及东西部教育协同等策略，促使特困地区教育的发展，提高特困地区教育的质量，改变特困地区的人口素质，提升他们的精神状态。刘军豪等学者认为教育扶贫先要扶教育之贫。把学校作为扶贫开发的主要阵地，主战场，把教育对人的培养的功能作用发挥到极致，并认为"实施扶贫开发的重要手段与有效途径是教育，并主要通过教育的发展来促使特困地区的人口脱贫致富"。[④]

从表面来看，这两种观点有着明显的差异。但深入分析就会发现其实这二者并无本质的区别。从结果导向上看是一致的，通过发展教育，提高特困地区贫困人口的素质，增加其科学文化知识和劳动技能，增加就业能力和就业质量，都把发展教育作为减贫脱贫的重要手段与途径。

针对特困地区贫困人口的情况分析，贫困的老人则属于直接帮扶对象，实施教育扶贫的作用不大。教育扶贫的对象主要包括贫困儿童与学生，还包括具有劳动能力的贫困成年人。教育扶贫就是对他们进

---

① 钟慧笑：《教育扶贫是最有效、最直接的精准扶贫——访中国教育学会会长钟秉林》，《中国民族教育》2016年第5期。
② 王嘉毅、封清云、张金：《教育与精准扶贫精准脱贫》，《教育研究》2016年第7期。
③ 林乘东：《教育扶贫论》，《民族研究》1997年第3期。
④ 刘军豪、许锋华：《教育扶贫：从"扶教育之贫"到"依靠教育扶贫"》，《中国人民大学教育学刊》2016年第2期。

行教育、培训与帮扶活动。同时还包含了为特困地区提供服务基层的领导干部、村官,让他们理解、掌握教育扶贫的方法、原理。扶贫的根本是让贫困人口掌握谋生的手段与技能,这一目标的实现必须依靠教育。这不仅包含学前教育、基础教育、中等职业教育、高职教育、高等教育,还包含了特困地区贫困青壮年的生产技能、农产品销售与管理等教育培训、成人职业教育等。由此可见,教育扶贫不仅是提升人力资本价值不可或缺的环节,也是提升人口素质的重要手段。

一 教育扶贫的内涵

第一,教育扶贫是有效阻断贫困代际传递的精准扶贫方式。从扶贫涉及的内容和表现形式看,教育扶贫是扶贫方式之一。2015年11月,《中共中央、国务院关于打赢脱贫攻坚战的决定》提出了包含"教育支持"在内的六种精准扶贫方式,并具体阐明了"着力加强教育脱贫"的一系列行动计划。虽然同样是一种扶贫方式,但教育扶贫却具有自身的内在特征和不可替代性,它赋予人们知识和技能,通过提升贫困人口科学文化素质,实现自我发展和脱贫致富。而且,通过教育,可以改变特困地区人们不重视子女教育的传统观念,提高子女的受教育的水平和脱贫致富能力,从根本上阻断贫困代际传递,防止返贫发生。世界银行的调查研究显示,劳动力受教育年限与贫困发生率的关系如表3-1所示。

表3-1 受教育年限与贫困发生率的关系

序号	受教育年限	贫困发生率
1	少于6年	大于16%
2	9年	7%
3	9—12年	2.5%
4	大于12年	0

从表3-1可以清晰地发现,随着受教育年限的增加,贫困发生

•　义务教育精准扶贫理论与实践

率在不断下降，当大于 12 年时，贫困就消失了，受教育年限与贫困的直接关系一目了然。不仅如此，研究结果还发现随着劳动者平均受教育年限的增加，平均收入指数也会上升。从 6 年开始，6—9 年、9—12 年、超过 12 年，平均收入的指数也从 100 开始，分别上升到 130、208，直到 356。[①] 这直接证明了受教育的年限直接影响收入指数，受教育年限与收入指数是正相关的。

第二，教育扶贫是促进特困地区及贫困人口可持续发展的有效手段。我国的扶贫模式从救济、救助、帮扶到今天的精准扶贫。过去的"输血式"的扶贫仅解燃眉之急，不能从根本上实现减贫脱贫，阻止贫困的发生。从大水漫灌到贫困人口建卡建档精准靶向式扶贫，激发贫困人口自身积极动力，进行"造血式"的扶贫，从根源上拔掉穷根子。精准教育扶贫这种"造血式"的方式是促进特困地区和贫困人口可持续发展的有效手段，不能只做表面文章和走走形式，必须体现其针对性、可行性和有效性，否则减贫脱贫的目的就无从谈起。这需要扶贫工作者深入贫困户了解其受教育的现状，针对性地提出行之有效的培训教育对策。同时，还应当为特困地区提供必要的办学条件，规范办学过程，提供优质办学资源，切实提高办学质量，因地制宜办好特困地区和贫困人口的教育事业。这是减贫脱贫的必要前提。

第三，办好对路的教育是提高教育精准扶贫效果的关键。办教育既要有前瞻性，又要有针对性。对特困地区及贫困人口进行精准教育扶贫，需要从实际环境、实际条件出发，根据贫困人口的切实需要，进行可行的教育。习近平指出："要找准路子、构建好的体制机制，在精准施策上出实招、在精准推进上下实功、在精准落地上见实效。"[②]

[①]《从特困地区到贫困人群：中国扶贫议程的演进》，2009 年 4 月 8 日，世界银行网·新闻（https://www.shihang.org/zh/news/feature/2009/04/08/poor-areas-poor-people-chinas-evolving-poverty-reduction-agenda）。

[②]《习近平出席中央扶贫开发工作会议并作重要讲话》，2019 年 11 月 28 日，央广网·中国之声新闻和报纸摘要（http://china.cnr.cn/news/20151129/t20151129_520628571.shtml）。

不同领域的研究者对教育扶贫的路子与实招认识不尽相同,但让贫困人口减贫、脱贫、有效防止返贫,实现共同富裕的终极目标是一致的。经济学领域的研究者强调教育投入对教育扶贫的重要性;社会学领域的研究者强调保障特困地区和贫困人口的教育公平和教育权利;教育学领域的研究者强调改善办学条件和提高教育教学质量等。这些观点都是着眼于办好特困地区和贫困人口的教育事业而提出的。然而,对特困地区的人而言,什么样的教育才能称得上是好的教育?怎么去办才能称得上是办好?这确实是值得认真研究的问题。在我国,不同特困地区和贫困人口之间存在着较明显的差异,教育发展的基础、环境、资源等也不尽相同,举办教育的侧重点及发展模式自然会有所差异。因此,根据精准扶贫的指导思想,因地制宜,办好适宜对路的教育,是提高教育扶贫效果的关键。

第四,加快实施教育扶贫工程是脱贫攻坚的重要举措。教育扶贫是管长久的扶贫方式,是从根本上解决贫困问题的策略。精准教育扶贫是要解决扶贫对象是谁,怎么教育扶贫等针对性的问题。"加快实施教育扶贫工程,让贫困家庭子女都能接受公平有质量的教育,阻断贫困代际传递。"[①] 这是党和政府对教育扶贫提出的目的要求,即是有效阻断贫困代际传递。同时也提出了解决问题的路径,即是要让贫困人口的子女享有有质量的教育。同时,还指出"建立保障农村和特困地区学生上重点高校的长效机制,加大对贫困家庭大学生的救助力度。并对贫困家庭离校未就业的高校毕业生提供就业支持,以及实施教育扶贫结对帮扶行动计划"[②]。

人类由蒙昧时代发展到现在,是在需求推动下,脑力发展带来的群体性的进步。进入现代文明,人类的大脑仍然在持续地发展与进化

[①] 《中共中央、国务院关于打赢脱贫攻坚战的决定》,2015年12月7日,中国政府网首页《政策》中央有关文件(http://www.gov.cn/zhengce/2015-12/07/content_5020963.htm)。

[②] 《中共中央、国务院关于打赢脱贫攻坚战的决定》,2015年12月7日,中国政府网首页《政策》中央有关文件(http://www.gov.cn/zhengce/2015-12/07/content_5020963.htm)。

中。是否接受教育，或许在短时间内看不到本质差别。但在人类漫长的进化过程中，人类社会必将被知识的累积所改变。自1949年中华人民共和国成立以来的短短70余年中，巨大差距产生在远离现代社会的人口与核心城市里的人口之间。以此推想，在足够长的历史演化进程中，没有人为的干预和帮助，一部分人群将难以融入主流社会。这部分人群很难发挥出他们对社会的作用与价值，还可能变成不稳定因素，进而可能成为社会的负担。在短时间内，教育或许不能对脱贫造成直接影响，但对大多数贫困者来说，教育却是唯一的脱贫途径与手段。

事实证明，在人口素质的提升、收入的增加以及区域减贫等方面，教育扶贫起着重要的作用。

二 教育扶贫的价值

一是防止当代因愚致贫。教育扶贫可阻止当代知识技能严重不足而导致的贫困。这主要是通过为特困地区、贫困家庭的青壮年劳动力提供针对性强的专业知识和技能培训实现的。从目前的国民教育体系来看，贫困家庭及特困地区的青壮年劳动力离开学校后，就很难有接受更高层次的学历教育或专业教育的机会了。对他们来说，专门的职业培训或其他形式的终身教育就尤为必要了。没有针对性的职业培训或教育，他们很容易因缺乏专业知识及技能而陷入贫困之境。近年来，国家针对特困地区采取了大量的教育扶贫措施。如在特困地区推出了大量的职业教育、技能方面的培训，实施雨露计划等。在防止当代因愚致贫中发挥了重要的作用。

二是破解贫困心志樊篱。心志就是心性、性情、意志及念想等，在群体或个体从摆脱贫困走向小康的过程中起着决定性的作用。而现实中，一些地方，尤其是特困地区，人们的惰性心理及惰性行为泛滥，这是这些地区群体心志缺失的表征之一。这就需要通过教育扶贫为特困地区的人口提供更多接受教育的机会，提高贫困人口的劳动素养，提高受教育的层次，特别是让更多的贫困人口接受高等教育，不断增加创业、就业能力。为早日摆脱贫困，进入小康社会，可逐渐移植小康文化基因，从心志上解决贫困问题。小康文化是社会建设阶段对世界、社会和自身认识的高度、一种精神境界，以及相应的观念、行为习惯及生活方式。通过移植小康文化基因提高特困地区人口的认识高度和精神境界，最终摆脱由心志缺失导致的贫困。

三是阻断贫困代际传递。这是针对贫困家庭的儿童少年而言的。主要是为他们提供高质量的中初等教育，有效防止因贫致愚恶性循环的产生。应当高水平、高质量地普及特困地区的基础教育，确保贫困人口享有有质量的基础教育，推动特困地区基础教育的发展，提高其质量。通过精准教育扶贫手段，让贫困人口经历优质的教育过程，提升他们的综合素质，让他们有机会接受更高层次的教育。在更高层次的教育里获得相应的知识与技能，增强生存本领，摆脱贫困，从而阻断贫困的代际传递。

三 新时代教育扶贫的实践着力点

一是加大对特困地区教育经费的投入。我国的特困地区主要集中在中西部，特别是民族边远特困地区、集中连片特困地区。由于交通等自然因素，经济落后，存在着较多的连片特困地区，教育不发达，急需教育扶贫。而教育扶贫需要大量的资金作为经费保障。这就需要在加大公共教育投入时向中西部和民族边远地区倾斜。同时，还应保证这些经费得到充分、有效的运用。在经费保障的基础上，结合这些地区的实际情况制订有针对性的、精确的教育脱贫计划。并兼顾公平与效率，确保这些地区的贫困人口能够享受到优质而有价值的教育，为提升他们的收入及这些地区的社会经济发展贡献力量。为确保成效，可采取将地方政府的业绩与该区域教育质量联系在一起、对女童等特定群体予以特殊照顾等措施。

这些地区的农村贫困家庭的孩子因贫上不起学，没有接受到有质量的教育。他们文化水平低，能力素养不足，就业无门。一个重要原因就是城乡教育发展不平衡、教育不公平。在教育扶贫工作中，必须按照习近平在党的十八大、十九大所做的决策来建立城乡统筹。对特困地区进行教育资源、教育经费、师资建设等方面的投入时给予倾斜

- 义务教育精准扶贫理论与实践

甚至加大投入比例，切实保障特困地区义务教育质量，发展特困地区教育事业。

二是精准帮扶贫困家庭学生完成学业。自古以来，寒门子弟基本是把读书作为改变个人命运和家庭命运的唯一办法。事实也证明，一个贫困家庭只要有一个孩子能够学有所成，掌握了生存的技能，找到稳定的工作，这个家庭的收入也就稳定了，经济也就有保障了，整个家庭就能摆脱贫困。因此，可以说教育扶贫就是精准地帮助贫困家庭孩子完成学业，获得生存本领，增强就业能力。这样，精准识别贫困家庭和精准扶贫至关重要，这是治标又治本的根本之策。

党的十八大以来，党和国家在这方面推出了不少深得人心的教育扶贫政策。如，义务教育阶段免除学杂费，教科书费；寄宿生可以享受生活补助：小学生每人每年1000元，初中生每人每年1250元。高中阶段，对建档建卡的贫困家庭的学生，免除学杂费，每人每年助学金2000元。大学阶段，对建档建卡的贫困家庭的学生给予助学金3000元，可申请无担保贷款8000元，品学兼优者还可以获得各类励志性奖学金。针对边疆民族地区，特别是"三区三州"深度特困地区，其教育扶贫的力度更大，力求教育扶贫的全面覆盖，诸如"西藏15年免费教育和新疆南疆四地州14年免费教育，职业教育团队式对口支援则针对东部地区10个职业教育集团与滇西10个市州签署战略合作协议，对口帮扶，侧重机制建立"。[1]

同时，精准帮扶贫困家庭学生完成学业离不开社会力量的支持和帮助，应重视教育扶贫工作中不可或缺的这一环。以往缺乏了对社会捐赠的积累及使用的充分认识，未能最大限度地发挥力量。国际相关经验显示，民间资源与力量能成为教育扶贫体系的有力补充，在扶贫中起到重要的作用。另外，在具体操作中，还可参照国际上一些民办扶贫学校的新手段与方式。总之，采用多种方法进行尝试与比较，及对结果进行跟踪评估，最终找到适合解决我国精准帮扶贫困家庭学生

---

[1] 吴霓、王学男：《教育扶贫政策体系的政策研究》，《清华大学教育研究》2017年第3期。

完成学业问题的方法与途径。

三是重点推进职业教育发展。职业教育是满足产业、行业、企业人才需求的教育，是培养社会各行各业所急需技术技能人才的教育。在各种教育类型中，职业教育精准扶贫具有独特作用。职业教育扶贫能够快速提升就业、最能服务民生。可见，职业教育是助力特困地区人口脱贫攻坚的重要教育扶贫方式之一。它的特点就是短、平、快。职业教育扶贫是"扶特困地区职业教育之贫"与"通过职业教育做好扶贫"二者的统一。①

职业教育可以通过对在校的中职或是高职学生进行职业教育，培养其职业技能，掌握生存技能。调查数据显示：很大一部分中职学校学生是来自农村家庭和城市经济困难家庭；而91%的高等职业院校毕业生则是其家庭里的第一代大学生；高职院校和中职学校的在校贫困生的比例高于本科院校和普通高中。②

职业院校可以为特困地区培养技术技能人才，同时解决了大中专毕业生的就业问题。当前国家的政策是鼓励大批职业院校毕业生到特困地区就业创业。职业教育为特困地区定单式培养大量的农业技术人员和农业生产、农产品销售管理人才，将其培养成新型职业农民，承担起乡村的畜牧养殖指导、园林种植技术传授、乡村文化旅游振兴、现代农产品的电子商务、现代农业机械操作及培训、农耕文化传承等工作。

从中外的职业教育办学经验来看，在中、高等职业院校的学生，大都能学到一门技能，掌握一技之长，找到有一定技术含量、收入稳定的工作，这就有能力解决一个家庭的贫困问题。精准扶贫，就必须重视职业教育，特别是农业职业教育。党和国家也特别关心职业教育，对其帮扶力度也较大。在中等职业学校的学生每年大约需要承担8000元至10000元的费用。对中职学生补助有：教育部门发给农村学生的为每人2000元（1—2年级）；雨露计划补助3000元，则由扶贫部门针对建档建卡的贫困家庭学生的发放；县一级政府每年再发放

---

① 毕树沙：《职业教育扶贫的所为与所愿》，《中国职业技术教育》2019年第21期。
② 余克泉：精准扶贫：《职业教育大有可为》，2018年11月22日，光明网首页光明日报（http://news.gmw.cn/2018-11/22/content_32022464.htm）。

奖学金和生活补助约 1300 元至 1700 元不等。这样计算下来，一个中职学生就读的经济压力就相对比较小了。如果再通过一些勤工俭学，能力强的学生完全可以通过自己的努力而不依靠家庭的帮助解决就读经费问题。

职业教育另一方面也可以有针对性地对乡村现有贫困人口进行农业职业技能培训。有针对性地对贫困人口进行系统科学的农业职业技能培训，促使贫困人口掌握农业技术，或是管理知识，或是农产品销售知识，提高文化知识水平，更新知识结构，最终实现一大批特困地区人口掌握一技之长，提高就业能力和就业层次，实现脱贫。具体做法就是在一些特困地区通过集中讲座、远程广播电视教育、参观学习、田间现场授课等形式举办各类针对性的现代职业技术培训。根据贫困人口当地自然资源和贫困人口的实际情况，有针对性地对其精准培训，科学"开设种养技术、农村电商、专业合作社、农业经营管理等课程，并将课堂'搬到'种养基地、田间地头，现场为学员答疑解惑[1]"。这样，切实增强培训效果，让贫困人口在真正意义上掌握现代农业技能技术，实现精准脱贫致富。

第二节 中国教育扶贫的发展历程

中国教育扶贫的历史与整体扶贫开发的历史相一致，教育扶贫是整体扶贫开发的重要组成部分。结合国内研究者关于中国扶贫开发历史阶段的划分及不同历史发展时期教育扶贫的特点，把中国教育扶贫实践过程划分为如下几个阶段。[2]

一 1949—1978 年救济式扶贫时期

1949—1978 年，中国的经济、社会发展经历了"恢复—发展—

---

[1] 蒋昌忠：《论职业教育在教育扶贫攻坚中的主渠道作用》，《中国职业技术教育》2019 年第 21 期。

[2] 王文静、李兴洲、谢秋葵、赵晓晨：《中国教育扶贫发展与挑战》，载司树杰、王文静、李兴洲主编《中国教育扶贫报告（2016）》，社会科学出版社 2016 年版，第 13—26 页。

破坏—再恢复"的曲折历程。尽管国家为促进经济、社会发展与缓解贫困进行了大胆尝试，但中国极端薄弱的经济基础、"左"倾思想的羁绊阻挠以及农村工作指导方针和政策措施上的失误，导致经济体系在1978年滑落到崩溃的边缘，2.5亿农村人口生活在贫困之中。在这一时期，主要针对因灾致贫人口和战争伤残人士，采取了社会救济、自然灾害救济及优抚救济等方式，开展救济式扶贫，帮助贫困人口渡过难关。

这一时期，中国的教育基础落后，发展极不平衡，小学入学率低，成年人口文盲占比高。1949年12月，政务院文化教育委员会暨教育部成立两个月后召开了第一次全国教育工作会议，进一步明确了国家在新民主主义时期的教育目的、教育改革的基本工作方针，以及普及与提高相结合重在普及的教育发展战略。此后，教育部又相继召开了系列会议，研究确定了各级各类教育的方针政策和发展方向，分门别类地制定了一系列的规程、决定和条例办法等法规性文件，确定高等教育为生产建设服务，向工农开门的原则。

中华人民共和国成立之后确立的教育为工农服务指导方针，是中国教育发展史上的一个历史性飞跃，具有里程碑的意义。为实现这一历史性转变，党和国家为促进教育普及，采取了积极措施：改造旧学校、改革旧课程、颁布新学制、开展教师思想改造运动，提高为工农服务的觉悟等。

改革开放之前，中国虽然没有出台专门的教育扶贫政策和专项行动，但在摸索和探索建设新民主主义教育方面，取得了一定的成就，在一定程度上体现了教育发展在扶贫脱贫过程中的作用和价值。

二 1979—1985年农村经济改革推动减贫时期

20世纪70年代末，经历了十年"文化大革命"浩劫后，我国农村的贫困问题更加严重。党的十一届三中全会后，农村经济取得快速发展，贫困状况有了较大改善，大幅度减少了贫困人口。但是，农村贫困人口的绝对数仍然很大，温饱问题没有得到根本解决的人口就有

3000万人左右，反贫困压力仍然很大。①

1984年9月30日，中共中央、国务院《关于帮助特困地区尽快改变面貌的通知》（以下简称《通知》），第一次明确把消除贫困作为一项特殊的政策提出来，标志着我国政府消除贫困行动的正式开始。这也应当是我国政府文件中第一次明确提出教育扶贫。②《通知》提出的五条具体措施中，增加智力投资是其中一条重要的措施，要求在特困地区有条件地发展和普及初等教育，重点发展农村职业教育，加速培养适应山区开发的各种人才。《通知》提出各有关省、自治区成立特困地区工作领导小组，负责检查督促各项措施的落实；国家有关部门应指定专人负责，分别做出帮助特困地区改变面貌的具体部署等具体要求。③

这一时期，实施了区域性扶贫开发活动，全国性扶贫开发项目的准备逐渐步入正轨。各民主党派与工商联利用其人才与智力优势，开展"智力支边"活动，主要为革命老区、边远地区和少数民族地区等特困地区的脱贫致富和社会发展传播科学技术。

三 1986—1993年开发式扶贫时期

从20世纪80年代中后期开始，中国政府开始实施有计划、有组织、大规模的区域性开发式扶贫，将国家扶持、地方对口帮扶与贫困人口的自力更生有效地结合起来，加快了农村贫困人口脱贫致富进程。

1986年，国家成立了专门的扶贫领导机构——国务院特困地区经济开发领导小组（国务院反贫困领导小组的前身），标志着我国的扶贫减贫工作逐渐走上规范化、机构化、制度化和专业化之路。④ 同年

---

① 付民：《中国政府消除贫困行为》，湖北科学技术出版社1996年版，第35页。
② 王文静、李兴洲、谢秋葵、赵晓晨：《中国教育扶贫发展与挑战》，载司树杰、王文静、李兴洲主编《中国教育扶贫报告（2016）》，社会科学出版社2016年版，第18页。
③ 付民：《中国政府消除贫困行为》，湖北科学技术出版社1996年版，第39页。
④ 张磊：《中国扶贫开发政策演变（1949—2005年）》，中国财政经济出版社2007年版，第86页。

4月，帮助老、少、边、穷地区尽快摆脱经济文化落后状况作为一项重要内容被列入了国民经济和社会发展"七五"计划。随后，从1986年5月至1987年1月的半年多时间内，国务院特困地区经济开发领导小组接连召开了四次全体会议，明确了特困地区经济开发的基本目标和任务，并对整个扶贫工作做出具体部署，提出了具体的扶贫方案、措施和要求。我国政府消除贫困的正式行动由此进入实质性阶段。①

在教育扶贫方面，着力点依然是提高贫困人口的科学文化技术素质，日益重视教育和培训在脱贫致富中的作用。提高人的素质和科技扶贫在新的反贫困战略中居于重要位置。一是从中央到地方分层次对领导干部和专业技术人员进行广泛培训，对特困地区农民进行实用技术培训。二是将"星火计划""丰收计划""温饱工程"和"燎原计划"等大型科技推广应用行动推进到特困地区。三是积极发展特困地区的教育事业，普及初等教育，发展职业技术教育和成人教育，积极扫除青壮年文盲。在成人教育、扫盲教育中尤其关注农民，主要通过兴办各种职业学校和举办短训班对其进行各类实用性专业技术培训，提高技能，增强摆脱贫困的能力。四是组织庞大规模的科技开发与人才队伍，实施科技扶贫。主要是组织和动员一些单位里有专业知识的优秀干部到特困地区任职，组织科技人员、能工巧匠去搞人才培训等。② 此外，动员社会各界力量，支援特困地区教育发展。如：1989年10月31日，中国青少年发展基金会组织了中国第一项救助特困地区失学少年儿童专项基金，帮助因家庭贫困而失学的孩子重返校园。这项助学扶贫的事业被命名为"希望工程"。

1988年2月，国务院颁发《扫除文盲工作条例》，把扫盲教育纳入依法治教的轨道。把扫盲工作与义务教育相结合，把文字扫盲与功能性扫盲结合起来，扫盲对象年龄由12—40岁上升为15—40岁。1990年，中央10个部门联合成立全国扫盲工作协调小组，有力推进

---

① 付民：《中国政府消除贫困行为》，湖北科学技术出版社1996年版，第39—40页。
② 付民：《中国政府消除贫困行为》，湖北科学技术出版社1996年版，第44—45页。

了扫盲工作。①

四　1994—2000年国家八七扶贫攻坚时期

为进一步加快扶贫开发步伐，我国政府于1994年开始实施《国家八七扶贫攻坚计划》。该计划要求动员社会各界力量，集中人力、物力和财力，力争到2000年年底基本解决农村贫困人口的温饱问题。该计划明确规定，减免贫困户子女入学的学杂费，在助学金上给予照顾；特困地区到20世纪末基本普及初等教育，扫除青壮年文盲；开展成人职业技术教育及技术培训，让大多数青壮年劳动力掌握一到两门实用技术。同时，在科教兴农方面，也提出了要求，即统筹实施农业综合开发、扶贫开发、"丰收计划""星火计划""燎原计划"等项目。②

为加快特困地区普及九年义务教育步伐，从1995年起，政府开始实施第一期"国家特困地区义务教育工程"。1995—2000年，中央财政投入39亿元，地方财政配套87亿元，共计126亿元专项资金，实施范围集中在22个省、自治区、直辖市及新疆生产建设兵团的852个贫困县，其中，《国家八七扶贫攻坚计划》确定的国家级贫困县有568个、省定贫困县284个，成为新中国成立以来中央级专项资金投入最多、规模最大的义务教育扶贫工程。该工程极大地提升了义务教育扶贫实效。

与此同时，与收费改革体制相配套的奖学金、贷学金、特困生补助、勤工助学等政策也不断得到完善。为缓解高校贫困生问题，自1994年起，国家先后动用"总理基金"5亿多元资助贫困大学生。江西、河南、上海等省市把解决大学生经济困难纳入政府行为，建立了保证贫困大学生最低生活费和"济困基金"等制度，从而使当地

---

① 曾天山：《二十世纪的中国·教育事业卷》，甘肃人民出版社2000年版，第227—228页。

② 国务院扶贫开发领导小组办公室：《国家八七扶贫攻坚计划（1994—2000年）》（http://www.cpad.gov.cn/art/2016/7/14/art_343_141.html）。

的济困助学工作走入经常化、制度化的轨道。① 为缓解少数民族贫困学生问题，1997—2000年，国家设立特困地区义务教育助学金，资助少数民族学生接受义务教育；同时，各级政府逐步增加少数民族教育经费，对有特殊困难的少数民族地区采取倾斜政策和措施，使少数民族教育得到了前所未有的发展，教育为加速民族地区经济和社会的发展作出了重要贡献。②

五 2001—2011年基本消除贫困时期

到2000年年底，除了部分残疾人、少数社会保障对象及生活在自然环境恶劣地区的特困人口以外，全国农村贫困人口的温饱问题已经基本解决，《国家八七扶贫攻坚计划》确定的战略目标基本实现。进入21世纪后，为加快推进社会主义现代化建设步伐、全面建设小康社会，国家制定并颁布实施《中国农村扶贫开发纲要（2001—2010年）》，决定从2001年到2010年，集中力量，加快特困地区脱贫致富进程。

在教育扶贫方面，《中国农村扶贫开发纲要（2001—2010年）》指出，努力提高特困地区群众的科技文化素质。主要通过加强基础教育来提高贫困人口受教育的程度。为增强农民掌握先进实用技术的能力，实行农科教结合，加强统筹普通教育、职业教育及成人教育，有针对性地对其进行职业技术教育和各种不同类型的短期培训。③

为了贯彻落实《中国农村扶贫开发纲要（2001—2010年）》，中央决定，"十五"期间继续实施第二期"国家特困地区义务教育工程"。中央财政和地方配套共计投入73.6亿元，在中西部19个省、自治区、市和新疆生产建设兵团的522个县级单位实施，共覆盖人口1.24亿人，其中少数民族人口0.49亿人，约占总人数的40%。二期

---

① 曾天山：《二十世纪的中国·教育事业卷》，甘肃人民出版社2000年版，第413页。
② 曾天山：《二十世纪的中国·教育事业卷》，甘肃人民出版社2000年版，第234—235页。
③ 《国务院关于印发中国农村扶贫开发纲要（2001—2010年）的通知》，中国政府网（http//www.gov.cn/zhengce/content/2016-09/23/content_5111138.htm）。

• 义务教育精准扶贫理论与实践

"工程"除把校舍改造和建设继续作为重点外，还加大了师资培训的力度，新增了免费提供教科书、配置信息技术教育设备等项目。

为推动特困地区基础教育发展，中央政府还实施了免费教科书并补助寄宿生生活费专项、农村中小学现代远程教育工程、中小学危房改造工程、农村中小学教师工资专项、农村寄宿制学校建设工程、西部地区"两基"攻坚计划等转移支付项目。这些举措极大地促进了特困地区基础教育的发展。

六 2012—2020 年新时代精准扶贫攻坚时期

党的十八大召开，确定中国正式进入一个崭新的时代。以习近平为核心的党中央十分关心脱贫攻坚、全面进入小康社会等，并要求在 2020 年，我国必须脱贫致富，全面进入小康社会。

习近平心系百姓，关注贫困，把扶贫作为执政为民的基础，以人民为中心，制定了扶贫开发战略，在新时代开启了扶贫开发新模式。全国人民集中力量搞好脱贫攻坚，实现到 2020 年全面建成小康社会。这不仅为我国特困地区及贫困人口实现全面脱贫共赴小康提出了理论与实践依据，还为全世界扶贫提供了中国模式。新时代的扶贫由"大水漫灌"的扶贫开发逐渐向"精准滴灌"的扶贫开发转变，其开发方式由"输血式"转向"造血式"，教育扶贫的作用日趋凸显。习近平十分注重教育扶贫在脱贫攻坚工作中的先导地位与作用。党的十八大以来，他对教育扶贫进行了多维度、全方位、系统化的论述。提出了"发展教育脱贫"是五大精准扶贫、精准脱贫尤其重要的途径之一的论断。多次强调"注重扶贫同扶志、扶智"相结合，"两不愁，三保障"，激发贫困人口的内生动力，改变其思想观点，调动其积极性。指出教育扶贫应关注重点人群，突出精准，不断调整思想，针对性地对贫困人口进行整体开发和提高。并系统、集中阐述了"脱贫""扶贫"的重要意义、重要价值以及实现途径与策略。这主要是通过保障基础教育与准确有效地开展职业教育来实现的。

无论是国务院扶贫办还是教育部、人力资源和社会保障部，都从不同层面制定和颁布了一系列的教育惠民政策。如 2013 年 12 月 31

日教育部、国家发展改革委、财政部颁发的《关于全面改善特困地区义务教育薄弱学校基本办学条件的意见》，2014年4月23日，教育部办公厅、国家发展改革委办公厅、财政部办公厅印发《关于制定全面改善特困地区义务教育薄弱学校基本办学条件实施方案通知》，2014年7月18日，教育部办公厅、国家发展改革委办公厅、财政部办公厅印发《关于印发全面改善特困地区义务教育薄弱学校基本办学条件底线要求的通知》，2015年6月2日，国务院扶贫开发领导小组办公室、教育部、人力资源和社会保障部印发《关于加强雨露计划支持农村贫困家庭新成长劳动力接受职业教育的意见》，2017年11月，中共中央办公厅、国务院办公厅印发《关于支持深度特困地区脱贫攻坚的实施意见》，2017年11月，《国务院扶贫开发领导小组关于广泛引导和动员社会组织参与脱贫攻坚的通知》，2018年1月，教育部、国务院扶贫办关于印发《深度特困地区教育脱贫攻坚实施方案（2018—2020年）》的通知，2020年6月，《教育部等十部门关于进一步加强控辍保学工作，健全义务教育有保障长效机制的若干意见》，2020年6月，《教育部办公厅关于做好2020年边远特困地区、边疆民族地区和革命老区人才支持计划教师专项计划有关实施工作的通知》等。这些政策文件、实施方案或支持计划等的颁布和实施，为特困地区提供了充裕的教育资金支持，给予乡村教育实行专项特惠补助，不断提升乡村教师教育教学能力水平等。这将不断改善特困地区教育现状，实现"幼有所育，学有所教"的教育全覆盖，为精准扶贫、精准脱贫提供了有力保障，进一步切实保障贫困子女都能享受到公平而有质量的教育。

第三节 义务教育的贫困与精准扶贫

一般认为，基本公共服务落后是贫困地区最大的短板，义务教育更是短板中的短板。因此，在厘清教育精准扶贫内涵的基础上，需要进一步精准聚焦深度贫困地区义务教育发展现状，挖掘其中的问题和原因，合理设定未来发展路径。

• 义务教育精准扶贫理论与实践

一 义务教育贫困的主要表现

近年来,各级政府不断加大义务教育的投入力度,全力推动义务教育区域、城乡均衡发展,坚持公共教育资源尽量向农村地区、中西部地区、特困地区倾斜。改革开放四十多年来,从"普九"到"均衡",直到逐步实现"不让一个孩子因家庭贫困而失学"目标,我国义务教育发展取得可喜成就。但在肯定过往成绩的同时,仍需意识到当前国内尤其是深度特困地区义务教育发展尚且存在诸多现实性问题。在山高路险、交通闭塞、生育率高、受教育意识淡薄、基础建设相对薄弱等困境的制约下,部分老少边穷地区社会经济严重滞后于国内平均水平,并衍生出义务教育发展底子薄、历史欠账多的问题。调研发现,当前我国义务教育贫困主要表现在以下方面。

(一)义务教育优质均衡发展有待深入推进

《义务教育法》从理论根基上保障了"形式"的教育公平,而推动义务教育均衡发展则是落实实质的教育公平。在全面"普九"从根本上基本解决了义务教育适龄儿童"有学上"的问题的基础上,2012年《国务院关于深入推进义务教育均衡发展的意见》(国发〔2012〕48号)明确要求深入推进义务教育均衡发展,着力提升农村地区学校以及各类薄弱学校办学水平,努力实现所有适龄儿童少年"上好学"。2013年,教育部启动义务教育均衡发展督导评估工作,并将之作为常态化工作机制。截至2019年12月底,全国累计2767个县(注:因行政区划调整减少19个)通过国家义务教育均衡发展认定,比例达到95.32%;其中东部地区890个(全部实现),中部地区872个,西部地区1005个。目前,全国仅有136个县未通过认定,义务教育基本均衡发展成就喜人。

但是,国务院教育督导委员会办公室主任、教育部教育督导局局长田祖荫明确表示:"义务教育均衡发展是动态的,通过国家督导评估认定不是终点。"这一表述,可以从两个层面进行理解。一方面,指义务教育均衡发展验收工作具有常态化机制,即每年对通过基本均衡发展认定的县进行监测复查。如,《2019年全国义务教育均衡发展督导评估工作报告》显示，年度监测复查的13个省份中23个县小学或初中学校综合差异系数出现滑坡，未达到标准要求。以义务教育管理体制机制为例，调研组发现个别地方政府及相关行政部门未完全履行教育职能，如财政部门未按要求规划划拨教育经费，经费预算、划拨渠道不经过教委，直接针对学校；规划建设部门未按要求规划建设配套学校，配套学校建设相对滞后；房管部门未按要求登记校舍产权，工商、公安部门未按要求对学校周边进行治理；人社部门仍将应交由教育部门统筹管理的职权抓住不放，仍按公务员招录方式招录新进教师，新进教师专业能力不符合学校需求等。

另一方面，指义务教育发展将由基本均衡向优质均衡升级。在充分肯定全国义务教育基本均衡成绩的同时，仍需明确意识到受限于财力差异，导致当前我国区域、城乡及校际义务教育发展仍存在较大差距。当全面普及九年制义务教育、保障全体适龄儿童受教育权利后，人民大众对义务教育的需求以及从"有学上"转变到"上好学"。根据《县域义务教育优质均衡发展国家督导评估认定规程》，全国县域义务教育优质均衡发展督导评估认定重硬件，更重软件，重指标合格，更重群众满意，重数量，更重质量。优质均衡的核心要义是"四个更"，即全面发展的理念更鲜明，标准化建设程度更高，教师队伍更强，人民群众更满意。

在义务教育基本均衡推进接近尾声时，必须着力促使城乡基本公共教育服务均等化水平不断提高，以形成义务教育发展与城镇化进程同步推进、基本协调的格局，回应人民群众对义务教育优质教育资源的热切期盼。

(二) 义务教育学校规划布局有待进一步加强

学龄人口数是教育资源配置的核心要素。因此，义务教育学校布局规划要紧密结合地区未来人口变动和教育需求变动趋势。以我国西部某省份2018年截面数据为例，该地区农村义务教育学校共计3266所，占义务教育学校总数的86.8%，在校生185.8万人，占义务教育学生总数的59%；城镇义务教育学校共计496所，占义务教育学校总数的13.2%，在校生128.2万人，占全市义务教育学生总数的41%。

● 义务教育精准扶贫理论与实践

明显失衡的城乡学校与学生比例数据，充分证明了当前义务教育阶段城市学校"大班额"和乡村学校"麻雀化"的现实性问题。

从成因上看，农村生源流入是"大班额"形成的重要原因。一方面，随着改革开放以来的劳动力人口迁移，伴生出极为庞大的随迁子女群体，这一部分儿童的教育必须经由其家长务工所在地学校解决。另一方面，随着户籍制度改革，城乡一体化发展趋势显现，城区常住人口快速扩容，兼之农村家长在经济情况整体提高后送子女进城求学。两方面原因共同导致城镇区域学位需求快速提升，而对应地区教育资源发展却相对迟缓，教育资源供给和教育资源需求矛盾突出。在学校师资配备、教学设施等条件限制下，城镇学校不得不扩大班级规模，以容纳计划外生源入学。此外，部分城市地区因配套学校建设涉及旧城改造和新区开发建设等政策规定，涉及规划、国土房管、建设等多个部门以及建设集团、开发商等企业，在落实规划布局、土地供给、资金来源、建设主体、办学体制等方面存在具体问题，导致居民入住后配套学校规划建设滞后。当地教育行政部门将未及时兴建配套学校区域的学生，统筹安排到相对就近学校入读，导致接收学校学位紧张，也可能导致大班额现象。

在城镇学位紧张的同时，乡村学校出现了"麻雀"化的特征，部分校点甚至成为闲置空壳学校。以某国家级深度贫困县具体数据为例，该县有乡村小规模学校103所，在校学生数为2647人，配套教师数为306人，师生比高达1∶8.65。在这103所小规模学校中，学生数5人以下33所，1人1校7所。根据国家和地方政策，所有乡村小规模学校均需配置足额教师、按100人拨付公用经费等，因此极大地耗用了有限的教育资源。但是，这一批办学条件比较薄弱、资源投入效率较低的乡村小规模学校，却集聚着贫困程度最深、处于社会"后20%"的弱势群体家庭子女，关乎教育公平的底线。主管部门在该类学校布局调整中面临两难困境，如果把这些学校撤销或合并，则会造成学生上学路途远、不安全等问题，且可能加大贫困家庭受教育成本，诱发辍学等继发性问题；如果不撤并，保持原有教学模式，则教育质量难以保障，从而导致学生陷入难以逃脱的贫困陷阱，且会产生较大的教育资源压力。

因此，需要着力调整城乡学校布局结构。根据现有人口数量、分布和人口流动特点，研究学龄人口变动趋势，科学预测未来城镇学龄人口的数量和空间分布，精准测算教育资源的承载能力，科学规划城乡学校布局，实现学龄人口分布和学校空间布局的协调化。

（三）义务教育学校办学条件有待全面改善

办学条件直接决定着义务教育的办学质量。当前我国普遍存在的义务教育学校规划布局和在校生人数分布失衡，兼之部分地区教育薄弱的历史性问题，共同导致了部分学校办学条件不足以支持其办学规模。为提高义务教育质量和水平，缩小城乡间、区域间教育发展差距，我国未来应致力于建立以师资配备、生均拨款、教学设施设备等资源要素为核心的标准体系和办学条件标准动态调整机制。

在教育城镇化率不断提高的大背景下，城镇学校面临的扩容压力与日俱增。以寄宿制学校床位供给为例，随着学校布局调整，农村小学向乡镇集中，初中向中心镇和县城集中，学校服务半径不断扩大，农村小学生入学半径超过2.5千米（儿童步行约1小时）的人数增多，学生寄宿需求逐年增长，这导致了寄宿学校床位始终供不应求的问题。而床位仅是办学条件有待改善的具体项目之一，整体改善涉及教学及辅助用房、学生宿舍、食堂、厕所、锅炉房、浴室、运动场地、校园文化等建设。面临城镇学校日益扩大的办学规模，必须坚持义务教育学校规模及班额标准、学校建设用地、学校建筑面积、常规通用教学设备、学科教学仪器设备、六大功能室器材设备、现代教育技术设备等硬性指标不动摇。继续实施义务教育薄弱学校改造项目，全面完成规划项目建设任务，确保学校校舍、教育装备、生活设施等达到国家办学条件基本要求。

针对规划保留的乡村小规模学校，必须结合实际设置必要的功能教室，配备必要的设施设备，保障基本教育教学需要，防止盲目撤并乡村小规模学校造成学生辍学问题，并注意避免出现新的校舍闲置问题。同时，按照有关标准为偏远地区乡镇寄宿制学校和规划保留的乡村小规模学校教师建设必要的教师周转宿舍。

• 义务教育精准扶贫理论与实践

此外，信息技术正在改变或已经改变学校教学方式，教育信息化成为助推义务教育发展的重要支撑。在特困地区优先实施教育信息化2.0行动计划，将教育信息化基础设施纳入学校基本办学条件，保障经费投入。按照教育信息化"三通"要求，加快完善学校网络教学环境，建设专递课堂、同步课堂，共享优质教育资源，促进信息技术与教育教学的深度融合，提高应用服务水平和信息化教学能力；开展"互联网+教育"，探索构建高速泛在、开放共享、安全可靠的教育信息化环境，进一步提升义务教育学校教育信息化应用水平。

（四）义务教育学校师资建设面临多重难题

教师是科学知识的传播者，文明之树的栽培者，人类灵魂的设计师。为义务教育学校足额配备合格教师，是义务教育精准扶贫、提升义务教育质量和水平的重要措施。但目前我国特困地区义务教育学校师资建设面临如下难题。

其一，师资队伍总体超编、区域缺编与结构性缺编问题并存。近年来，人力社保部门事业单位岗位管理的政策与中小学教育事业发展的需求存在不匹配的情况。在现行编制政策下，各地编制被冻结，教师数无法积极适应学生数的增减。一方面，个别地区因人口快速增长，办学规模快速扩大，造成教师严重短缺，但编制总量有限，不得不大量聘用编外教师；另一方面，乡村小规模学校教师总体超编与结构性缺编问题并存，部分农村学校因生源下降显著，出现教师冗余。但总体编制均被占用，难以引进英语、音体美等专业教师，教师结构无法得到改善，地方政府也无力支持大规模编外教师聘用。部分乡村学校中音、体、美、科学、劳技等学科教师仍然由其他学科教师兼任，专业化、专职化程度不高，导致该类课程开设质量不高，对学生全面发展有较大影响。

其二，乡村中年教师队伍断层与青年教师队伍不稳定突出。调研显示，样本乡村教师平均年龄接近45周岁，"60后"与"90后"各占较大比重，中间年龄段断层较为严重，由于年龄、经历、观念等差距，乡村教师"传帮带"存在现实困难。同时，受环境艰苦、收入偏低、家庭或婚恋等因素影响，青年教师流失现象较普遍。在实地调研与教师座谈交流时，受访者普遍反映住房困难是导致青年教师留不住的重要"瓶颈"。在教师招聘中，新入职教师多数不是本地人，而部分学校尤其是乡村小规模学校缺乏周转房，周转房配置不足教师数的十分之一，大部分教师必须自行租住学校附近民房。同时，工资待遇偏低，医疗、子女入学困难等问题也极大程度上降低了乡村青年教师的从教热情，导致新入职教师"下不去""留不住""待不长"。

其三，部分教师尤其是乡村教师综合素质不高。部分乡村学校如村完小、教学点等，中青年教师匮乏，教师老龄化较为严重。该教师群体总体学历水平偏低，接受、适应现代教育方式变革的能力较弱。甚至有教师包班教学，极少有机会外出接受培训学习，甚至拒绝继续学习，教学方式方法陈旧，无法有效利用信息化技术设备和教育资源，与城镇教师的专业素质存在明显差距。

此外，寄宿学校宿管、心理辅导教师等岗位人员量少质弱问题突出。在调研访谈中发现，由于学校管理和教育教学任务重，寄宿制学校少有专任教师负责在校寄宿学生管理，而多由在编教职工兼职管理学校寄宿生。长期兼任教学和生活管理的教师，工作量非常繁重，工作时间极长，导致其工作积极性差，怨气较大，不利于学校的有效管理和长期发展。学校心理辅导教师缺乏，学生心理问题无处咨询和解决。近年来，校园欺凌事件频繁发生、屡见报端，特别是部分强势学生针对部分留守儿童、贫困儿童、单亲及孤儿的打骂侮辱行为时有发生。由于家庭教育的缺位以及农村学校心理健康教师配备严重不足，导致乡村学校学生日积月累形成的心理问题难以缓解，对他们的健康成长十分不利。

（五）义务教育阶段学生群体存在诸多困境

1. 农村学生上学远的问题依然存在

2018年的一项调研统计显示，位于中国西部地区的某省共有90.8万名农村小学生，其中43.4万名农村小学生上学距离超过2.5千米，占比47.8%。在入学半径超过2.5千米的学生中，15.7%的农村小学生寄宿；49.6%的学生步行上学；34.8%的学生乘坐交通工具上学。集中表现出两个问题：一是乡村小学生上学半径超过相关规

• 义务教育精准扶贫理论与实践

定人数多。由于受到城镇化及撤点并校的影响，该省部分区县的偏远农村地区出现生源流失、校点稀疏的现象，导致农村小学生上学半径超过 2.5 千米的人数众多、占比较大。且随着乡村振兴战略的深入推进以及"全面二孩"人口政策的落地，未来乡村学龄人口将会得到有效稳定，在校点布局不变的情况下，农村小学生上学半径过远的问题将会不断凸显。二是乡村学生寄宿、交通等需求无法完全得到满足。由于部分地区乡村寄宿制学校数量和宿舍床位供给不足，加上教育管理水平不高，导致农村小学生整体寄宿率仅为 15.7%，总体偏低。同时，由于部分偏远特困地区乡村道路不畅、城乡公交运力不足，导致远距离农村小学生乘车人数占比仅为 34.8%，接近一半 2.5 千米以上入学半径的农村小学生采用步行方式上下学，一般山路单程需要 1—2 个小时，造成了学生的生理、心理负担。

2. 农村留守儿童教育关爱问题仍然突出

近年来，农村留守儿童数量逐渐减少但面临现实困境。针对西部地区重庆市某个深度贫困乡镇 Z 的调查显示，在 2016 年至 2018 年，Z 乡在校学生总人数不断减少，在校农村留守儿童人数也随之减少，留守儿童占比不断下降，2018 年降到三年来的最低点 29.46%，数量与占比的双下降表明留守儿童数量在逐年减少。在走访调查及座谈中发现，由于未能建立及时调整的动态留守儿童数据库，现行的统计方式为每学期开学初进行一次性的数据统计，导致 Z 乡部分农村留守儿童未能及时纳入统计范围，部分事实或突发贫困留守儿童未能纳入建卡贫困帮扶范围。同时，留守儿童学习生活习惯、心理情感等方面亟须关注改善。一是在学习方面缺乏课业辅导，放任自流现象普遍存在。82.52% 的儿童表示喜欢学习，但仅有 27.4% 的儿童对自己目前的学习状态表示满意。仅有 18.6% 的留守儿童家里有人能辅导自己做作业，40.93% 的儿童完全无人辅导作业；60.68% 的留守儿童反映监护人对自己的学业很少过问或基本不管，仅有 9.71% 的监护人会主动与学校教师保持联系询问儿童学习生活情况。二是在生活方面缺乏引导管理，习惯较差。68.35% 的留守儿童表示会经常帮家长或监护人做家务，但仍有超过 30% 的留守儿童表示很少做家务或不做家务。值得警醒的是，接近50%的留守儿童每天玩手机或看电视的时间超过2个小时。57.49%的留守儿童反映自己存在违纪、不参加集体活动、懒惰、讲脏话、不讲卫生等不良习惯；31.55%的留守儿童表示自己存在抽烟、小偷小摸、撒谎、早恋倾向等不良行为。三是在心理方面缺乏沟通疏导，无处倾诉。73.67%的留守儿童表示自己内心存在较大的生活学习压力，24.29%的留守儿童表示不喜欢现在的班集体，缺乏归属感；仅有约67%的留守儿童表示自己愿意和同学在一起，喜欢交朋友；41.27%的留守儿童反映很少参加或从不参加学校、班集体组织的活动；67.27%的留守儿童表示有心里话想对父母说，其中，想对母亲说的有45.91%，仅有9.55%的留守儿童表示会对临时监护人说心里话，7.73%的留守儿童表示会和老师、同学说心里话。此外，37.86%的留守儿童认为自己存在内向、任性、暴躁、软弱等特征。四是在权益方面缺乏主动维护，权益受损。51.45%的留守儿童反映在父母外出打工期间，有时或经常受到过他人欺负或人身伤害，被别人欺负的原因14.08%认为是"父母不在身边、缺乏保护"，33.01%认为是"别人故意挑衅"。此外，67.48%的留守儿童表示在学校受过伤。

3. 特殊教育学生受教育问题客观存在

一是采集入学信息不全面。教育行政部门和残联对应接受义务教育的残疾适龄儿童、少年入学就读情况摸底排查不全面，对应招生入学适龄残疾儿童、少年信息和应接受义务教育而未入学的残疾儿童少年信息等掌握不精准。二是评估安置工作效果差。有些地方教育行政部门未能按要求会同卫生行政、残联等部门，对适龄残疾儿童少年接受义务教育的方式进行评估认定，提出安置建议。教育行政部门难以按照"一人一案、分类安置"原则和"全覆盖、零拒绝"要求，以更加有利于残疾儿童少年发展需要为基本点，在综合考虑适龄残疾儿童少年家长的教育意愿、区县（自治县）残疾人教育专家委员会的入学安置建议以及区域特殊教育资源（包括普通学校和特殊教育学校）的基础上，合理安排入学方式和学校。"一人一案、分类安置"措施存在走过场的现象。三是残疾儿童关爱帮扶措施难落实。教育部

● 义务教育精准扶贫理论与实践

门和学校本应加强对残疾学生的教育指导，以立德树人为根本，将学科学习、实践活动、生活管理有机融合，注重心理健康教育，但是在实际操作中，由于教师本就缺乏，且参与的教师多半是学科普通教师，针对特殊儿童的专业辅导技能缺乏，部分学校建立的一对一帮扶制度、家校联系制度、村社学校联系制度等未能有效发挥作用，落实各类资助政策，解决后顾之忧效果不到位。

4. 义务教育阶段学生失学辍学问题未得到根本解决

由于社会环境以及家庭不正确教育观念等综合因素的影响，部分乡村义务教育适龄儿童、少年未能接受或完整接受九年义务教育，失学辍学问题尚未得到根本解决，部分地区的控辍保学任务仍然繁重。

据教育部数据，2016年中国义务教育阶段巩固率为93.4%，这意味着每100个孩子进入小学，有近7人会在初中毕业之前辍学。2019年春季学期，教育部以国家深度贫困县为重点，先后分两次公布了共计374个控辍保学国家重点监测县，占全国县区总数量（2019年2851个县级行政区）的13.12%，连续监测3年。目前，虽然我国并未公开发布过全口径的全国范围内失学辍学适龄儿童少年的总体数量，但可以预测的是，由于我国义务教育普及程度已经达到世界高收入国家平均水平，且连续多年义务教育普及水平持续保持高位（小学学龄儿童净入学率超过99.9%，初中阶段毛入学率达到100%，全国及绝大多数省份男女童入学率性别差异也已经消除），因此，全国义务教育失学辍学人数占全国适龄儿童少年总人数的比例应该比较低，未来还会持续降低。但是，也应该清醒地认识到，由于我国义务教育适龄人口基数大，以2018年为例，"全国共有义务教育阶段在校生1.50亿人"，而"全国小学毕业生升学率为99.1%"，"全国九年义务教育巩固率为94.2%"[1]，再加上失学辍学儿童少年数量的逐年累计，可以肯定的是，全国范围内失学辍学儿童少年的绝对数量仍然较大。国务院办公厅《通知》也曾明确指出："受办学条件、地理环

---

[1] 教育部：《中国教育概况——2018年全国教育事业发展情况》，中华人民共和国教育部政府门户网站（http://www.moe.gov.cn/jyb_sjzl/s5990/201909/t20190929_401639.html）。

境、家庭经济状况和思想观念等多种因素影响，我国一些地区特别是老少边穷岛地区仍不同程度存在失学辍学现象，初中学生辍学、流动和留守儿童失学辍学问题仍然较为突出，这直接关系到国家和民族的未来。"据《北京青年报》2019年11月21日报道："从教育部获悉，今年教育部针对义务教育阶段辍学现象采取专项工作，控辍保学取得了良好效果。全国国家级贫困县义务教育阶段辍学学生人数已从今年5月底的29万人减少至6.5万人，减少了22.5万人。"上述数据还仅仅是国家级贫困县义务教育阶段辍学学生数，不是全国整体的面板数据。查询核算教育部公布的2012—2018年全国义务教育招生入学人数等数据，可以估算出我国2012年以来发生辍学情况的学生数据体量大致维持在55万—100万人（未排除辍学后被劝返复学学生数据），最高峰时理论模型数值曾接近180万人，且主要存在两类辍学现象，一类是小学毕业后未能进入初中阶段学校就读，占比较低；另一类是在接受初中教育过程中发生了辍学，整体占比较高。另外，综合西部地区的四川、云南、贵州、青海、广西、重庆等六省（市、自治区）的公开报道数据，2018年以来六地已经劝返复学的总人数就超过了20万人，目前仍处于劝返复学的深度攻坚阶段，失学辍学学生原始基数也应该更大。因此，当下全国范围内的控辍保学任务仍然十分艰巨，面临着许多现实困境，如何啃下控辍保学这块"硬骨头"实现教育全面普及的目标，成了当前我国义务教育改革发展进程中的时代命题。

表 3-2　　　　2012—2018年全国九年义务教育巩固率统计

单位:%

年度	2012	2013	2014	2015	2016	2017	2018
巩固率	91.8	92.3	92.6	93.0	93.4	93.8	94.2

注：1. 数据来源为教育部公布"全国教育事业发展统计公报""全国教育统计数据"；
2. 九年义务教育巩固率，是指初中毕业班学生数占该年级入小学一年级时学生数的百分比。

二　义务教育贫困的原因分析

人们一般意义上认为的"贫困"，往往指的是国家生产总值、国

- 义务教育精准扶贫理论与实践

民收入平均值等,是个经济指标,关心的是有什么产业、有什么资源、有什么产出等问题。这种对"贫困"的基本定位,把教育的发展也定位为增加国民生产总值,增加个人平均收入,增加地方的产业等方面,没有把教育的内涵发展与经济发展统筹起来。在教育发展上,重视了学校硬件建设,忽视了学校内涵发展。这种状况导致了教育的发展与经济发展不适应的问题。"特困地区"在经济上逐步摆脱了"贫困",已经较大地缩小了与富裕地区的差距,但人口素质却没有得到同步提高,其根本原因就是教育质量问题。而特困地区面临的教育质量问题主要是义务教育质量问题,导致特困地区义务教育"贫困"有诸多原因,主要受到客观自然条件、历史文化因素、政策体制、评价机制等方面的影响。

(一) 客观自然条件的影响

自然环境状况是人们生存和发展的物质基础。相关研究表明,我国的贫困具有明显的区域性,贫困人口在少数地区高度集中分布;贫困不是由社会经济制度和人口天赋素质造成的,而是由自然条件和社会经济条件所决定。相对于经济社会条件而言,自然条件对中国贫困人口的空间分布具有更加深刻的影响。恶劣的客观自然条件给特困地区的义务教育发展造成了严重影响,主要表现在以下三个方面。

1. 影响学校规划布局和生源来源

究其原因,主要表现在以下几个方面:一是由于自然条件恶劣导致教育被忽视。我国特困地区多处于西北、西南等高原山区及沙漠戈壁,总体呈现出山高坡陡、沟壑纵横、高寒低温、灾害频繁等特征,相当多的地区被认为是处于不适合人类生活或居住的环境,居民长期致力于应对生存环境的威胁,没有足够的精力发展教育。二是交通条件落后导致上下学不便。特困地区的自然地理特征和较为落后的社会经济条件,决定了其交通十分不便利的处境。在深度贫困的偏远山区,至今仍有聚居点不通公路,物资交流和人员交流十分困难。随着近年来政策性的"撤点并校"和社会性的人口迁移,许多特困地区乡村校点更为稀疏,该地区的学生上下学也面临更大困难。三是义务教育贫困学龄人口既集中又分散。全国义务教育贫困学龄人口一般以贫困家庭为依托集中分布在国家级和省级贫困区县，而位于贫困县之外的义务教育贫困学龄人口零星地分布在广大农村地区。零星性分布还表现为牧区人口、库区人口、高山高寒地区人口及边界地区人口等。

2. 影响教育投入的基本指向与综合效益

首先，由于我国特困地区在中西部地区广泛分布，所呈现出来的问题有时候在某一方面集中显现，因此导致国家财政投入往往就某一单项建设项目组织投资建设，且必须专款专用，但事实上特困地区学校存在的问题和需求是综合性的，教育投入也需要综合性的投入，影响了单项投入的绩效；其次，国家的分散投入较多，没有充分发挥集中的优势，很少形成规模化作用；最后，国家前一阶段针对特困地区义务教育的软件投入较少，大多数资金投入集中在校舍建设、设施设备配置上，对特困地区教师的职后系统性专业化发展培训投入不足。

3. 影响教师队伍的长期稳定与优质发展

人们把特困地区教师的不稳定情况形容为"铁打的学校流水的教师"，这种现象的背后有着非常具体的客观原因。一是从大中城市或自然条件好的地区来的教师，难以适应特困地区恶劣的自然环境。特困地区学校的内部工作环境近些年来虽然得到了较大改善，但是一些偏远山区的义务教育阶段薄弱的学校条件依然较差，学校周边人烟稀少甚至荒无人烟，信息闭塞、交通不便，影响了教师投入工作的积极性。二是特困地区恶劣的客观自然环境，给教师的婚姻、家庭造成诸多不利影响，进而导致了特困地区教师队伍的流动频繁。生存是人的第一需要，当青年教师来到偏远的特困地区，面临工资低、积蓄少、购房、结婚、生育、提升学历等各种实际困难时，极易产生畏难心理。如果教师流动能够使他们获得他要达到的目标，他们将会为了实现目标而选择离开。三是特困地区的客观自然环境，给教师的终身发展造成巨大影响。现代社会，很多青年人更加重视自身价值的实现，重视自身知识的获取与提高，渴望获得教育和培训机会，因此他们希望到更好的环境去获得更新的知识和经验，实现个人能力的增值。这个特点使得年轻人有较高的流动意愿，在流动中更好地实现个人

● 义务教育精准扶贫理论与实践

价值。

（二）社会文化因素的影响

我国现存的特困地区大多是高寒山区、革命老区、少数民族地区、边疆地区等，历史上就曾经一直是贫穷和落后地区，这一状况一直持续到今天，发展明显滞后于先进发达地区。

1. 价值观消极的因素

诺贝尔经济学奖得主缪尔达尔说："不发达国家民众巨大的贫困至少部分是由于他们的宿命论、他们的麻木和他们对于改变观念和制度、推广技术、改善卫生等努力的冷漠。"因为他们这种消极的宿命论思想使得他们安于现状，形成了自我保存的贫困链——加尔布雷斯称之为"对贫困的顺应"。这种消极落后甚至是封建愚昧的观念影响了贫困百姓的思想，进而形成了一种愚昧的文化心态，使之身在贫困中而并未意识到贫困，以至于消极观念长久存在，并极可能形成代际间的传递。

2. 轻视文化教育的因素

"读书无用论"的论调从未彻底消失，在贫困农村经常性地沉渣泛起。轻视教育必然导致特困地区教育发展缓慢。由于特困地区的人们长期生活在贫困的环境里，形成了一种比较固定的生活方式、行为规范和价值取向。这种特定的文化使他们相当程度地远离了社会生活的主流，不能较好地与整个社会融为一体，难以分享社会所创造的最新成果和最新价值。或者说他们并不在意时代与社会的变迁，因而也不在意知识的学习。相较于投资—回报清晰可见的务工、务农活动，教育投资具有投资高、周期长、见效慢的特点，甚至可能出现投资失败现象，导致特困地区的人们并不重视教育。这种相对封闭落后的思想观念也在客观上导致了特困地区义务教育发展的缓慢与滞后。在这些思想观念的影响下，特困地区相当一部分学生未完成九年义务教育，部分学生甚至未曾接受完整的小学教育。

3. 受到"应试教育"的影响

应试教育在某种程度上拉大了特困地区教育质量的差距。在应试教育理念下，小学阶段学校和教师千方百计增加学生作业，家长想方设法给孩子报考各类培训班，目的就是考进一个好的初中；初中教育阶段学校紧紧围绕中考的指挥棒，违规补课、过度布置课后作业，家庭费尽心力送孩子到各种培优班，目的就是进入好的高中；考入重点高中后，又筹谋升入重点大学、名牌大学。但必须明确，应试教育本身异化了义务教育的精神实质，十分不利于义务教育的内涵发展，对提高特困地区义务教育水平存在消极影响。这种教育方式将义务教育视作升入下一级学校的预备，而不关注人的全面发展，在目标、内容和方法上都远远不能满足义务教育阶段个人和集体发展的需要。在此背景下，特困地区家庭承担了过高的教育投资风险，即学生如不能在考试中脱颖而出，那么就会滑入乡村社会的边缘位置——他们既失去了去更高学府接受教育的机遇，又难以承担繁重的农业生产的需要。尽管这种状况严重影响了贫困山区义务教育的效率，也挫伤了地方政府和个人投资教育的积极性，然而直到今天，特困地区政府、教育主管部门、社会、家庭对学校的评价仍以升学率为重。

（三）政策体制的影响

政治经济制度决定着教育的领导权，决定着受教育的权利，决定着教育的目的。纵观我国的政治、经济和教育政策，从全局来看，是有利于义务教育均衡发展的，但在政策落地执行中，却对特困地区义务教育均衡发展产生了一定的负面影响。具体有以下五个方面。

1. 义务教育发展受到国家宏观政策的深刻影响

纵观中华人民共和国成立以来的不同历史阶段：在计划经济时期，特困地区的贫困面貌长期得不到改善，义务教育发展随之陷入窘境；改革开放以后，国家的开放政策又主要是向富裕地区倾斜，国家投资政策、税收政策等均有利于富裕地区的发展，国家对特困地区虽给予了一定的"输血"政策，但是存在政策不明、资金使用不当等问题，特困地区义务教育得到一定程度发展，但发展程度较低；在新时期，特困地区与发达地区的发展并未站在同一起跑线上，难免造成发展在事实上的不平等，使两者差距进一步拉大，义务教育发展呈现出较大程度的城乡之间、区域之间、校际的不均衡。

• 义务教育精准扶贫理论与实践

2. 义务教育发展受到教育政策与制度的直接影响

我国的教育政策和制度设计与经济社会发展的政策和制度高度相关。在城乡二元化时期是采取非均衡的价值取向，就是以城市为中心的价值取向。1985年《中共中央关于教育体制改革的决定》确立了"分级办学、分级管理"的体制，基础教育的发展主要责任在地方政府，而特困地区地方财政难以高水平投入义务教育发展建设。改革开放后，由于受市场经济制度的影响，使基础教育甚至是义务教育曾一度出现产业化、商品化倾向。面对新旧体制交替中出现的新问题、新矛盾，政策和制度反映和应对不及时，使得贫困山区义务教育均衡发展受到一定影响。教育人事制度改革下的教师聘任制，引入竞争机制，实行竞争上岗，乡村学校、偏远地区学校在竞争中处于不利地位，导致城乡之间师资配置的不均衡状态愈演愈烈，更加剧了城乡教育的分化，严重影响了特困地区义务教育的良性发展。

3. 义务教育发展受到"以县为主"管理体制的全面影响

2001年6月召开的全国基础教育工作会决定，将原来名义上在中央政府领导下，地方负责、分级管理，而实际上"以乡镇为主"的义务教育管理制度，改为在国务院领导下，由地方政府负责，分级管理的"以县为主"的管理体制。"以县为主"的管理体制存在一定不足，具体体现在：一是各级政府投入比例不清、责任不明。虽然国务院办公厅在《关于完善农村义务教育管理体制的通知》中规定了县级人民政府对农村义务教育负有主要责任，省、市、县、乡等地方各级人民政府承担相应责任，中央政府给予必要的支持。财政部、教育部2006年印发的《关于确保农村义务教育经费投入加强财政预算管理的通知》中也规定：按照"明确各级责任，中央地方共担、加大财政投入、提高保障水平、分布组织实施"的原则，建立中央和地方分项目、按比例分担的农村义务教育保障机制。可在实践层面上，没有从法律上规定各级政府的投入比例，使得省、市、县、乡（镇）各自在教育投入中应承担的比例没有明确具体的规定，导致各级政府投入比例不清，责任模糊，无法可依。二是特困地区经济发展缓慢，无力承担义务教育投入。事实上，特困地区由于经济发展速度缓慢，绝大多数特困地区财政无力承担庞大的义务教育投入责任，义务教育事业费用的稳定增长很难实现。特困地区财政既要统筹全县教师工资，还要担负普通高中、职业高中的发展重任，本已勉为其难，对义务教育均衡发展的投入"有心无力"。三是财政配套资金缺乏，学校债台高筑。近些年以来，按照国家政策，各地为尽快改善义务教育办学条件，中央和各省相继实施了校舍维修改造、教学仪器更新等一系列工程。实施这些工程需要地方配套相应资金，但在贫困县，仅人员工资和民生政策支出就占了当年地方支出的90%以上，学校发展专项资金需要地方财政配套部分难以按时足额拨付到位，这在各地接受国家义务教育发展均衡达标验收时均有所反映。当学校建设的资金压力转嫁给学校后，学校只能在生均公用经费中支出，同时还要保证正常的教育教学经费，这就使特困地区绝大多数学校欠下了沉重的债务，最终导致了学校经费运转十分困难。

4. 义务教育发展受到中小学办学自主权限制的深刻影响

一是缺乏人力资源管理自主权。从调查及访谈来看，目前中小学校在包括"教师的招聘""教师职称的评定与解聘"等事项的"用人权"上，还很难自己"做主"。现在教师的选拔招录的形式与内容和公务员考试相似度过高，无法针对性地选拔德才兼备的优秀教师，部分学校临近开学才知道本学年的新教师情况。在"教师职称评定和解聘"上，多位校长反映教师评定职称难，老教师退休后才有名额空出。但部分教师评了较高级别的职称后非但不发挥示范引领作用，反而工作懈怠态度消极，产生很不好的影响，学校却没有权利对其已经评聘的职称进行调整。针对极少数师德师风差、教学能力不足以胜任本职工作的教师，校方因为其是在职在编教师而无权解聘。二是缺乏组织架构管理自主权。从调查及访谈来看，目前中小学校在包括"外部组织架构""内部机构设置""校际教师交流"等事项的"管理权"上自主权不够。访谈中普遍反映，众多上级非教育部门如综治办、文明办、卫生、环保等，摊派、布置给学校的非教育教学任务过多过重。学校经常承担各种各样的迎检工作，检查标准越来越细，要求越来越严，预查复查程序越来越多，学校需要对照各级指标来一项

• 义务教育精准扶贫理论与实践

项准备材料，如通知、方案、过程、总结、文档照片视频等，严重影响正常教学工作。在调研中，一所小学反映，2018年1月至2019年1月，学校共收到各种各样文件1900余份；某位校长则表示，他五分之二的时间都在参加各种会议。一个特困地区学校校长反映，全区县每所学校都有20户以上的扶贫包户任务，创"文明城区""双拥模范城区""卫生城市"等活动，学校都有任务且要求零差错完成并纳入考核。调研还发现，该类学校在"内部机构设置"上缺乏自主权，部分地区中小学校校长对班子成员的配备调整没有建议权和知情权，甚至有地区出现临近开学校长才知道班子成员被调整了的现象。这些学校在"校际教师交流"上也缺乏自主权，县（区）域内义务教育学校校长教师交流轮岗制度落实艰难。三是缺乏学校教育教学自主权。从调查及访谈来看，目前中小学校在包括"教学计划的安排""校本课程的开设"等事项的"教育教学权"上自主权不够。众多上级非教育部门安排的各种各样"进校园"，如交通安全进校园，禁毒防毒进校园，食品卫生进校园，保护环境进校园等，使学校正常教学课时变得极为紧张，这种现象在高中学段尤为突出。在"校本课程的开设"中，有的地方直接指定校本课程，不留给学校自主开设校本课程的空间和课时安排。另外，有的地方干预学校具体教学事务，比如不论学科、不论学校、不管学生实际情况，强行统一推行所谓的课堂教学新模式等。四是缺乏财务管理使用自主权。从调查及访谈来看，目前中小学校在包括"经费的使用""教师绩效工资、奖金、福利的发放"等事项的"用财权"上自主权不够。由于我国基础教育生均经费基数不高且地区差异大，大部分中小学校可以自主安排的经费少，且学校使用经费层层审批种种限制，还有一些经费没有上预算科目；对"教师绩效工资、奖金、福利的发放"自主权不够。大多数学校普遍存在绩效工资平均分，教师干多干少、干好干坏、干与不干基本一样。学校经费管理日益严格，很难实施对教师的物质奖励，而精神奖励的作用有限，激励机制不够健全。

5. 义务教育发展受到评价机制的长远影响

特困地区义务教育质量之所以得不到有效提高，其中一个重要原因就是缺乏提高教育质量的评价激励机制。其具体表现有：一是缺乏对学校的客观评价标准。对什么样的学校是好学校，没有一个较客观的评价标准，即使有也主要体现在学校的办学条件上，没有把教育质量放在最核心的位置，导致教育质量好的学校和教育质量差的学校在待遇上没有什么区别。二是缺乏对校长提高教育质量的评价激励。在对中小学校长的评价考核中，没有把提高教育质量作为最主要的标准和内容，而是把一些看起来很重要实际上很容易办到的工作作为主要标准和考核内容，这种评价的结果是，优秀的校长与平庸的校长，甚至与不称职的校长在各方面的待遇都是一样的。三是缺乏对教师提高教育质量的评价激励。没有把提高教育质量作为对教师的最基本的要求，如不根据特困地区教师实际情况，在教师考核或职称评定中，设置一些特困地区教师很难做到的条件。这就导致了绝大多数教师教育质量意识淡薄，干多干少一个样、干好干坏一个样。工资能多不能少，职称能上不能下，教师能进不能出，构不成真正有效的竞争态势。四是现有的评价机制激励作用发挥不足。主要存在考核评价不够全面，以单方面评价替代整体综合评价；考核评价走过场，学校内部评价存在应付了事的心态，实际难以达到效果；考核评价轻过程重结果，难以客观全面地评价教师、学校的教育水平和管理水平，导致形成目前普遍存在的不合理的评价现状。

三　义务教育精准扶贫的内涵

面对义务教育贫困方方面面的问题，必须精准聚焦义务教育贫困的主要表现和原因，科学制定教育精准扶贫措施，切实解决义务教育贫困问题。

精准扶贫的概念首见于2013年习近平湘西考察时所表述的概念，具体表述为"对象要精准、项目安排要精准、资金使用要精准、措施到位要精准、因村派人要精准、脱贫成效要精准"，力求"对症下药，药到病除"，旨在"扶真贫""真扶贫"。义务教育的精准扶贫，是对精准扶贫的深度细化，即通过精准识别义务教育相对贫困人口，以教育干预增进人力资本积累，防止其未来步入贫困陷阱的活动。因

义务教育精准扶贫理论与实践

此,要充分实现"发展教育脱贫一批"的作用,建立管长远的2020年后扶贫时代的相对贫困应对机制,就必须做好义务教育精准扶贫工作。在这一理念下,"扶持谁""谁来扶""扶什么""怎么扶"就成了义务教育精准扶贫工作必须回答的问题。

(一)扶持谁

贫困作为个体的存在状态,其成因常被归结为个体、结构、关系的维度。其中,个体主义贫困论者将贫困归结为个体能力的缺失或者贫困亚文化的代际传递。美国学者刘易斯在其《五个家庭:墨西哥贫穷文化案例研究》一书中,描述了贫困文化在穷人身上的表现,提出"穷人之所以贫困,是因为他们的文化贫困"的观点,并且贫困文化具有"一经形成便趋于永久化"的特征。虽然这种理论具有"反诬受害人"的倾向,不具有普遍的解释力,并遭到其他学者的广泛批评,但其实质上点明了贫困群体与其他群体在观念、行为等方面的差异,并促使了后续补偿性教育扶贫政策的出台与教育贫困干预实践的推进。

基于此,我们可以回答"扶持谁"这一义务教育精准扶贫的首要问题。在中国具体的教育扶贫实践中,教育扶贫被具体表述为"让贫困家庭子女都能接受公平有质量的教育""不让一个孩子因家庭贫困而失学"。扶贫必扶智,治贫先治愚,保障好贫困学生义务教育的权利和质量,是精准扶贫、有效扶贫开发的重要任务,也是有效阻断贫困代际传递、防止返贫的重要途径。党的十八大以来,党中央出台了一系列措施,用决心和魄力真抓实干地推动特困地区教育事业加快发展、教师队伍素质能力不断提高,以此确保特困地区每一个孩子都能接受良好教育,为他们成为社会有用之才提供各项保障支持。当然,仅用"贫困家庭子女""特困地区的孩子"等表述尚且过于粗放,在具体的义务教育贫困个体识别中可以细化为建档立卡贫困家庭子女(建档立卡是精准扶贫工作机制的核心所在),或者沿用留守儿童、随迁子女、特殊儿童等弱势群体,甚至延伸到家庭教育缺失个体、学校欺凌受害个体等相对"困境"领域。只有真正厘清义务教育贫困者,后续的精准施策、精准推进、精准落地才能得以进行。

必须指出,教育扶贫作为"五个一批"的重要内容,其扶贫性质和其他扶贫方式具有本质上的区别。相较于"发展生产、异地搬迁、生态补偿、社会兜底"的直接性和即时性,教育扶贫具有管长远的未来性特征,且同时作为目的与手段的双重属性凸显。在明晰义务教育精准扶贫是扶持"义务教育中贫困个体"的同时,还应当意识到其具有扶持"义务教育贫困本身"的内容。学校作为有目的、有计划、有组织的实际教育载体,在极大程度上影响着教育的质量与水平。在义务教育精准扶贫中,应当着力扶持扩容压力大、办学条件不足的城镇薄弱学校,以及师资结构性缺编且综合质量不高、办学硬件水平偏低的乡镇寄宿制学校和乡村小规模学校。

(二)谁来扶

在精准扶贫"谁来扶"的问题中,习近平突出强调要加快形成中央统筹、省(自治区、直辖市)负总责、市(地)县抓落实的扶贫开发工作机制,做到分工明确、责任清晰、任务到人、考核到位。这句话直接表明政府是精准扶贫的核心要素和主导力量,在精准扶贫过程中发挥着不可替代的作用和功能。从理论上讲,国家重视扶贫开发工作是由我国的国家性质决定的,是以人民为中心思想的具体体现,是贯彻和落实以人为本的科学发展观的必然要求。贫穷不是社会主义,少数人富起来也不是社会主义,共同富裕才是社会主义的本质特征,让贫困人口和特困地区同全国一道进入全面小康社会是党的庄严承诺。因此,党和政府高度重视扶贫工作有其必然性。在实际中,中国作为教育大国的经费投入规模之大、涉及教育相关主体人数之多,兼之教育作为社会公益事业下的非营利性特征,都决定了只有政府才能负担起调动、配置充足教育资源的责任。事实上,保证教育公共产品供给充足,正是服务型政府应尽的义务。

在明晰政府主导原则的基础上,还应进一步落实责任主体,厘清各级政府职责。中央政府需要统筹制定脱贫攻坚大政方针,出台重大政策举措,完善体制机制,规划重大工程项目,协调全局性重大问题、全国性共性问题,并充分运用行业资源落实脱贫攻坚责任。省级

• 义务教育精准扶贫理论与实践

政府则需要对脱贫攻坚工作负总责，并确保责任制层层落实。全面贯彻党中央、国务院关于脱贫攻坚的大政方针和决策部署，结合本地区实际制定政策措施，根据脱贫目标任务制定省级脱贫攻坚滚动规划和年度计划并组织实施。市县政府作为主要责任人，则需承担脱贫攻坚主体责任，负责制定脱贫攻坚实施规划，优化配置各类资源要素，组织落实各项政策措施。乡镇政府作为扶贫工作的神经末梢，需要切实摸清各村各类别贫困底数，切实做好建档立卡工作，在区县指导下制订精准扶贫方案，并将之落实到村、到户、到人。

同时，教育在扶贫中的目的与手段双重属性，决定其不仅是"扶持谁"的主体，还是"谁来扶"的主体。教育行政部门需要针对义务教育贫困现象制定针对性措施，着力推动城乡义务教育一体化发展，教育投入继续向困难地区和薄弱环节倾斜。学校是育人的主阵地，也是教育扶贫的责任人，应以学校为单位建立贫困建档立卡学生台账，建立精确的"学校—学生"对接关系，以精准落实教育资助政策，严防学生失学辍学。通过保障全体适龄儿童的受教育权利，来保障学生个体的人力资本发展与积累。在义务教育精准扶贫过程中，面对地方政府受限于本地财政难以自主发展教育的困境，还需要充分引导民间资本进入教育领域，如支持和规范社会力量兴办教育、积极引导社会各方捐资助学等，构建起教育经费多元投入的教育扶贫格局。

（三）扶什么

事实上，当前我国"教育精准扶贫"实践正是对社会大众追求的社会公平正义的一种回应，其遵循分配正义和教育公平的理论。一方面，作为一种公共物品，教育的供给要对社会弱势群体或最不利者群体予以特别倾斜照顾，使之对社会弱势群体或最不利者群体最为有利。但在实现对弱势群体的扶持和帮助，确保"底线平等"，达到缩小差距、共同发展的目标的同时，不能对其他人的现状产生实质性的弱化。"教育公平有三个原则即平等原则、补偿原则和差异原则，每一种原则在竞争性利益分配和普惠性利益分配中具有不同的含义。竞争性利益分配的主导原则是差异原则，强调基于能力的自由竞争；普惠性利益分配的主导原则是平等原则，强调对弱势群体的平等关切。"① 2019年8月，教育部和国务院扶贫办联合印发的《关于解决建档立卡贫困家庭适龄子女义务教育有保障突出问题的工作方案》的出台，便极大程度保障了贫困学生义务教育权利，着重体现义务教育精准扶贫工作"补短板、兜底线"的属性。该工作方案旨在通过加强学位保障、加强教学保障、加强资助保障等重要举措，切实推进特困地区基本办学能力的提升、教师素质的不断提高、学生素养的增强，其落脚点便在于用教育助力精准脱贫，并不断增强广大群众的幸福感和获得感。在明晰建档立卡贫困家庭子女和义务教育薄弱学校为扶持对象，严格厘清落实中央、省、市、县、乡（镇）各级政府及学校、社会主体扶贫责任时，义务教育精准扶贫的路径自然而然地清晰起来。

首先，聚焦义务教育阶段薄弱学校，主要指城市薄弱学校、乡镇寄宿制学校及乡村小规模学校，参照国家和各地方相关标准大力改善学校基本办学条件，着力提升教育信息化建设水平，保障学位供给能力。其次，加强义务教育师资队伍建设，通过逐步提高补助标准，加快乡镇、乡村学校教师周转房建设，改善教师工作和生活条件来留住青年教师。畅通优秀乡村教师专业发展通道，在职称评审、表彰奖励、持续发展等方面向乡村青年教师倾斜。国培、省培等教师培训计划也应当向乡村教师倾斜，提升乡村教师队伍综合素质。最后，努力促成优质学校与薄弱学校结对帮扶。积极组织引导优质学校和薄弱学校结对子，帮助农村地区学校提高管理水平、教学水平，全面提高农村地区的教育质量。严格落实城乡教师交流轮岗制度，充分实现以城带乡的效果。

在充分"扶义务教育之贫"的基础上，义务教育精准扶贫最终的落脚点仍是建档立卡贫困学生，乃至于范围更广的义务教育贫困学生群体。针对该群体，应严格落实学生资助政策。全面免除城乡义务教育阶段学生学杂费，免费向义务教育学生提供国家和地方课程教材及

---

① 褚宏启：《教育公平的原则重构与制度重组——兼论什么样的教育不平等是公平的》，《教育学报》2020年第5期。

作业本、初中学生教辅材料。实施义务教育家庭经济困难寄宿生生活补助政策，补助范围比例保持在寄宿生的55%。落实义务教育阶段建档立卡贫困家庭非寄宿学生生活费资助政策。

此外，要有效发挥教育阻断贫困代际传递的根本性作用，根本在于保障所有适龄儿童的受教育权利。近年来，中国义务教育普及和巩固水平持续提高，2018年小学学龄儿童净入学率达99.95%，初中学生毛入学率达100.9%，九年义务教育巩固率达94.2%，相关指标已经达到世界高收入国家平均水平。而为了彻底解决辍学问题，教育部将之作为专项整治工作的重中之重，全国95%的县"一县一案"出台了控辍保学工作方案。教育部进一步完善了中小学生学籍系统与国家人口基础信息库等相关数据库的比对机制，建立了控辍保学工作台账在线管理平台，精确记录每个辍学学生的详细信息，并进行实时更新和销号管理。在西藏等地，辍学返校学生能够从包吃、包住、包学习费用的政策受益。在云南等地，形成了"宣传教育、责令整改、行政处罚、强制执行或提起诉讼"的依法控辍四步法，依法审理了多起控辍保学提起诉讼的案件，取得良好社会效果。自"不忘初心、牢记使命"主题教育开展以来，全国832个国家级贫困县义务教育阶段辍学学生人数已经由2019年5月底的29万人减少至6.5万人，其中建档立卡贫困家庭学生人数由15万人减少至2.7万人，为2020年全面实现"义务教育有保障"目标奠定坚实基础。①

（四）怎么扶

"义务教育有保障"是脱贫攻坚决战决胜"两不愁三保障"的重要内容，也是阻断贫困代际传递的重要保证。面对少量厌学儿童失学辍学尚未劝返复学、流动到市外学生资助告知追踪不够到位、乡村小规模学校和乡镇寄宿制学校建设存在薄弱环节等问题。应建立控辍保学工作机制和失学辍学动态监测机制，全面覆盖组织劝返复学，确保建档立卡贫困家庭适龄儿童少年除身体原因不具备学习条件外，有学

---

① 施雨岑、胡浩：《切实保障适龄儿童受教育权——我国全面加强控辍保学工作综述》（http://www.moe.gov.cn/jyb_xwfb/moe_2082/zl_2019n/2019_zl43/201911/t20191120_408952.html）。

上、上得起学。推进贫困家庭学生资助全覆盖，精准落实义务教育学生资助政策。全面改善乡村小规模学校和乡镇寄宿制学校办学条件，确保适龄儿童少年就近接受公平有质量的教育，全面解决"义务教育有保障"方面仍然存在的问题。

1. 全面摸清各类底数

一是开展教育扶贫政策兑现情况"回头看"。各地教育部门要组织基层学校针对未脱贫、已脱贫、临界户三类群众，进一步对失学辍学、学生资助政策落实情况进行回头看。各地教育部门要对农村学校办学条件存在的短板和弱项，开展全面排查。

二是主动衔接有关部门进行数据比对。落实习近平"有关部门要加强数据比对衔接，不能一个部门一个数"指示要求，市和区（县）教育部门主动和扶贫、民政、残联等各行业部门信息数据比对和衔接，确保教育扶贫底数清、情况明，实现数据共享、信息互通，确保部门之间数据一致。

三是进一步强化信息化管理。各地要进一步健全信息化台账，完善建档立卡贫困家庭在校学生信息库，健全失学辍学信息、学生资助、乡村小规模学校和乡镇寄宿制学校办学条件差缺等台账。

2. 分类实施控辍保学

一是开展全覆盖大家访。按照教育部关于贯彻落实《禁止妨碍义务教育实施若干规定》的通知、关于开展义务教育阶段建档立卡贫困家庭儿童少年"大家访"活动的通知要求，结合学籍和户籍系统比对出的疑似失学儿童情况、学籍系统中标注的辍学学生情况等，对所有疑似失学辍学儿童少年开展"大家访"，建立控辍保学工作台账。

二是实行动态监测。全面推广使用跨区域的"义务教育控辍保学动态管理系统"，每个月更新一次数据，加强对学生流动情况的监测，定期对义务教育阶段学生学籍变动情况分析研判，及时掌握学生流动和辍学情况。

三是"一人一案"实施控辍保学。各级政府成立由政府牵头，教育、公安、民政、残联等部门组成的控辍保学工作领导小组，健全控辍保学机制。各地教育部门要指导义务教育学校，对身体残疾学生，安排随班就读或特殊教育学校就读。对重度残疾、无法到校接受教育的适龄儿童少年，建立学籍、送教上门。对随父母外迁的，及时办理转学手续，并确保在转入学校注册学籍。对完全无法接受义务教育的，依法依规办理缓学、免学手续。对监护人无正当理由不送子女入学的，要进一步加大劝导力度，劝导无效的，依法发放司法文书，情节严重的，移交司法机关处理。

3. 精准实施学生资助

一是全面推广使用信息平台。及时推广应用统一的建档立卡贫困家庭学生"资助信息管理系统"，动态掌握学生流动情况，做好学生资助应助尽助。

二是精准落实资助政策。各地教育行政部门、学校对照国家和省级出台的各项学生资助政策，逐校、逐户、逐人进行对照检查，确保政策落实到校、到户、到人。

三是强化流动学生的资助衔接。对在外地就读的本地户籍贫困学生，由户籍所在地区县教育行政部门函告贫困学生就读学校所在地教育行政部门，督促学生学籍所在地按当地政策给予资助，并跟踪落实情况，确保所有家庭经济困难学生都能享受到国家资助政策。

4. 加强"两类学校"建设

一是科学制订建设方案。统筹考虑山区学生入学交通成本、教学质量、科学管理等情况，合理布局乡村学校，加快乡村小规模学校和乡镇寄宿制学校建设，切实改善办学条件，补齐发展短板。

二是严禁随意撤并教学点。严禁随意撤并村小和教学点，保证居住较远需要寄宿的儿童少年全部寄宿，减少交通成本和家长护送成本，确保农村适龄儿童少年就近入学，并保证教学质量，加强学生管理。

三是加强乡村教师队伍建设。各地教育部门要为乡村学校配齐配足专任教师，落实好乡村教师岗位生活补助政策，建设好教师周转宿舍，抓好乡村教师培养培训，保证贫困山区的教师下得去、留得住、教得好，提高乡村教育质量。

四是强化前后衔接。实施第三期学前教育行动计划、高中阶段教育普及攻坚计划，继续实施重点高校招收农村和特困地区学生专项计划。

五是推进教育信息化建设。优先在特困地区实施教育信息化2.0行动计划，同步共享优质教育资源。

5. 落实各项保障措施

一是提高思想认识。学习好、宣传好、贯彻好、落实好习近平在解决"两不愁三保障"突出问题座谈会上的重要讲话精神，深刻领会核心要义和精神实质，明确工作方向，掌握工作方法，推动重要指示和各项要求落地生根。结合"不忘初心、牢记使命"主题教育要求，深入调研教育脱贫攻坚中还存在的问题和困难，认真研究解决办法，找准差距，抓好落实。

二是加强组织领导。各级教育行政部门，要在教育脱贫攻坚领导机构的统一领导下，主要领导负总责，分管领导具体抓，聚焦"义务教育有保障"中存在的突出问题，统筹推进"义务教育有保障"工作。落实区县教育行政部门、镇乡、相关部门联动配合的工作机制，形成多点发力、各方出力、汇聚合力的教育精准扶贫工作格局，确保高质量完成各项任务。

三是细化工作举措。应认真查漏补缺。针对巡视、审计、督查、检查及自查中发现的问题，不留死角，全面进行清理，对尚未整改到位的和薄弱环节，要细化政策措施，明确责任主体、工作任务、时限要求，彻底抓好整改落实。应全面清理销号。对照整改方案、问题清单、任务清单、责任清单，逐一对账销号，确保所有问题整改落实到位。对面上的问题，要积极建章立制、健全长效机制。

四是压实工作责任。进一步明确学校的主体责任，区县的日常监管、指导责任和市级部门的监管责任，聚焦义务教育还存在的薄弱环节，逐村、逐校、逐户、逐项、逐人查漏补缺。建立抽查机制，在教育部门开展的检查、调研中，将"义务教育有保障"作为重点内容。会同纪检监察部门，开展营养改善计划、重大专项资金的监督，防止项目"一批了之"、资金"一拨了之"，确保工作高质量落实到位。紧密围绕整体改善义务教育办学条件和提升教育质量，重点解决现阶

- **义务教育精准扶贫理论与实践**

段人民群众反映强烈的突出问题，满足教育教学和生活基本需要，将基本办学条件改善与办学内涵质量建设相结合、相促进，不断提升办学质量和办学能力，促进学校内涵发展。

第四章 义务教育精准扶贫组织和运行机制

第一节 义务教育精准扶贫组织架构与管理机制

治贫先治愚，扶贫先扶智。加强教育脱贫，通过"发展教育脱贫一批"是完成2020年脱贫攻坚任务的重要举措之一。义务教育是教育事业发展的基础工程，教育扶贫是最根本的精准扶贫。义务教育扶贫是我国扶贫的重要对象，是各级政府及相关职能部门的职责。

义务教育精准扶贫组织结构是在精准扶贫基本方略框架下实行中央统筹、省负总责、市县抓落实的管理体制，是强烈的行政干预下运行的组织系统，是高效有序完成精准识别、精准帮扶、精准管理、精准评估的完整的工作程序和组织规则，是各责任主体各负其责、各司其职、上下联动、协调联动、齐抓共管、统筹推进、瞄准贫困、精准发力的责任体系。中央统筹，就是要做好顶层设计，在政策、资金等方面为地方创造条件，加强政策推进和脱贫效果监管。省负总责，就是要做到承上启下，把党中央大政方针转化为实施方案，促进工作落地。市县抓落实，就是要从当地实际出发，推动脱贫攻坚各项政策措施落地生根。乡镇党委、政府是实施主体，贫困学校和贫困学生是具体落实主体。扶贫工作强化属地监管责任，贫困县党委和政府对脱贫攻坚负主体责任，一把手是第一责任人。其组织框架见图4-1。

• 义务教育精准扶贫理论与实践

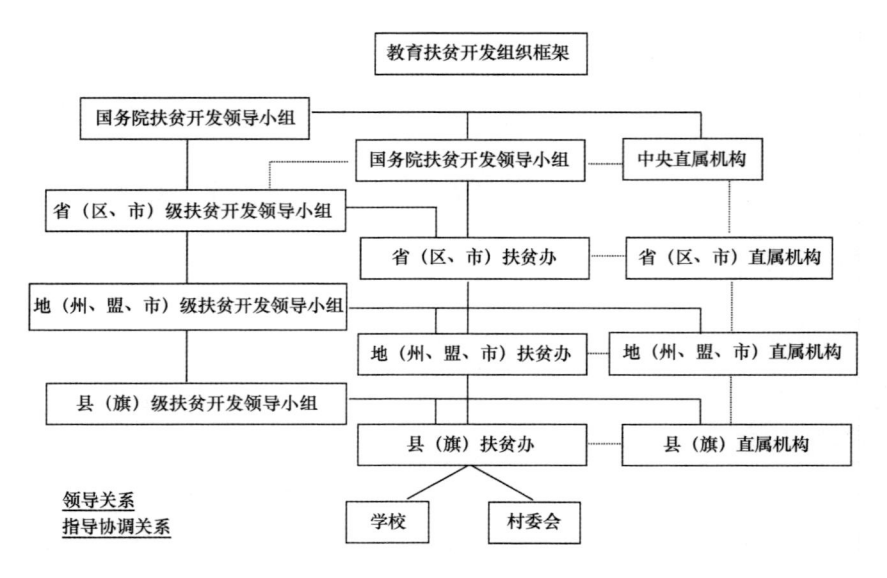

图 4-1 教育扶贫开发组织框架

扶贫机构主要职能：

中央政府、国务院扶贫开发领导小组——贫困区划定、帮扶政策制定、大型扶贫工程部署、部委扶贫任务管理、省区扶贫成绩考核、扶贫资金审查、扶贫专项评估。

省级扶贫开发领导小组——贫困标准制定、扶贫政策措施完善、帮扶体系构建、指导帮扶工作开展、省级帮扶方案制订、省级帮扶工作统筹、市县扶贫绩效考核、专项资金审查、厅局部门扶贫绩效考核。

地、市、县级扶贫开发领导小组——贫困识别标准细定、精准识别开展、各类扶贫政策落实、扶贫队伍构建与管理、县级扶贫方案制订、乡镇扶贫绩效考核、帮扶人员履职考核、扶贫工作验收。

乡镇政府——贫困精准识别的组织实施、帮扶工作精心安排、社会帮扶组织实施、乡镇帮扶方案制订、扶贫信息填报、帮扶人员考核、教育扶贫绩效考核。

学校、村委会——贫困者、脱贫者、脱贫者的识别、帮扶工作协助、承担（部分）帮扶任务、信息填报与档案管理、协助帮扶人员履职考核。

精准扶贫（包括教育精准扶贫）在组织管理上从中央到地方层层强化。在管理体制上，一是党政同责，强化领导，坚持党的领导和政府主导、党政"一把手"负总责的领导体制。二是明确从中央到地方合力攻坚、分级负责的管理体制，强化中央的领导和统筹职能，明确责任主体。三是确立政府主导、社会广泛参与的大格局，多力量形成扶贫合力。在管理机制方面，一是建立精准扶贫工作机制，精准识别、精准帮扶、精准管理、精准考核。二是建立扶贫资金管理监督机制，强化特困地区扶贫资金使用的权限。三是建立扶贫工作成效精准考核机制，科学制定考核内容与方法。四是健全干部帮扶机制，每个帮扶对象都有责任人。五是健全社会参与帮扶机制，动员社会力量，汇聚民众智慧。六是建立贫困退出机制，坚持正向激励，确保稳定脱贫。[①] 中国的扶贫开发模式为脱贫攻坚战奠定了基础，为全球减贫治理提供了"中国方案"。

第二节　义务教育精准扶贫运行机制

一　义务教育精准扶贫博弈机制

博弈本意是下棋，其社会学意义是个人或组织在一定的环境条件下，以一定的规则进行决策并从中获得相应结果或收益的过程。一个完整的博弈应当包括五个方面的内容：第一，博弈的参加者，即博弈过程中独立决策、独立承担后果的个人或组织。第二，博弈信息，即博弈者所掌握的对选择策略有帮助的情报资料。参与人必须掌握对策略或行动选择有帮助的知识，尤其是对手的特征与行为的知识情报。第三，博弈参与各方可选择的全部行为或策略的集合，即博弈各方在博弈过程中要遵守的行动战略。行动战略是对博弈参与各方在博弈时如何行动要遵循的规则，不是指行动本身，即由规则确定博弈参与各方什么时候采取行动，采取什么样的行动。第四，博弈的次序，即博

---

① 檀学文：《完善现行精准扶贫体制机制研究》，《中国农业大学学报（社会科学版）》2017年第5期。

弈参与各方做出策略选择的先后，行动的顺序不同，参与人的最优决策就不同，博弈的结果就不同。第五，博弈方的收益，即各博弈方做出决策选择后的所得和所失。

博弈论认为，每个人都是理性的，即使在受到一定的约束条件制约时，个人都会实现自身利益的最大化。每个博弈参与者在决定自己要采取什么样的行动时，会根据自身的利益和目的行事，同时也会考虑到他的决策对其他人做出行动决定有可能产生的影响，在此基础上判断其他人的行动对自己的利益产生什么样的影响，经过权衡后再做出最佳行动计划来寻求收益或效用的最大化。博弈论非常强调时间和信息的重要性，认为时间和信息是影响博弈均衡的主要因素。王孔敬在其中央民族大学2011年的博士学位论文《三峡库区退耕还林政策绩效评估及后续制度创新研究》中认为：在博弈过程中，参与者之间的信息传递决定了其行动空间和最优战略的选择；同时，博弈过程中始终存在一个先后问题，参与人的行动次序对博弈最后的均衡有直接的影响。

博弈可以分为合作博弈和非合作博弈。两者的区别在于博弈参与各方在博弈过程中是否能够达成一个具有约束力的协议。倘若不能，则称非合作博弈。合作博弈强调的是集体主义、团体理性，是效率、公平、公正；而非合作博弈则强调个人理性、个人最优决策，其结果是有时有效率，有时则不然。

扶贫及教育扶贫是处于新时代背景之下中国社会健康发展的重要战略，扶贫行动实质是公益性的，扶贫行动过程是公平、公正、公开的，扶贫实施是多主体参与的合作帮扶行动。教育扶贫涉及帮扶者（各级政府、社会团体、个人）、贫困对象（地区、学校、学生），非贫困对象、信息、策略、行动等扶贫要素。教育扶贫过程中也存在博弈现象，这是一种合作博弈，这种博弈不同于市场经济下企业的生存与发展博弈，其博弈结果是个人或团体利益与社会利益的共赢。

一是上级政府与地方政府之间的博弈。上级政府与地方政府都是实施扶贫的官方机构，在扶贫中既有合作关系，又存在博弈关系。因为上级政府与地方政府所追逐的利益有不一致性。上级政府的目标是消除贫困,实现社会的平衡发展,根据地方贫困的状况决定是否继续投入资金以及具体的投入数量。而地方政府则会基于地方利益的考量,有时会继续争当贫困者,以获得持续的扶贫资助。再者,在上级监管不力的情况下,地方政府也会将资助挪作他用,以实现符合他们利益的帕累托最优。因此,对脱贫的消极态度与做法也是地方政府在一定利益考量下的一种战略选择。

二是贫困识别中贫困者与非贫困者的博弈。精准识别扶贫对象是精准扶贫的前提。扶贫涉及贫困帮扶资金和物质的投入,贫困者与非贫困者都想在扶贫中实现自身利益获得的最大化,二者存在竞争性的博弈关系。被认定"贫困"能获得相应的资助导致贫困者与非贫困者都有可能隐瞒自己的"拥有"而展现自己的"贫困",尤其是非贫困者在忽视社会道德的情况下为了自身利益而去提供虚假的信息以争取扶贫资金。这种博弈是扶贫中竞争最为激烈的博弈,因此,对贫困的精准识别是教育扶贫工作有效开展的关键一步。

三是政府与贫困者的博弈。政府帮助贫困者脱贫,并不是一味地靠资金或物资的投入,主要目的是激发贫困者的内生动力,帮助贫困者找到摆脱贫困的方式与路径,以最小的投入达成效果的最大化;而贫困者希望获得政府帮助的最大化,以最小的投入尽早尽快地摆脱贫困的困境,甚至是安于现状、不思进取,不断获得政府的资助。

二 义务教育精准扶贫运行机制

机制,是指各要素之间的结构关系和运行方式,在社会学中机制的内涵可以被理解为:在正视事物各个部分存在的前提下,协调各个部分之间关系以更好地发挥作用的具体运行方式。习近平在中央扶贫开发工作会议上指出,"要坚持精准扶贫,精准脱贫,重在提高脱贫攻坚成效,关键是要找准路子,构建好体制机制,在精准施策上出实招,在精准推进上下实功,在精准落地上见实效"[1]。义务教育精准

---

[1] 王海涛:《实施脱贫"五个一批"推进脱贫攻坚》,《农民日报》2016年2月25日第1版。

- **义务教育精准扶贫理论与实践**

扶贫机制是政府、学校、社会多主体共同作用、相互协调的机制。建构系统化的教育精准扶贫运行机制能推动教育扶贫工作取得实实在在的成效。义务教育精准扶贫运行机制包含识别机制、帮扶机制、管理机制、考核机制及退出机制,见图4-2。

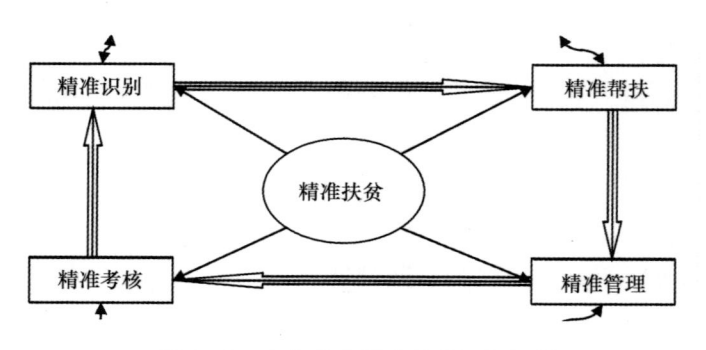

图4-2 义务教育精准扶贫运行机制

第一阶段,精准扶贫识别。精准扶贫识别是扶贫主体运用科学程序和有效的方法对教育扶贫对象进行精确辨识与确认的过程。精准识别是整个扶贫运行机制的开端,不仅是有效开展教育扶贫工作的基本前提,而且是提高教育扶贫效率的现实诉求。做到"精准识别",必须按照统一标准,通过规范的流程和方法,找出真正的教育贫困者,分析致贫原因,摸清帮扶所需,为后面的"精准帮扶"提供科学依据。义务教育领域的教育贫困者不能等同于一般物质意义上的贫困者,其识别标准主要侧重于"因教育缺失或不足而导致的贫困",是可能用教育的手段来弥补的。做到教育"精准识别",一方面是建立符合教育规律和整体反贫困政策要求的教育脱贫标准,另一方面是建立与贫困者教育贫困特点相适应的教育脱贫标准。基础教育精准识别阶段的主体是政府扶贫办、教育主管部门、学校、村委会等。

第二阶段,精准扶贫帮扶。精准帮扶是帮扶主体根据对象的贫困原因与贫困实际,对其采取帮扶措施的过程,包括政策帮扶、资金帮扶、教育资源帮扶等。精准帮扶是整个机制的核心,它是联通精准识别机制与精准管理机制的纽带。义务教育阶段的精准扶贫帮扶对象是贫困学校和贫困学生。教育扶贫重在"扶智""扶志",教育帮扶做到"精准",一方面是要牢牢把握教育扶智"扶智""扶志"的宗旨;另一方面在识别贫困原因的基础上精准施策、因人(校)施策。

第三阶段,精准扶贫管理。精准扶贫机制的建立与完善离不开精准管理环节的有效运行,它是精准扶贫的保证。扶贫过程同样也是一个监督治理过程,扶贫工作存在着多重行为主体,政府不是唯一的扶贫主体,这就要求协调好政府、市场、社会组织等多元主体间的关系。一方面,加强主体间工作的沟通协调,推动扶贫主体间的资源、信息共享。另一方面,促成主体间协调融合、责任共担的合作意识与方式,合力扶贫。精准扶贫管理主要包括以下内容。一是信息管理精准。实行一个扶贫对象建立一本台账、一个脱贫计划、一套帮扶措施的"三一"措施,确保用好每一份扶贫资源。将扶贫资源用于最需要扶持的学校或学生。二是扶贫过程精准,即做到阳光操作。建立扶贫资金信息披露制度以及扶贫对象、扶贫项目公告公示公开制度,将筛选确立扶贫对象的全过程公开,确保扶贫工作在阳光下进行,避免出现暗箱操作导致的应扶未扶的现象。三是事权监督与管理精准。建立与完善联动机制,督促扶贫各主体各司其职,又通力合作。加强监督,建立贫困者的动态调整和修正机制。四是强化扶贫绩效管理精准。科学设置考核指标,提高扶贫工作考核权重,完善考核奖惩措施,强化考核结果运用,促进扶贫工作落到实处、取得实效。

第四阶段,绩效考核。科学合理的工作绩效考核评估制度,是判断工作是否达到标准、是否取得预期实效的"一把尺子"。义务教育精准扶贫考核主要是对扶贫效果的考察,其考察对象主要是被帮扶的对象——学校与学生,参与考核的主体有扶贫办、教育行政管理部门、社会组织、村委会、学校、群众等。义务教育扶贫是一种基于目标的考核,即考察教育扶贫结果的生成状况,以及目标对象是否在教育精准扶贫中积累了必要的发展资本。这种考核是阶段性、周期性、总结性的结合,需要依据扶贫工作绩效的生成逻辑,将最终目标、阶段性目标、个体目标分别呈现出来,并基于相互之间的关系及其先后

• 义务教育精准扶贫理论与实践

顺序来考察。

第五阶段，退出机制。贫困退出机制是指目标对象在接受帮扶的过程中积累了一定的发展资本，按照一定的退出标准和程序，有序退出的管评机制。脱贫攻坚是一项兜底政策，是为了让更多的贫困者通过政策红利，过上更加幸福美好的生活，而不是活生生将扶贫对象养成"懒汉"。建立贫困退出机制是我国扶贫开发的重大改革，是实施精准扶贫、精准脱贫方略的重要内容。贫困退出不等于放手不管，而是更需要激发脱贫者的内生发展动力和提高抵御风险能力，因此贫困退出机制涵盖贫困退出的动力机制、补偿机制、风险防范机制、激励与约束机制等。贫困退出机制具体包括贫困退出指导思想、基本原则、退出标准和程序以及工作要求等内容。教育扶贫作为一种"扶志""扶智"的特殊扶贫方式，是一种"软性"扶贫，教育帮扶工作也不应因贫困者在经济上的脱贫而就此完结。

三　义务教育精准扶贫识别机制

贫困人口精准识别是脱贫攻坚的前提和基础。建构一种政府层面和贫困人口上下联动的共轭识别机制，是教育精准扶贫工作有效开展的首要问题。2013年，《中共中央办公厅、国务院办公厅印发〈关于创新机制扎实推进农村扶贫开发工作的意见〉的通知》和《关于印发〈建立精准扶贫工作机制实施方案〉的通知》等一系列文件，确保了扶贫的有效性、针对性。在中央宏观政策的指导下，各地纷纷制定了当地的精准识别机制标准。政府层面和贫困人口双方积极参与到教育精准扶贫目标对象的识别中来，通过上下联动的方式，增加对目标对象识别的精准度和有效性。精准识别机制主要是确定精准扶贫识别主体、建立精准扶贫识别制度、公开精准扶贫识别标准和精准扶贫识别方法。其中，精准扶贫识别主体包括县级政府、干部群体、贫困群众和第三方部门。精准识别制度包括贫困户认定制度、档案管理制度以及精准考核制度。精准扶贫识别标准分为以下四种：一是以目标群体识别；二是以农村社会阶层识别；三是以农村经济收入水平识别；四是以贫困群体的真实需求识别。精准扶贫识别方法分为以下四种：农户家庭经济指标核查法、贫困人口生活环境考察法、相关主体访谈核查法以及村干部与贫困户印证核查法。通过标准公开、申请评议、公示公告、抽检核查、信息录入、建档立卡等步骤，根据公平、公正原则，构建公开公示制度，重点筛选出义务教育阶段需要帮扶的"贫困者"，对象主要是贫困学校与贫困学生。见图4-3。

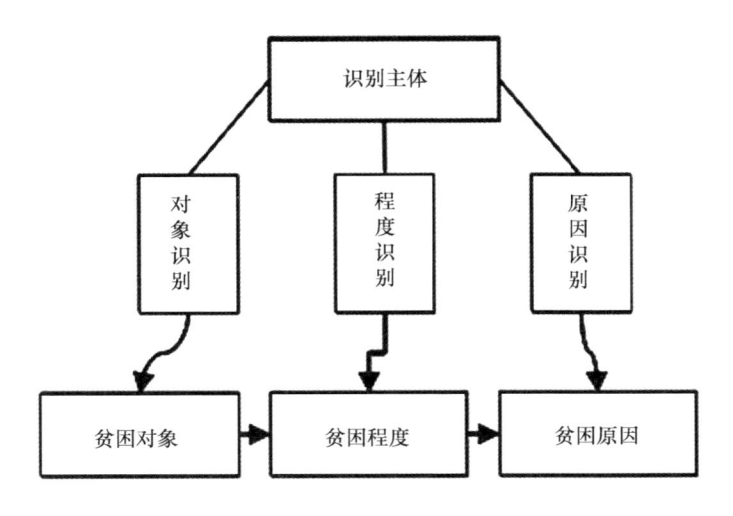

图4-3 贫困户精准识别困境及识别机制构建

在认定标准方面，由于不同贫困群体的致贫原因和贫困程度是不尽相同的，因此，评价是否贫困，不应当仅以物质条件为依据，而要因地制宜、因时制宜，根据不同区域的实际情况，合理确定贫困标准，着力推进一个多元化、多层次、自主性的贫困评价体系形成，因此，不同地区义务教育领域中的学校或者学生的"贫困"是一个相对指数。就学校是否"贫困"来说，主要考察指标有学校的标准化建设、教师队伍、教育教学质量、学校管理等方面。就学生来说，应结合地方贫困户的认定以及学生个人的情况，侧重于教育可帮扶的方面，如家庭困难、经济困难、身体学习困难、学业提升困难等。在确定帮扶对象的基础上，开展分类施策，精准教育帮扶。

四 义务教育精准扶贫监督机制

义务教育精准扶贫是一项复杂的系统工程。要实现义务教育精准脱贫这一目标，既有赖于各级党委、政府和广大人民群众的勠力同心、顽强奋斗，也要严肃查处并严格预防扶贫中的形式主义和官僚主义，同时更要建设促使扶贫效用真正发生的精准监督机制。开展对义务教育精准扶贫工作的监督，旨在对目标实现程度、主要任务完成情况项目推进情况进行监测与评估，督促教育扶贫工作的实施与落实。消除脱贫攻坚工作中的形式主义、官僚主义、弄虚作假、急躁和厌战情绪以及其中可能蕴含的消极腐败等现象。紧盯关键环节、重点领域，在实处用力、精准助力使扶贫政策落在实处、资金用在实处、项目建在实处、干部干在实处。[①] 分析判断出扶贫工作实施中取得的成效和实施中存在的问题和原因，并根据分析结果提出进一步的调整建议，确保扶贫攻坚工作的顺利开展。

监督主体要多元。监督的方式有司法监督、行政监督和社会监督，不同层级的部门之间要协调配合，彼此沟通，形成合力。纪检监察和行政机关是监督主导力量，但社会监督力量也需要必要的资源和制度支持来加强监督的主动性和实效性，以形成监督合力提升监督实效，防止监督力量碎片化。

监督内容要精准。一是领导干部是否切实谋划、安排、督查了扶贫工作，是否深入贫困学校和贫困学生之中调查与解决实际困难与问题。负责扶贫的主体是否落实了政策措施并有计划地实施；二是贫困识别、帮扶措施、脱贫标准、脱贫效果是否精准、科学；三是对贫困者的教育"扶智"成效；四是脱贫是否存在滥用权力、弄虚作假、违规违纪等问题。

监督方法要科学。一是教育和监督惩处并重。通过加强教育，夯实廉政基础；通过精准监督，探索有效管理机制；通过严格惩处，形成强力震撼。二是形成"再监督"良性循环。通过上级部门的监督，

---

① 王建伟：《以"定向监督"助力精准扶贫》，《人民日报》2018年7月24日第9版。

第四章　义务教育精准扶贫组织和运行机制

落实相关扶贫工作监督主体的责任意识，将监督主体下移，对具体工作实施监督，监督工作制度化、常态化、高效化。三是统筹好干部履职作为。抓早抓小，坚持做到无病常防、初病早治、有病快治、重病严治，既不纵容小节，也不放过大错。完善防控机制，切实把风险降到最低。

监督成效有标准。一是形成各责任主体落实尽职尽责、扶贫工作精准推进、违纪违规者受到震慑的局面。二是注重教育扶贫短期与长期效果的考察。教育扶贫重在"扶智""扶志"，其效果显现需要一个过程，教育扶贫成效要注重将人的精神、智力等内生动力方面作为考察的落脚点。三是总结监督经验，推动监督工作的制度、常态、科学化，形成监督的常态机制。

五　义务教育精准扶贫考核机制

建立完善科学的监督和考核评估机制十分重要。"治贫先治愚，扶贫先扶智。教育是阻断贫困代际传递的治本之策。"，教育活动有自身的规律，教育扶贫有自身的特殊性。义务教育扶贫不仅是一项基础性工作，而且是一项长期性工程，义务教育精准扶贫考核需要妥善处理好教育扶贫工作的长期性、长效性、效果滞后性与脱贫攻坚任务的紧迫性之间的关系。首先，建立科学的年度考核办法，将重点评估指标放到激励扶贫行动上，而不仅仅是结果上。其次，建立项目进度评估办法，即根据扶贫项目周期和进度，可邀请第三方对精准扶贫工作进行跟踪评估，先期重点进行过程测评，后期重点进行结果测评。建立起既尊重教育扶贫发展规律，又适合教育脱贫项目治标与治本、短效与长效相结合的长期运行的动态考核模式，避免考核中的功利化和短时性倾向。最后，确立教育精准扶贫工作结果和过程并重、定量与定性结合的考核办法。既不能因为最后脱贫目标实现而全面肯定扶贫工作圆满成功，也不能因为未完成脱贫目标而全面否定一直以来的扶贫工作，而应重点考察整个扶贫工作是否按照教育精准扶贫的管理与要求去做。在兼顾教育精准扶贫可持续性总目标的同时，还要注重扶贫的效率性和效益性，推动教育扶贫项目有计划、有步骤地展开，在

● 义务教育精准扶贫理论与实践

实现教育精准扶贫目标的同时，助力精准扶贫总目标的实现。因此，考察教育扶贫效果主要是要考核教育帮扶责任人是否从目标对象的实际需求出发；教育资源配置与目标结构是否匹配；教育帮扶责任人和目标对象在目标执行过程中，是否自觉地遵守目标设定中的权利与责任，并适时调控教育过程中的行为和活动；目标对象是否在教育精准扶贫中积累了必要的发展资本、目标对象是否达到了脱贫标准等内容。见图4-4。

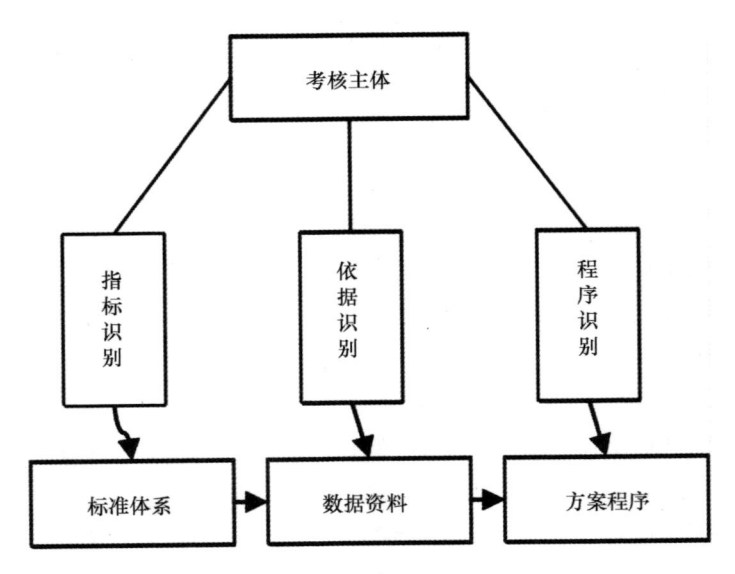

图 4-4 义务教育精准扶贫考核机制

六 义务教育精准扶贫退出机制

义务教育扶贫对象退出机制包括指导思想、工作原则、退出标准、退出程序。

指导思想。全面贯彻落实国家扶贫攻坚的要求，深入实施精准扶贫、精准脱贫，以脱贫实效为依据，以对象认可为标准，建立严格、规范、透明的贫困退出机制。

工作原则。一是实事求是。注重脱贫质量，坚决防止虚假脱贫，确保贫困退出反映客观实际、经得起检验。二是分级负责。贫困人口、贫困村、贫困县的退出遵照"中央统筹、省负总责、县抓落实"的管理体制。义务教育贫困者的标准一般由省或市（地）县所制定，其贫困退出机制由省或市（地）县组织实施、监督检查，扶贫对象所在县负责具体落实。三是规范操作。严格执行退出标准、规范工作流程，切实做到程序公开、数据准确、档案完整、结果公正。四是正向激励。退出后，一方面是在一定时期内原有扶贫政策保持不变，支持力度不减，留出缓冲期，确保实现稳定脱贫；另一方面是跟踪帮扶，帮助脱贫者解决发展中的实际困难和问题，确保退出后不返贫。扶贫退出机制是一种有进有出的动态平衡机制，根据退出的动机和发展积累情况的不同，可将退出机制分为主动退出、审查退出和强制退出三种形式。[1]

退出标准。义务教育阶段的扶贫对象是中小学校和贫困学生，其退出标准由省级或地（市）县的相关部门制定。

退出程序。按照民主评议、入（校）户核实、对象确认、公示公告、备案管理和信息录入的程序执行。

第三节 义务教育精准扶贫项目实施策略

一 义务教育精准扶贫项目界定

众多事实证明，扶贫要同扶志、扶智相结合才能取得良好质效。教育对贫困问题解决具有重要作用，也是阻断贫困代际传递的最有效措施。"十九大以来，国家大力推进乡村振兴战略，教育作为促进乡村经济、社会、文化发展的重要工具，在国家乡村振兴战略的实施中具有重要作用。"[2] 我国长期以来的城乡二元结构发展模式，使城乡之间存在明显的经济、文化、教育水平发展差异，义务教育体系中的

---

[1] 张家军、唐敏：《教育精准扶贫运行机制的构建》，《教育理论与实践》2018年第25期。

[2] 赵芸逸、徐超、王霞：《乡村振兴战略背景下"互联网+教育扶贫"模式构建研究——以A在线支教项目为例》，《改革与开放》2018年第21期。

- **义务教育精准扶贫理论与实践**

不均衡发展问题也日益凸显。以项目为依托的义务教育精准扶贫突破了传统扶贫模式的形式单一、过程简单、行为短期等弊端，具有扶贫对象的特殊性、扶贫区域的特定性、扶贫目的的精准性、扶贫过程的系统性等特征，对提升扶贫质效、增加扶贫价值，特别是对促进我国义务教育均衡发展具有重要作用。

义务教育精准扶贫项目首先受到义务教育概念框架的制约，其中至少包含如下重要要素：第一，义务教育是国民教育体系的基石，具有基础性特征。义务教育由相应的义务教育学校来承担并完成，义务教育精准扶贫项目也须基于这样的宗旨而开展。第二，义务教育的公平性、公共性和义务性决定了义务教育精准扶贫项目同样具有公平性、公益性和义务性。义务教育的公平性决定了义务精准扶贫项目应是面向全体学生的，有起点公平、过程公平、结果公平等具体环节的公平；义务教育的公共性决定了义务教育精准扶贫项目开发、实施、评价过程应受到社会公众的公平监督与监管；义务教育的义务性则决定了义务教育精准扶贫项目应在某种程度上带有强制性，这种强制性不仅对扶贫对象产生作用，还对实施过程中的其他相关人员产生强制性作用。

（一）项目的内涵

项目是常用于管理学、经济学、建筑学等领域的专业词汇，主要指一系列指向一个明确的目标或目的的活动，即通过前期的系统设计、计划安排并经过系列的行动以完成一项任务。一个项目中包括一次又一次的持续行动，这些行动既是独特的，也是复杂的，但行动的每个环节都是相互联系的。"项目就是以一套独特而相互联系的任务为前提，有效地利用资源，为实现一个特定的目标所做的努力。"[①]一个项目从计划制订到最终完成预期目标，环节众多、参与人员复杂且所涉资源繁多。项目决定了这一系列的持续性活动都有着清晰的或者明确的行动目标，必须在特定的时间、专门的预算，以及有限的资源限定内依据相应的规范或标准完成。

---

① 曾绍杨：《项目管理的定义对实践的意义》，《铜业工程》2010年第1期。

第四章　义务教育精准扶贫组织和运行机制

凡是能转变特困地区人民生活理念、改善特困地区人民生活、提高特困地区生产力、优化特困地区资源等的项目都是扶贫项目。比如"浙江省杭州市的传化集团成立于1986年，是中国500强民营企业之一，经营范围涵盖化工、物流、农业、科技城、投资等多个板块，横跨一、二、三产业。投身公益事业、积极回报社会是传化集团的优良传统，早在企业创办第二年，就拿出当年利润的三分之一，为所在的宁新村安装了当时萧山区第一条自来水管。2017年5月，传化集团捐资设立了非公募基金会——传化慈善基金会，以'凝聚爱的力量、创造公益价值'为使命，三年来，开展了'传化安心驿站''传化安心卫生室''传化善源社区'等系列活动。'传化安心卫生室'是传化慈善基金会的三大项目之一，该项目积极响应国家脱贫攻坚号召，瞄准健康脱贫，计划于2018—2020年脱贫攻坚期内，在深度特困地区的1000个行政村各援建1所标准化的、产权共有的卫生室，配齐医疗器械设备，力所能及地解决长期困扰贫困农户看病难的顽疾。"[①]从该扶贫项目的运行可知，一个项目至少有明确的起止时间、有相应的组织参与、有具体的任务目标、有详细的物资预算与资源组合以及相应的行动规范等环节性要素。因此，以项目方式开展义务教育精准扶贫是避免教育扶贫出现形式化、短期性、低质效的有效方式。义务教育精准扶贫项目是在不断总结我国教育精准扶贫既有经验的基础上进一步深化改革、提升质效的扶贫模式，有利于从根源上改善扶贫对象的资源条件和素质结构，有利于从面向扶贫对象发展的持续性维度促进义务教育精准扶贫转向内涵式发展。

（二）义务教育精准扶贫项目是什么

义务教育精准扶贫项目是依托项目开展精准扶贫，同时又是基于义务教育特性确定行动边界的一种整体性、长远性扶贫模式。教育扶贫与其他类型扶贫相比既有共同性，也有自身的独特性。共同性体现在任何类型的扶贫都是旨在提升特困地区人民群众的生活水平和生活质量，改善特困地区人民群众的生活条件。独特性体现在教育过程的

[①] 翟倩：《健康扶贫拔穷根》，《中国社会报》2019年9月16日第2版。

- 义务教育精准扶贫理论与实践

潜润性以及教育目标实现的潜隐性决定了义务教育精准扶贫项目质效判断的困难性。因为义务教育精准扶贫实质在于以扶智扶贫，扶智作用的成效不能在短期内显现，而义务教育学生身心发展还处于教育社会化的初期阶段，成效显现更为缓慢。义务教育精准扶贫目的在于更好地促进特困地区的教师与学生成长。此外，教育过程所需的那些要素包括物质要素、内容要素等都属于义务教育精准扶贫项目的结构要素。总体来说，义务教育精准扶贫项目是在遵循义务教育基本规律基础上，契合特困地区义务教育特质以及人口社会学构成特质（比如贫困基数大，留守儿童过多，家庭教育缺失等）等基础上系统设计的系统性教育扶贫方式。

　　义务教育精准扶贫项目涉及环节众多，需与国家公共性财政、公共性课程要求等相匹配与协同。因此，义务教育精准扶贫项目不能违背教育的公共性。公共性的基本要求是让更多的孩子有机会上学、上好学。段少清在其广西大学 2015 年硕士学位论文《非政府组织参与农村义务教育扶贫的公信力建设研究》中认为义务教育扶贫包括智力扶贫和物质扶贫两类，智力扶贫又包括师资、支教、培训、咨询等，物质扶贫则包括校舍、设施、捐款、资料等方面的扶贫。义务教育精准扶贫项目分类方式也有很多，在区域维度上有服务于民族区域的义务教育精准扶贫项目，也有服务于非民族地区的义务教育精准扶贫项目，当然也有不少义务教育精准扶贫项目并不具有区域特定性。但总体上民族地区面临的贫困问题比非民族地区要严峻，因此面向民族地区的义务教育精准扶贫项目在数量上远多于面向非民族地区的义务教育精准扶贫项目。在服务对象维度上，义务教育精准扶贫项目可以面向特困地区教师、学生等，比如针对偏远地区教育管理者的义务教育精准扶贫项目。[教育部农村助力工程项目，就主要针对偏远特困地区农村学校（主要是基础教育）校长的培训，旨在通过培训提升并促进偏远特困地区农村学校办学质量得以改善。] 教师是教育质量保障的第一资源。因此，有大量义务教育精准扶贫项目也主要针对特困地区义务教育阶段的骨干教师、一般教师、新入职教师开展专业发展培训，比如在西部不少省市广泛开展的各层次、各类别的面向乡村教师专业发展的国家级教师培训计划（简称"国培计划"），"在教育部和财政部的大力的支持下，贵州省'国培计划'投入力度大，覆盖面广，对边远的少数民族地区覆盖率高。'国培计划'实施以来，贵州省获得中央专项资金支持5.89亿元，培训乡村教师近54万余人。"[1] 在扶贫主体维度上，既有由公共财政负担、教育行政部门主要负责的各类义务教育精准扶贫项目，也有不少公益组织积极参与的义务教育精准扶贫项目。比如上海"真爱梦想公益基金会"在全国31个省市建立了3319间梦想中心，十年深耕特困地区师生的素养教育，让360万名师生受益。不管是从国家公共层面还是社会公益层面，义务教育精准扶贫项目都不是简单的、短期的扶贫，而是一项持续的行动与计划，有明确的扶贫目的、有明显的质效改观等是其基本特点。

以项目为依托开展义务教育精准扶贫，有利于变革传统义务教育精准扶贫方式，提升义务教育精准扶贫的科学性与系统性，深化义务教育精准扶贫的层次性与面向未来性，更为重要的是以项目为依托开展的义务教育精准扶贫能有效避免教育精准扶贫中的常见问题：短期性和形式化，这恰是传统义务教育精准扶贫未能激发起扶贫对象发展性内生动力和持续性改善动力的关键原因所在。一般来说，一项项目的开展是一个系统设计、资源优化组合、长期性评价等复杂的过程。总体来说，不同于一次性的扶贫活动或扶贫行为，项目式的义务教育精准扶贫因为具有参与的多元性、环节的复杂性、活动的持续性等促进义务教育精准扶贫的深化发展，有利于进一步规范并健全义务教育精准扶贫过程以及评价环节等，加快义务教育精准扶贫中各种资源要素与人力要素的进一步整合，为义务教育精准扶贫资源的良性机制建构奠定坚实基础。

（三）目前典型的义务教育精准扶贫项目

1. 重庆市黔江区：资源有效配置+教育精准扶贫

作为重庆市首批脱贫摘帽的区县，黔江区在教育扶贫中的重要经

---

[1] 蔡志坚：《教育精准扶贫显实效，贵州乡村教师迎春天》，2019年9月，人民网（http://edu.people.com.cn/n1/2018/0428/c419362-29957441.html）。

- 义务教育精准扶贫理论与实践

验便是强调对义务教育扶贫资源的有效配置与充分利用，将个体帮扶、公共扶贫和重点照顾充分结合，多管齐下，实现教育扶贫资源效益的最大化。其主要措施有：首先，设立教育扶贫资助基金，并通过"泛海助学行动"等平台筹集社会资金，打造并完善从学前教育到高等教育的全学段扶贫资助体系，精准帮扶到每个贫困学生，确保他们不因贫失学。其次，设置专项工作经费，实施集团化办学，盘活优质教育资源，促进义务教育均衡发展，惠及特困地区所有学生。另外，制定特殊政策，将扶贫资源更好地向留守儿童、随迁子女、"三残"儿童等特殊群体倾斜，重点解决好他们的入学难问题。这些措施的制定与执行，大大提升了教育扶贫的有效性和功能发挥。（重庆市黔江区教育委员会提供，2018年6月。）[1]

2. "三区三州"公益项目

北京师范大学教师教育研究中心在朱旭东教授的带领下，于2018年6月24日开始组织实施了中国教师教育义务教育精准帮扶公益活动"启师·沃土计划"——"三区三州"区县教师教育新体系和教师教育能力建设公益项目（简称"三区三州"公益项目），推动了教师教育义务教育精准扶贫的模式创新，包括专业引领、立足本土、协调发展。该扶贫项目在实施过程中具有理论与实践并行，多主体协同互动的显著特征，同时也面临很多困难和阻力。[2]

3. "梦想学院"教育扶贫项目

为帮助农村留守儿童特别是贫困偏远地区孩子拥有多彩生活，实现全面健康发展。2016年6月，共青团团安徽省阜阳市委创新开展了"梦想学院"义务教育精准扶贫项目活动。"梦想学院"教育扶贫项目是由共青团阜阳市委牵头发起，面向社会招募各类专业机构、志愿组织，定期前往贫困偏远乡村为留守儿童免费开设国学、书法、音乐、体育、舞蹈、围棋、手工等课程，同时免费为农村教师和在农村

---

[1] 彭寿清、王磊：《民族教育精准扶贫的学术反思与实践探索》，《广西民族大学学报（哲学社会科学版）》2019年第2期。

[2] 付钰：《教师内在动力提升是教师教育精准扶贫的关键——来自"三区三州"教师教育能力建设公益项目的思考》，《中国教师》2019年第5期。

义务教育学校支教的社会工作者、志愿者、义工开展培训，提高当地的教育水平，探索解决农村留守儿童教育问题的新路径。

二　义务教育精准扶贫项目实施

（一）义务教育精准扶贫项目实施的关键主题

1. 项目参与者的多元协商是提升项目质效的基本工作机制

义务教育精准扶贫项目是在精准判断扶贫对象、精准匹配扶贫资源、精准开展扶贫行动等基础上持续促进特困地区义务教育质量提升的综合性教育活动。2018年的党的十九大报告中明确提出了"乡村振兴战略与计划"，乡村振兴的基本前提是乡村人才的智力振兴，所以才有了扶贫先扶智、扶贫需扶志的提法。这个过程中，义务教育因为其基础性、普及性、全民性等特质是扶志、扶智的关键性途径。一般情况下，特困地区的义务教育具有如下特征：一是设施设备不够充足。比如不少特困地区农村学校的设施设备条件还停留在"两基"复检时的水平。二是师资不足与结构不合理并存。特困地区义务教育学校的师资流失严重，不少优秀教师只要有机会都会想办法离开学校考入各种资源条件更好的城市学校。伴随师资不足，还存在明显的师资专业结构不合理的现状，不少学校的教师都要身兼数科教学，很多学校都严重缺乏音体美类的艺术老师。三是留守儿童或学困儿童比例较大。特困地区义务教育中的留守儿童所占比较大，很多孩子父母长年不在身边。据张帅卿于江西财经大学2018年硕士学位论文《皖西北农村留守儿童的教育问题研究》中的数据：阜阳市教育局统计显示：全市106万名在校学生中，留守学生超过44万人，其中超31万人是留守小学生。除留守儿童外，特困地区义务教育中还有一个很严重的问题是学困生比例过大。由于很多孩子从小缺乏父母的有效监护，从小养成了不良学习习惯、饮食习惯，在特困地区营养不良学生以及学习困难学生比例也较大。义务教育精准扶贫项目开展中，扶贫主体参与者往往与扶贫对象之间存在着客观的差异，扶贫对象很少参与扶贫项目的决策与执行过程，他们主要按照扶贫主体确定好的项目实施目的、项目执行过程等被动参与，对扶贫项目是否适合他们、是

● 义务教育精准扶贫理论与实践

否真的因地制宜等很少具有发言权。随着义务教育精准扶贫的进一步深化与发展，如何能契合不同区域、不同学校、不同对象设计并开展义务教育精准扶贫项目成为义务教育精准扶贫项目实施的关键性问题，这也是目前教育精准扶贫中出现的瓶颈问题，即实现项目参与者的多元协商是义务教育精准扶贫转型发展，使义务教育精准扶贫项目实施更具针对性，更有活力性。

由于扶贫对象与扶贫主体之间容易出现不对等性，在教育扶贫过程中容易出现遮蔽扶贫对象实然问题，导致扶贫质效假性提升的严重后果。在扶贫资源整合上，扶贫主体是扶贫资源的提供者，此时一旦缺乏扶贫对象的参与或者中间介质的参与，特别是缺乏对扶贫对象所在区域资源的深度挖掘时，这一点容易降低扶贫对象与中间介质参与的积极性，出现扶贫目标发生偏离的不良后果。以项目的方式开展义务教育精准扶贫更需注意避免如上问题的发生，因为义务教育精准扶贫项目会影响学生的终身发展，且相对来说所涉资源更多、所涉人员更复杂，在项目目标确定、扶贫计划制订、扶贫计划实施以及检验评估中均需建立多元协商为基础的工作机制，并及时挖掘扶贫对象的长远发展需求。项目扶贫主体要与扶贫活动开展的中间介质力量之间建立良好合作的共同体关系，在多元沟通、交流互动中保障扶贫目标的达成与扶贫计划的顺利实施。

建构多元协商机制对义务教育精准扶贫项目的实施具有如下重要作用与实践价值：第一，有利于构筑更为充分的义务教育精准扶贫项目人力资源保障体系；第二，有利于促进扶贫对象被动参与向主动参与的扶贫模式转型发展，提升扶贫对象与中间介质的参与积极性；第三，因为多元协商的基本前提是充分考虑到参与各方之间所处的不同场域特征以及客观存在的多元化利益需求，因此能更加有效地避免扶贫主体在扶贫过程中面对陌生文化场域或不同参与者的观念差异时出现的文化区隔；第四，能够让项目参与者将更多注意力放在义务教育扶贫项目在解决扶贫对象内生性成长中的长期性和持续性问题，即在项目实施全程中都需扶贫主体与中间介质思考扶贫到底能给扶贫对象带来什么，能给当地教育事业发展、乡村教育振兴带来什么。比如一些支教项目实施中，容易给支教地区孩子特别是低幼阶段的孩子带来很大的心理波动，忽视低幼阶段孩子的心理发展特点，反而对他们的身心健康成长不利。

2. 各类资源优化整合是提升项目实施质效的重要基础

教育资源不均衡在义务教育学生家庭教育资本投入上具有较大的区域差异性表现，发达区域义务教育学生的家庭教育资本投入较大，各种各样的兴趣班让学生应接不暇，明显贫困区域义务教育学生除了享有基本的公共性教育资源，家庭教育资本的投入非常有限。因为客观条件限制，特困地区义务教育学生从小缺乏对自身专业兴趣的发掘和职业方向的规划，对未来感到困惑和迷茫。这时通过义务教育精准扶贫项目增加特困地区义务教育学生的教育资本投入是补给他们家庭教育资本不足的主要途径，而优化各类资源、提高资源有效利用率则是义务教育精准扶贫项目实施质效提升的重要基础。

首先，不同项目的参与主体拥有不同的资源会影响项目目标能否顺利达成。政府主导的义务教育精准扶贫项目更加强调管理性主导，即通过由上至下的管理实现扶贫目标。第三方公益类组织主导的义务教育精准扶贫项目则更加重视在较短时间内实现扶贫目标，不愿在行政管理环节耗费过多精力。不同项目的参与主体具有差异性的资源优化整合策略和资源利用路径。但即使是具备突出公共性特征的义务教育精准扶贫项目在实施中的资源配给中都会涉及对资源的争夺与拉锯。随着中央层面对教育扶贫工作的日益重视，争取资源、完成扶贫目标成为不少地方政府绩效考核的主要指标之一，此时在不同贫困区域的地方政府之间、扶贫对象所在的不同学校组织之间就会出现明显的资源争夺现象。任何时候资源都是教育质量提升的重要物质保障，义务教育精准扶贫的根本目的也在于教育资源的均衡分配与优化组合。为特困地区的义务教育提供更丰富、更优秀的资源就成为义务教育精准扶贫项目开展与实施的核心目的，以满足农村特困地区、贫困学校、贫困学生的义务教育需求，改善他们接受义务教育的质量与环境，保障他们即使处于条件艰苦的地域或场域也能获得较好的教育公共服务。一般来说，义务教育精准扶贫项目多为政府主导，第三方公益类组织是主要的补充性参与主体，但在各级政府或者当地政府财力有限时，第三方公益类组织的参与度就比较大，这其中同样涉及不同主导者之间的权力互动与博弈，而这些互动与博弈的关键则在于对资源的掌控与再分配。

其次，缺乏对资源的有效整合使扶贫项目实施中容易出现资源浪费与贫乏并存的现象。资源如何优化组合是义务教育精准扶贫项目的项目目的、项目实施，以及项目过程评估的重要标准。一般来说，一项义务教育精准扶贫项目的基本目的无外乎两方面资源的改进，一是改善特困地区教育结构内涵的质量性资源。比如给特困地区学生提供义务支教扶贫，提供更优质的教学内容资源、提供更恰当的课程资源服务；二是改善特困地区教育结构配给的物质性资源。比如为特困地区教师或学生提供书物资源、教育教学设施设备资源等。义务教育精准扶贫项目主要着力于为特困地区教育结构内涵改进提供资源，旨在从更为长远的角度改善扶贫对象的持续成长力，或者说着重从内生视角开展义务教育精准扶贫。第一种改善性资源提供时容易出现的问题是扶贫主体提供的资源是否适合扶贫对象的内在素质结构；第二种改善性资源提供时容易出现的问题是扶贫主体提供的资源是否匹配扶贫对象的外在需求，因为扶贫主体往往是从自身视角来判断扶贫对象需要什么。此时的义务教育精准扶贫项目在资源整合上可能容易出现浪费与贫乏并存的现象，比如一些贫困学校一年要接收好几次书包捐赠、衣服捐赠等活动，但不少老师却反映这些仅仅停留在表面判断上开展的直接扶贫模式事实上并不适合他们。义务教育精准扶贫项目往往很多时候是各自独立开展的，选定扶贫对象后，很少有专业组织与人员或地方政府与工作人员对区域内义务教育精准扶贫项目进行系统、长远的设计或者有意识地进行资源整合监管。义务教育精准扶贫项目在实施中容易出现既缺乏资源整合的平台，也缺乏资源整合的组织以及相关信息来源渠道的现象："教育硬件和软件脱节，物资不足与资源浪费并存。通过对河北、河南两地乡村中小学教师的调研，发现近年来无论是政府支持还是社会资助，乡村中小学获得的物资都日益增多，但由于缺乏有效的沟通和协调，各类物资帮扶尚未精准。以河北某乡村中小学为例，该校获得过量的书包、文具，但计算机、热水器、路灯等实际需要的物资却获得有限。"①

3. 健全法制体系是提升义务教育精准扶贫项目实施质效的基本保障

首先，需以健全的法律制度体系回应参与各方的利益博弈。义务教育精准扶贫项目要得以顺利实施，其中的工作运行程序烦琐、复杂且参与者众多，不仅涉及学生、学校、教师等组织与人员，还可能涉及学生家庭以及所在村社的基层管理者等。一方面，来自不同组织的人员可能会基于自身所处的特定位置结构在利益网络中争取各自的资源；另一方面，即使来自相同组织的个人之间也可能基于个人发展需求涉及对资源的竞争，毕竟用于扶贫的资源具有有限性。除参与各方可能会为了实现各自利益最大化而角逐外，众多参与者在扶贫实施中的各项权利有时也无法得到保障，继而会降低扶贫参与者的积极性而影响义务教育精准扶贫项目的实施质效。这其中缺乏如何精准定义义务教育精准扶贫项目、如何精准定位扶贫对象、如何精准判断致贫原因、如何精准确立脱贫方法，更重要的是如何促进扶贫对象内生动力的扶贫目的等都还处于学术探讨层面，并未形成统一的、健全的法制体系。义务教育精准扶贫项目在实施时很难做到有章可循，有据可遵。因为缺乏相应的法律法规对项目实施过程中各参与人员的各种权责进行保障，当参与者在义务教育精准扶贫项目实施中遇到危险或风险时无法得到基本的保障，比如出现意外事故无法得到救护、生病无法享受很好的医疗待遇等，这会挫伤或降低扶贫项目参与人员的积极性。当参与各方权责不明时，缺乏健全的法制体系监督，容易导致在扶贫实施出现问题或纠纷时无法得到及时有效解决，增加义务教育精准扶贫的难度。

其次，健全的法律制度体系是实现义务教育精准扶贫转型发展的基本要件。除了缺乏法制体系对义务教育精准扶贫项目参与人员的权

---

① 赵芸逸、徐超、王霞：《乡村振兴战略背景下"互联网+教育扶贫"模式构建研究——以 A 在线支教项目为例》，《改革与开放》2018 年第 21 期。

• 义务教育精准扶贫理论与实践

利进行保障，对项目参与者的责任、义务等也缺乏明确的法制体系监督或监管。因为义务教育精准扶贫项目所涉资源众多，扶贫活动开展区域又多较为偏远，在项目实施中容易滋生各种不法行为，更不乏有参与者或参与组织浑水摸鱼，侵吞项目资源或者懒散懈怠工作状态等问题存在。因为参与各方之间权、责、义甚至是利未能明确或边界不够清晰，使一项义务教育精准扶贫项目的考核不能围绕项目实施过程开展，而容易基于项目参与各方的"私人领域"出发继而损伤参与各方的"公共利益"，甚至波及义务教育精准扶贫应然层面的公共性。"与经济型的产业扶贫等项目相同的是，农村教育扶贫项目作为政府主导的行为，同样需要接受上级的检查、考核与评价。也就是说，在压力型'目标责任制'体系下的各级地方政府和基层政府的官员同样存在政治绩效考核的需要与压力。因此，以基层政府官员和干部为代表的项目执行者和参与者，他们关注的焦点往往不在于满足农村贫困群体的需求，而是为了能更好更快地达成上级所规定的各项任务考核指标。"①

4. 第三方的客观评估与监管是提升项目实施质效的重要保证

首先，有利于提升义务教育精准扶贫项目的公信力。对一项项目的实施质效进行客观评估，一方面能随时发现项目实施中的现存或者潜在风险，另一方面也是不断总结和深化我国义务教育精准扶贫工作的必要环节。义务教育精准扶贫项目实施质效判断至少要具有规范化和标准化的核心指标，但事实是目前对如何实现规范化与标准化还缺乏相关的评价标准。同时，因为义务教育精准扶贫项目具有突出的公共性特质，作为一项公共性事业使义务教育精准扶贫项目本身就需要在质效考核中具有较强的公信力，即要求项目实施能得到公众认可，建立有效的公信力，真正有利于改善特困地区义务教育中相关扶贫对象的公共领域品质。段少清在其广西大学2015年硕士学位论文《非政府组织参与农村义务教育扶贫的公信力建设

---

① 黄巨臣：《农村教育扶贫"项目制"：运作逻辑、执行困境及应对策略》，《宁夏社会科学》2018年第2期。

研究》中认为：所谓公信力指的是"具备能使社会公众相信或信任的力量"，即"个人或组织努力获得社会公众的信任，社会公众也对该个人或组织的信誉存在期望"。特别是当义务教育精准扶贫项目的扶贫主体是公益类组织时，这种公信力的考核与判断对这些项目来说也是非常重要的评价指标。公益性组织扶贫项目的最大问题是缺乏政府的有效支持，同时也缺乏相应的系统性评估，当然这其中一大重要原因是公益性资本参与或开展义务教育精准扶贫项目时，政府未能及时调整角色、未能有效协调各方利益。段少清在其广西大学 2015 年硕士学位论文《非政府组织参与农村义务教育扶贫的公信力建设研究》中还认为："随着我们国家政府机构改革的深入进行，'小政府、大社会'已经成了必然趋势，政府也将逐步从那些无须管、管不好的社会公共事务中退出来，由非政府组织来承担这一方面的事务，这是职能的移交，也是政府对公共事务管理的让步，它反映的是我国整个社会文明和民主发展的趋势。但在这一系列利好的消息下，我们不能不看到在我们国家的社会转型期，政府不能及时调整自己的角色，而大大限制了非政府组织的发展和公信力的建设。"

其次，有利于建立健全义务教育精准扶贫项目的有效监管制度。目前对义务教育精准扶贫项目缺乏有效的监管与评价也与当前我国对义务教育精准扶贫到底如何开展、各方权责如何限定等都缺乏必要的法律支撑，特别是缺乏权威的上位法支撑有密切关系。当义务教育精准扶贫项目是公益类项目时，从政府层面开展项目实施的第三方评估也可能存在如下两难问题，一是可能会增加政府应对烦琐公众性事务的日常工作量；二是当政府为主体组织或开展第三方评估时可能会出于方便管理的目的对公益类项目干预较多。尽管义务教育自身的公共性品质决定了社会公众可以发挥第三方评估的作用，但受到义务教育精准扶贫项目并未对外公布且一般实施区域均较偏僻的影响，社会公众监督也就难以发挥作用。另外，有关义务教育精准扶贫项目实施质效评估的标准体系也未得到系统性建构或研究性探索，即使有第三方评估也缺乏相应的评估依据或参考标准。

• 义务教育精准扶贫理论与实践

最后，作为义务教育精准扶贫项目的相关参与者，不管是扶贫主体还是扶贫对象，有时均会基于趋利避害性而拒绝或不愿意引入第三方评估机构对自己的行为或项目进行评估。义务教育精准扶贫项目的监管体制完善是提升义务教育精准扶贫项目科学性的基本路径，能够有效避免义务教育精准扶贫项目实施中出现目标定位偏移、项目资源浪费或被违法使用、扶贫对象不能得到实质性成长等问题。

（二）义务教育精准扶贫项目的具体实施路径

1. 基于义务教育特性科学管理项目实施环节

在前期深入系统调研的基础上，厘清义务教育精准扶贫项目的功能。义务教育精准扶贫兼具"目标与手段，任务与工具的双重属性，彼此之间密不可分。一方面，教育领域的扶贫开发隐含着对教育扶贫功能的预设与期待；另一方面，开发教育的扶贫功能可以促进教育事业的发展。"[1] 即在每一个项目正式开始之前，需明确该项目的功能是什么、目标是什么、任务是什么，要基于对义务教育精准扶贫项目自身功能与价值的客观判断进行精准的扶贫。一方面，要在义务教育精准扶贫项目实施中实现义务教育的本质属性，即基础性、全民性、普及性等。另一方面，义务教育精准扶贫项目也不能背离教育基本的公平正义价值观。要基于义务教育精准扶贫双重功效目的实施扶贫项目，即"扶教育之贫"，扶教育之贫指对贫困区域义务教育系统内部的物力、财力之扶持，而"依靠教育扶贫"则指通过对贫困区域内义务教育质量的整体提升，以实现教育的增值作用，即让义务教育成为改善扶贫对象素养、提升扶贫对象智力的必要手段，突破义务教育精准扶贫项目的传统工作模式，促进义务教育精准扶贫的转型发展。义务教育精准扶贫项目不是临时性的、短期性的扶贫，而是在系统筹谋扶贫目标、系统设计扶贫计划的基础上开展面向扶贫对象未来内生型发展的扶贫。在这个过程中，特别要注意充分结合扶贫对象的文化独特性、民族差异性等客观现实基础，与扶贫对象平等对话、与扶贫

---

[1] 谢治菊：《大数据驱动下的教育精准扶贫——以长顺县智慧教育扶贫项目为例》，《湖南师范大学教育科学学报》2019年第1期。

项目完成的其他参与者多元协商。同时要在详尽计划、周密部署的基础上，预算每一行动环节所需的资源成本、资源类型及时间成本等。

2. 因地制宜统筹并优化项目资源配置

义务教育精准扶贫项目中的资源种类众多，资源配置方式也非常多元。此外，不同扶贫对象、不同扶贫区域对义务教育精准扶贫资源的需求也各具差异性，这些都决定了在义务教育精准扶贫项目实施中，对资源如何进行有效配置就成为实现扶贫目标的关键。首先，要确保资源配置与项目目标的一致性。每一个义务教育精准扶贫项目都有其特定的任务与目标，资源配置需紧密围绕扶贫目标的达成来进行，并在此基础上系统规范建立义务教育精准扶贫项目的资源配置制度，确保资源的充分利用，确保资源配置与扶贫目标的一致性。建立规范的扶贫资源配置制度，还要强化资源配置过程中的监督与监管，既要避免浪费资源，也要注意保障义务教育扶贫目标的达成与实现所需资源的供给充分。其次，基于扶贫对象的差异性建构灵活的资源配置体系。扶贫对象所处区域与所拥有文化的差异决定了他们对义务教育精准扶贫实施时的所需资源也具有差异性和特定性。"教育扶贫资源的配置需要充分考虑不同贫困区域和贫困对象的教育需求，避免搞平均分配。"[1] 同时，还要在此基础上探索建立贫困学校和贫困学生的进入和退出机制，实现扶贫资源的动态管理与使用。最后，搭建多平台、多元化的义务教育精准扶贫项目的资源筹措渠道。积极鼓励社会公众、民间组织和个人参与义务教育精准扶贫项目的资源筹措，并对扶贫过程进行严格监管。要基于开放、合法的标准建立义务教育精准扶贫资源的筹措渠道，保障义务教育学校在接受非政府机关或其他组织与个人的资源输入时具有相应的判断标准。要打破当地教育行政部门对特困地区义务教育精准扶贫资源供给的垄断采购权，既保障教育公平，也促进并提升义务教育精准扶贫项目资源的筹措活力。

---

[1] 彭寿清、王磊：《民族教育精准扶贫的学术反思与实践探索》，《广西民族大学学报（哲学社会科学版）》2019年第2期。

3. 系统设计多层级的项目评估体系

项目具有系统性，义务教育精准扶贫项目开展与实施的各个环节也需系统设计。系统设计的评估体系至少具有全面性和深入性特征，全面性指需要对义务教育精准扶贫项目开展全程360度的环项目评价，深入性指对项目的评估不能停留在浅表层面，而应要对项目的目标制定、项目资源的配置过程、扶贫对象的发展性变化等方面进行深度评估。同时特别需要在义务教育精准扶贫项目实施中开展第三方评估，不管是评估主体态度还是评估过程开展都应是中立的、客观的，要确保评估主体与扶贫主体和其他各参与者之间应没有任何利益关系，即应是独立的、完整的第三方评估。具体来讲，一项义务教育精准扶贫项目的系统性多层级评估至少包含如下几个方面：首先，评估标准的多维性。即针对不同类型的义务教育精准扶贫项目，应制定差异性和特色性的评估标准。对一个特定项目的评价标准也具有多维性，这种多维性表现为评价指标不仅要从项目本身的目标实现程度、项目实施过程进行评估，还应结合义务教育在特困地区所具有的公共性特质出发设计评价指标，比如项目对扶贫对象所在学校的基础设施改善评估，以及项目对当地其他扶贫对象公共性素养提升的作用评估等。其次，要注意评估方法的科学性。一要保证评估方法的多元性。潘虹于2017年重庆大学硕士学位论文《重庆市精准扶贫绩效的实证研究》中认为要做到主观评估与客观评估相结合、定性评估与定量评估相结合。二要注意评估工具的客观性和有效性。选用经过严谨信度和效度检验的评估工具，力求使评估过程科学合理、评估结果真实有效。最后，在项目实施全程中均引入第三方义务教育精准扶贫绩效考核。第三方评估是义务教育精准扶贫项目质效的重要保障，在政府相关部门审批、审核义务教育精准扶贫项目时均不能忽视对扶贫质效的第三方评估。一般来说，可将扶贫绩效评估服务外包给第三方，由第三方采取专项调查、市场核查、实地核查以及走访基层等方式进行周期性、全面性的扶贫质效考核，构建义务教育精准扶贫项目绩效监督考核的长效机制。

4. 充分利用大数据技术嵌入项目实施全程

要完善义务教育精准扶贫项目的现有工作机制，也要引入当前的大数据分析技术。一方面一项义务教育精准扶贫项目本身就隐含着对特困地区贫困学生或者薄弱学校进行科技扶贫的目的；另一方面通过大数据技术也能提高义务教育精准扶贫项目中的资源整合效率，降低项目实施中的地域阻隔、人员阻隔甚至文化阻隔等带来的实施困难性。义务教育精准扶贫项目中引入大数据技术能够节约义务教育精准扶贫成本，同时又能切实改善扶贫对象所在区域的学习条件，扶贫对象的义务教育学习不再受到时间与空间的客观条件制约，并且可进一步将这些技术应用在特困地区留守儿童与父母的远程交流与沟通上以及扶贫对象贫困改善与内生性发展动力的长期测评上。"信息技术，尤其是大数据对教育的核心影响主要在于：这些技术将人、财、物和知识空前地联结起来，并催生了教育决策、教育资源共享方式、教育传播途径的深刻变化。……大数据的大样本、大价值、大规模和大系统，将驱动教育扶贫对象识别的精准性、帮扶管理的精细化、帮扶举措的精确性和帮扶结果的高效性，实现帮扶过程的科学化、专业化与智能化。"[①] 首先要主动意识到现代信息技术特别是大数据技术对教育扶贫的重要助力作用，转变仅仅依靠人力、物力等传统资源供给进行扶贫的观念，充分与信息技术人员或组织深入合作，构建大数据信息技术媒介下的义务教育精准扶贫生态圈和利益相关者生态圈。其次要充分利用现代信息技术以及大数据技术的数据分析能力，深入挖掘扶贫对象所在区域、扶贫对象成长经历等相关数据分析结果，服务于义务教育精准扶贫项目的目标设定与行动开展、服务于对义务教育精准扶贫项目开展多维度立体的评估等。

5. **完善项目实施的法制体系建设**

义务教育精准扶贫项目的法制体系建设应成为我国依法治教的范畴之一，因为只有健全的法制体系才有助于明确义务教育精准扶贫项目的参与各方权、责、利、义，有助于建立健全完善的扶贫多元协商机制，提升参与各方在多元协商中的积极性。义务教育精准扶贫项目

[①] 赵芸逸、徐超、王霞：《乡村振兴战略背景下"互联网+教育扶贫"模式构建研究——以A在线支教项目为例》，《改革与开放》2018年第21期。

● 义务教育精准扶贫理论与实践

开展具有区域特殊性、扶贫对象特定性等特征，这也增加了扶贫法治监管的困难性，但不能因为这种困难就不建立健全义务教育精准扶贫项目的法制体系。在观念上首先就要意识到义务教育精准扶贫法制体系健全是保障义务教育精准扶贫项目顺利开展、质效提升的必要环节，同时也是依法治教、依法扶贫、依法治国的内在要求，更是建立义务教育精准扶贫项目长效机制的必要之举。"《中国农村扶贫开发纲要（2011—2020）》明确提出地方立法先行，各省（市）根据本地区的实际情况制定相应的精准扶贫法规和政策，但是国家层面上还缺乏扶贫立法特别是教育扶贫立法的制度支持。"① 通过完善义务教育精准扶贫项目实施监管的法制体系，以保障义务教育精准扶贫项目的规范有序实施，在这个过程中，有如下两大核心问题必须考虑：第一，通过健全的法制体系确定在义务教育精准扶贫项目中的参与者、利益相关者、资源提供者、项目质效评估者等。同时，还需通过健全的法制体系进一步细分哪些参与者是资源提供者，能提供什么样的资源；哪些参与者是义务教育精准扶贫项目的获利者，能获得什么样的利益；在不同参与者的多元协商机制建构过程中，不同参与者各自的权利、义务、责任、权力的边界如何划分等，这些都需要相关法律做出明确的界定。第二，通过健全的法制体系确定义务教育精准扶贫项目的公益性、公共性。公益性体现在要突破单一的由政府独自提供资源、政府组织人力、物力和财力的义务教育精准扶贫项目运行模式，引入公益类基金或组织的积极参与，但要通过法制体系的建立健全规范这些多元主体参与义务教育精准扶贫的权力与责任，既要保证项目实施本身的精准性，更要实现项目法制体系中对参与者义务规定的精准性。

---

① 李祥、曾瑜、宋璞：《民族地区教育精准扶贫：内在机理与机制创新》，《广西社会科学》，2017 年第 2 期。

第五章　义务教育精准扶贫跟踪与实效评价

教育扶贫是国家脱贫攻坚战中的重要一环，而义务教育精准扶贫又是重中之重。党的十八大以来，在习近平精准扶贫理念的指导下，国家围绕义务教育出台了多项扶贫政策，地方政府在严格贯彻落实国家政策的基础上，根据地方实际需求探索实施了多样化的扶贫政策和措施，各企事业单位以及各类社会组织也积极参与其中，促使义务教育精准扶贫取得明显成效。但是，由于各地义务教育原有发展水平和扶贫举措的不同，教育精准扶贫在各区域内的成效表现并非完全一致，而是产生了扶贫绩效的空间差异。[①] 因此，有必要对区域义务教育精准扶贫进行持续的跟踪与实效评价，获取客观、有效的反馈信息，以便更好地改进和完善扶贫政策和项目，不断提升教育扶贫的效果和效能，提高特困地区的义务教育发展水平，助力特困地区的持续长效脱贫。

第一节　义务教育精准扶贫实效评价理论及方法

任何一项评价活动的有效实施，都需要可靠的理论基础和科学的方法支撑。因此为了确保义务教育精准扶贫跟踪与实效评价的合理性和准确性，有必要对其相关理论与方法进行探讨。

---

① 邢慧斌、刘冉冉：《集中连片特困区教育精准扶贫绩效的空间差异研究》，《教育与经济》2019年第2期。

• 义务教育精准扶贫理论与实践

一 实效评价理论

（一）义务教育精准扶贫实效评价的基本向度和内容

义务教育精准扶贫是一项特殊的系统工程，其实施过程与影响涉及多主体、多因素和多层次。因此对其实效的评价也应有系统思维，需要充分兼顾教育精准扶贫的不同层面和维度，进行综合考量，以此确定评价的向度和内容。

第一，从内涵向度来看，实效评价一般指涉效率、效果和效益三个方面，其中效率是资源投入的利用程度，效果是指预期的目标或产出，效益则是因政策或项目实施而带来的直接或间接的经济或社会效益。因此，对教育精准扶贫实效的评价需要包括以上三个方面，即评价义务教育精准扶贫资源的利用效率、评价义务教育精准扶贫预期目标的实现程度和评价义务教育精准扶贫所带来的其他经济或社会效益。

第二，从过程向度来看，跟踪与实效评价不只是对政策或项目实施结果的总结性评估，而是包含了其实施过程及其影响的综合性评估。从义务教育精准扶贫的实施过程来看，其至少涉及政策设计、策略选择、项目实施、管理保障等四个关键环节。因此，对义务教育精准扶贫实效的评价至少需要从政策、策略、项目和管理等四个层面分别进行，才能达成对其的客观评价。

第三，从时间向度来看，实效有短期、中期和长期之分，因此实效评价需要将短期成效、中期成效和长期成效进行区分。由于义务教育发展具有复杂性和周期性，相应的扶贫政策或项目的影响因素多、投入周期长，所产生的成效也表现出多样性、不确定性特征，如有些扶贫政策或项目的短期产出效应并不明显，但却可能表现出产生长期成效的潜力。因此，对义务教育精准扶贫实效的评价，需要把短期、中期和长期成效全部考虑进去，进行分类评估。

（二）义务教育精准扶贫实效评价模式

按照评价的一般原理与模式，结合教育扶贫的特殊目的与需求，义务教育精准扶贫实效评价可采用以下三种评价模式。

第五章　义务教育精准扶贫跟踪与实效评价

第一，基于预期目标的评价模式。该模式是以政策（或项目）的预期目标作为评估的标准，关注预期目标是否实现或者实现的程度如何。由于所有的政策和项目都具有明确的目标指向，并且往往是围绕这些目标来组织实施的，因此基于预期目标的评价模式是实效评价中最传统、最常用的模式。在实际运用中，基于预期目标的评价模式的一般程序为：第一，明确政策（或项目）的预期目标并在最大限度上给予分类和量化；第二，测量预期目标的可实现程度；第三，测量政策（或项目）实际结果与预期目标的一致性程度。该模式相比于其他模式的优点主要体现在它提供了清晰客观的评估标准，可以避免评估者在评估政策和项目价值上的主观性，且操作实施起来比较简单。在目前关于义务教育精准扶贫的实效评估中，基于预期目标的评价模式已运用得比较广泛，特别是对于国家颁布实施的义务教育扶贫政策或项目的绩效评估，均是基于相关政策或项目的原有预期目标来进行严格的考核评估。不过，基于预期目标的评价模式也有固有的缺陷，主要表现在它只考虑和预期目标相关的结果，忽视那些目标之外的结果，因而在实际运用中容易遭遇评价全面性与准确性不足的困境。

第二，基于实际结果的评价模式。区别于目标评价模式，基于实际结果的评价模式不局限于和预期目标相关的结果，而是全面观察政策（或项目）的实施过程，找出所有相关的效果，包括一些附带的甚至负面的效果。一定意义上，该模式实现了对目标评价模式弊端的突破和纠正。因为政策（或项目）的实施是具有高度复杂性的实践活动，受多种因素的影响，其过程不会完全按照原有计划进行，而是可能会在一定程度上偏离预想的轨道，产生一些非预期的结果。因此在进行实效评价时如果只关注计划内预期目标的实现，忽略计划外的其他结果，则可能造成对政策（或项目）的片面评价。特别是对于义务教育精准扶贫政策（或项目）而言，预期目标的实现与否并不能作为教育扶贫政策（或项目）实效评价的唯一标准。由于教育发展的非线性和相关影响因素的多样性，其实施的结果和影响必然是多面向的，可能会与预期目标有许多不一致之处，但这种不一致并不意

• 义务教育精准扶贫理论与实践

味着相关教育扶贫政策（或项目）的无效，因为实际结果虽然没有达到预期目标，但可能带来了其他非预期的积极结果。同样，实际结果达到了预期目标也并不就意味着相关教育扶贫政策（或项目）一定是好的或者得到了有效的实施，因为可能在实现预期目标的同时可能附带了一些其他结果，如预期目标的实现可能是建立在过度超支或者资源浪费的基础上，甚至可能是以损害教育秩序、教育公平、扶贫对象的获得感等为代价换来的。从实践来看，基于实际结果的评价模式能够关注到一些非预期的实效，形成对义务教育精准扶贫政策（或项目）的更客观全面的评价，能够"筛选"出真正有效的扶贫政策（或项目），也能够督促和帮助一些教育扶贫政策或（项目）在实施过程进行改进、调整，防止其走向"假、大、空"。不过，基于实际结果的评价模式也有一些缺点，主要体现在因不重视预期目标而导致评价标准的不确定性，故而在实践中容易产生"相对主义"的评价。

第三，基于利益相关者的评价模式。该模式是指通过搜集政策（或项目）的利益相关者的反馈信息来对政策（或项目）的实效进行评价。利益相关者是指被卷入政策（或项目）的相关人群，包括政策（项目）的受益群体、决策者、组织者、实施者及监督者等对政策（或项目）具有影响或被影响的各类团体和个人。根据联合国开发计划署（UNDP）在评估其开发合作项目中所做的界定，重要的利益相关者包括目标群体、直接受益者、直接管理者、资源提供者、外部咨询顾问、为项目提供支持的人或机构、可能受到项目结果影响或对其感兴趣的其他机构等。[①] 对义务教育精准扶贫政策（或项目）而言，重要的利益相关者有扶贫对象（相关学校、教师和学生）、各级政府机构、参与其中的相关社会组织和个人，以及其他关切者等。这些利益相关者对于义务教育精准扶贫的实施过程和效果均具有直接的体验和理解，搜集不同利益群体的感受和看法，有利于对义务教育扶贫政策或项目实效形成多层次、多维度的评价。但同时由于不同的群

---

① 联合国开发计划署评估办公室编：《计划管理者手册：面向结果的监督与评估》，科学出版社1999年版，第61页。

体都有各自的立场，均会出于自身利益对义务教育扶贫政策或项目成效做出主观判断，可能出现不一致甚至完全相悖的反馈信息，因此也容易给最终做出客观全面的实效评价带来挑战。

总体来说，以上三种评价模式都有着各自的定位、优势与不足之处，在对义务教育精准扶贫进行实效评价时，可以根据所评价领域、层次和对象的不同，选择相应的评价模式，必要的时候可以进行综合使用，以便得到更全面有效的评价结果。

（三）义务教育精准扶贫实效评价方法

一般而言，每一种评价模式都包含一种特定的评价方法。因此，对应于上述的评价模式，在义务教育精准扶贫实效跟踪与评价中有三种常见的方法。

第一，达标评价法。达标评价法是一种绝对评价法，就是通过把政策（或项目）实施后的结果与预先设立的客观标准进行比较，用达标与否来衡量政策（或项目）是否成功的评价法。由于这种客观标准往往来源于政策（或项目）的预期目标，因此该方法的运用常见于基于预期目标的评价模式中。使用达标评价法的前提是政策（或项目）具有合理、有效和明确的标准，标准最好为量化的指标。在义务教育精准扶贫中，对经费投入、资助金额、覆盖范围、涉及人次或比率等的评价便可采用达标评价法。以"全面改薄工程"为例，国家明确提出"县镇超大班额现象基本消除，逐步做到小学班额不超过45人、初中班额不超过50人，""小学辍学率努力控制在0.6%以下，初中辍学率努力控制在1.8%以下"，"配备适合学生身心发展特点的图书，激发和培养学生阅读兴趣，有条件的地方逐步达到小学生均图书不低于15册，初中生均图书不低于25册"，"保障寄宿学生每人1个床位，消除大通铺现象"[1]。以上数字指标就构成了基本的评价标准，以其为参考值，便可对特定区域"全面改薄工程"的实施效果进行有效的跟踪和评价。达标评价法具有易操作、易解释、结果说服

---

[1] 《教育部国家发展改革委财政部关于全面改善贫困地区义务教育薄弱学校基本办学条件的意见》，2013年12月，中华人民共和国教育部（http://www.moe.gov.cn/srcsite/A06/s3321/201312/t20131231_161635.html）。

• 义务教育精准扶贫理论与实践

力强的优点，因而受到教育扶贫政策（项目）的相关决策者和督导者的普遍青睐。不过，达标评价法在实际运用中也有自己的局限性，比如对于一些无法确定明确标准或难以被量化的教育扶贫政策（或项目），往往无法进行客观有效的评价。

第二，增值评价法。增值评价法是一种相对评价法，是基于实际结果的评价模式中的常用方法。区别于达标评价法，增值评价法并不基于某种预定标准，而是通过前后对比，来分析某一政策（或项目）实施后所产生的积极变化，如出现了量的增长、质的提升、良好的发展态势或者可预期的发展潜力等。因此，在实际运用中，增值评价法可以弥补和突破达标评价法的局限性，可以更为全面客观地展现出政策（或项目）实施所产生的实际效果。特别是对于义务教育精准扶贫而言，很多的政策（或项目）的实效只有通过采用增值评价法才能得到充分挖掘。一方面由于教育发展具有多面性和复杂性，其发展状态无法被全部量化；另一方面由于特困地区教育发展本身就底子弱、水平低且具有较大的差异性，不宜设置统一的发展标准，也不宜把"达标"作为教育扶贫的全部目的。以面向农村特困地区的各级各类中小学教师培训政策或项目为例，如果我们仅仅在经费投入、覆盖范围、培训人次等层面设置量化标准，并以此来跟踪和评价教师培训政策或项目的实效，将无法获取对政策或项目实效的客观评价，同时其导向在一定程度上也偏离了义务教育精准扶贫的价值追求。因为面向特困地区的中小学教师培训，其根本目的是帮助特困地区中小学教师扩展专业知识、增强专业能力、增进专业情意，提高专业发展水平，为特困地区义务教育的可持续发展夯实师资基础。仅去观测经费投入、培训人次等外显性量化指标，衡量其是否达到某种预期目标或标准，无法全面反映相关培训政策或项目的实效，所得到的评价结果和信息也容易对相关政策或项目的未来改进方向造成误导。相反，若采用增值评价的理念方法，通过把对教师培训政策或项目实施前后的教师专业发展状况进行全面对比，跟踪与展现教师在专业素养上的积极变化，将会达成对这些政策或项目实效的真实评价，同时也将有利于这些政策或项目的持续改进，发挥其于教育扶贫的真正价值。

第三，对象评定法。对象评定法是前文所述利益相关者评价模式运用中的基本方法。它是由政策或项目的利益相关者通过亲身感受和了解对政策（或项目）的效果予以评定的方法。[①] 其中目标群体的评定是最为直接有效的，因为他们既是政策或项目的作用对象，是直接的受益群体，往往也是政策（或项目）活动的主体，对于政策或项目的成效具有最直观深切的感知。特别是对义务教育精准扶贫而言，相关政策（或项目）的目的本来就是改善特困地区的教育发展状况以及贫困人群的生活状况，因此其真实成效如何，由扶贫对象通过反思扶贫政策（或项目）实施对自身生活的改变从而进行评价，自然要比其他群体更具有说服力。更进一步说，从政策或项目改进的角度来说，由扶贫对象来评价相关政策或项目的实效，也是助推与保障义务教育扶贫政策或项目"精准性"的重要举措，有利于对相关政策或项目进行适时调整与改进，防止其走向形式化。在实际运用中，对象评定法最常见的类型就是满意度测评法，即通过调查大多数利益相关者对政策或项目的满意度来衡量其成效，这在大多数教育扶贫成效评价研究中已有明显体现。

第二节　义务教育精准扶贫实施政策与实效评价

一　义务教育精准扶贫实施政策实效评价的思路与重点

厘清评价的思路并确定评价的重点是保障义务教育精准扶贫实施政策实效评价有效性的基本前提。

（一）义务教育精准扶贫实施政策实效评价的基本思路

义务教育精准扶贫政策实效评价的基本思路既要遵循公共政策分析的一般逻辑，也要兼顾教育扶贫政策的特殊性，具体来说需要坚持事实判断与价值分析相统一、过程评价与结果评价相结合、短期成效

[①] 陈振明：《公共政策学——政策分析的理论、方法和技术》，中国人民大学出版社2004年版，第316页。

· 义务教育精准扶贫理论与实践

评测与长期成效评测相补充。

1. 坚持事实判断与价值分析相统一

对任何公共政策的分析与评价不仅要关注政策的客观事实,也要关心政策背后的价值取向。[①] 义务教育精准扶贫政策实效评价更是如此。从价值取向来说,义务教育精准扶贫政策力图从政策和制度层面引导与推进义务教育均衡发展,保障特困地区的所有适龄学生拥有同等的受教育的权利,享有平等的接受高质量教育的机会,为所有个体发展奠定良好的教育基础,正如2013年11月26日,习近平在同菏泽市及县区主要负责同志座谈时指出:"务必把义务教育搞好,确保贫困家庭的孩子也能受到良好的教育,不要让孩子输在起跑线上。"[②] 这一价值立场应该作为义务教育精准政策实效评价的基本依循,融入对相关政策效果与影响的事实判断之中,在关注各种外显的目标与效果达成的同时,也关注政策实施所促成的相关价值的实现。

2. 坚持过程评价与结果评价相结合

政策评价一般有两层目的:一是评价政策的优劣或成功与否,从而决定继续推进或中止某项政策;二是搜集政策实施过程的相关反馈信息,为下一步政策的调整与改进提供参考。基于第一层目的的公共政策实效评价往往会强调对政策实施最终结果或影响的评价,而基于第二层目的的政策实效评价侧重于评价政策制定与实施过程的合理性和有效性。对义务教育精准扶贫政策实效评价来说,由于兼具这两层目的,因而既需要关注对结果的评价,也需要关注对过程的评价。

3. 坚持短期成效与长期成效相补充

由于公共政策在制定与实施过程中受到多种因素的影响,其成效的显现时间、表现形式及程度往往是多样的、复杂的,最常见的就是

---

① 陈振明:《公共政策学——政策分析的理论、方法和技术》,中国人民大学出版社2004年版,第28页。
② 《习近平谈教育如何发展得更公平更好》,2021年7月,党建网(http://www.dangjian.cn/shouye/sixianglilun/dangjianpinglun/202101/t20210128_5932744.shtml)。

第五章 义务教育精准扶贫跟踪与实效评价

有短期成效和长期成效之分。在一般的公共政策评价中，往往容易出现注重短期成效而忽略长期成效的倾向，这对于政策的客观评价及进一步改进是不利的。鉴于义务教育精准扶贫政策实施本身就着眼于长远，即通过义务教育的奠基，保障特困地区教育的长期、可持续发展，从而提升特困地区和贫困群众的自我脱贫能力，达到长效脱贫、防止贫困代际传承的扶贫目的。因此，对义务教育精准扶贫政策的实效评价就不能只关注"立竿见影"的短期效果和效益，而应该把其长远、潜在的影响充分考虑进去，从短期和长期两个层面来对相关政策进行客观评价和持续改进。

（二）义务教育精准扶贫实施政策实效评价的重点

根据公共政策评价的一般理念、原则与方法，结合教育扶贫政策在政策目标、执行过程与效果展现上的特殊性，笔者认为，对义务教育精准扶贫政策的实效评价应该着重关注政策的导向性、回应性、充分性、协同性与接受度等五个方面。

1. 政策的导向性

由于政策是用于调整或规范社会成员之间的关系，鼓励人们从事某些社会活动或禁止人们从事某些社会活动，政策的制定与实施本质上就是在进行某种特定的价值导向，所以导向性是衡量政策实施成效的关键指标。评价政策的导向性，就是评价政策在制定与执行过程是否一直坚持了正确的价值立场，进行了正确的价值导向。就义务教育精准扶贫政策而言，对其导向性的评价，主要是衡量其制定与执行过程中是否进行了应有的价值导向：如是否遵循了义务教育发展的基本规律、是否融入了精准扶贫的基本理念、是否体现了扶贫脱贫的基本追求、是否坚持了公平正义的基本立场等。

2. 政策的回应性

政策的回应性是指公共政策对目标群体需求的关注和满足程度。由于政策本身就是针对目标群体的需求而设计和制定的，因此回应性的高低直接反映政策实施的成效。从义务教育扶贫的政策体系来看，国家层面的义务教育扶贫政策属于针对全国范围内特困地区的普适性政策，无法完全满足各个地区的具有很大差异性的教育脱贫需求，因

● 义务教育精准扶贫理论与实践

此需要地方各级政府在国家教育扶贫政策框架下制定配套性政策或特殊的执行措施。评价义务教育精准扶贫政策的回应性，就是衡量各级政府细化落实国家政策或制定地方政策时，是否充分考虑地方教育发展实际，将政策供给与特困地区教育发展的实际需求与问题严密对接，是否对国家政策进行了因地制宜的优化调整，最终又是否真正满足了本地区义务教育发展的实际需求。需要指出的是，在评价义务教育精准扶贫政策的回应性时，往往需要根据区域特殊性，来制定特定的评估指标体系。如对于少数民族地区义务教育扶贫政策实效的评价，需要根据地理位置、自然条件、风俗习惯、教育基础、贫困广度和深度等区域的特殊性，设计专门的政策绩效评估指标体系。[1]

3. 政策的充分性

政策的充分性是指公共政策供给之于目标群体的充足性，主要体现在政策内容和政策工具的完备性。政策的充分性对于义务教育精准扶贫政策实效的展现十分重要。因为只有政策内容足够广泛，才能确保义务教育扶贫"不留死角"；只有政策工具足够多样，才能通过科学地组合以配置不同政策工具，更充分地发挥政策的应有效力，保证义务教育扶贫政策的实际效益。[2] 评价义务教育精准扶贫政策的充分性，主要是衡量政策内容是否具有足够的广度以便覆盖义务教育领域的各个层面，政策工具是否具备足够的多样性以便能够应对与实现不同层次的预期目标。

4. 政策的协同性

政策的协同性包括两个方面：一是内部的协同性，即公共政策内部具有一致性；二是外部的协同性，即公共政策与上一层级政策或其他同级政策具有协调性。只有公共政策实现内外部的协同性，才能促成各项政策形成合力而非相互掣肘，从而确保政策效果的实现。评价

---

[1] 阿海曲洛：《西部少数民族地区教育扶贫政策绩效评估指标体系构建研究》，《四川师范大学学报（社会科学版）》2018年第4期。

[2] 姚松、曹远航：《我国教育扶贫政策的成就、反思与展望》，《河北师范大学学报（教育科学版）》2020年第4期。

义务教育精准扶贫政策的协同性，主要是衡量地方政策的制定与实施是否严格依循和落实了国家义务教育扶贫政策导向，是否与其他教育扶贫政策具有一致性和衔接性，共同服务于教育扶贫大局和脱贫攻坚总格局，以及政策内部是否具有高度的一致性、不存在"政策打架"的现象。

5. 政策的接受度

政策的接受度是指政策理念和政策举措为公众尤其是利益相关群体所熟知、认同和接纳的程度。从表征来看，政策的接受度是公共政策实施成效的最直接体现。在大多数政策评估中，对政策接受度的评价常常通过测评公众对政策理念和举措的熟悉程度、满意程度来实现。就义务教育精准政策而言，对其接受度的评价，主要是测评相关受益群体如学校、教师、学生对教育扶贫政策理念和举措的熟识度，和对教育扶贫政策执行情况及效果的满意度。

二 义务教育精准扶贫实施政策的主要成效

党的十八大以来，教育部启动了教育扶贫全覆盖行动，连续组织实施了20余项教育扶贫政策措施，形成了涵盖学前教育、义务教育、高中阶段教育、职业教育、高等教育、继续教育等多层次、多阶段、多领域在内完整的教育扶贫政策体系。[1] 从成效上看，教育精准扶贫政策网络体系初见雏形、目标群体覆盖面广、工具配置类型齐全、具体手段丰富多样。[2] 义务教育精准扶贫作为其中的基础环节，自然也受到党和国家的政策重视。目前，国家针对义务教育扶贫出台了一系列的政策，各级地方政府在严格执行与实施国家政策的基础上，也根据区域发展实际配套制定了多样化的政策措施。相关的义务教育精准扶贫政策见表5-1和表5-2。

---

[1] 陈纯槿：《教育精准扶贫与代际流动》，华东师范大学出版社2017年版，第17页。
[2] 马立超：《教育精准扶贫政策体系建设的成效、困境与突破——基于政策设计的分析视角》，《当代教育科学》2020年第6期。

- 义务教育精准扶贫理论与实践

表 5-1　　　　　义务教育精准扶贫政策（国家层面）

政策名称	政策内容
全面改善特困地区义务教育薄弱学校基本办学条件	2013年开始实施，力争用5年时间使特困地区农村义务教育学校基本办学条件基本达标
《国务院办公厅关于实施农村义务教育学生营养改善计划的意见》（国办发〔2011〕54号）	自2011年，国家按照每生每天3元（2014年11月提高到4元）标准为片区农村义务教育阶段学生提供营养膳食补助
义务教育"两免一补"（免学杂费、免教科书费、寄宿生生活补助）	城乡义务教育阶段所有学生已免除学杂费。对义务教育阶段所有农村学生和城市低保家庭学生免费提供教科书，对农村学生免费配发汉语字典。对义务教育阶段农村和城市家庭经济困难寄宿生发放生活补助，中西部地区补助标准为小学生每生每天4元、初中生5元
西藏15年免费教育和新疆南疆四地州14年免费教育	西藏实现了15年免费教育，"三包"政策（包吃、包住、包学习费用）覆盖了从学前至高中阶段所有农牧民子女和城镇困难家庭子女，年受益学生达52.5万人，资助金额达15亿元。新疆南疆四地州实现了14年免费教育，覆盖了学前两年教育、义务教育和高中阶段教育，年受益人数190万人，资助金额超过50亿元
新疆与其他省市中小学"千校手拉手"活动	在新疆和援疆省市各民族学生中广泛开展"心连心手拉手"活动，新疆1584所中小学校与援疆省市中小学建立了"手拉手"关系，结对学生146.8万人；疆内1200余所学校之间也建立了"手拉手"关系
《国家特困地区儿童发展规划（2014—2020年）》	将680个连片特困县从出生开始到义务教育阶段结束的农村儿童作为实施范围，重点围绕健康、教育两个核心领域，加快实现从家庭到学校、从政府到社会对儿童关爱的全覆盖，确保特困地区的孩子生得好、长得好、学得好，编就一张保障特困地区儿童成长的安全网
《乡村教师支持计划（2015—2020年）》	通过拓展乡村教师补充渠道、提高乡村教师生活待遇等关键举措，造就一支素质优良、甘于奉献、扎根乡村的教师队伍，让每个乡村孩子都能接受公平、有质量的教育，帮助乡村孩子学习成才，阻止贫困现象代际传递
《国务院办公厅关于进一步加强控辍保学提高义务教育巩固水平的通知》	落实扶贫控辍，避免因贫失学辍学。要求各地要认真贯彻落实党中央、国务院关于打赢脱贫攻坚战的决策部署，针对老少边穷岛地区以及农村等失学辍学率可能较高的地方，把控辍保学工作作为脱贫攻坚的硬任务，压实工作责任

第五章 义务教育精准扶贫跟踪与实效评价

表 5-2　　　　　　　义务教育精准扶贫政策（地方政府层面）

省市	政策主题	政策内容
湖南	办学条件改善	实施"芙蓉学校"计划。优先规划、优先立项、优先建设，确保2020年前每一个深度贫困县建设1所规模适中、条件达标、风格统一、办学质量和管理水平较好的寄宿制义务教育学校，每个项目县市支持3000万元，招生对象以建档立卡贫困家庭学生和偏远地区的贫困学生为主①
海南	学生资助	建立义务教育阶段建档立卡家庭经济困难学生基本生活保障制度，实行免学杂费、课本费、作业本费、住宿费，补贴伙食费、校服费、学习资料费、交通费的"四免四补"政策
重庆	学生资助	统筹农村义务教育阶段学生营养改善计划膳食补助资金，学校为义务教育阶段建档立卡贫困家庭非寄宿学生在校上学期间免费提供一顿午餐。同时完善义务教育阶段家庭经济困难寄宿生生活补助政策，优先保障建档立卡贫困家庭学生、最低生活保障家庭学生、特困供养学生、孤残学生、烈士子女、家庭经济困难残疾学生及残疾人子女
云南	教师队伍建设	全面实行乡村教师生活补助差别化政策，85个集中连片特困县实现政策"全覆盖"，全省共有110个县（市、区）的27.55万名乡村教师享受了乡村教师差别化生活补助。每年拿出5000万元重奖500名优秀乡村教师。启动实施"万名校长培训计划""义务教育青年教师培训计划"，启动校长职级制改革和教师"县管校聘"试点②
四川	师生支持	实施高海拔民族地区义务教育学校学生取暖计划；取消乡村教师评聘职称（职务）对外语成绩（外语教师除外）、发表论文的刚性要求③
青海	教师队伍建设	加大省内藏汉双语公费定向师范生培养力度，特岗教师实现"当年招聘、当年纳编"。取消乡村学校中高级岗位设置比例，定向评价、定向使用④

---

① 湖南省教育厅：《湖南省深度特困地区教育脱贫攻坚实施方案（2018—2020年）》，2018年4月（http://jyt.hunan.gov.cn/sjyt/xxgk/tzgg/201804/t20180411_4988166.html）。
② 《云南省推进义务教育均衡发展：让更多的孩子享受优质教育》，2020年7月，云南省人民政府扶贫开发办公室官网（http://ynfp.yn.gov.cn/f/view-8-61c5d06fbb2d4815ada080b0155c1efd.html）。
③ 《四川教育脱贫攻坚（2017—2020年）实施方案》，2017年9月，广元昭化区人民政府网（http://www.zhaohua.gov.cn/open/detail/20170928153702-621819-00-000.html）。
④ 《青海省深度特困地区教育脱贫攻坚实施方案（2018—2020年）》，2018年9月，青海新闻网（https://baijiahao.baidu.com/s?id=1611825051948921995）。

• 义务教育精准扶贫理论与实践

从表 5-1 和表 5-2 可以看出，在习近平同志"精准扶贫"理念的指导下，结合教育扶贫工程的整体部署，教育部在义务教育领域也出台了若干扶贫政策。这些政策中既有面向所有特困地区的一般普惠性政策，也有针对特定区域的特殊政策，政策主题涉及办学条件、经费投入、控辍保学、教师队伍发展、学生资助、学生健康发展等多个方面，不同政策之间在导向上保持内在贯通性，并在实际措施上具有一定的互补性。在国家脱贫攻坚总格局中，教育扶贫工程被视为彻底稳定脱贫的重要推手，被寄予"阻断贫困代际传递"的厚望，而义务教育精准扶贫则又是教育扶贫大局中的基础性工程。因此，义务教育精准扶贫政策整体以"奠基"为导向，牢牢聚焦"基本办学条件""学生受教育权利与机会""高质量师资队伍"等制约特困地区义务教育发展的基本因素，通过设置专项资金、强化督导监控、做好对口支援、合理的政策倾斜等方式来提升特困地区义务教育发展水平，确保贫困群众子女"义务教育有保障"。

各省市通过严格遵循国家政策导向和标准，出台了相应的贯彻执行类政策，并结合本地区义务教育发展实际情况和需求，制定了一些具有区域特色性的政策措施，如对特困家庭子女实行超出国家"两免一补"标准的"多免多补"政策、扩大部分民族地区义务教育年限、实行高寒地区取暖计划、乡村教师职称评审照顾性政策等，这些多样的地方性政策对国家政策形成了有效的回应与补充，与其共同构筑成一个系统化、立体化的义务教育精准扶贫政策体系。

第三节 义务教育精准扶贫实施策略与实效评价

一 义务教育精准扶贫实施策略实效评价的思路与重点

义务教育精准扶贫实施策略是指在国家的义务教育精准扶贫政策导向下，为达到扶贫政策预期目标所采取的方式、方法、工具和手段等，属于政策执行与实施的范畴。整体来说，当前义务教育精准扶贫实施策略有三种类别：一是外源输入型策略；二是内生增长型策略；三是中介催化型策略。对这三种类型实施策略的评价需重点关注不同的层面。

外源输入型策略是指以外部资源的输入、援助或补偿为切入点的教育扶贫策略，具体来说即通过对特困地区注入人力、物力和财力等外部资源来补齐义务教育短板、改善义务教育贫困状况的措施。外源输入型策略有三种常见的表现形式：第一，直接提供，主要为向特困地区进行人力资源、物力资源的直接输入；第二，补贴资助，主要为对特困地区学校、教师和学生的各类补贴、资助与捐助等；第三，基础建设，主要为对教学场地、教学设备、运动设施、图书资料等学校办学基础设施的建设。鉴于外源输入型策略是"输血式扶贫"，因此对义务教育精准扶贫外源输入型策略的实效评价需强调外显性的目标达成和直接的实际成效，如义务教育办学条件的达标情况、教育扶贫资源的利用效率、教育扶贫的产出效益等。在评价方式与方法上，可采用基于预期目标的评价模式，通过设置严格的量化标准来评价政策目标的实现程度。

内生增长型策略是以内部的促进、推动与提升为切入点的教育扶贫策略，具体来说即以激发贫困对象的脱贫动力、提升贫困对象脱贫能力、提高贫困对象的教育获得感与满意度为目的的教育扶贫措施。内生增长型教育扶贫策略是"造血式扶贫"，当前主要有"扶志""提神""增能"三种表现形式。由于内生增长型策略是一种"造血式扶贫"方式，因此对其的评价应更加着眼于长远，关注长期成效的实现，重点观测其对贫困对象未来发展的支撑程度。在评价方式与方法上，较宜采取基于实际结果的评价模式和基于利益相关者的评价模式，运用增值性评价法和对象评定法来评测贫困对象的真实变化和实际感受。

中介催化型策略是指以机制完善、技术革新、工具优化等为突破口而采取的义务教育扶贫策略，其旨在丰富特困地区义务教育脱贫的路径与方法，提高相关教育扶贫资源的利用效率和产出效益，拓宽义务教育扶贫范围的广度，增强义务教育扶贫措施的力度。从表现形式来看，中介催化型策略可能为外源输入型策略和内生增长型策略的综合体，因此对其的评价要兼顾短期成效与长期成效，根据策略的不同

- 义务教育精准扶贫理论与实践

切入点，综合采用多种评价模式和方法，如对机制完善类策略的评价应多关注其对教育扶贫长远性的贡献程度，对技术创新类策略应多关注其对义务教育扶贫精准性的提升程度，对工具优化类策略应多关注其对教育扶贫有效性的增强程度。

二 义务教育精准扶贫实施策略的主要成效

（一）义务教育发展短板得到补齐，发展基础更加夯实

通过各项外源输入型策略的实施，特困地区义务教育发展短板得到补齐，发展基础更加夯实。特困地区义务教育办学经费有了显著增长，运动场所、功能教室、学生宿舍等办学设施更加完备，九年义务教育巩固率基本达到预期目标，区域间差异大幅缩小。经调查发现，79.75%的校长和79.73%的教师认为在扶贫政策指引和项目的支持下，"学校的薄弱环节得到了较大改善"，教育精准扶贫建设项目的实施"解决了制约学校发展的关键问题"，"为学校的发展作出了有针对性的贡献，提高了学校的总体发展水平"。[①]

（二）特困地区相关群体的教育脱贫信心和动力受到激发

通过实施各项内生增长型策略，极大地激发了相关群体的教育脱贫信心和动力。具体表现在，特困地区"读书无用论"的思潮得到明显遏制，贫困群众对教育价值的认可度和对教育脱贫的认同度均显著提升，对子女教育的重视与参与程度也明显增强。特困地区义务教育阶段教师对职业的认同感更加强烈，对乡村教育的信心明显提升，坚守和振兴乡村教育的意愿，自我发展的内驱力也不断增强。贫困家庭学生的学习兴趣受到激发，学习动机更加强烈，通过教育改变命运和未来的决心和信心也更加坚定。

（三）特困地区义务教育扶贫的全面性、精准性和长效性得到保障

调查发现，各类中介催化型策略的实施，确保了义务教育扶贫的全面性、精准性和长效性，推动特困地区义务教育逐步迈入可持续发

---

① 蔡其勇、毋锶锶：《义务教育精准扶贫成效显著——基于集中连片特困地区的调查》，《中国教育报》2019年5月2日第10版。

展的良性轨道。如在技术革新方面，借力于国家相关的政策倾斜和项目支持，多数特困地区以教育信息化技术为切入点，强化了教育信息化基础设施的建立与完善，不断提升教育信息化水平，促成了优质教育资源的合理配置和充分利用，为特困地区义务教育阶段学生开辟了更多享受优质教育资源的途径与机会。在工具优化方面，不少地区运用大数据工具和手段，建立各类数据监测与分析平台，动态监控反映义务教育发展水平的核心数据，提高了教育扶贫在识别、管理和帮扶等环节的针对性，确保了义务教育扶贫措施的精准性。在机制完善方面，各地均摸索出了一套符合地方实际的义务教育精准扶贫方案，总结出了一系列行之有效的具体举措和策略，并探索建立了巩固教育脱贫成果、防范返贫的长效机制。

第四节　义务教育精准扶贫实施项目与实效评价

一　义务教育精准扶贫实施项目实效评价概述

（一）义务教育精准扶贫实施项目类型与特点

在国家义务教育扶贫政策的引领下，各地政府根据地方实际积极谋划，相关企事业单位以及各类社会公益团体积极参与，在义务教育领域组织发起并实施开展了形式多样的扶贫工程与项目。从扶贫目标群体与内容来看，义务教育精准扶贫项目大致有三类：助力学生学习与发展的项目、助力教师队伍建设的项目和助力学校办学能力提升的项目。

第一，助力学生学习与发展的扶贫项目有义务教育阶段学生生活改善项目、学生学习资助项目、关爱贫困学生心理健康项目，以及针对留守儿童、务工人员随迁子女、残疾儿童少年等特殊学生群体发展的公益项目等。

第二，助力教师队伍建设的项目有农村义务教育阶段学校特岗教师计划、小学全科教师培养、公费师范生培养等农村教师定向培养项目，促进城乡教师流动的项目，各类针对农村教师的培训项目，农村教师情感与心理支持项目，各级针对乡村教师的奖励与支持项目，致力于教师生活条件改善的项目,以及助力农村教师职业发展项目等。

第三,助力学校办学能力提升的项目有"全面改薄项目"、义务教育薄弱环节改善与能力提升项目、学校标准化建设项目、"送课下乡"等课程资源建设项目、义务教育阶段学校对口支援项目、名校集团化办学及异地办学项目、边远特困地区农村校长助力工程项目等。

(二) 义务教育精准扶贫实施项目实效评价的思路与重点

在义务教育精准扶贫体系中,扶贫政策起着引领与导向作用,扶贫策略意味着视角与路径,而扶贫项目则就涉及实际的行动与举措。不同于扶贫政策与策略的宏观性、理论性与导向性,扶贫项目是更具体、微观的扶贫实践。因此对扶贫项目实效的评估思路与重点自然也就不同于对扶贫政策与策略实效的评估。项目评估是一项实践性而非学术性活动,其目的并非建立理论或者发展知识,更多的是提供反馈信息以便改进提升项目。① 对义务教育精准扶贫项目实效的评估,既要遵循一般项目评估的基本思路与程序,又要兼顾教育扶贫项目的特殊诉求。由于义务教育精准扶贫项目与一般的项目在所追求目标以及投入产出的关系上有着明显的不同②,所以在评价思路与重点上要根据项目的特点进行适当的调整。具体来说,在评价思路上要充分考虑教育事业发展的长周期性和义务教育的基础性特征,从而制订具有高度针对性的评估方案,在评价重点上要紧密围绕教育扶贫项目所追求的精准性与长远性,以此来建构科学合理的评价指标体系。基于此,笔者认为对义务教育精准扶贫项目实效的评价需重点关注以下几个方面。

第一,需求匹配度,即项目对目标群体脱贫与发展需求的匹配程度。目标群体的需求是项目开展时要考虑的首要因素,也是项目评估时需再次确认和评测的重点指标。尤其是对于教育精准扶贫项目而言,对目标群体脱贫及发展需求的瞄准是项目开展的底线。在义务教

---

① [美] 戴维·罗伊斯、布鲁斯·A. 赛义、德博拉·K. 帕吉特:《项目评估——循证方法导论》,王海霞、王海洁译,中国人民大学出版社2018年版,第3页。

② 孙璐:《扶贫项目绩效评估研究——基于精准扶贫的视角》,博士学位论文,中国农业大学,2015年,第31页。

第五章　义务教育精准扶贫跟踪与实效评价

育精准扶贫项目实效评估时对需求匹配度的重点关注，正好呼应前文所说政策实效评估时对政策回应性的强调。但有所不同的是，评估扶贫政策的回应性，是评测其对于区域教育脱贫需求的整体回应，而评测扶贫项目的需求匹配度，则是衡量其与目标对象发展需求的具体匹配与满足程度。更具体来说，对义务教育扶贫项目实效评估更强调问题导向，强调项目对于目标群体致贫原因、脱贫需求与发展动力的直接回应。

第二，目标达成度，即项目实施后对于预期目标的实现程度。项目是为了达到特定目标而进行的一系列的有组织的活动，是为了对参与者产生某种影响而进行的干预或服务。[①] 因此，目标达成度是反映项目实施成效、衡量项目是否成功的核心指标，在日常的项目实效评估中受到普遍重视。由于对义务教育精准扶贫项目进行评估不只是为了对项目实施的最终成效作出简单的价值判断，更是为了收集反馈信息以改进项目，促使项目产生更多成效、发挥更大作用。因此，对义务教育精准扶贫项目的目标达成度评测不只是针对单一的最终目标，而是指向项目实施过程中的不同阶段、不同层次、不同性质的目标。通过对不同阶段、不同层次目标达成度的评测，可以更及时、更全面地搜集项目实施过程中各方面的反馈信息，从而对项目的实施进行更有效的监督与调整。

第三，增值性，即项目能够产生增值效果与效益的能力或潜力。尽管义务教育精准扶贫项目的发起具有高度针对性和计划性，但项目实施过程却是非线性的，不会完全按照项目主体的预期而产生成效。一方面，项目的预期效果可能不会在短时间内完全显现；另一方面，项目实施过程中也可能会出现一些附带效果或非预期效果。因此，在评估义务教育精准扶贫项目成效时，既要关注预期效果的当前显现，也要关注其产生增值效果的现有能力与未来潜力。从目的来说，对义务教育扶贫项目增值性的评价，既是为确保项目实效评价的客观性和

---

① ［美］戴维·罗伊斯等：《项目评估——循证方法导论》，王海霞、王海洁译，中国人民大学出版社 2018 年版，第 7 页。

- 义务教育精准扶贫理论与实践

全面性，也是为给进一步改进项目奠定基础。

第四，可持续性，即项目实施成效的稳定性与持续性。对义务教育精准扶贫项目实效的评价既要关注项目实施成效在"量"上的多少，也要关注这些成效在"质"上的可靠性。因为现实中存在这样的现象，有些特困地区为了应付检查或追求短期扶贫政绩，而开展一些未经过充分调研和论证的救急型义务教育扶贫项目，这些项目所产生的成效往往是不稳定、不可持续的，容易造成教育扶贫资源的浪费，甚至对本地区义务教育的可持续性发展形成损害或阻碍。从义务教育精准扶贫的宗旨来看，它关注特困地区当下的脱贫与解困，更关注特困地区未来的提升与发展。因此，对义务教育精准扶贫项目实效的评价需要把可持续性列为重要指标，通过评估项目实效是否能够持续产生与长期存在，来督促相关扶贫主体去开展一些能够对特困地区持续产生积极影响的优质扶贫项目。

二 义务教育精准扶贫实施项目的主要成效

（一）特困地区义务教育阶段学生发展水平显著提升

通过各类助力学生学习与发展项目的实施，特困地区义务教育阶段学生的发展水平显著提升，主要表现在以下几个方面。

第一，贫困学生辍学率大幅降低。在国家相关控辍保学政策的指导与支持下，各地均建立起学生资助全覆盖体系，开展各类地方政府资助、学校资助和社会资助项目，确保家庭经济困难学生全部得到资助，防止学生因经济困难而辍学，从而大大降低了贫困学生的辍学率。数据显示，"截至2020年9月15日，全国义务教育阶段辍学学生由2019年的60万降至2419人。其中，建档立卡贫困家庭辍学学生清零。2019年，全国小学净入学率达到99.94%，初中毛入学率达到102.6%。"[①]

第二，贫困学生的学习状态和效果明显改观。各地在改善贫困学

---

① 吴月：《我国义务教育有保障目标基本实现》，《人民日报》2020年9月24日第12版。

生生活状况、保障学习机会的同时，也特别注重关注贫困学生的思想状态、情绪变化与学习状态。通过开展各类心理疏导与干预项目，关爱贫困学生的心理健康。调查显示，义务教育阶段贫困学生的学习兴趣普遍有了提升，学习的信心和劲头更加充足，学习态度更加端正，学生的综合素质尤其是音体美素养也明显提高，与城镇学生的差距不断缩小。

第三，贫困学生的营养健康状况得到显著改善，身体素质有了明显提升。通过国家营养改善计划和地方配套项目的实施，特困地区义务教育阶段学生的饮食结构和饮食质量得到明显改善、营养不良状况得到明显缓解，身心健康发展有了更充分保障。根据中国疾病预防控制中心跟踪监测数据，"2019年营养改善计划试点地区男、女生各年龄段平均身高比2012年分别提高1.54厘米和1.69厘米，平均体重分别增加1.06公斤和1.18公斤，高于全国农村学生平均增长速度"。[1]

（二）特困地区义务教育阶段师资队伍明显优化

通过各类助力师资队伍建设的扶贫项目的实施，特困地区义务教育阶段师资队伍明显优化。具体表现有以下几个方面。第一，师资队伍短缺问题得到明显缓解。数据显示，"近几年国家实施的农村教师特岗计划，共招聘了95万教师，基本覆盖中西部22个省（区）1000多个县、3万多所农村学校"。[2] 有28个省份通过在学免费、学费补偿和国家贷款代偿等方式，实施公费师范生培养项目，每年吸引4.5万名高校毕业生直接到农村中小学任教。这些新的高素质教师的引入，既有效地缓解了特困地区义务教育阶段师资短缺问题，同时也推动教师队伍的学科结构、年龄结构、性别结构、学历结构趋向科学合

---

[1] 国务院新闻办公室：《4000万农村娃吃上了营养餐》，2020年9月，国务院新闻办公室网站（http：//www.scio.gov.cn/xwfbh/xwbfbh/wqfbh/42311/43774/xgbd43781/Document/1688145/1688145.htm）。

[2] 国务院新闻办公室：《多措并举解决特困地区教师不足问题》，2020年9月，国务院新闻办公室网站（http：//www.scio.gov.cn/xwfbh/xwbfbh/wqfbh/42311/43774/zy43778/Document/1688280/1688280.htm）。

理，激发了特困地区义务教育阶段师资队伍建设的活力。第二，教师的育人能力和水平明显提升。通过加大教师培训经费投入，改革教师培训模式和内容，实现了教师培训规模和质量的双增长。数据显示，每年中央财政大约出资20亿元，专款进行中小学教师的培训。"国培计划"累计培训乡村教师和校园长540万余人次，参培教师和校长对培训效果普遍表示满意。通过教师交流轮岗、结对帮扶项目的实施，城乡教师流动更加畅通有效，特困地区教师获得了更多专业发展机会，与城镇教师教学能力和水平的差距明显缩小。第三，乡村教师留乡意愿增强，特困地区师资"留不住"问题得到有效遏制。通过实施各类乡村教师支持计划和项目，集中连片特困地区乡村教师生活补助实现了全覆盖，乡村教师的地位和待遇明显提高，基本工作和生活条件明显改善，有效缓解了特困地区教师"下不来、留不住"的问题。①《中国农村教育发展报告2019》数据显示，"对乡村教师支持计划持满意态度的乡村教师达84.85%，83.46%的乡村教师愿意继续留在乡村学校任教"。②

（三）特困地区义务教育学校办学能力显著增强

通过各类助力学校发展项目的实施，特困地区义务教育学校办学能力显著增强。第一，基本办学条件显著改善。根据2018年4月国务院办公厅印发的《关于全面加强乡村小规模学校和乡镇寄宿制学校建设的指导意见》，各地政府严格按照基本办学标准兴建乡镇寄宿制学校，妥善处理撤并问题，结合地方实际复建部分小规模学校，切实优化特困地区义务教育学校布局，确保了学生不因学校布局问题而导致上学困难甚至辍学。通过"全面改薄""能力提升"工程及相关地方配套项目的实施，特困地区义务教育学校的基本教学条件得到整体改善，数据显示，"2014年以来，全国共新建改扩建校舍2.24亿平方米、室外运动场2.22亿平方米，购置学生课桌椅3503万套、图书6.36亿册、教学仪器设备3.03亿台件套，基本实现办学条件的配备

---

① 焦宇：《我国教育扶贫攻坚成效显著》，《中国民族报》2019年1月8日第3版。
② 《乡村教师队伍建设成效显著》，2019年1月，新华社（http://www.gov.cn/xinwen/2019-01/13/content_5357587.htm）。

要求。同时，学校的基础生活设施也得到全面改善。数据显示，全国新建改扩建学生宿舍 2936 万平方米、学生食堂 1316 万平方米、厕所 677 万平方米，购置学生用床、食堂、饮水、洗浴等生活设施设备 1704 万台件套，基本解决了农村寄宿制学校的食宿差、取暖难、洗浴难等问题，满足了偏远地区学生和留守儿童的寄宿需求"。[①] 第二，整体育人环境明显优化。在国家相关政策文件的指导下，特困地区在推进义务教育阶段学校硬件达标的基础上，也重点强化了学校整体育人环境的优化。通过充分挖掘乡村学校的潜在教育资源，发挥乡村教育在育人方式和育人环境上的特殊优势，打造乡村温馨校园，激发乡村教师基于地方和学校进行教书育人的积极性和创造性，创设适合乡村孩子成长的育人环境，利用独特的校园文化凝聚师生共识、形成共同愿景，增强了学校吸引力和凝聚力，乡村学校育人环境的特色不断彰显，育人水平也不断提高。

第五节　义务教育精准扶贫管理体制与实效评价

2015 年，习近平同志在中央扶贫开发工作会议上指出，提高脱贫攻坚成效的关键是"要找准路子、构建好的体制机制，在精准施策上出实招、在精准推进上下实功、在精准落地上见实效"[②]。在义务教育精准扶贫工程体系中，管理体制起着独特的作用，如果把扶贫过程中所涉及的人力、物力和财力等资源看作"硬件"，管理体制则是扶贫工程的软件。只有在管理体制这一软件的驱动下，相关的扶贫资源才能得到充分与有效利用。更进一步说，管理体制的完善与否，在很大程度上制约着义务教育精准扶贫工作的效果与影响。因此，对义务教育精准扶贫管理体制的建设成效进行跟踪与评估具有十分重要的实践意义。

---

① 《特困地区办学条件改善成效显著》，2020 年 5 月，中华人民共和国教育部官网（http://www.moe.gov.cn/jyb_xwfb/s5147/202005/t20200525_458577.html）。

② 《习近平谈抓落实》，2017 年 4 月，人民网（http://politics.people.com.cn/n1/2017/0426/c1001-29235965.html）。

● 义务教育精准扶贫理论与实践

一 义务教育精准扶贫管理体制实效评价的思路与重点

从管理体制评价的一般逻辑出发,结合义务教育精准扶贫工程的特殊性,笔者认为对义务教育精准扶贫管理体制成效的评价应重点关注以下几个方面。

(一) 构成层面的健全性与充分性

义务教育精准扶贫作为一项复杂的系统工程,必然要求与之相关的管理体制也应是系统的、完善的,而一个系统、完善的管理体制首先应在构成层面上具备健全性与充分性。因此,健全性与充分性是反映管理体制建设实效的首要指标。对健全性的评价主要是指评价义务教育精准扶贫的管理体制在横向上是否包括完整的组织体系和制度体系,其中组织体系涉及对国家、地方政府部门以及相关社会组织与人员等扶贫主体之间关系、权力与职责等的规定,制度体系涉及教育精准扶贫工程实施中的相关运行机制,如资源管理机制、信息流动机制、组织运行机制、决策执行机制和监督调控机制。对充分性的评价主要是指评价义务教育精准扶贫的管理体制在纵向上是否覆盖教育精准扶贫的全过程,落实到需求调研、对象识别、实施帮扶、效果反馈、持续改进等各个环节,同时是否触及教育精准扶贫的不同向度,细化到国家教育扶贫政策的贯彻落实、地方教育扶贫策略的选择、以及各类教育扶贫项目的组织实施等多个层面。

(二) 内容层面的协调性与制衡性

管理体制在构成层面上的健全性和充分性,并不一定就能保障其发挥应有作用,还需要满足内容层面上的协调性与制衡性。特别是对于义务教育精准扶贫管理体制来说,由于涉及不同主体、不同层面、不同环节,只有在内容层面具备足够的协调性与制衡性,才能确保不同组织及人员之间进行有效分工和协作,不同制度之间相互衔接和补充。以组织体系为例,义务教育精准扶贫管理体制在组织架构上要具备协调性,以避免相关组织机构过于分散、缺乏整合,确保形成有效协作,同时在权责分配上又要具备制衡性,以避免权力过于集中,防范权力滥用甚至腐败现象。再以制度体系为例,义务教育精准扶贫的相关制度要具有协调性，在制度内容上要相互连贯，在制度形式上要相互补充，以避免出现制度监管的盲区，确保不同的制度形成监管与规范的合力。因此，内容层面的协调性与制衡性也是义务教育精准扶贫管理体制实效评价的重点。

（三）运作层面的刚性与柔性

义务教育精准管理体制建设的成效不仅反映在制定层面，也体现在运作层面。一个好的管理体制需要在运作层面兼具刚性与柔性，其中刚性是指权威性与规定性，柔性是指变通性与适应性。对义务教育精准扶贫管理体制的运作来说，它一方面必须强调相关国家教育扶贫政策和相关制度规范的严肃性，要求相关组织与人员"依规行事""遵章办事"，对其形成有效的监控和规约，确保所有的义务教育扶贫实践活动不偏离国家政策导向；另一方面也要注重在实际运行时的灵活性，避免把相关制度规范教条化，要求相关组织与人员被动执行，要给予他们一定的主体性发挥空间，允许他们根据地方实际进行创造性改革与探索，以增强义务教育精准扶贫的区域适应效果与效能。因此，在评价义务教育精准扶贫管理体制实效时，必须对其运作层面的刚性与柔性予以重点关注。

（四）发展层面的稳定性和延续性

任何的管理体制都需要不断发展，以应对它所处的具体的、多变的社会现实。从实践来看，义务教育精准扶贫管理体制确实需要不断地发展变化，需要根据贫困地区义务教育发展的新问题与新诉求，结合教育精准扶贫的新局面与新状况，进行改革和调整。但这种发展变化必须是有序的、连续的，而非无序的、断层的。换句话说，义务教育精准扶贫管理体制在发展层面必须具有稳定性与延续性，如新管理体制的建立、旧管理体制的废止都不能是随意的，不能朝令夕改，必须保证新旧体制在内容与形式上具有一定的连贯性。只有如此，才能为义务教育精准扶贫的政策和项目营造一个健全而稳定的制度环境，确保义务教育扶贫效果的持续产出。因此，发展层面的稳定性与延续性，也应成为衡量义务教育精准扶贫管理体制建设实效的重要指标。

• 义务教育精准扶贫理论与实践

二 义务教育精准扶贫管理体制建设的主要成效

在国家相关教育扶贫政策的宏观导向下，各地围绕义务教育精准扶贫管理体制建设进行了积极探索与实践，取得了明显成效，具体表现在以下几个方面。

（一）基本形成了较为完善的义务教育精准扶贫管理网络

整体来看，依循习近平对于扶贫开发工作的相关指示精神，义务精准扶贫目前在国家层面已经整体确立了中央统筹、省负总责、市县抓落实的管理体制，在区域层面已形成了"片为重点、工作到村、扶贫到户"的工作机制，以及党政一把手负总责的扶贫开发工作责任制，同时在具体的教育扶贫实践中已基本实现了"教育线"和"行政线"的统合。从运行层面来看，义务教育精准扶贫管理体制已构成了一个由信息、咨询、决断、执行和监控等子系统所构成的大系统，[①]整体协同性和内部联动性已初步具备。各地均出台了教育扶贫基金使用管理的指导意见或实施办法，在义务教育精准扶贫政策和项目的需求调研、方案制订、组织实施、评价反馈、改进提升等环节均制定了严格的规章制度，逐步建立并完善了资源管理机制、信息流动机制、组织运行机制、决策执行机制和监督调控机制，形成了纵横交错的立体化管理网络。数据显示，在对扶贫项目制度和管理状况的调查中，八成以上的校长和教师认为本地区的教育扶贫建设项目有"标准化的日常管理规范流程""周全的规章制度""较为规范的实施流程"。在问卷调查中，校长群体选择"比较同意"和"非常同意"的比例占 85.67%，教师群体占 84.21%，表明在集中连片特困地区校长和教师对义务教育精准扶贫的政策和项目管理具体实施较为满意。[②]

[①] 陈振明：《公共政策学——政策分析的理论、方法和技术》，中国人民大学出版社 2004 年版，第 7 页。

[②] 蔡其勇、毋锶锶：《义务教育精准扶贫成效显著——基于集中连片特困地区的调查》，《中国教育报》2019 年 5 月 2 日第 10 版。

(二) 有效地规范了义务教育精准扶贫实践活动，保障了相关政策和项目的作用发挥

从运行来看，当前义务教育精准扶贫管理体制对于义务教育精准扶贫实践活动形成了有效的规约和督促，有力地保障了相关政策和项目的作用发挥。这表现在，相关义务教育精准扶贫项目的实施开展更加严格规范，基本形成"调研、计划、实施、反馈、改进"的良性闭环，过程性监控与评价有序进行，基本确保了项目实施中的信息流动渠道畅通、组织运行有序、决策执行科学合理、监督调控有效。如在资金与资源使用环节，各地均出台了具体的扶贫资金与资源管理管理办法，细化资金与资源使用程序，通过建立信息公开平台，对教育扶贫资金与资源的使用进行了透明化、精细化管理；在贫困对象识别环节，各地探索设置专门的申请与认定程序，联合相关部门，把家庭贫困信息进行比对，解决信息不对称问题，建立动态追踪体系；在组织运行环节，建立政府、学校、家庭、社会共同参与和行动的联动机制；在决策执行环节，充分吸纳利益相关方的意见和建议，尤其重视搜集基层组织的反馈信息；在监督调控环节，探索引入第三方对扶贫项目绩效进行评价，把评价结果及时用于项目改进。以上各环节的管理制度相互呼应，有序地驱动着义务教育精准政策和项目的实施及其作用的发挥。

(三) 营造了良好的制度环境，为特困地区义务教育的长效脱贫与持续发展奠定良好基础

从长远成效来看，义务教育精准扶贫管理体制在驱动教育扶贫项目产出直接效益的同时，也通过营造良好的制度环境，为特困地区义务教育的长效脱贫与持续发展打下了良好基础。具体来说，这种奠基作用表现在以下三个方面。第一，增强了义务教育精准扶贫领域内的制度意识，为义务教育精准扶贫的制度化实施奠定观念基础。在我国义务教育均衡发展尚不充分的大背景下，义务教育精准扶贫将是一项长期事业，在实施过程中必须加以有效的制度化，而这有赖于相关组织与人员制度意识的唤醒与增强。义务教育精准扶贫管理体制的逐步完善，促使相关扶贫主体逐渐意识到教育扶贫的长期性与复杂性，意识到开展义务教育扶贫不能为一时之功，而应谋长久之计，不能仅靠

• 义务教育精准扶贫理论与实践

一腔热情驱动,而应该诉诸制度推进,这一意识转变就为将来义务教育精准的常态化实施提供了观念基础。第二,建立了系统的组织与制度架构,为义务教育精准扶贫的常态化实施奠定组织基础。义务教育精准扶贫管理体制的不断改革与完善,使得相关的组织与制度体系更加系统有效,各级各部门事权更加明确、职责更加明晰,相应的评价、考核与激励机制不断健全,相关教育扶贫主体的积极性与创造性得到调动,扶贫组织的聚合力不断增强。第三,形塑了良好的教育扶贫文化生态,为特困地区义务教育的长效脱贫奠定文化基础。义务教育扶贫管理体制的完善,规范了相关的教育扶贫活动,提高了义务教育精准扶贫的"公平性",因此增进了社会公众对义务教育扶贫政策或项目的认同,也激发了各类社会组织与人员参与义务教育扶贫的积极性,从而形塑了一种良好的教育扶贫文化生态。

第六节 义务教育精准扶贫存在的主要问题

2015年,习近平在"减贫与发展高层论坛"上指出,"扶贫必扶智,让特困地区的孩子们接受良好教育,是扶贫开发的重要任务,也是阻断贫困代际传递的重要途径。"[1] 全国范围内稳步推进的各项乡村义务教育扶贫政策,诸如国家特困地区义务教育工程(第一期、第二期)、农村寄宿制学校建设工程、乡村教师支持计划、农村教师特岗计划、乡村定向师范生培养等,均是出于保障乡村地区,特别是贫困乡村地区儿童接受良好教育的考量。这些政策的落实,很大程度上改变了乡村义务教育的面貌,但乡村义务教育之"贫"特别是质量之"贫"仍未能从根本上得到改观,这在2019年10月笔者对来自13省市的50多位乡村中学校长的调查中可以得到佐证。

一 "扶"却不"富"的乡村教育

对于"在教育教学及教育管理工作中,您认为当下乡村教育面临

---

[1] 《习近平出席2015减贫与发展高层论坛并发表主旨演讲》,2015年10月,中国共产党新闻网(http://cpc.people.com.cn/n/2015/1017/c64094-27709104.html)。

的问题有哪些?"这一问题,来自甘肃省临夏回族自治州××县××中学的 R 校长的回答极具代表性。

"我作为一个有近 30 年教龄、从事管理工作也有 10 年的乡村教师,这些年我能够感受到乡村教育的变化。在 90 年代,农村教育的条件虽然很差,但教育教学工作开展得很红火,老师们也都有很高的工作热情。而现在呢,随着撤点并校与标准化建设,学校的条件好了,硬件上来了,但很多之前没有出现或者不明显的问题现在却凸显出来了。第一,生源数量与质量问题。撤点并校在短期内扩大了学校的规模,但'能来乡镇学校寄宿,为何不去城里寄宿'让很多家庭创造条件也要把孩子转走,新的'麻雀学校'正在形成。第二,师资力量方面的问题。由于高中毕业生不愿意学师范专业,免费师范生也不愿意来到农村,加剧了乡村教师队伍老龄化。就现有的教师队伍来说,结构性缺编严重,音体美教师严重不足。另外,我们学校下辖的教学点,教育教学的主体工作多是由编外的代课教师完成的。"①

上文虽为 R 校长一人的感受,却道出了许多有情怀的乡村教育者共同的担忧。从宏观上说,撤点并校运动、乡镇寄宿制学校建设、农村义务教育学校标准化建设、乡村义务教育精准扶贫的推进,乡村教育得以"旧貌换新颜",彰显出"壮大"之势。但另一方面,话语权力的失衡与舆论氛围的导引,使得"城市教育先进、农村教育落后"的观念根深蒂固,乡村教育难免陷入模仿城市教育发展轨迹的宿命,"乡村性"的迷失又充分表征了乡村教育"弱小"之貌。由此可见,仅靠外力的帮扶不可能从根本上改善乡村教育,更有甚者,外力帮扶伴生的"政策依赖"与"内驱力弱化"更可能会将乡村教育带入更加危险的境地,部分乡村教育者"畸形"心态的存在就是最好的例证:第一,"贫"即是资本,心甘情愿地戴上"贫困的帽子",坚定地"扮演"弱者角色,让"贫困"成为自己获取社会资源的"军功章";第二,外力帮扶被认为理所应当,心安理得地接受外界的善意;第三,乡村教育的自我"矮化",相较于城市教育而言,乡村教育是

---

① 2019 年 10 月 11 日访谈实录。

- 义务教育精准扶贫理论与实践

"百事不如人",这种对外仰望、对内贬低的心理极大推动了乡村教师的逃离愿望与"撞钟和尚"心态的生成。乡村教育必然会陷入"扶"却不"富"的局面。

乡村义务教育的扶贫贵在精准,而精准的前提是深入认识乡村教育,明确乡村教育的发展方向,明晰乡村语境下教育的特殊性及相较于城市教育的优势,唯有如此,"给予"才能从"客位认为的好"转向"主位应然诉求的满足"。精准扶贫才能将乡村教育"扶上马并送一程",重建乡村教育自信,张扬乡村教育的价值,使其走上相较于城市教育"非对称性发展"的振兴之路。

二 乡村教师扶贫工作中的"舍"本"逐"末现象

扶贫是一项伟大的工程,彰显了中国特色社会主义制度的优越性,传递出了中国共产党的执政理念与初心,即不让任何一人、任何一个家庭在走向幸福的路上掉队。"扶贫"是动宾结构,"扶"作为动词,动作的发出者是谁?不可否认,乡村教师作为乡村社会公共知识分子的重要组成部分不能也不应在扶贫行动中置身事外、袖手旁观:"知识就是力量"与知识分子的"公共性"使他们有能量也有义务去主动承担社会责任。但是,扶贫是一项系统的生态工程,相关各行业在扶贫工作中均有着自己明确的责任定位,任何僭越都有可能成为扶贫工作的阻滞,"有钱出钱""有力出力""有智出智"方为扶贫之正途,让"有智者出力"极有可能带来事倍功半的效果。那么,乡村教师应该在扶贫工作担负起什么样的责任?

2019年12月10日,湖南省D县教育局发布了一则"关于D县W小学工作人员ZXX的处理通报"①,全文如下。

各中小学、幼儿园:
  2019年12月10日,湖南省脱贫攻坚实地考核组在对S镇B

---

① 《小学职工因扶贫不力被罚,问责也该"通情理"》,2019年12月,新浪教育(http://edu.sina.com.cn/zxx/2019-12-13/doc-iihnzahi7186070.shtml)。

村检查时，发现 D 县 W 小学工作人员 ZXX 结对帮扶工作极不到位。经核属实。ZXX 工作失职，对我县脱贫攻坚工作造成了严重影响。12 月 10 日局党组会议研究，决定对 ZXX 予以立案调查，同时，扣发 2019 年度奖励性绩效 2000 元。

希全县广大教职员工吸取教训，认真履职，切实做好结对帮扶和教育扶贫工作，确保我县脱贫攻坚工作顺利完成。

特此通报。

这则通报至少影射如下意涵：第一，乡村教师需要走出教室、走出校门去扶贫；第二，乡村教师需要认真履行扶贫职责，哪怕是牺牲上课时间（不上课没问题，不扶贫有大问题）；第三，进村入户、结对帮扶是乡村教师必须完成的政治任务，否则将会受到处罚。如此"高压线"的存在，造成乡村教师在扶贫工作中出现严重的"舍"本"逐"末现象："舍"并非主动的舍弃，其中透露出难言的心酸与无奈，因为立德树人的光辉使命不得不让位于临时性任务；被舍弃的"本"乃是教师的主业，是对乡村少年良好发展的责任担负，更是乡村少年美好未来的期许与呵护；"逐"则看似主动，实则外力胁迫下的无奈之举、明哲保身之举；而追逐的"末"只能是"不求有功但求无过"的非恰当扶贫方式。为何会如此？湖南省××县九年一贯制学校 W 校长的话给了"说得通"的解释：

"扶贫工作的开展是采用结对子的方式，有多少贫困户就需要多少帮扶者，乡村教师这个群体很大；扶贫工作开展还需要扶贫者一定量的经济投入，事业编制的教师有着相对稳定的收入，且收入水平在当地算中上等；老师听话、任劳任怨、有牺牲精神，通常都能够完成上级交代的任务"。

乡村教师就这样在行政命令之下以最低效的舍本逐末方式投身到扶贫工作中。面对此局面及日益凸显的负面效应，2019 年 12 月 15 日，中共中央办公厅、国务院办公厅印发的《关于减轻中小学教师负担进一步营造教育教学良好环境的若干意见》明确要求："各级党委和政府要严格按照党中央有关要求，引导广大教师关心支持教育扶贫

- 义务教育精准扶贫理论与实践

工作，充分运用校园和课堂教育帮助特困地区学生坚定脱贫信念、认真学习、掌握本领、健康成长，通过扶智方式为阻断贫困代际传递多作贡献。"① 这是对乡村教师参与扶贫工作的责任与方式的明确表述，然各种与之不符的新闻仍不绝于耳。

三 顾"此"失"彼"中乡村教育的信任度低走

2018 年 12 月，笔者曾赴四川省××县 T 中学调研，该校的 D 校长介绍了学校面临的问题：

我校在办学中遇到的问题，有以下几个方面。第一，留不住人，既留不住老师，也留不住学生。一个学生进了城，就会带走一大批学生。还有，辍学现象越来越严重，许多学生家长对孩子读书的事也不太重视：一是任由孩子读还是不读；二是读了大学不还是打工，为什么不早点儿下学打工。老师也是一样，我们学校就像新教师实训基地，成熟了之后，有条件要走，没条件创造条件也要走。第二，许多行政性事务严重干扰了正常的教学秩序，比如说扶贫工作，在工作日，我校近半数老师被抽调走进村扶贫是常有的事，萝卜被拔走了坑只能空着。②

关于上述问题，四川省××县 D 中学的 Z 校长说：

我们学校的生源不成问题，最近几年，每年的在校生数都是成百地增长，预计今年 9 月开学，我们学校将会净增 450—500 人。在校生人数的激增，各方面的问题都暴露出来了。第一，教室不够用。2019 年 9 月开学之前，已经把各个功能室都改成教室了，还占用了一个操场，建了六间板房作教室，今年肯定会把剩下的一个操场改作板房教室。第二，严重缺老师，老师的补充严重落后于在校生数的激增，按照生师比，我们还差好几十个老

---

① 中共中央办公厅 国务院办公厅：《关于减轻中小学教师负担进一步营造教育教学良好环境的若干意见》，2019 年 12 月，中华人民共和国中央人民政府网（http://www.gov.cn/zhengce/2019‑12/15/content_5461432.htm）。

② 2018 年 12 月 30 日访谈实录。

师。当然，学生的增加，并不是说我们教育搞得好、社会的教育氛围好，大多是因为政府压力才来读书的，对不送子女入学的家长，政府采取官告民，开庭审理、拘留家长等方式。很多学生是边读边辍，学校老师到处追踪辍学的学生返校，保学压力山大。①

通过上述两段访谈可以发现，乡村教育生源量的"或少""或多"都会与教学质量显著相关（教学质量低造成学生流失，大量厌学学生返校更会成为教学质量提升的阻碍）。在教育精准扶贫行动中，行政性事务干扰了乡村教师的教学工作及投入程度，让原本就有待提升的教学质量更是雪上加霜，学生家长选择让孩子进城读书也实属无奈之举，归根结底也是"为了上好学"的正义诉求下对乡村教育的不信任。教育精准扶贫行动中，控辍保学被当作必须完成的政治性任务，到处劝学甚至是采用法律手段也不过是将不愿读书孩子的"身"拴在学校里，这是必要的，但绝不应是最恰当的解决办法，"防"和"保"最理想的形态也不应是外力的强制，"要你读书""找你返校读书"更不应成为乡村教师工作的日常。另外，疏离本职而疲于奔命的乡村教师也逐渐被消磨了乡村教育的理想与抱负，降低了对乡村教师职业的信任，离开并重新开始也不难被理解和接受。

教育是慢的艺术，这是对人成长节律的确认。对乡村教育当下的面貌而言，"慢"更揭示了"好不可能一蹴而就"的至理。但是，"慢"是向前，是给予乡村少年、乡村少年家长、乡村教师逐渐向好的希望。如何因人、因地、因时制宜地办出有乡村属性、乡村特色的优质教育，逐渐提升乡村少年及其家长、乡村教师对乡村教育的信任度，促成乡村学生的回流并提升对城镇学生的吸引力，才是真正实现"防"和"保"初衷的法门。

---

① 2019年10月11日访谈实录。

第七节　义务教育精准扶贫实施对策与建议

一　义务教育精准扶贫的学理重构

2018年6月15日,《中共中央 国务院关于打赢脱贫攻坚战三年行动的指导意见》明确指出:"到2020年确保现行标准下农村贫困人口实现脱贫,消除绝对贫困;确保贫困县全部摘帽,解决区域性整体贫困。"2020年是一个关键节点,对乡村教育也是如此。因此,检视2020年以前义务教育精准扶贫的经验与教训,并在学理上探索"后扶贫时代"乡村义务教育精准扶贫的发力方向,理应成为现阶段学者们关注的焦点。

(一)明确"扶乡村义务教育之贫"与"乡村义务教育扶贫"的内涵

扶贫是一项伟大工程,几千万人的脱贫需要调动全社会的扶贫积极性。但参与到扶贫工作中,各种力量需"各尽其能""各司其职""各善其事",扶贫工作才能有序、高效。如此,乡村教育及乡村教师在扶贫工作中应该如何自处?或者说以什么方式投身扶贫工作才是恰当的?答案只能从"能""职"中探寻,并在"能""职"之"善"中履行自己的扶贫责任。乡村义务教育在精准扶贫行动中的"能"和"职"不外乎辍学失学问题的根本解决。在"两不愁、三保障"政策的作用之下,上不起学、因贫失学辍学问题已经得到有效控制,贫困家庭的适龄子女只要有上学意愿,就一定"有学上"。"千里家访"中的劝学对象"有学上而不上"的原因何在?"读书改变命运无望"与成长环境给予他们根深蒂固的"读书无用"观念等是被访谈者告诉笔者的答案。

在城市与乡村义务教育阶段学业水平测试的比较中,有一个令人警醒的现象:在许多城市学校中,取得90分的学生仍有可能排在班级最后几名;在许多乡村学校中,很多学生只能考到十几分。这么一批学生,他们在课堂中听不懂、学不会,倍感煎熬,极可能做出扰乱正常教学秩序的举动,辍学对于老师、学生双方来说都是

"解脱"。抛开分数决定论的基调，农村学生与城市学生在学业水平上的巨大鸿沟足以说明乡村义务教育之"贫"主要在质量。因此，"扶乡村义务教育之贫"可以理解为乡村义务教育质量的提升。另一方面，根据国家政策的规定，教育在扶贫工程中的价值定位乃是扶志、扶智，阻隔贫困的代际传递，能不能办出更高质量的教育自然就成为乡村义务教育扶贫行动成败与否的关键。可见，乡村教育的扶贫行动并不直接关涉经济、物质层面，而在于破除乡村少年"精神上的贫困"，让他们用开阔的眼界、睿智的思考、进取的意志打破祖辈们避世安贫的苟且。因此，乡村义务教育精准扶贫贵在抓住"提升质量"这个"牛鼻子"，"有学上"到"上好学"的转变才会提升乡村少年通过读书改变命运的希望感，控辍保学中"你要去上学"的被动、不情愿才有可能转变为"我要去上学"的强烈主观诉求。

（二）以"扶乡村义务教育软件之贫"为重

在校园标准化建设、乡村小规模学校和乡镇寄宿制学校建设及乡村义务教育精准扶贫等政策的协力推动下，乡村中小学的面貌已经发生了巨大的改变。在笔者曾调研的云南贡山、湖南慈利、四川邻水、陕西山阳等县的乡村中小学里都可以看到整洁的校园、宽敞明亮的教学楼与办公楼、充足的多媒体与信息技术设备、标准的实验室、塑胶运动场等，这些硬件建设的成就彰显了乡村教育的长足发展。但面对如此成就，却远没有到庆祝胜利的时刻，因为乡村教育中还有诸多问题没有能够得到妥善解决。如重庆市××县 B 初级中学的 R 校长所言，"在我们学校的硬件建设上，存在明显的配置过度现象，很多设备根本用不上、用不完，堆在仓库里。但在另外方面，却存在明显的不足，最严重的的问题就是师资：在教师的专业方面，需求与分配不匹配；教师的流动性太大，他们最大的理想就是最短时间内进城，不能专心、用心搞乡村基础教育。"[①]

由此可知，乡村义务教育精准扶贫已然进入第二阶段，即加强软件建设，着力提升乡村义务教育质量。首先，义务教育精准扶贫需明

---

① 2019 年 10 月 11 日访谈实录。

确指向乡村中小学文化软实力的提升。积极向学的校园文化可以在潜移默化中改善学生的精神面貌，营造出浓厚的学习氛围。在从众心理的影响下，哪怕是最不好学的学生也会主动拿起书本，而学业上的稍许进步更能够点燃他们心中已经熄灭的学习愿望，将"我要学"落实在每一天的校园生活中。面对大面积的留守儿童，乡村中小学需要有爱、宽容的校园文化，师生之间的爱、异龄学生之间的兄弟姐妹式的关爱会让"爱"不因"留守"而在乡村少年的成长中缺席。乡村中学校需要"双向"开放的校园文化。这不但能够开阔乡村少年的眼界，给予他们感受时代发展脉搏的机会，更能够密切他们与根的连接，让他们不论飞多高、多远都始终不舍弃对于家乡的那份依恋。乡村少年生成"为家乡发展贡献心力"的愿望才会撑起乡村社会的美好未来，这不正是乡村义务教育精准扶贫内涵的彰显吗？

另一方面，乡村义务教育精准扶贫还需通过"留住现有的""发展好现有的"与"吸引并培养好未来的"等多项举措提升乡村教师队伍的整体质量。需知学校之好不在物理环境，而在好的教师，最具说服力的证明便是创造中国高等教育神话的西南联大。之于乡村教育而言，教师之"好"在于对自身乡村教师身份的自信，各项政策的制定毋能与之相悖（例如将贬入乡村学校作为对犯错误城市教师的惩罚等）；教师之"好"在于对于乡村教育的自觉，以自己的教育教学及研究去发现乡村教育之"好"；教师之"好"在于对乡村教育责任的清醒，主动担负起乡村少年生命成长之重。

（三）助推乡村义务教育文化责任的履行

"贫困文化"的存在及其在父辈与子辈之间的接力是导致贫困问题代际传递的重要原因。长期生活于贫困中的父辈渐形成了甘于落后的观念与意识、得过且过的精神面貌与人生态度、自我隔离的低社会参与意愿与能力，并表征为一个群体共同奉行的生活方式，在这样环境中长大的子辈不可避免地将父辈的"优良传统"继承下来[1]。此种

---

[1] 祝志芬：《义务教育精准扶贫研究——基于湖北省恩施州的思考》，《湖北社会科学》2018年第6期。

传承不断，穷根难除。更有甚者，在国家精准扶贫行动的"激励"下更可能滋生"以穷为傲"的病态心理。破除"贫困文化"的代际传递便成为化解贫困问题的治本之途：通过激发贫困人口脱贫的内因、内力，让他们产生"飞"的意愿与"试飞"的行动才能从根本上解决问题①。而这便是教育的"能"与"职"，一如胡德海先生所言，"教育的本质就是文化传递"，乡村义务教育可通过"善其事"在精准扶贫中实现"精心筛选的文化精华"之于"贫困文化"的置换，并通过"小先生"与"社区学校"等方式将"主流文化"无声地化入当地的社会生活。

另一方面，乡村教育还应是乡土文化资源的保护者与传承者②。文化并无先进、落后之分，文化中内隐的生活方式更彰显了与其"生境"的契合。时代变化所带来的主流文化"进场"只不过是文化濡化与涵化的增进剂，并不存在文化的全面替代，一种合理性也不可能实现对另一种合理性的百分之百的替代。因此，在乡村义务教育中需给予乡村文化必要的生存空间，并保持学校空间与乡村社会的信息交互。主流文化与乡村文化在学校空间内的并存，是对乡村文化的价值肯定，对乡村少年来说，"属于他们自己的东西"被肯定可在一定程度上增强他们的文化自信与身份自信。同时，乡村少年还可以在乡村文化课程的学习中实现对乡村文化认知从"惯习"到"自觉"的转向，走出"最熟悉的陌生人"似的尴尬，在归属感的确立中不断增强对于乡村的亲和、对乡村社会发展责任的认知与主动担当，这便是"乡村义务教育精准扶贫"的意涵及乡村经济社会未来发展力的培育。

二 义务教育精准扶贫品质提升的行动逻辑

2020 年以前乡村义务教育精准扶贫的实效检视，可以使人们发现现实与理想的落差，反思极其必要。通过"扶乡村义务教育之贫"

---

① 张琦：《用教育精准扶贫"拔穷根"》，《人民论坛》2018 年第 22 期。
② 周大众：《乡村教育发展的逻辑起点与实践策略》，《当代教育科学》2019 年第 9 期。

• 义务教育精准扶贫理论与实践

与"乡村义务教育扶贫"之内涵与内容的阐释，2020年后乡村义务教育精准扶贫应聚焦在"怎样使乡村义务教育具备那些能力（扶乡村义务教育之贫）"及"如何发挥那些能力的最大效能（乡村义务教育扶贫）"等两个方面，各项政策的制定也务必做到因"人"、因"地"、因"时"制宜。

（一）因"人"制宜：保障乡村少年"合目的性"发展

2020年后的乡村义务教育精准扶贫需实现从"乡村少年完成九年义务教育机会保障"到"乡村少年发展质量保障"转向。此处，需首先澄清一个前提性问题，即乡村少年需要怎么样的发展？或者说，什么样的发展之于乡村少年而言是好的？如果失去了对这个问题的探讨，乡村教育所给予乡村少年发展只能是他者认为的好，就像"我都是为了你好"这一日常生活中惯常的表达所隐喻的在外力的压迫与"道德绑架"下让人主动放弃了对"好之于我是什么"的探明和追索。恰如当下，整个社会舆论氛围都在高调宣扬着"读书是乡村少年走出大山的唯一出路"，其中暗含的"人往高处走"的价值导向其实是在向乡村少年诉说"城市比乡村高级""城市文明比乡村文明高级""大胆涌向城市而不必留恋身后的乡村"。那些已安顿在城市里的乡村人漂泊感、异乡感何来？所以，乡村教育必须是"目中有人"的教育：此处的人不仅指称人的共性，更指向了生活在独特天地系统、文化生态中的乡村少年的鲜活与个性，这是与生俱来的"他之所以成为他自己"的标识。

2020年后乡村义务教育精准扶贫的首要一点便是加强对乡村教育、乡村少年发展及条件保障等相关主题研究的支持力度。当然，这里的研究必须走出书斋、走进田野：探明当代背景下乡村教育地方性与一般性的关系准则；发现乡村教育相较于城市教育的独特性；发现乡村环境中的"变"与"不变"及其对乡村少年成长的价值、影响；探究乡村少年当下发展状态如何及需要什么样的发展等。以这些研究为基础，设计乡村教育发展短期、中长期规划及行动路线，标定其中的短板或障碍，确立乡村义务教育精准扶贫的主攻方向，从而破除"扶贫就是经费支持"的"敷衍"，提升扶贫指向的精准性。如此，乡村教育才是"目中有人"的，乡村义务教育精准扶贫才是"因人制宜"的。

需格外关注的是，如何在职前培养与职后培训中提升（未来）乡村教师的乡村指向性与卓越潜质是实现"目中有人"教育的根本。需知"好教师就是好学校"，再优秀、再恰当的教育规划必须通过教师日常的教育行动去落实。乡村义务教育精准扶贫必须突破乡村基础教育的阈限，将眼光投射至培养潜在乡村教师特别是定向培养乡村教师的高校，从培养方案设计、课程规划、教师教育者素养结构优化等诸多方面提出建设性意见与技术支持；乡村义务教育精准扶贫还应聚焦乡村教师的各级各类职后培训，在培训思想引领、培训指向定位、培训过程监督、培训绩效考核等方面加强指导，助力乡村教师向"顶天"又"立地"的乡村教育家方向成长。

（二）因"地"制宜：资源"化入"与"内生"中推进乡村教育在地化

习近平指出"扎根中国大地办教育"，教育必须立足于本国的国情，对于乡村教育而言，还有另一重要求，即不能脱离自己的乡土与乡情。深耕乡土的乡村教育才能培植起乡村少年对于乡村的依恋、爱与责任；放眼世界的乡村教育才能帮助乡村少年建立起乡土文化的自觉、自信并突破偏安一隅的局限。这样的乡村教育是乡村少年良好发展状态的应然诉求，却实然缺位。如此，乡村义务教育精准扶贫行动中，理应加大"外部优质教育资源化入"与"内部优势教育资源生成"的支持力度，推进乡村义务教育的在地化。因为单纯"城市本位导向下的农村教育，一旦学生未能继续升学，未能走出农村变成非农身份，未能找到挣工资的工作，学生和家长往往产生强烈的挫败感"。[1]

2020年新冠肺炎疫情期间，笔者电话访谈了安徽省××县M中学的S老师（数学老师），他向笔者分享了"停课不停学"中教学开展情况，"我们学校引入了线上的教育资源，授课的都是名家、大咖，但是通过摸底，我发现学生的掌握情况不是很理想，所以，我通常会

---

[1] 翁乃群主编：《村落视野下的农村教育——以西南四村为例》，社会科学文献出版社2009年版，第5页。

• 义务教育精准扶贫理论与实践

利用晚上的休息时间再给孩子们巩固一遍。"① 从 S 老师的讲述中，我们可以发现：信息技术的发展，确实可以给乡村教育带来更多的资源选项；再优质的教育资源初次来到乡村也会存在水土不服现象。因此，乡村义务教育精准扶贫中，为提升教育质量而引入、推广的教育资源，需花大力气进行乡土化改造，使其更接地气，更贴合乡村少年的认知基础。另一方面，乡村义务教育精准扶贫更应集中力量推进乡土优势教育资源的课程化，特别是面对当下青少年认知中的"图像迷狂"②、游戏的电子化等，"一部手机就可以快乐一天"恰可以准确描述许多乡村少年"长在森林里却不见森林"的生存样态，他们逐渐被电子化的"声音"所降服，失去了"倾听自然之声"的意愿与能力。此种现象的发生及其愈演愈烈之势，脱离乡村的乡村教育实践有不可推卸的责任。乡村义务教育精准扶贫中，需警示这一现象并大力推动乡村教育回归乡村，实现乡村优势教育资源的价值最大化。以语文中识字教学为例。无论是在城市还是乡村，识字教学不外乎笔画、笔顺、拼音、偏旁部首等，完全将汉字割裂为类似西方的拼音文字（笔画类似于字母、拼音类似于音标），抛弃了汉字整体意象的生动与美感。需知汉字的精妙恰在"远取诸物、近取诸身"，"身"是自己，"物"则是乡村少年眼见的一切。比如常见的汉字"山""水""东""西"等，"山"的教学不能止于"竖、竖折、竖"（写法）、shān 大山的山（读音），而应引导学生回归到"山"字的生境——他们惯常见到的真实的山（⛰），"东"（🌅）也是如此，太阳刚升起、挂在树梢的方位。这样的识字教学不但有趣，而且能展示汉字之美，更能在识字过程中引领乡村少年真正走进家乡的山水风物，升腾起浓郁的家乡之爱与强烈的中华文化自信。

（三）因"时"制宜：推动乡村义务教育启佑乡邦之责的发挥

贫困的乡村义务教育与贫困的乡村像极了一对自立门户、关系僵硬的同胞兄弟，它们本可以相互扶持、各尽所长、同心协力地致富奔

---

① 2020 年 4 月 10 日访谈实录。
② 么加利、郑栋：《图像世界的感性迷狂——我国当前教育实践中的图像化批判》，《吉首大学学报（社会科学版）》2019 年第 3 期。

第五章　义务教育精准扶贫跟踪与实效评价

小康，却在相互疏离、贬低中变成了难兄难弟。先富起来的"家长"想要提携一下这两个"儿子"，然"救急救不了穷"，想要改变现状必须先唤起他们脱贫的斗志与相互扶持的兄弟情。上述话语虽显"戏谑"，但却能真实地反映乡村教育与乡村的关系，高高的围墙、厚重的铁门、寄宿的学生、走教的老师等无不在诉说着"兄弟阋墙"的"悲剧"。

面对这样的境况，在精准扶贫行动中，切不可"扶乡村之贫"与"扶乡村教育之贫"分而治之，而应将二者视为共荣辱、同进退的统一体：乡村社会组织及成员应积极为乡村教育发展贡献心力，为乡村优势教育资源进入学校出力、出策；乡村教育应主动融身乡村社会发展，创造更大的价值。因此，精准扶贫行动中，乡村教育需因时制宜地开展扶志、扶智行动，充分发挥佑启乡里之责。第一，乡村中小学教师要参与扶贫政策的宣讲与解读工作。作为乡村社会的贫困者，吃透国家扶贫政策，选准发力方向，实现借力发展、主动脱贫是最理想的状态。然而，多数贫困者受文化水平的局限，理解国家政策有不小的难度，一两次的宣讲也不一定能够保证他们吃透文件精神。乡村教师可以利用"在乡村"的便捷，在课余时间做一个贴近村民的答疑解惑者。第二，乡村教师应担负起乡村优势资源调查者角色。乡村社会中的贫困者，除因病、因灾等非可控原因之外，因没文化、没技术而致贫者占多数。作为乡村社会公共知识分子，乡村教师需走进乡村社会，与村民交朋友，并进行乡村社会资源调查，搜集乡村社会发展力所在的第一手，也最具说服力的资料，以此为特困地区产业扶贫提供最准确的助力。第三，乡村学校可在上述调研基础上，通过上级主管部门的协调，引入职业教育力量，利用学校的场地在恰当的时间对贫困者及有学习兴趣的村民开展实用技术培训，让所有的建卡贫困户都有学习新型技术的机会，让贫困家庭主要劳力拥有一技之长[1]。第四，乡村中小学可

---

[1] 段从宇、伊继东：《教育精准扶贫的内涵、要素及实现路径》，《教育与经济》2018年第5期。

• 义务教育精准扶贫理论与实践

面向全体村民（特别是贫困家庭）开设时事与政策相关的文化补习班，提高其文化素养，开阔其眼界，打破"安贫"的故步自封状态，以此提升贫困人口家庭的发展机会、发展能力，改善子代的成长环境①，彻底斩断穷根。

---

① 周秀平、赵红：《教育扶贫政策和重大行动》，转引自司树杰、王文静、李兴洲《中国教育扶贫报告》，社会科学文献出版社 2016 年，第 99 页。

第六章 集中连片特困地区义务教育精准扶贫调查报告

第一节 义务教育精准扶贫成效调查总报告[*]
——基于集中连片特困地区的调查

义务教育是实现教育公平、社会公平正义的重要民生工程。当前，我国教育扶贫工作瞄准"教育最薄弱领域和最贫困群体"，强调"精准"。集中连片特困地区是实施教育精准扶贫战略的主要战场。义务教育精准扶贫是帮助集中连片特困地区摆脱贫困的重要路径。本研究选择集中连片特困地区的区（县、市）义务教育学校为研究对象，调查精准扶贫工作的实际状况和存在的主要问题，从教育精准扶贫的视角提出对策和改进建议。

一 调查概况

通过实地教育考察和对教育部"校长国培计划"边远特困地区农村助力工程项目初中和小学校长进行调查，并使用"问卷星"进行在线问卷调查，调查范围涉及除吕梁山区和罗霄山区外的国家12个集中连片特困地区，共涉及16个省（自治区、直辖市）、近100个区（市、县）的义务教育学校的校长（副校长）和教师。在线总计填写问卷2260份，有效问卷共计2231份，有效率98.7%。

---

[*] 主要内容原载2019年5月2日《中国教育报》第10版。

- 义务教育精准扶贫理论与实践

自编《集中连片特困地区义务教育精准扶贫实效评价与跟踪研究调查问卷》，分学校问卷、校长问卷和教师问卷。问卷采用封闭与开放式问题相结合的设计。问卷主体部分采用 Likert 5 级量表计分方法。采用 EXCEL 2016 和 SPSS 24.0 进行数据统计和分析。

二 调查结果

（一）评价义务教育精准扶贫实效

1. 校长教师对扶贫政策认识清晰

在对学校校长、教师义务教育精准扶贫政策的认识程度调查中，对于"我对义务教育精准扶贫的政策有较为清晰的认识""我经常关注义务教育精准扶贫各项政策和通知""我能意识到义务教育精准扶贫政策对学校发展所起的作用"三项调查问题结果显示在集中连片特困地区绝大多数校长和教师对义务教育精准扶贫政策有较为清晰的认识。具体见图 6-1、图 6-2 及图 6-3。

2. 充分肯定扶贫及项目管理制度

在对扶贫项目制度和管理状况的调查中，八成以上的校长和教师

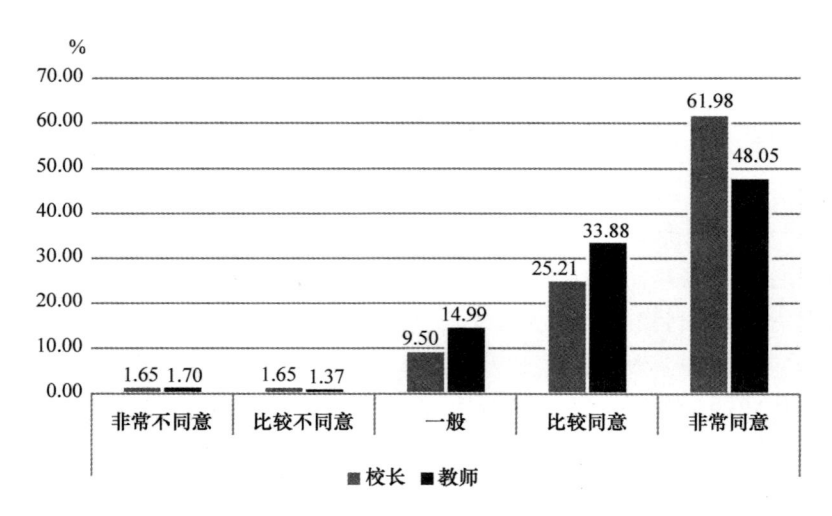

图 6-1 我对义务教育精准扶贫政策有较为清晰的认识

第六章 集中连片特困地区义务教育精准扶贫调查报告

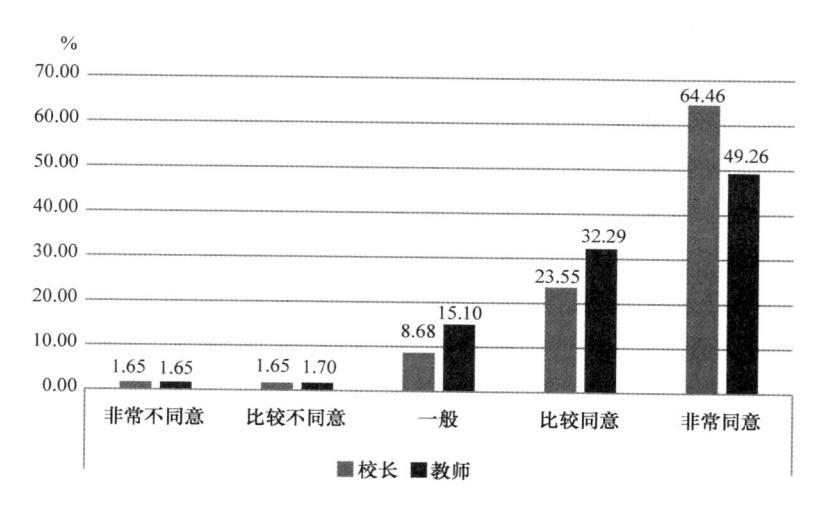

图6-2 我经常关注义务教育精准扶贫各项政策和通知

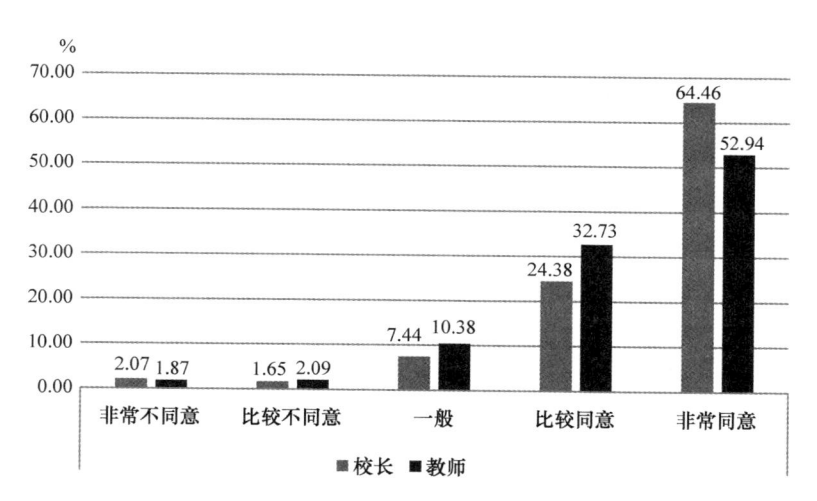

图6-3 我能意识到义务教育精准扶贫政策对学校发展所起的作用

认为本地区的教育扶贫建设项目的"现行义务教育精准扶贫政策制定结合地区实际情况","义务教育精准扶贫政策有较为规范的实施流程"。有"扶贫项目有标准化的日常管理规范流程"在问卷调查中,校长群体选择"比较同意"和"非常同意"的比例均值较高,具体见图6-4、图6-5、图6-6,表明在集中连片特困地区校长和教师对

· 157 ·

- **义务教育精准扶贫理论与实践**

义务教育精准扶贫的政策和项目管理具体实施较为满意。调查对象普遍认为,现行义务教育精准扶贫政策的制定较好地结合了特困地区的实际情况,有助于改善特困地区教育的落后状况。

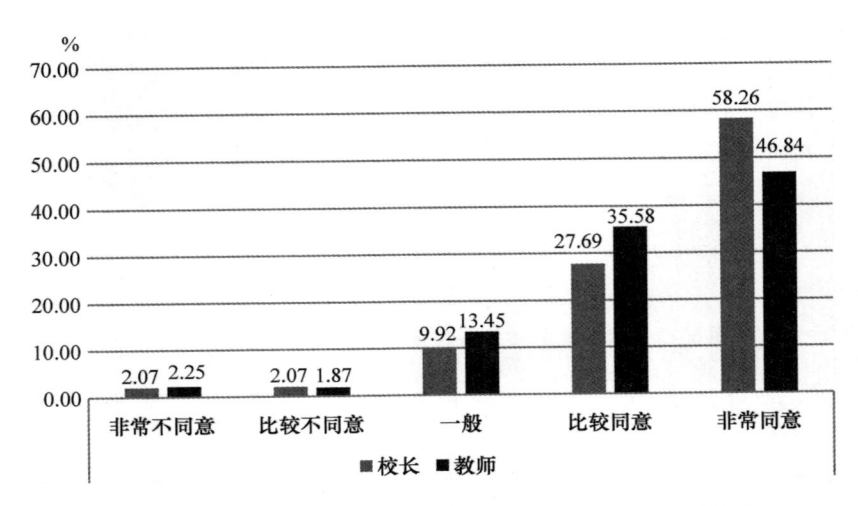

图 6-4 现行义务教育精准扶贫政策制定结合地区实际情况

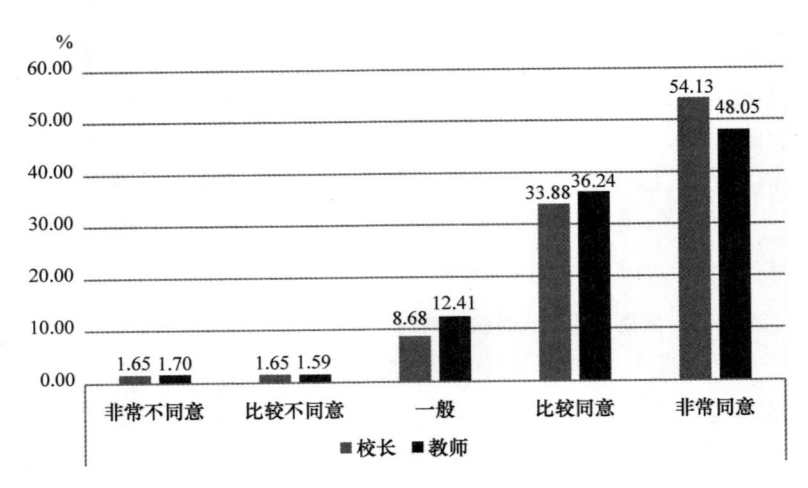

图 6-5 义务教育精准扶贫政策有较为规范的实施流程

第六章 集中连片特困地区义务教育精准扶贫调查报告

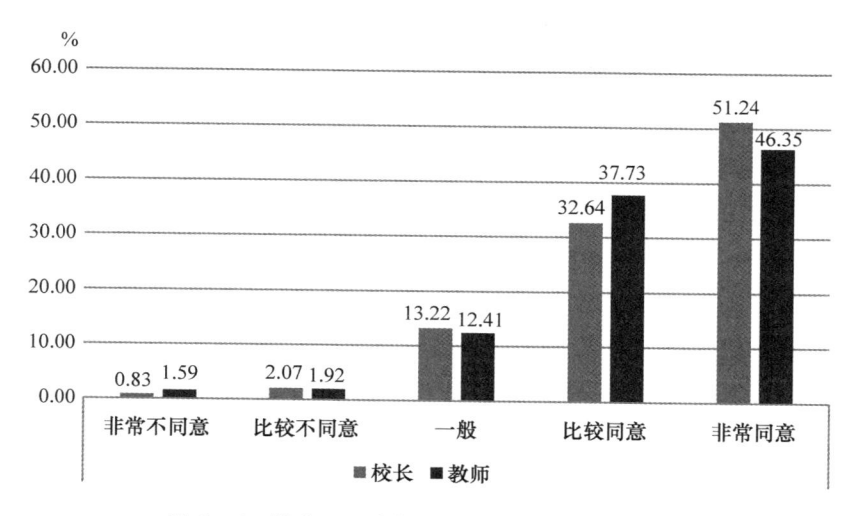

图6-6 扶贫项目有标准化的日常管理规范流程

3. 学校薄弱环节得到较大改进

在调查义务教育精准扶贫政策对当地学校的实际影响中，较高比例的校长和教师认为在扶贫政策指引和项目的支持下学校的薄弱环节得到了较大改善；教育精准扶贫建设项目的实施解决了制约学校发展的关键问题并为学校的发展做出了有针对性的贡献，提高了学校的总体发展水平。具体见图6-7、图6-8、图6-9。义务教育精准扶贫政策有利于学校教育教学工作的有序开展，有利于探索符合学校的发展路径。这些表明集中连片特困地区义务教育精准扶贫政策在改善薄弱学校、促进学校建设与发展方面具有较大促进作用。

4. 特困地区及学校师生充分受益

在调查义务教育精准扶贫政策对特困地区和学校师生的切实影响中，多数校长和教师认为"义务教育精准扶贫的各项政策大大改善了本地区教育教学的落后状况"（见图6-13），多数校长和教师认为教育扶贫项目的开展较大地"鼓舞了学校教师的工作热情"（见图6-14），通过实施"学生营养餐改善计划"、资助"建档立卡"贫困家庭学生等项目，显著改善了学生的日常学习和生活状况（见图6-15），同时切实帮扶了贫困群众家庭和贫困家庭学生，教育精准扶贫使教师和

- 义务教育精准扶贫理论与实践

学生充分受益。

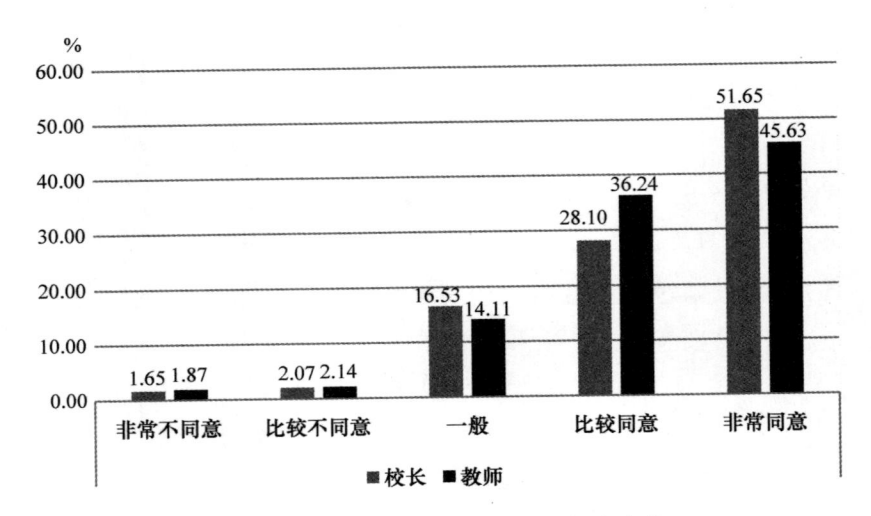

图6-7 学校的薄弱环节得到了较大改善

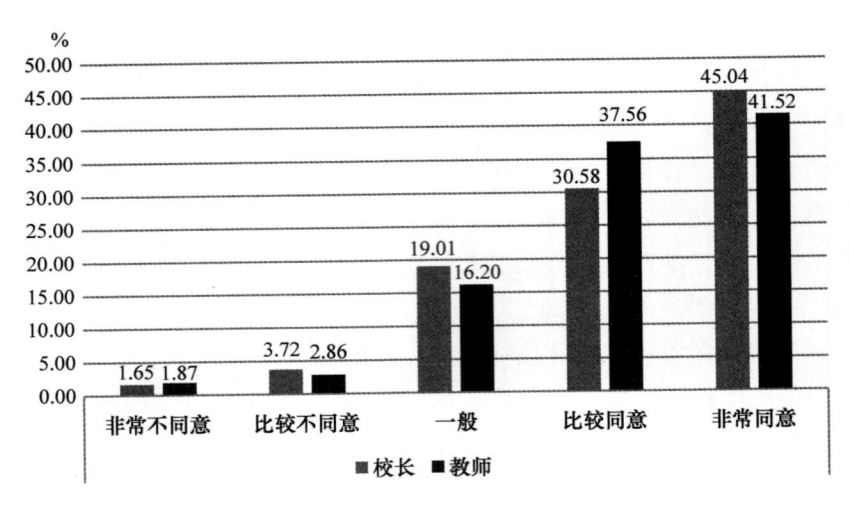

图6-8 项目的实施解决了制约学校发展的关键问题

第六章 集中连片特困地区义务教育精准扶贫调查报告

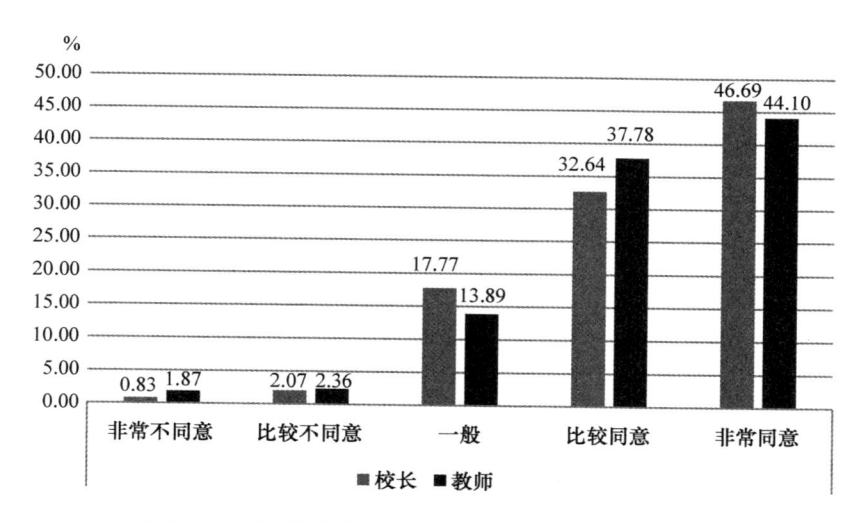

图 6-9 项目的实施为学校发展做出了有针对性的贡献

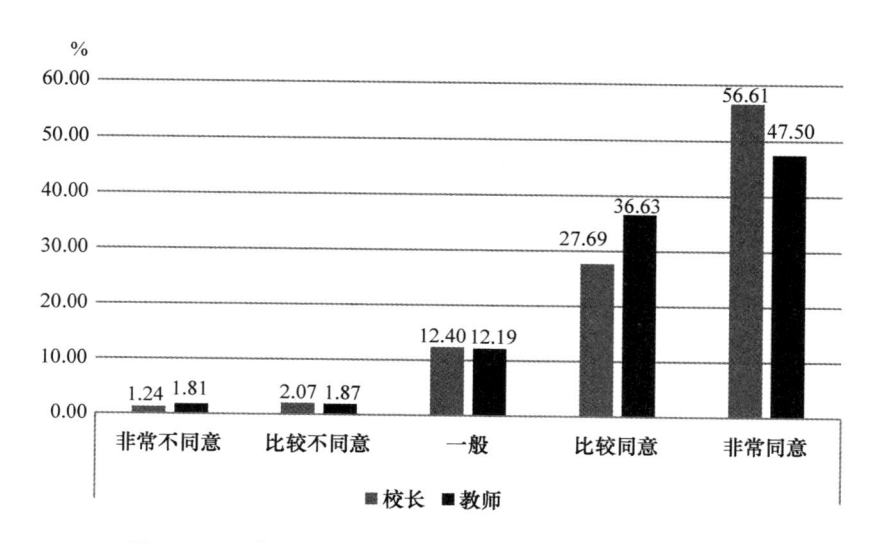

图 6-10 对义务教育精准扶贫项目指导作用的评价（一）

• 义务教育精准扶贫理论与实践

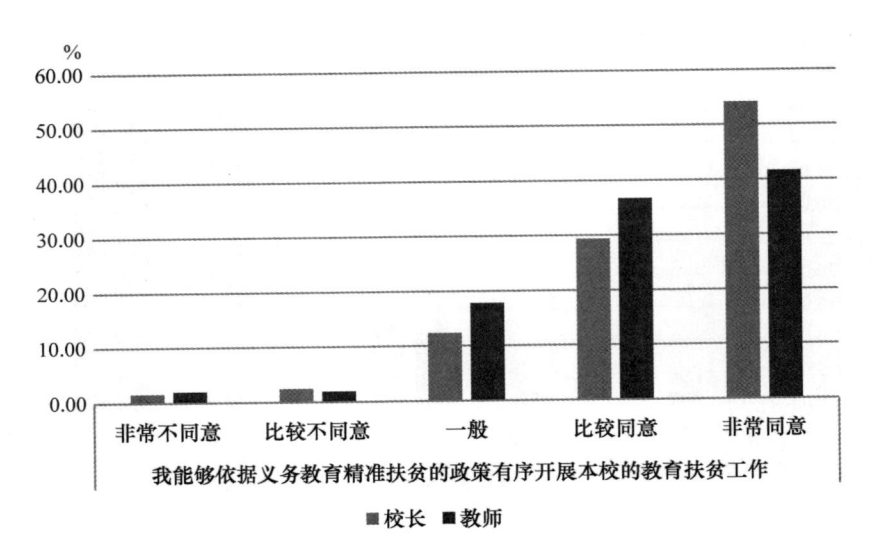

图 6-11 对义务教育精准扶贫项目指导作用的评价（二）

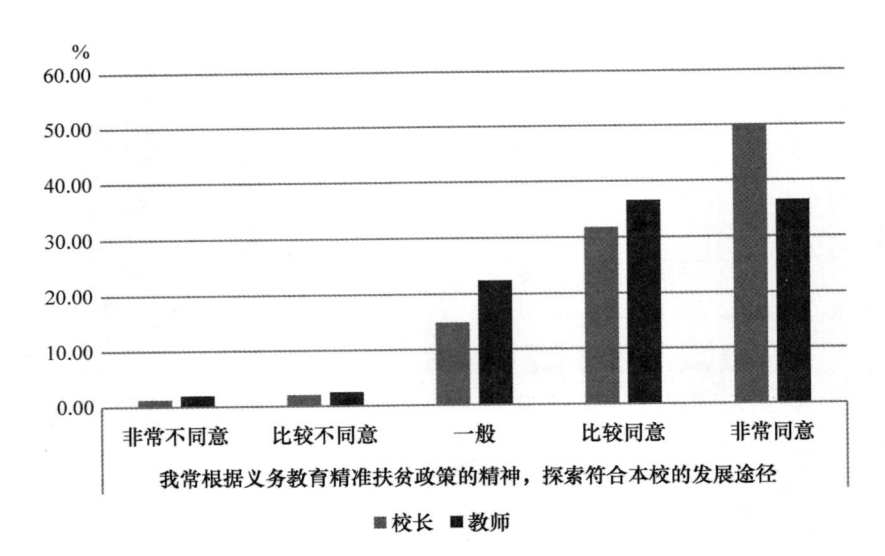

图 6-12 对义务教育精准扶贫项目指导作用的评价（三）

第六章 集中连片特困地区义务教育精准扶贫调查报告

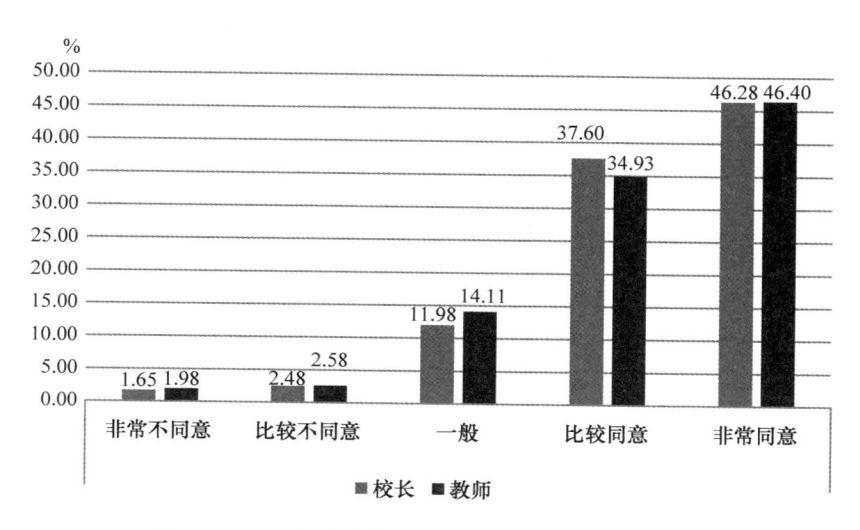

图 6-13 义务教育精准扶贫的各项政策大大改善了本地区教育教学的落后状况

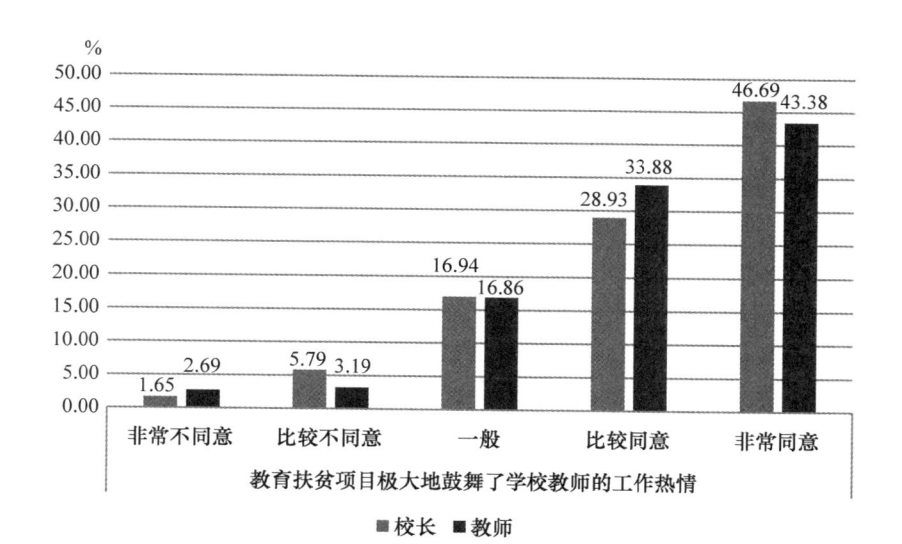

图 6-14 教育扶贫项目的开展较大地鼓舞了学校教师的工作热情

• 义务教育精准扶贫理论与实践

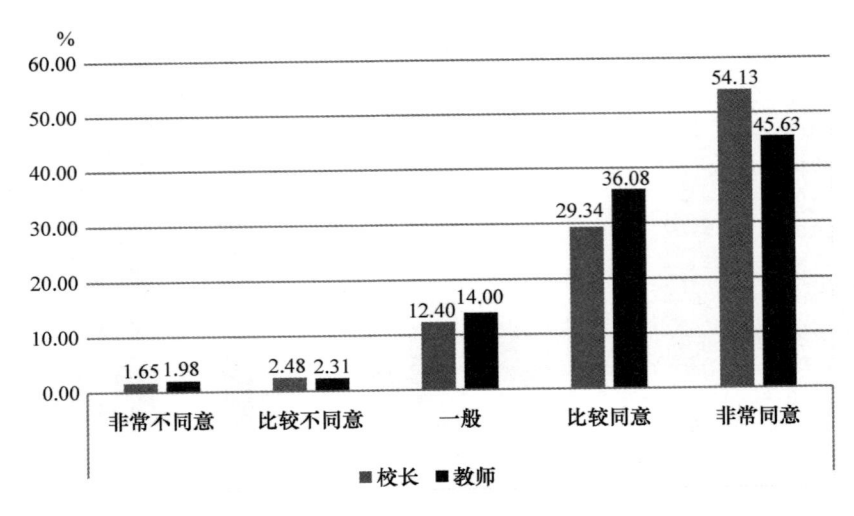

图 6 – 15　项目显著改善了学生的日常学习和生活状况

（二）义务教育办学条件得到改善

1. 生均校舍建筑面积达到全国水平

本次调查的学校样本中，对其校舍建筑总面积和学生总人数进行了统计，得出生均校舍建筑面积为 14.88 平方米。2017 年全国教育统计数据显示，全国中小学生均校舍建筑面积为 13.48 平方米，从数据可以得出，集中连片特困地区生均校舍建筑面积与全国水平相当，具体见"与全国中小学生均校舍建筑面积的比较"表 6 – 1。

表 6 – 1　　　　　与全国中小学生均校舍建筑面积的比较

	校舍建筑总面积（平方米）	学生总数（人）	生均校舍建筑面积（平方米）
全国地区	1360952037	100936980	13.48
集中连片特困区	1318688.91	88629	14.88

2. 学校运动场地满足教学基本需要

在对学校运动场地的调查中，大部分学校建有运动场及跑道（73.21%）、篮球场（98.81%）、羽毛球场（52.98%）、乒乓球台

（99.40%）（见图6-16）。在问卷调查的"其他"选项中有42.26%学校有排球场，占比例较小。调查表明，集中连片特困地区大多数学校能够满足中小学生日常体育课教学、学生锻炼、大型活动、文化娱乐等需求。具体见"学校运动场地满足状况"图6-16。

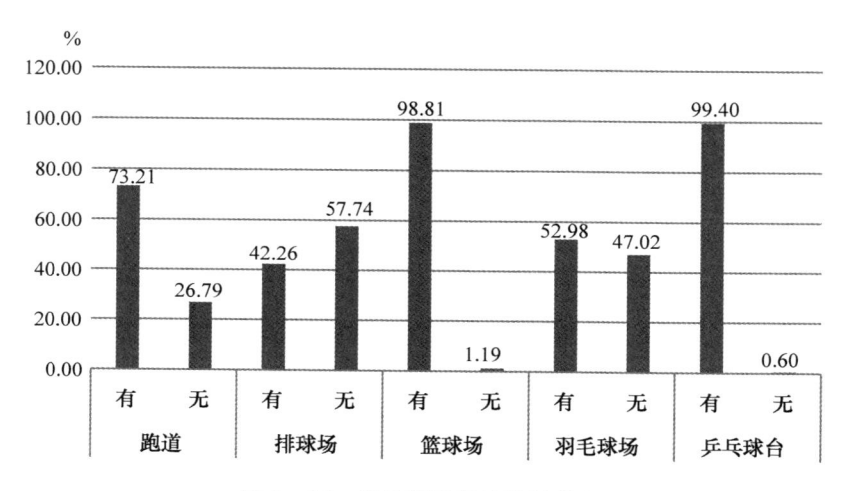

图6-16 学校运动场地满足状况

3. 学校教学辅助用场地有待增加

学校教学场地根据用途分为五大类。调查表明，基本类中的普通教室和图书馆达到100%的学校覆盖率。科学类中科学实验室基本建有，且功能较完善，达到80%以上覆盖率。地理教室虽然比例较低，但有数据显示地理专用教室在全国的普及程度不高，且使用率较低，因此与全国平均水平差距不大。艺术类中音乐和美术教室均达到80%以上普及率，书法教室普及率有待提升。信息类中计算机教室（94.64%）、电子白板教室（87.50%）、多媒体教室（77.38%）均有较高的普及率。健康类教室是五类教学用场地中最为薄弱的，卫生室（59.52%）、心理咨询室（53.57%）、体育活动室（47.62%）、学生活动室（29.76%），这表明需要加强集中连片特困地区学校对学生身心健康发展状况的关注和保护（见"学校教学场地基本状况"图6-17）。

• **义务教育精准扶贫理论与实践**

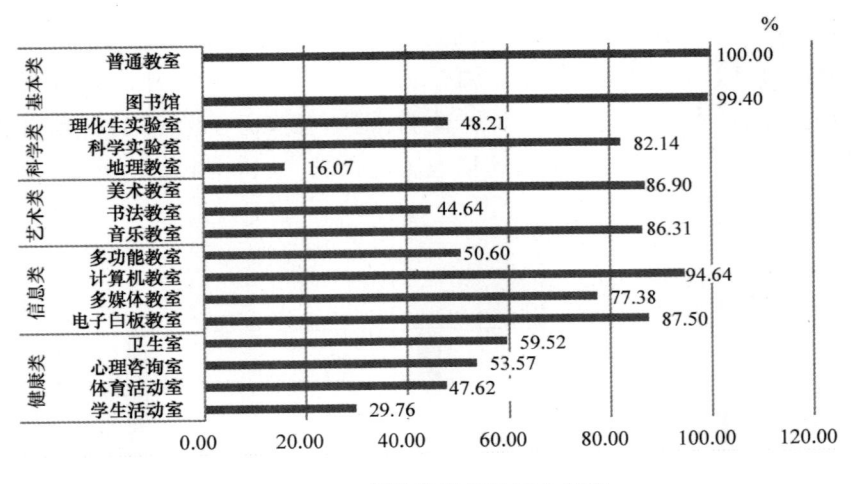

类别	场地	比例(%)
基本类	普通教室	100.00
	图书馆	99.40
科学类	理化生实验室	48.21
	科学实验室	82.14
	地理教室	16.07
艺术类	美术教室	86.90
	书法教室	44.64
	音乐教室	86.31
信息类	多功能教室	50.60
	计算机教室	94.64
	多媒体教室	77.38
	电子白板教室	87.50
健康类	卫生室	59.52
	心理咨询室	53.57
	体育活动室	47.62
	学生活动室	29.76

图 6-17 学校教学场地基本状况

（三）师资队伍建设情况乐观

有资料显示，过去集中连片特困地区师资队伍存在教师男女比例失衡，年龄结构、学历结构、职称结构不合理，教师老龄化严重，年轻教师留不下、稳不住，教师教学水平不高，缺乏优秀师资等问题。调查表明，目前集中连片特困地区的教师队伍整体情况较好，与全国平均水平差距不大。

1. 教师性别比例相对均衡

本次参与调查的学校样本中男教师平均比例为 45.43%，男女比例基本均等。2017 年全国教育统计数据显示，男教师在全国中小学教师总数中仅占 37.13%，而女教师占到 62.87%（见"与全国中小学教师性别比例状况的比较"图 6-18）。调查表明，集中连片特困地区学校教师的性别比例相对均衡，且优于全国中小学教师的性别比例状况。

2. 教师年龄结构比较合理

参与本次调查的学校样本中，30 岁及以下青年教师比例均值为 28.98%，31 岁到 45 岁的中年教师占 39.78%，而 46 岁及以上的教师占 32.40%。中青年教师共占 68.76%，占比近七成。根据 2017 年

第六章 集中连片特困地区义务教育精准扶贫调查报告

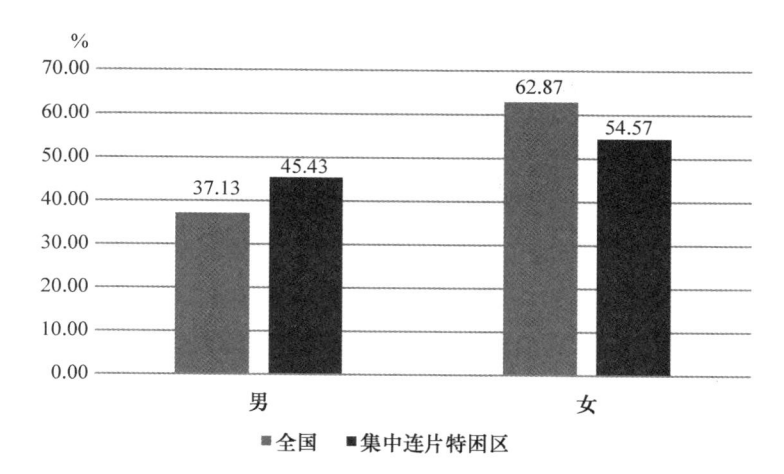

图 6-18 与全国中小学教师性别比例状况的比较

全国教育统计数据，集中连片特困地区教师年龄结构与全国平均水平相差不大，30岁及以下青年教师的比例略高于全国平均水平（见"与全国中小学教师年龄结构状况的比较"图6-19）。表明在这些地区学校教师年龄结构得到改善、较为合理，并没有出现教师老龄化严重的现象。

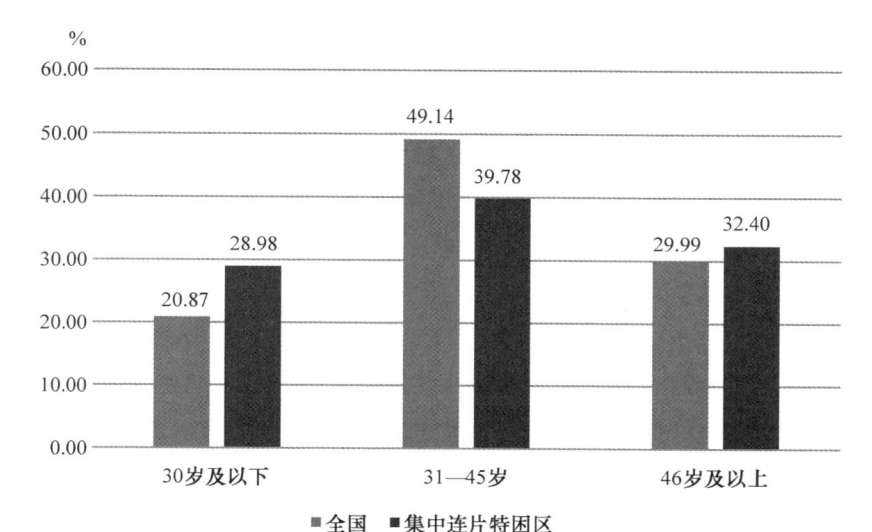

图 6-19 与全国中小学教师年龄结构状况的比较

• 义务教育精准扶贫理论与实践

3. 教师职称结构有待优化

参与本次调查的集中连片特困地区学校样本中，高级教师占 16.04%，一级教师占 36.76%，二级教师占 36.18%，三级教师平均占比 7.29%。2017 年全国教育统计数据显示，全国中小学教师的职称结构中高级教师占 38.51%，一级教师占 35.79%，二级教师占 13.54%，三级教师平均占比 0.63%（见"与全国中小学教师职称结构状况的比较"图 6-20）。集中连片特困地区的教师职称结构相比全国水平，一级教师比例差距不大，高级教师比例较低，二级和三级教师比例较高。表明这些地区学校教师队伍整体质量为中等水平，缺少高级职称的优秀教师。

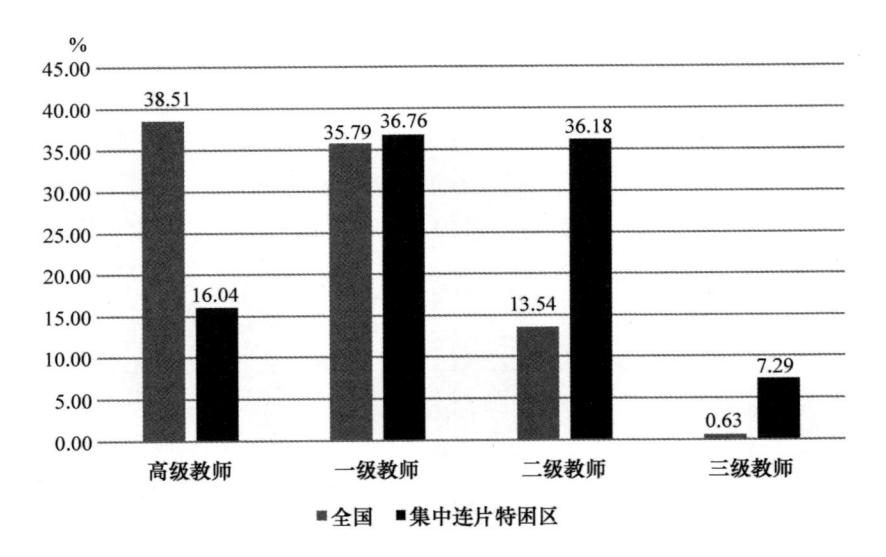

图 6-20　与全国中小学教师职称结构状况的比较

4. 教师学历层次有待提升

参与本次调查的学校中拥有本科学历的教师比例均值为 54.07%，拥有专科及以下学历占 43.71%，硕士及以上学历占 0.29%。2017 年全国教育统计数据显示，全国中小学教师中硕士及以上学历占 1.57%，本科学历占 64.55%，专科及以下学历占 33.88%。调查表明，集中连片特困地区学校缺少硕士研究生及以上高学历教师，而专科及以下学历的教师比例较大，接近半数（见"与全国中小学教师学历结构状况的比较"图 6-21）。

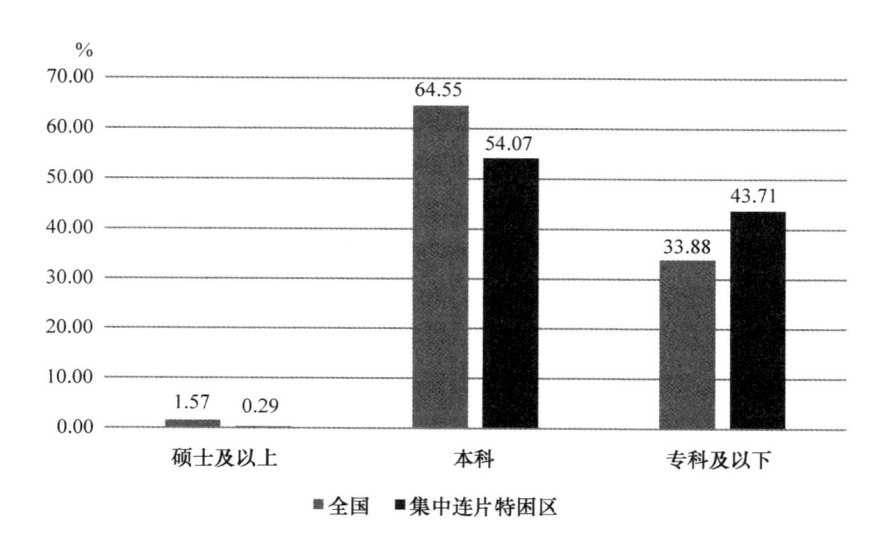

图 6-21　与全国中小学教师学历结构状况的比较

5. 教师生活保障亟待加强

参与本次调查的集中连片特困地区学校样本中，多数学校有教师周转房，表明超过半数教师具有基本生活保障。但是仅有 17.26% 的学校周转房能满足教师需要，19.05% 的学校基本能满足，而 63.69% 的学校则不能满足教师需要（见"教师周转房需求满足状况"图 6-22）。表明在集中连片特困地区大多数学校仍不能满足教师住房需要，教师的基本生活保障有待加强，这是集中连片特困地区"留住"教师的关键所在。

（四）贫困家庭学生生活有保障

参与调查的义务教育所有学校均建有食堂，大部分学校食堂提供一天的早餐（占比 82.74%）、午餐（占比 98.81%）和晚餐（占比 68.45%）（见"学校食堂提供早、午、晚餐状况"图 6-23）。学校食堂提供的饮食种类以主食、肉蛋类、蔬菜为主，但较为缺少豆类、

• 义务教育精准扶贫理论与实践

牛奶、水果等（见"学校食堂饮食种类状况"图 6-24）。这些地区的中心校、初中都建有学生公寓，家距学校较远的学生都能入住学生公寓，贫困家庭学生住宿费全免。

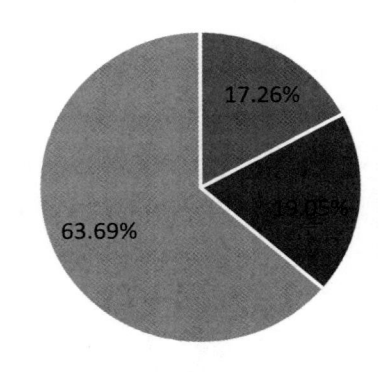

17.26%
19.05%
63.69%

■ 能满足　■ 基本满足　■ 不能满足

图 6-22　教师周转房需求满足状况

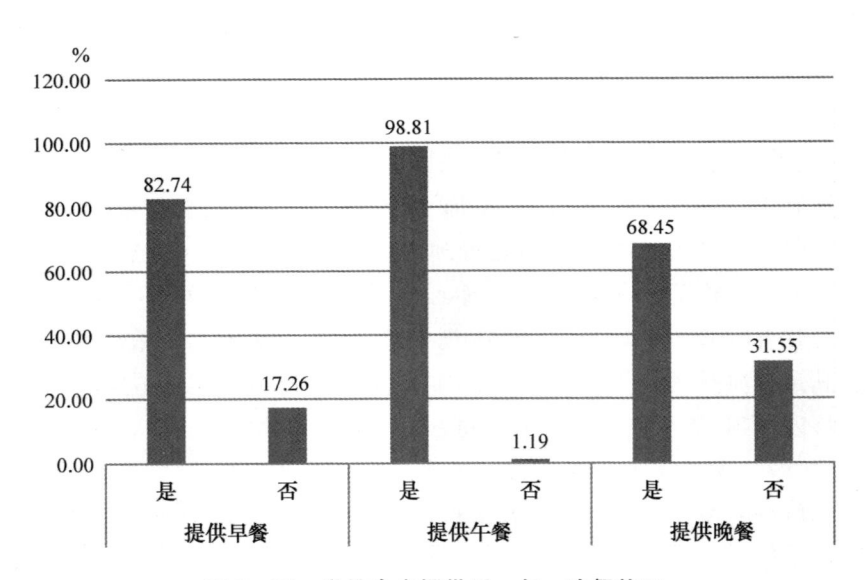

图 6-23　学校食堂提供早、午、晚餐状况

提供早餐：是 82.74　否 17.26
提供午餐：是 98.81　否 1.19
提供晚餐：是 68.45　否 31.55

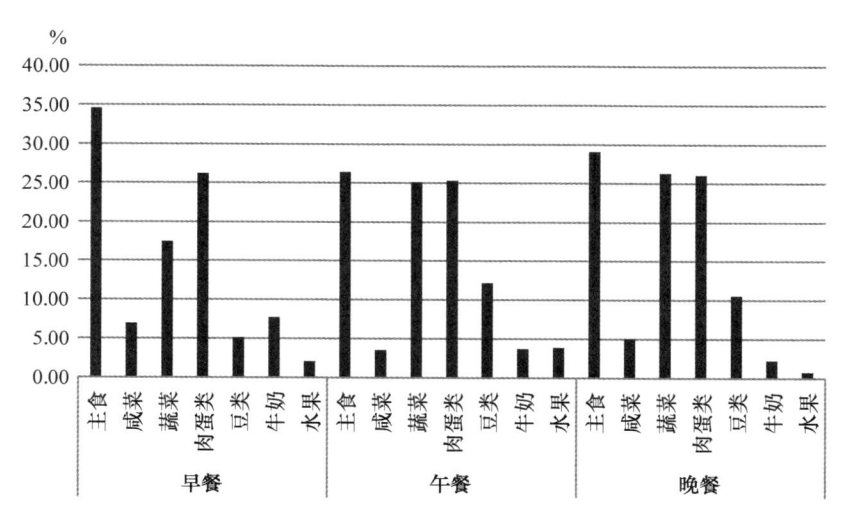

图 6-24 学校食堂饮食种类状况

三 对策建议

在调查问卷最后的开放式问题中,对义务教育精准扶贫政策和项目实施中存在的不足与改善之处进行意见征集,参与调查的教师和校长提出了许多真实具体且亟待解决的问题,经过系统整理、科学分析、精确判断,特提出以下对策建议。

(一)做到精准识别,扶真贫真扶贫

1. 教育扶贫对象的精准识别

在征集的意见中不少教师提出"要摸准真贫还是假贫""让真正的贫困户得到扶贫,杜绝虚假""摸清贫困家庭学生的家底,不能滥扶贫"等类似问题。解决此类问题,要求我们必须做到对教育扶贫对象的精准识别。要精准掌握扶贫对象的类型、致贫原因,为教育精准扶贫提供科学依据,做到落实到村、社、组,落实到贫困家庭和学生,精准识别,精准施策。此外,还应建立动态的教育精准扶贫对象进退机制,每半年或一年,每学期或每学年,进行重新识别和更新扶贫对象信息,保证信息的及时性、可靠性和真实性。

2. 教育精准扶贫要因地施策

针对校长和教师提出的"要与地区实际相结合""要结合学校

实际情况，杜绝形式主义""要分地区制定适合的政策，特别关注地区差异""教育扶贫要切合实际，不搞一刀切"等问题，要保证集中连片特困地区达到真正脱贫的目的，必须根据各地区、学校的实际情况，因地因校科学设计教育扶贫计划和实施方案，"一地一方案，一校一措施，一人一对策"。校长和教师对策建议中多次提到"扶贫先扶志、扶贫必扶智""不能一味地从经济上给予特困家庭和特困学生帮扶，否则将会造就一群'不愿意脱贫的懒汉'"。同时，要确保贫困家庭学生接受教育的权利、公平公正，阻断贫困代际传递。

（二）改善办学条件，促进教育均衡

1. 着力改善特困地区薄弱学校条件

针对"学校软硬件设施需改善""对农村学校的投入、办学条件改善还不够""农村校舍建设不完善""多媒体设备不足、信息化水平不高"等意见，表明当前集中连片特困地区城乡教育资源配置不均衡，教育信息化水平低，特困地区薄弱学校教学用房、教师周转房、学生寝室和食堂设施等不足，边远特困地区学生就近入学难以保证。为此，要继续扎实推进实施"全面改善特困地区义务教育薄弱学校基本办学条件"工作，加快义务教育学校标准化建设，特别要加快教师周转房建设，完善学生食堂设施，推进教育信息化建设。

2. 加快建设一批标准化寄宿制学校

调查结果显示，特困地区学校在校生来自多个村社，最多的学校有来自近100个村社的生源，学生住家距学校较远。因此，扩大寄宿制学校规模，解决特困地区学生上学远、花费贵的问题尤为重要。同时，改善寄宿制学校办学条件，确保寄宿制学校软硬件达标，提高家庭经济困难寄宿生生活费补助标准，搞好寄宿制学校文化生活，因地制宜开展形式多样的文体活动，丰富寄宿生课余生活。增加寄宿制学校运行经费，政府应对寄宿制学校的水费、电费、食堂宿舍聘请的员工工资等给予补贴，降低学生食宿等费用，从而减轻贫困家庭的经济负担。

（三）提升师资水平，保障教师待遇

1. 精准补充特困地区师资

问卷征集意见中反映出"农村学校师资力量不足""音体美教师短缺""教师编制不足""优秀农村教师流失严重"等问题，这些都是制约特困地区义务教育发展的主要因素。实施"乡村教师培养计划"，改革师范生培养模式，公费培养"小学全科""初中一专多能"的乡村教师，大力实施"银龄讲学计划"，鼓励身体健康、刚退休的中小学教师到这些地区去讲学、支教，带去先进的教育教学理念和丰富的教学经验，促进乡村教育改革，引领乡村教师专业发展。同时，要增加教师编制，落实编外教师与代课教师同工同酬政策。

2. 精准培训特困地区教师

征集意见中普遍反映，希望"重视教师的专业成长，搭建更多的交流和学习平台""加大教师专业培训力度""促进教师专业发展"等。各级政府要构建乡村学校、乡村教师及校长专业发展支持服务保障体系，在加强国家和省级教师培训机构建设的同时，重点加强特困地区县级教师培训基地的建设。实施"'国培计划'精准扶贫乡村教师培训行动"，重点针对音体美等紧缺学科教师、双语教师和百人以下小规模学校教师开展培训，更大规模地开展集中连片特困地区的教育局局长、中小学校长、幼儿园园长和教师培训，切实增强培训的针对性、实效性和实用性。

3. 落实"提待减负"政策

"提高教师待遇，不能让'教师的工资要高于当地的公务员'是一句空话"，"改善教师住宿条件、多建乡村教师周转房""关心教师生活和身心健康"等建议需要抓紧落实。设立集中连片特困地区乡村教师特殊津贴，改善乡村教师生活条件，加大乡村教师周转房的建设力度。同时意见中提倡"减轻教师教育教学工作以外负担""少占用教师时间下乡驻村，三尺讲台才是最好的扶贫场地"，让教师能够专注教育教学，把教师的时间还给学校、课堂和学生。

（四）加大帮扶力度，关爱留守儿童

1. 继续加大对贫困家庭学生帮扶力度

征集意见中提出"进一步关注贫困家庭学生""加大对特困生的资助""对建档立卡学生进行实地审批""关注非建档立卡的贫困家庭及子女"。因此，特困地区要进一步加大帮扶力度和覆盖范围，严格审核"建档立卡"贫困家庭学生信息，完善贫困家庭学生资助制度和工作流程。按照"全覆盖"的思路，加大义务教育精准扶贫资助资金投入，扩大政策覆盖面，建立健全不让一名贫困家庭学生因贫失学的资助保障体系。同时，要积极倡导社会各界人士、社会及民间组织机构捐资助学，多渠道筹集学校资助资金。

2. 切实保障留守儿童健康成长

在征集意见中，"留守儿童"作为高频词语出现，留守儿童是当前特困地区农村不容忽视的庞大特殊群体。特困地区的留守儿童数量较多，隔代抚养现象普遍，留守儿童缺少关爱和交流，其心理健康教育问题突出。学校应建立留守儿童帮扶制度，加强对留守儿童个性化学习指导，切实构建起关爱留守儿童成长的长效机制和保障体系。积极推广留守儿童"代理爷爷奶奶""代理爸爸妈妈"制度，以及留守儿童关爱服务，并在特困乡村成立关爱帮扶组织机构，建立留守儿童关爱室，配备专用设备，定期举办"视频交流""网络亲子"等活动，给孩子更多亲情、更多关爱，促进孩子健康、快乐成长。

第二节　六盘山地区义务教育精准扶贫现状调查报告

通过问卷调查、现场访谈，档案资料查阅等调研方法，对六盘山地区 61 个县的义务教育精准扶贫进行了"普查"，重点跟踪了甘肃省榆中县、会宁县、张家川县、甘谷县。同时，选择了湖南省宁乡市，吉林省吉林市舒兰市，吉林省长春市的九台区、德惠市、农安县，辽宁省本溪市明山区等非贫困县为比较对象。选择吉林省延边朝鲜族自治州和龙县（朝鲜族，长白山地区），吉林省松原市前郭县（蒙古族),辽宁省本溪县(满族)等非贫困民族地区为比较对象。调研地点选择都是县级市、农村的县级区,以县为调研单位,一县至少访谈一所学校。

一 六盘山地区概况

(一)六盘山区集中连片特殊困难地区基本情况

六盘山集中连片特困地区面积15.27万平方千米,涵盖中国西北腹地的宁夏西海固地区、陕西桥山西部地区、甘肃中东部地区及青海海东地区,共61个县区、2000多万人口,是国家扶贫攻坚的主战场。[1]

(二)义务教育基本情况

六盘山片区覆盖宁夏西海固地区、陕西桥山西部地区、甘肃中东部地区及青海海东地区61个县、15.27万平方千米、2031.8万人,乡村人口1837.7万人,少数民族人口390.1万人。甘肃有40个县区列入,陕西、青海分别有7个县区列入。[2]

六盘山片区地处黄土高原中西部及青藏高原过渡地带,地形破碎,沟壑纵横,山、川、塬并存,沟、峁、梁相间。气候干旱,无霜期短,昼夜温差大,年均降水量176—667毫米;植被稀疏,森林覆盖率为18.8%;煤炭、石油、天然气等能源资源丰富,风能、太阳能等新能源开发潜力大;铅锌矿、石灰岩、岩盐等矿产资源储量较大。

经过多年的精准扶贫,2001—2010年适龄儿童入学率从87.9%提高到99.2%,青壮年文盲率从5.3%下降到1.3%,居民平均受教育年限从5.7年增加到7.8年,每万人科技活动人员数为143人,成建制的学校全部达标。[3]

---

[1] 金向德:《国家扶贫攻坚主战场之一:六盘山集中连片特困地区》(https://www.56-china.com.cn/show-case-2100.html)。

[2] 《六盘山片区政协精准扶贫交流推进会综述》(http://www.rmzxb.com.cn/c/2018-08-10/2137856.shtml)。

[3] 《六盘山区简介》(http://www.china.com.cn/lianghui/fangtan/2016-02/19/content_37824891.htm)。

二 六盘山区集中连片特殊困难地区义务教育精准扶贫实施策略

(一) 甘肃省辖区的基本情况

1. 总体概况

六盘山地区以甘肃省为主，61个县中甘肃省占了40个县，因此调研重点也放在了甘肃省。甘肃省是教育扶贫开展最早的省份之一，也可以说是扶贫力度最大的省份。根据中央精神，甘肃省先后出台了《中共甘肃省委甘肃省人民政府关于深入实施"1236"扶贫攻坚行动的意见》(甘发〔2013〕13号)、《中共甘肃省委甘肃省人民政府关于扎实推进精准扶贫工作的意见》(甘发〔2015〕9号)、《中共甘肃省委甘肃省人民政府关于打赢脱贫攻坚战的实施意见》(甘发〔2016〕9号) 和《中共甘肃省委办公厅甘肃省人民政府办公厅转发〈省水利厅、省扶贫办关于精准扶贫饮水安全支持计划的实施方案〉等十七个精准扶贫配套文件的通知》(甘办发〔2015〕28号) 等文件，2017年制定了《甘肃省六盘山片区区域发展与扶贫攻坚实施规划 (2016—2020年)》。该规划把六盘山片区扩大为47个县市区，包括白银市、天水市、平凉市、庆阳市、定西市、临夏州6个市州全境42个县市区，兰州市永登县、皋兰县、榆中县、七里河区和武威市古浪县，总面积11.81万平方千米。2015年总人口1598.83万人，其中农村常住人口1004.03万人，片区有回、汉、藏、东乡、保安、撒拉、土、满、蒙等少数民族。2015年年底有4269个建档立卡贫困村、223.91万建档立卡贫困人口。[①]

推进义务教育均衡发展，加强义务教育学校标准化建设，改善片区农村义务教育学校办学条件，到2020年，全面完成"改薄"任务，使片区农村学校办学条件全部达到义务教育学校的办学标准。推动教育资源配置重点向农村、薄弱学校倾斜，缩小区域、校际差距。继续发展寄宿制教育，探索集中办学和建设寄宿制学校的新路子，缩小城、

---

① 《甘肃省人民政府办公厅关于印发甘肃省六盘山片区区域发展与扶贫攻坚实施规划 (2016—2020年) 的通知》(甘政办发〔2017〕89号) (https://www.waizi.org.cn/policy/21961.html)。

第六章 集中连片特困地区义务教育精准扶贫调查报告

乡、村教育水平的差距。出台了教育扶贫一揽子政策，见表6-2。

表6-2　　　　　　　　甘肃省教育扶贫政策一览

学前教育免除保教费政策。对片区内公办幼儿园和普惠性民办幼儿园中具有甘肃户籍的在园幼儿，按每人每年1000元标准免除保教费，对40个片区县建档立卡贫困户在园幼儿每人每年再增加1000元补助资金。
义务教育寄宿生生活补助政策。贫困家庭义务教育阶段寄宿生享受小学每生每学年1000元，初中每生每学年1250元的生活补助。
普通高中教育免除学杂费政策。建档立卡等家庭经济困难普通高中学生享受免学杂费政策，按照省级人民政府及其价格、财政主管部门批准的学费标准执行，所需资金由中央和省级财政8∶2分担。
普通高中助学金政策。贫困家庭普通高中学生优先享受每生每年2000元的国家助学金政策。
中职教育免除学费政策。中等职业学校在籍的一、二、三年级全日制在校生按每生每年2000元标准免除学费。
中职教育国家助学金政策。为一、二年级涉农专业学生和非涉农专业家庭经济困难学生及40个片区县中职学校农村学生提供中职教育国家助学金每人每年2000元。
高职教育免除学费和书本费政策。对进入省内高职（高专）院校的建档立卡贫困家庭学生按照每人每年4500元标准免除（补助）学费，按每人每年500元标准免除（补助）书本费，所需资金由省级财政承担。

注：作者根据甘肃省教育扶贫政策整理。

甘肃省教育厅印发了《甘肃省精准扶贫学前教育专项支持计划》《甘肃省精准扶贫义务教育专项支持计划》《甘肃省精准扶贫职业教育专项支持计划》《甘肃省精准扶贫乡村教师队伍专项支持计划》《甘肃省精准扶贫民族教育专项支持计划》《甘肃省精准扶贫学生资助专项支持计划》和《甘肃省精准扶贫高校招生专项支持计划》等七个教育精准扶贫专项支持计划。

2. 甘肃省精准扶贫义务教育专项支持计划

为深入贯彻落实《中共甘肃省委 甘肃省人民政府关于扎实推进精准扶贫的意见》和《省教育厅 省扶贫办关于精准扶贫教育支持计

划的实施方案》等文件精神，有步骤、有计划推行了甘肃省精准扶贫义务教育专项支持计划。到 2017 年，全省有 25 个贫困县（市、区）和 17 个插花型贫困县（市、区）实现县域内义务教育基本均衡发展。特困地区农村义务教育学校教室、桌椅、图书、实验仪器、运动场等教学设施满足基本教学需要；学校宿舍、床位、厕所、食堂（伙房）、饮水等生活设施基本满足需要；留守儿童学习和寄宿需要得到基本满足，村小学和教学点能够正常运转。

2015 年七里河区、永昌县、白银区、平川区、景泰县、玉门市、瓜州县、肃南县、徽县、泾川县、灵台县、西峰区、庆城县 13 个贫困县（市、区）义务教育学校达到甘肃省义务教育学校办学基本标准，实现县域内义务教育基本均衡发展。实现县域内义务教育基本均衡发展的县（市、区），占全省县（市、区）总数的 33.3%。新建、改扩建教学及辅助用房 74.8 万平方米、学生宿舍 17 万平方米、食堂 6.4 万平方米、厕所 5 万平方米、锅炉（开水）房 1.1 万平方米、浴室 0.52 万平方米、教工宿舍 0.53 万平方米、行政办公用房 2.9 万平方米、室外运动场地 209.1 万平方米。配备学生用床 6.49 万张、食堂设备 1565 台（件）、饮水设施 3097 台（件）、安保设备 1496 台（件）、采暖设施 4012 台（件）、图书 227.8 万册、课桌凳 17.04 万套、计算机 3.97 万台、多媒体教室 1.2 万间（班）、实验实习设备 1827 套、音体美器材 3754 套。

2016 年成县、永靖县、甘州区、皋兰县、凉州区、临洮县、庄浪县、正宁县、武都区、两当县、临夏市、舟曲县、天祝县 13 个贫困县（市、区）义务教育学校达到甘肃省义务教育学校办学基本标准，实现县域内义务教育基本均衡发展。实现县域内义务教育基本均衡发展的县（市、区），占全省县（市、区）总数的 49.4%。新建、改扩建教学及辅助用房 69.7 万平方米、学生宿舍 19.3 万平方米、食堂 7.9 万平方米、厕所 5.2 万平方米、锅炉（开水）房 1.4 万平方米、浴室 0.84 万平方米、教工宿舍 0.6 万平方米、行政办公用房 2.8 万平方米、室外运动场地 121.6 万平方米。配备学生用床 3.56 万张、食堂设备 1709 台（件）、饮水设施 2041 台（件）、安保设备 1552 台

（件）、采暖设施5431台（件）、图书132万册、课桌凳14.57万套、计算机3.22万台、多媒体教室0.99万间（班）、实验实习设备2148套、音体美器材3997套。

2017年民乐县、山丹县、会宁县、秦州区、麦积区、安定区、陇西县、静宁县、华池县、康乐县、合作市11个贫困县（市、区）义务教育学校达到甘肃省义务教育学校办学基本标准，实现县域内义务教育基本均衡发展。实现县域内义务教育基本均衡发展的县（市、区），占全省县（市、区）总数的62.1%。新建、改扩建教学及辅助用房71.9万平方米、学生宿舍20.3万平方米、食堂7.1万平方米、厕所5.6万平方米、锅炉（开水）房1.6万平方米、浴室0.87万平方米、教工宿舍0.96万平方米、行政办公用房2.7万平方米、室外运动场地151.8万平方米。配备学生用床4.11万张、食堂设备1556台（件）、饮水设施2245台（件）、安保设备2215台（件）、采暖设施4971台（件）、图书133.7万册、课桌凳17.4万套、计算机3.16万台、多媒体教室0.92万间（班）、实验实习设备1669套、音体美器材5672套。

2018年古浪县、榆中县、永登县、靖远县、甘谷县、通渭县、渭源县、崆峒区、宁县、文县、西和县、和政县、夏河县13个贫困县（区）义务教育学校达到甘肃省义务教育学校办学基本标准，实现县域内义务教育基本均衡发展。实现县域内义务教育基本均衡发展的县（市、区），占全省县（市、区）总数的77%。新建、改扩建教学及辅助用房70.7万平方米、学生宿舍18.6万平方米、食堂7.3万平方米、厕所5.8万平方米、锅炉（开水）房1.6万平方米、浴室0.7万平方米、教工宿舍0.82万平方米、行政办公用房2.6万平方米、室外运动场地146.2万平方米。配备学生用床4.1万张、食堂设备1518台（件）、饮水设施2442台（件）、安保设备2108台（件）、采暖设施3199台（件）、图书213.3万册、课桌凳7.5万套、计算机3.67万台、多媒体教室0.78万间（班）、实验实习设备1653套、音体美器材4218套。

到2020年，全省58个贫困县（市、区）和17个插花型贫困县

（市、区）全部实现县域内义务教育基本均衡发展，义务教育普及水平和教育质量整体提高。全面完成"改薄"任务，农村学校办学条件均达到义务教育办学标准；城镇超大班额现象基本消除，逐步做到小学班额不超过45人、初中班额不超过50人。

3. 甘肃省精准扶贫义务教育主要措施

加大财政投入。在积极争取和充分利用中央资金的基础上，省、市、县三级财政加大投入力度，2015—2018年各级财政累计投入资金146.3亿元，用于改善义务教育薄弱学校办学基本条件。持续加大义务教育财政性经费投入力度，确保教育经费"一个比例"（教育经费支出占财政支出总额的比例随国民经济的发展逐步提高）和"三个增长"（用于实施义务教育财政拨款的增长比例应当高于财政经常性收入的增长比例，保证按照在校学生人数平均的义务教育费用逐步增长，保证义务教育教职工工资和学生人均公用经费逐步增长）。对按时通过国家认定的基本实现县域内义务教育均衡发展的县（市、区），省政府给予奖励。

科学统筹规划。在摸清底数的基础上，确定每所学校办学条件的缺口，做好改善办学条件的基础工作。根据义务教育学校布局专项规划，针对每一所存在基本办学条件缺口的学校，制订专门方案。坚持从困难地方做起，从薄弱环节入手，全面推动义务教育学校达标建设工作。科学整合各类教育工程项目，避免出现重复建设和资源浪费。

建立考核机制。对义务教育精准扶贫实施进展、质量和成效进行考核，并将其作为对市（州）政府绩效考核和落实《国家中长期教育改革和发展规划纲要（2010—2020年）》的重点内容。对重点项目作为督查督办的重要事项，实行行政问责制。建立健全评估机制，开展第三方评估。

加大宣传力度。充分利用广播、电视、网络等多种形式，做好义务教育精准扶贫的宣传工作，让广大人民群众和师生了解中央和省级的惠民政策，了解义务教育精准扶贫项目的建设内容、实施进度及项目实施的效果，确保工程有序稳步推进。

责任分工及责任追究。省级教育部门根据教育部办公厅、国家发改委办公厅、财政部办公厅印发的《全面改善特困地区义务教育薄弱学校基本办学条件底线要求》，制定符合全省实际的义务教育学校基本办学条件底线标准，编制《全省全面改善特困地区义务教育薄弱学校基本办学条件项目规划（2014—2018年）》，督促市、县两级落实资金。组织第三方专家对各地项目实施情况进行绩效评价；建立项目信息采集、报送及公开公示机制。定期或不定期对项目实施情况进行专项检查，发现问题督促市、县及时整改；对工作不力、进展迟缓和问题频发的县（市、区）实行重点督查。

义务教育学校在县级教育行政部门的领导下，根据《甘肃省义务教育学校基本办学条件标准》和《甘肃省全面改善义务教育薄弱学校基本办学条件底线标准》详细清查教育教学、学生生活用房、设施、设备及各类附属设施等方面的现状，核实办学条件缺口，一一列出清单。配合县级教育部门按照"一校一本一图"（即每所学校都要有建设计划书、平面规划图）的要求，组织专业队伍认真进行校园规划，编制功能分区合理的平面规划图（现状图、规划图），按照"缺什么补什么"的原则，编制每校的建设计划书，做到"一校一策"。在校内醒目位置公布宣传"全面改薄"的相关政策和本校五年项目规划，接受广大师生和家长的监督。

甘肃省建立了省市定期巡查、县级经常自查的监督检查机制。积极协调财政部门将资金管理使用情况列入重点监督检查范围，加强专项资金的监督检查。各级教育部门对资金的使用管理及效果进行定期检查。各地教育主管部门配合审计部门将资金使用情况纳入每年重点审计内容，进行全程跟踪审计。坚持以阶段审计与专项审计相结合的方式，及时发现、纠正、解决问题，变事后追究为事前防范。实行项目信息公开制度。县级教育部门要通过当地媒体、部门网站等方式，向社会公示义务教育薄弱学校改造计划总体规划、年度资金安排、工作进展等情况。

实行项目责任追究制度。对项目资金实行"谁使用、谁负责"的责任追究机制。对于滞留、截留、挤占、挪用、虚列、套取专项资金以及疏于管理，影响目标实现的，按照《财政违法行为处罚处分条例》等有关规定给予严肃处理。实行绩效评价制度。采取政府购买服务的方式，聘请第三方机构全面参与项目绩效评价。绩效评价指标内容包括：年度规划项目开工率、完工率、项目实施管理水平、资金落实情况、资金支出情况、财务管理状况、资源配置与使用效率以及平时报送相关资料的时效及质量情况等。

（二）宁夏特困地区义务教育精准扶贫进展情况

改革开放以来，宁夏特困地区义务教育发生了翻天覆地的变化。一是办学条件全面改善。从"两基"攻坚到教育精准扶贫，义务教育领域实施了一系列重大项目工程，学校成为当地最坚固、最安全、最美观的场所，教学仪器设备实现标准化配置，学校设施大为改观。二是特困地区义务教育均衡发展实现突破，9个贫困县（区）义务教育均衡发展全部通过自治区评估验收，其中6个县（区）通过国家评估认定。三是通过多种优惠政策鼓励和帮助残疾儿童就学，全区残疾儿童毛入学率达到91%以上。

1. 宁夏地区教育精准扶贫的主要做法

宁夏管辖的六盘山有三个地区，其中吴忠市仅有同心县，固原市有原州区、西吉县、隆德县、泾源县、彭阳县5个县（区），中卫市有1个海原县。各县做法大同小异。其采取的主要政策有：

第一，全面落实乡村教师支持计划，对乡村教师在职称评聘、评优选先、培训进修等方面给予倾斜。一是不断提高乡村教师补贴标准，推进边远艰苦地区农村教师周转宿舍建设，吸引优秀人才到乡村从教。二是创新乡村教师补充机制。实施国家和地方农村义务教育阶段教师特设岗位计划，2006年以来，累计为农村义务教育学校补充教师近2.3万名，占中小学教师总数的25%。三是加强乡村教师培训。自2010年实施"国培计划"以来，共有15万人次参加培训，实现特困地区中小学教师全覆盖。四是推动"互联网+教育"，完成"宽带网络校校通"项目，实现教学点卫星数字资源全覆盖，让特困地区的孩子"走进"名校名师课堂。

第二，实施助学保障工程。在义务教育阶段，全面实施九年义务教育"两免一补"政策，推进义务教育均衡发展。到2018年全区所有县（市、区）通过国家义务教育基本均衡发展评估认定；落实《自治区人民政府办公厅关于进一步加强控辍保学工作全面提高义务教育巩固水平的通知》精神，多部门联合部门出台《关于开展义务教育控辍保学摸底排查切实做好劝返复学工作的通知》，建立义务教育控辍保学教育厅领导干部定点联系责任制，组织开展义务教育辍学学生摸底排查、劝学复学工作，确保秋季开学前所有辍学学生返校读书。开展"千名教师进万家"活动，建立学习困难学生帮扶责任制度，通过组织中小学教师走访孤儿、单亲、贫困、残疾人、外来务工、留守儿童等特殊家庭，全面摸清学习困难学生家庭情况、学习能力和心理状况，不断提高学习困难学生的学习能力和自信心，着力消除因学习困难或厌学而辍学的现象。保障残疾等特殊儿童受教育权利。各地各部门加强与残联、卫生计生等部门协作，以县、校为单位建立健全未入学残疾儿童少年实名登记制度，针对残疾儿童少年实际困难按照"一人一案"的要求，采取随班就读、送教上门等多种形式，推进差异教学和个别化教学，安排残疾儿童少年接受义务教育。

第三，加大贫困生资助力度。2018年春季学期起，将农村营养改善计划覆盖范围扩大到实施范围内，义务教育阶段学校附设学前班幼儿，提高特困地区幼儿营养健康水平。建立特殊困难生资助"特殊通道"。制订科学有效的实施方案，整合各部门及社会各界捐助资金，加大特困生资助力度，建立"特殊通道"，一人一策，精准资助，确保建档立卡贫困家庭子女无一人因学费高、家庭负担重而不能顺利完成学业或产生新的贫困户。

第四，全面改善特困地区学校办学条件。编制《深度贫困村学校建设规划》，明确建设任务及年度建设计划，确保深度贫困村小学达到"20条底线要求"，实施改善特困地区义务教育薄弱学校基本办学条件项目，推进义务教育学校标准化建设。安排资金 5.6 亿元，新建及维修改造校舍 7.8 万平方米，改造运动场 13.5 万平方米，购置桌椅、仪器、图书等设施设备[①]。以宁夏固原市原州区为例，其教育扶

---

① 《宁夏推进教育精准扶贫重点任务》（https://www.sohu.com/a/229460278_362042）。

- 义务教育精准扶贫理论与实践

贫政策,见表6-3。

表6-3 宁夏固原市原州区教育扶贫政策一览

教育阶段	政策名称	资助对象	资助标准	施时	覆盖面
学前教育	"一免一补"	全国扶贫数据库中有档案的建档立卡家庭儿童及有残疾证的农村儿童	按照1500元/生·年标准免除保教费。900元/生·年标准补助伙食费	2017年	27个公办幼儿园,54个民办幼儿园
	学前两年资助	学前两年在园家庭经济特别困难的儿童(资助人数≤在园总数的40%)	按照1000元/生·年标准补助保教费	2017年	27个公办幼儿园,54个民办幼儿园
	"一免一补"	经县级以上教育行政部门审批设立的农村公办及普惠性民办幼儿园(含农村小学附设班)	按照1500元/生·年标准免除保教费,900元/生·年标准补助伙食费(对享受学前两年资助政策的幼儿按照上述)	2017年	原州区农村幼儿园,乡镇小学附设
义务教育	"三免"	义务教育阶段学生	免除学杂费、免费提供教科书、免寄宿生住宿费	2008年	义务教育阶段中小学
义务教育	"一补"(寄宿生生活补助)	公办学校义务教育阶段寄宿学生	资助标准为中学寄宿学生1000元/生·年(每天5元),小学寄宿学生800元/生·年(每天4元)	2010年秋季	所有义务教育阶段公夕办寄宿制学校住校生
	"营养改善"计划	农村义务教育阶段学生	中央财政补助标准为每生每天4元,地方财政补助标准为每生每天1.6元,每生每年1120元	2012年春季	农村义务教育阶段所有中小学

第六章 集中连片特困地区义务教育精准扶贫调查报告

续表

教育阶段	政策名称	资助对象	资助标准	施时	覆盖面
中职教育	"两免一补"	市外中职就读的农村户籍在校学生	按照800元/生·年标准免住宿费、400元/生·年标准免书本费、500元	2017年	原州区在市外就读的在固原五中
高中教育	国家助学金	普通高中就读的家庭经济困难学生	自治区财政按2000元/生·年核定，按实际情况，在1000—3000元范围内可分2—3档	2007年	固原五中
高中教育	减免学费	在普通高中就读的建档立卡贫困家庭、农村低保家庭、农村特困救助供养学生以及残疾学生四类学生	自治区财政按800元/生·年标准资助	2016年秋季	固原五中
高中教育	燕宝慈善基金会奖学金	原州区户籍当年高一录取家庭贫困（贫困生数据库内）在校生	按照2000年/生·年资助	2016年秋季	固原五中
高等教育	专科减免学费政策	区内高等职业院校（含民办）生源为宁夏户籍建档立卡家庭学生及农、林、师范院校或专业就读学生	自治区财政按照4000元/生·年标准，学制四年以上的按照四年资助	2011年秋季	区内高等职业学校学生（含民办院校）
高等教育	燕宝慈善基金会奖学金	南部山区户籍考取一本、二本院校（含民族预科转录为一本、二本）大学新生（含研究生）	连续四年，按照4000元/生·年标准，学制四年以上的按照四年资助	2011年秋季	原州区户籍的固原五中、社会青年

· 185 ·

• 义务教育精准扶贫理论与实践

续表

教育阶段	政策名称	资助对象	资助标准	施时	覆盖面
高等教育	生源地信用助学贷款	本人及家长户籍在原州区，参加普通高校招生考试被全日制高等院校录取的高职以上学生、研究生、预科生及"3+2"进入第四年的学生	学费与住宿费之和，本科生最高不超过8000元，研究生最高不超过12000元	2009年春季	全日制高等学校录取的原州区户籍的专科以上学生（含研究生）
	大学新生交通费	参加宁夏高等院校招生统一考试录取的考生及家长户籍在原州区的贫困生	区外院校就读1000元，区内院校就读500元	2017年	固原五中
	"黄河银行"教育扶贫专项助学金	当年考入高职类院校的建档立卡贫困家庭学生	每生一次性资助3000元	2016年	原州区在高职就读的建档立卡贫困户
	学费补贴	就读高职、三本的农村在校学生	按按4000元/生·年标准补贴学费。对已享受其他资助的学生按照4000元/生		原州区所有高职、三本

2. 宁夏地区义务教育精准扶贫的主要经验

建立"宁夏学生精准资助管理信息系统"。按照对象精准、标准统一、管理严格、机制健全、信息公开的要求，建立统一的学生资助信息管理平台，力争实现学籍系统、资助系统与扶贫、民政、残联等部门数据的互联互通，提高助学资助效益。修订教育精准扶贫成效考核方案。九年义务教育巩固率2018年达到91%，2020年达到93%以上；视力、听力、智力三类残疾儿童义务教育入学率达到85%以上；义务教育均衡全部通过国家验收；未升入普通高中的初中毕业生和未升学的高中毕业生都能接受中等职业教育；增加特困地区学生接受优

第六章 集中连片特困地区义务教育精准扶贫调查报告

质高等教育的机会。

宁夏建立"县级自查、市级督查、省级评估"的督导检查机制,开展评估验收,推动自治区各项教育精准扶贫政策落地生根。县级教育督导室要对辖区学校开展经常性检查,市级教育督导室每半年对所属县教育精准扶贫工作情况督查一次,自治区政府教育督导室每年组织评估检查组或聘请第三方机构对各县教育精准扶贫工作情况开展绩效评估,及时发布督导评估报告,接受社会和群众监督。县级、市级检查与自查情况及时向上一级教育精准扶贫工作领导小组办公室及教育督导室报告。自治区建立通报、约谈、督办、表彰机制,强化责任追究制度,对落实不力、弄虚作假、套取骗取或违规使用扶贫资金的,严肃依法依规处理。

构建了学生营养餐的宁夏模式。"宁夏模式"强调做好"两个加法",努力提高学生营养水平。一是在膳食标准上,"中央加地方",确保吃得好。营养餐的标准是每天5.6元,比国家4元的标准高出1.6元,超出部分和地方试点资金全部由宁夏承担,每年需1.2亿元;受益学生近25.6万人,其中国家试点范围16.1万人,地方试点范围9.5万人。二是在供餐内容上,早餐加午餐保证营养足。为农村学生和县城寄宿学生每人每天免费提供一个熟鸡蛋,为农村学生中午提供一顿合理膳食,实施早餐加午餐,做到安全、多样、营养、卫生。

云平台推动教育公平。近年来,宁夏教育扶贫的一大重点是教育信息化的建设。以"三通两平台"建设为主要标志的各项工作取得突破性进展,建成"宁夏教育云"服务和管理平台,让数字教育资源实现了从学前教育到高等教育整个学段全覆盖,校舍安全、扶贫计划、营养计划等都实现了"云"管理。"三通"是指三方面的信息共享。一是"宽带网络校校通",学校以不同方式实现互联网接入,为推动优质教育资源网络全覆盖奠定了基础。二是"优质资源班班通",全区中小学81%的教学班配备了多媒体教学设备,完成了教学点卫星数字资源全覆盖。三是"网络学习空间人人通",实现全区职业教育教师和学生"人人通"空间100%开通。

● 义务教育精准扶贫理论与实践

"两平台"是搭建宁夏教育资源平台和公共服务平台。宁夏结合智慧宁夏八朵云建设,融合了教育资源、管理和公共服务等功能,完成了宁夏教育资源公共服务平台(教育云)建设。平台不仅有宁夏的教育资源,还接入了国家的教育资源。教师和学生实现了用户统一登录,教师可以使用云平台中的教案授课,学生可以随时在其中查找需要的资源。

(三)六盘山区青海地区义务教育精准扶贫的基本情况

青海省所辖六盘山区主要集中在海东地区,包括民和回族土族自治县、乐都县、互助土族自治县、化隆回族自治县、循化撒拉族自治县,还有西宁市的湟中县、湟源县。

1. 青海省完善城乡义务教育经费保障机制实行15年免费教育①

青海省整合现行的农村义务教育经费保障机制和城市义务教育奖补政策,建立城乡统一的义务教育经费保障机制。

统一城乡义务教育学生"两免一补"政策。在现行农牧区义务教育学生"两免一补"和城市学生免除学杂费政策的基础上,对城市义务教育学生免费提供教科书,对城市贫困家庭寄宿生补助生活费。在原有农牧区"两免一补"和城市义务教育学生免除学杂费的基础上,免除城乡义务教育学生学杂费,并免费提供教科书。对农牧区寄宿生给予生活补助,将城市贫困家庭寄宿生纳入补助范围。

统一城乡义务教育学校生均公用经费基准定额。对城乡义务教育学校(含民办学校)统一按照基准定额的标准补助公用经费。鼓励各地结合实际提高公用经费补助标准。落实义务教育公用经费补助政策,寄宿制学校按照寄宿生年生均300元标准增加公用经费补助,农牧区不足100人的规模较小学校按100人核定公用经费,特殊教育学校和随班就读残疾学生按年生均6000元标准补助。

巩固完善农牧区义务教育学校校舍安全保障长效机制。实施农牧

---

① 青海省人民政府:《关于完善城乡义务教育经费保障机制和实行15年免费教育的实施意见》(http://www.guoluo.gov.cn/html/33/235687.html)。

区义务教育薄弱学校改造计划等项目,支持农牧区公办义务教育学校维修改造、抗震加固、改扩建校舍及其附属设施。建立城市公办义务教育学校校舍安全保障长效机制。

巩固落实城乡义务教育教师工资政策。省财政继续加大对财力薄弱地区的转移支付力度,县级财政确保县域内义务教育教师工资按时足额发放,并加大对艰苦边远特困地区、薄弱学校绩效工资的倾斜力度。

2. 把控辍保学作为义务教育精准扶贫的重点和突破口

县级人民政府履行控辍保学主体责任,组织和督促适龄儿童少年入学,帮助他们解决接受义务教育的困难,采取措施防止辍学。要求各地全面掌握辖区内适龄儿童少年情况,加强宣传教育,督促父母或者其他法定监护人依法送适龄儿童少年入学并完成义务教育。学校要建立和完善辍学学生劝返复学、登记与书面报告制度,及时将辍学学生信息报送乡镇政府(街道办事处),加强家校联系,配合政府部门做好辍学学生劝返复学工作。落实家长责任,父母或者其他法定监护人应当依法送适龄儿童少年按时入学接受并完成义务教育,无正当理由未送适龄儿童少年入学接受义务教育或造成辍学的,由当地乡镇政府(街道办事处)或者县级教育部门给予批评教育,责令限期改正;逾期不改的,由司法部门依法发放相关司法文书,敦促其保证辍学学生尽早复学;情节严重构成犯罪的,依法追究法律责任。

建立义务教育入学联控联保工作机制。各级综治委校园及周边治安综合治理专项组,工商(市场管理)、公安等部门加强文化市场管理和校园周边环境综合治理,禁止在学校周边开办不利于儿童少年身心健康的娱乐活动场所,禁止营业性歌舞厅、电子游戏厅、网吧等接纳未成年学生。司法部门做好控辍保学相关法治宣传教育和法律援助工作。民政部门要将符合条件的家庭经济困难学生纳入社会救助政策保障范围。用人单位不得违法招用未满16周岁的未成年人。人力资源社会保障部门和工商(市场管理)部门加大对违法招用未成年人的单位或个人的查处力度。宗教事务部门依法加强对宗教活动场所和教职人员的管理，对宣扬女童弃学、为义务教育适龄儿童少年举办婚礼宗教仪式的教职人员，要依法予以惩处；落实举报监督机制，充分发挥好社会监督作用，对违反《义务教育法》导致学生辍学的，任何社会组织或者个人有权向有关国家机关提出检举或控告。

提高质量控辍，避免因学习困难或厌学而辍学。全面提高农牧区学校管理水平，开齐开足开好国家规定的课程，科学合理安排学生在校学习时间、体育锻炼时间、在校活动内容和家庭作业，健全学生体育锻炼制度，切实保证学生每天一小时校园体育活动落到实处，不得随意加深课程难度、增加课时、赶超教学进度或提前结束课程，布置有效作业，严格控制作业量。加快有特色而有质量的乡村小规模学校（含教学点）建设，完善对中心学校和乡村小规模学校一体化办学的评价标准和考核机制，加强中心学校对村小学、教学点的指导管理。发挥乡村小规模学校小班化教学优势，积极开展启发式、参与式教学，充分运用信息化手段，利用在线课堂等信息技术，推动优质教育资源共享，提高义务教育质量和吸引力，让孩子们从小愿意上学。落实乡村教师支持计划，执行好乡村教师生活补助政策，加强校长、教师轮岗交流，统筹调配编内教师资源，推动城乡间教师交流，有计划地组织选派西宁、海东等地的优秀教师到青南边远地区支教。加强乡村教师培训，中小学教师国家级培训计划（国培计划）和省级培训计划（省培计划）优先支持艰苦边远地区乡村教师培训。

建立健全学习困难学生帮扶制度。各地各校把对学习困难学生的帮扶作为控辍保学的重点任务，建立健全学习帮扶制度，着力消除因学习困难或厌学而辍学的现象。要按照因材施教的原则，针对学习困难学生学习能力、学习方法、家庭情况和思想心理状况，切实加大帮扶力度，使他们增强学习兴趣，改进学习方法，养成良好学习习惯，不断提升学习能力和学习水平，切实增强学习的自信心、有效性和获得感。推进考试招生制度改革，强化对学生的发展性评价、多元评价，促进学生全面发展，把对学习困难学生的发展性评价作为考核学

第六章 集中连片特困地区义务教育精准扶贫调查报告

校教育工作和教师教育教学工作实绩的重要内容。

精准确定教育扶贫对象。聚焦特困地区和贫困人口,把建档立卡等家庭经济困难学生(含非建档立卡的家庭经济困难残疾学生、农牧区低保家庭学生、农牧区特困救助供养学生,下同)作为脱贫攻坚重点对象,特别是把残疾儿童、残疾人子女、服刑人员未成年子女、随迁子女、留守儿童作为重中之重,坚持优先帮扶、精准扶贫,切实提高扶贫成效,到2020年全面完成"发展教育脱贫一批"任务,阻断贫困代际传递。针对家庭经济特殊困难学生,按照"一家一案,一生一案"制订扶贫方案,统筹各类扶贫、惠民政策,建立特殊关爱机制,确保孩子不因家庭经济困难而失学辍学。

全面落实教育扶贫和资助政策。完善义务教育扶贫助学工作机制,认真落实义务教育"两免一补"、农牧区义务教育学生营养改善计划、贫困家庭子女享受15年免费教育等惠民政策。加大对残疾学生就学支持力度,对符合资助政策的残疾学生和残疾人子女优先予以资助,建立完善残疾学生特殊学习用品、教育训练、交通费等补助政策。加大对家庭经济困难学生资助力度,免除公办普通高中就学的建档立卡等家庭经济困难学生学杂费、教科书费,继续实施高校面向农牧区和特困地区定向招生专项计划,探索建立扶贫、藏区、生态保护专项招生计划,畅通绿色升学通道,提高特困地区义务教育学生升学信心。

建立控辍保学动态监测机制。各地各校利用中小学生学籍信息管理系统(以下简称学籍系统)做好辍学学生标注登记工作,对学生和学籍相分离的逐一核实,确保学籍系统信息与实际一致。各级政府及教育部门和学校要加强学生失学辍学情况监测,把农牧、边远、贫困、民族地区和流动人口相对集中地区等作为重点监测地区,把小学毕业年级和初中作为重点监测学段,把流动、留守、残疾、家庭经济困难适龄儿童少年与服刑人员未成年子女作为重点监测群体,对排查发现的辍学和疑似辍学学生建立登记台账,并主动开展劝返复学工作,劝返无果的,要及时启动行政复学机制,落实辍学学生劝返职责。建立学籍系统和其他基础信息库比对核查联动机制，充分发挥各种大数据信息库作用，开展数据分析，及时发现未入学适龄少年儿童。建立学生学籍核查协作制度，对学生流向进行查证和通报。严格学籍管理，及时录入和变更学籍信息，对劝返复学学生要及时补登学籍信息，加强学籍信息工作人员培训，稳定队伍。

3. 义务教育学校办学基本标准达标情况

青海省经过多年的精准扶贫，促进了义务教育均衡发展。六盘山地区与其他地区一样，义务教育学校办学基本标准达标。生均教学及辅助用房面积、生均体育运动场馆面积、生均教学仪器设备值、每百名学生拥有计算机台数、生均图书册数、师生比、生均高于规定学历教师数、生均中级及以上专业技术职务教师数 8 项指标，10 个县的小学、初中综合差异系数均达到了国家标准，小学差异系数在 0.184—0.442，初中差异系数在 0.106—0.466。

（四）陕西省义务教育精准扶贫

2016 年出台的陕西省教育扶贫实施方案将义务教育全面纳入公共财政保障机制。统一城乡义务教育经费保障机制，到 2017 年，全面落实城乡义务教育"两免一补"政策。对贫困家庭寄宿生按照每生每年小学 1000 元、初中 1250 元的标准补助生活费。实施好农村义务教育学生营养改善计划。对特困地区不足 100 人的小规模学校（含教学点）按 100 人核定公用经费补助资金，确保学校正常运转。

在基础设施上，依据《陕西省义务教育阶段学校基本办学标准（试行）》，科学布局农村义务教育学校。改善特困地区义务教育薄弱学校基本办学条件，加快项目进度，保障学生就近入学需要。到 2020 年，使特困地区农村学校教室、桌椅、图书、运动场等教学设施设备满足基本教学需要，宿舍、床位、厕所、食堂、饮水等基本满足生活需要；统筹资金，支持特困地区城区及其新区、开发区、居民小区学校建设，有效化解入学难和大班额问题。加快特困地区教育信息化进程，指导"三通两平台"建设，加强课程教学资源整合，推进信息技术与教育教学的融合应用。

第六章 集中连片特困地区义务教育精准扶贫调查报告

加强教师队伍建设。加强特困地区教师队伍建设，建立省级统筹乡村教师补充机制。从2016年起，特困地区县以下学校招聘教师全部纳入特岗教师计划，每年招收2000人，确保新补充教师具备本科学历的不低于80%，确保体音美和信息技术学科教师有一定比例；农村教育硕士师资培养计划向特困地区倾斜并逐年增加。积极协调，争取按标准落实幼儿教师配备。全面落实农村学校教师和校（园）长交流轮岗工作，推动城镇优秀教师向乡村学校合理流动和对口支援，鼓励城镇退休特级教师、高级教师到乡村学校支教讲学或开展帮扶。对志愿到特困地区中小学任教的免费师范生和教育硕士，优先落实周转房，优先晋升专业技术职务，并在参加进修学习、骨干选拔名额中给予倾斜。加强特困地区教师培训和骨干引领。到2020年，对特困地区所有教师和校长进行不少于360学时的培训，每年培训8万人次。推进农村学校开展校本研修，扩大"名师大篷车"送教下乡活动实施范围。逐年提高农村边远贫困和薄弱地区教学能手评选名额，充分发挥骨干教师作用，帮扶特困地区教师提高教育教学能力和水平。

落实义务教育各项控辍保学制度措施，夯实"七长"责任制，确保建档立卡贫困户义务教育阶段学生零辍学。管好用好全国学生资助信息管理4个子系统，精准高效实施家庭经济困难学生资助，集中精力做好控辍保学和学生资助工作。密切家校联系，做到平时常家访和暑期大家访相结合。加大资助政策宣传和监管力度，严肃查处违规违纪问题。推进营养改善计划。加强学校食堂建设，不断提高学校食堂供餐占比。推进"4+X"供餐模式，提高学生膳食水平。做好营养改善计划双月报和实名制信息系统统计工作。加强对县市区实施营养改善计划的考核。

陕西省属于六盘山地区的只有两个地区7个县，其中，宝鸡市有扶风县、陇县、千阳县、麟游县等4个县，咸阳市有永寿县、长武县、淳化县等3个县。

宝鸡市重点实施"五大行动"。一是精准资助，实施贫困学生关爱行动。二是精准建设，实施薄弱学校改造行动。三是精准投入，实施信息化建设行动。四是精准帮扶，实施乡村教师提升行动。五是精准培训，实施贫困家庭劳动力技能培训行动。增强贫困家庭"造血"功能，阻止贫困现象代际传递，保障教育起点公平，实现教育强民、技能富民、资助惠民，彻底消除因贫失学、因困辍学、因学返贫现象发生。从2017年开始，每个乡镇至少建成1个留守儿童关爱中心，用5年时间全部完成。在农民工子女相对集中的城区学校建立留守儿童关爱中心。聘请"爱心妈妈"，进行"生活引导、学业辅导、心理疏导"，认真落实以"一周一次亲情电话视频、一月一次书信、一季一次爱心交流活动、一期一次见面、一年一次评选"为主要内容的'五个一'活动。今后，宝鸡市将进城务工人员和进城落户农村居民随迁子女接受义务教育纳入区域教育发展规划和财政保障体系，实现"两免一补"和生均公用经费随学生流动可携带。建立以居住地为主要依据的随迁子女入学办法，为随迁子女入学升学提供便利，确保随迁子女与同城学生一视同仁。坚持就近入学、划片招生原则，引导分流城区学生，促进均衡发展。据宝鸡市教育局介绍，他们在实施精准扶贫中，关键在"精准"二字。从扶贫对象说，要严格按照政策规定，做好建档立卡工作，形成"扶贫清单"，做到县不漏校、校不漏班、班不漏人，"一个都不能少"；从扶贫机制来说，要立足实际，研究解决好"扶持谁、怎么扶、扶什么"等问题，精准分类，对症下药，努力避免"胡子眉毛一把抓"；从扶贫方案来说，要科学研判扶贫任务，针对每一个体的具体情况，量身定制扶贫措施，强调公平性，突出差异性；从扶贫监督来说，要采取一定方式，在一定范围内公示扶贫名单、措施和具体内容，做到公开透明，动态更新，自觉接受群众和媒体的监督。

咸阳市的主要做法是：市政府坚持教育优先发展战略，编制了2014—2020年《咸阳市中小学校发展和建设规划》。规划到2020年，全市新建中小学81所，实施改扩建项目1086个，整合287所，新增校舍面积114万平方米，新增学位8.8万个。到2017年底，全市累计投资29.7亿元，新建学校13所，新增学位5.4万个。规划项目的实施，中小学校布点更趋合理。全市现有义务阶

第六章 集中连片特困地区义务教育精准扶贫调查报告

段学校1052所,其中普通小学807所,初级中学245所;在校学生44.52万人,其中普通小学30.73万人,初级中学13.79万人。教职工4.02万人,其中普通小学2.21万人,初级中学1.81万人。他们的主要经验体现在以下几方面:一是政府责任落实到位。市政府先后下发了《关于推进全市义务教育均衡发展的意见》《咸阳市推进义务教育均衡发展规划(2012—2020年)》《关于进一步推进义务教育均衡发展全面提升基础教育整体水平的实施意见》等文件,分别与省教育厅、各县市区政府签署了《义务教育均衡发展备忘录》,明确了目标任务,夯实了责任。二是建立了教育经费投入的长效机制。落实了关于教育经费"三个增长"要求和新增财力20%用于教育等政策规定,建立了义务教育均衡发展经费保障机制,将义务教育经费投资纳入公共财政保障范围。实施义务教育"两免一补"政策和残疾儿童少年全纳教育,落实了义务段特殊教育学校生均公用经费,提高特殊教育教职工津贴到其基本工资50%。2012年以来,全市累计投入资金87.26亿元,新增校舍190.97万平方米,新增体育运动场馆260.42万平方米,新增实验室、功能室7430间,新增图书667.76万册,新增计算机75192台。淳化县出台义务教育经费支出、学生营养改善计划资金等管理办法规范经费使用。三是师资队伍不断优化壮大。市委、市政府制定下发了《关于进一步加强教师和校长队伍建设的意见》,通过公开招教、交流轮岗、教育培训等形式,优化教师学科、年龄结构,提升师德修养和教育教学能力。2012年以来,招聘教师2810人,其中体音美等教师477人;省级教学名师、学科带头人、教学能手720人;2014—2016年交流轮岗校长、教师4331人。四是教育精准扶贫成效显著。出台做好教育扶贫工作的意见办法,落实教育精准资助政策,加大义务教育阶段控辍保学工作力度,实现了建档立卡贫困学生全覆盖,无义务教育阶段因家庭贫困辍学现象,累计发放爱心资助资金600余万元。五是督查奖励措施得力。实行市级领导联县包抓、县级领导包抓镇校制度,针对重点县区、重点学校、重点项目、薄弱环节等方面,对

- 义务教育精准扶贫理论与实践

标创建指标强化过程督导,并将其纳入县市区年度目标任务考核范围。市政府对通过国家义务教育发展基本均衡县评估的县市区奖励50万元。六是落实"坚持以输入地政府管理为主、以全日制公办中小学为主"的要求,基本保障外来务工人员随迁子女有学可上,全市每年接收外来务工人员随迁子女入学2万余人。泾阳县被评为"全国留守儿童服务体系建设试点县"。2013年以来,国家认定的义务教育发展基本均衡县,通过对人大代表、政协委员、义务教育学校校长、教师、学生家长及其他群众的问卷调查和实地访谈,问卷调查公众对义务教育均衡发展的满意度均达90%以上,访谈满意度均达85%以上,满意度都达到了省定标准。

三 义务教育精准扶贫的典型经验与存在问题

(一)义务教育精准扶贫的典型经验

典型经验一:控辍学

教育扶贫是最根本的脱贫大计、是斩断贫困代际传递的法宝。教育扶贫不只是落实国家资助政策,给贫困学生给钱给物,更重要的是立志扶智、培养学生全面发展。立足教育职能,坚持在推进中创新,在创新中深化,完善确立了"突出立德扶志、注重启智授技"的教育扶贫这一重点目标,研判提出了以"严格执行政策,确保精准资助;改善办学条件,促进均衡发展;推进教育联盟,共享优质资源;强化技能培训,激发内生动力"抓基础、实打实做好的"四个规定动作";以"资助政策进农户,控辍保学进农户,爱心帮困进农户,辅导释疑进农户"抓拓展、手把手做亮的"四个特色动作";以"做义务家长,做义务家教,做义务培训,做义务职介"抓提升、心贴心做优的"四个创新动作"。严格按照"规定动作更规范,特色动作更出色,创新动作做新颖"的教育脱贫工作新标杆。立足实际,精准措施,带领全县教职工努力打造从贫困学生资助到办学条件改善、亲情缺失关爱、生活习惯养成、道德品质培育、职业技能培训,实现创业就业这样一个全方位、全覆盖、全连接的教育脱贫体系。

第六章 集中连片特困地区义务教育精准扶贫调查报告

一是严格落实区（县）长、教育局长、乡（镇）长、村长、校长、家长、师长"七长"责任制和"一册两表四书"制度（适龄儿童少年花名册，在校儿童少年变动情况登记表，适龄儿童少年入学情况统计表，适龄儿童少年入学通知书，义务教育阶段按时入学困难学生缓免入学通知书，"辍学学生督促通知书"，督促其在规定时限内送子女入学、"不按时入学学生家长处罚通知书"）。各中小学校严格按照县教育局印发的《关于切实做好义务教育阶段控辍保学工作的通知》和关于《进一步加强义务教育控辍保学工作的意见》要求，切实落实"七长"责任制和"一册两表四书"制度，对因特殊原因未能及时入学的学生，学校要如实上报情况，并及时了解情况，督促学生入学。

二是做好辍学学生劝返工作。开学初，学校对有辍学苗头的学生深入摸底，发动教师按居住地，集中人力、集中时间进村入户动员，千方百计做好劝返工作。对经劝返入学的学生做好心理疏导和帮扶工作，确保学生以积极端正的态度进入学习状态。

三是做好进城务工人员随迁子女、留守儿童和残疾学生入学就读工作。建立健全"留守儿童、少年"档案，实行动态报告制度，加强对留守儿童的管护帮扶工作。认真开展"大排查、大走访、大劝返"活动，对辖区内适龄残疾学生上门查明情况，造册登记，做到底子清、情况明，继续推行重度残疾学生送教制度，科学安排，提高送教质量，做好记录记载工作。

四是建立三个"一一"机制。各中小学校准确掌握建档立卡贫困学生入学情况，建立"一户一卡、一生一策、一教一帮"的工作机制，实行跟踪管理，确保建档立卡贫困家庭学生无辍学。

五是实行义务教育阶段控辍保学责任追究制。继续落实教育局领导包片、股室包乡镇、机关干部包抓学校的教育扶贫包抓责任制，做好控辍保学的督查指导工作。明确各中学校长、学区校长为控辍保学责任人，对控辍保学工作懈怠、措施不力、效果不佳的学校严肃追究其相关责任人责任。

- **义务教育精准扶贫理论与实践**

典型经验二：农村教师队伍建设

甘肃省在全省农村乡镇及以下中小学教师中评选10000名农村骨干教师；定向施策，精准发力，力求"把水浇到根上"，实施微型学校乡村教师访名校项目，对全省学生人数在50人以下微小规模学校，共20084名农村教师开展"国培计划"全员培训，提升特困地区教师队伍整体素质。主要措施是：

精准调研，摸清特困地区学校和教师现状。对贫困户学生所在学校、任教教师建档立卡，动态掌握基本情况，做到底数清、问题清。针对建档立卡确定的贫困户学生所在学校和任教教师，制订精准的教师补充、培训、评优选先等方案，吸引更多优秀人才助力特困地区教育发展。

精准施教，提高教师师德水平。按照德才兼备、师德为先的要求，把师德表现作为教师业绩考核、岗位聘用、评优奖励的首要内容，对违反师德规范的行为予以严肃查处。积极开展各种形式的师德教育，把教师职业理想、职业道德、法治教育、责任教育、心理健康教育融入职前培养、准入、职后培训和管理全过程，形成教育、宣传、考核、监督与奖励相结合的师德建设长效机制，引导和教育广大乡村教师履行主体责任，践行师德规范，严守师德底线。

精准提升，促进特困地区学前教育师资专业化水平。将《幼儿园教师专业标准（试行）》《幼儿园园长专业标准》作为教师、园长培训的主要依据，根据学前教育改革发展的需要，整合国培、省培项目，统筹规划、整体设计、突出重点，倾斜农村，全方位，多角度，层级递进，以特困地区幼儿园教师教育教学能力提升为突破口，在增强培训针对性上下功夫，在课程内容上把师德、法治、心理健康教育、信息技术应用作为必修课；在培训布局上，以58个贫困县（市、区）和17个插花型贫困县（市、区）为重点，覆盖全部农村，采取多种方式，实现普惠性培训。

精准补充，招聘优秀人才到农村任教。本着"数量满足，按岗招聘，先有后优，分步推进"的原则，建立省级统筹规划、统一选拔、严格标准、精准招考、优中选优的特困地区教师补充机制，着

第六章 集中连片特困地区义务教育精准扶贫调查报告

力破解结构性矛盾,严格执行教师准入制度,严把教师补充报名关、学历关、专业关、面试关和招录关,加大改革力度,突出实践能力,实现按岗招录,精准录取,为农村学校持续输送大批优秀高校毕业生。积极争取扩大国家农村义务教育教师特岗计划实施范围和规模,参照农村义务教育阶段学校特岗教师政策,实施"幼儿教师特岗计划",重点支持特困地区、革命老区、少数民族地区补充乡村教师,适时提高特岗教师工资性补助标准。高校毕业生取得教师资格并到乡村学校任教一定期限,按有关规定享受学费补偿和国家助学贷款代偿政策。

精准培训,提升教师服务贫困村能力。以实施"国培""省培"计划为主,积极争取外援基金会和公益组织投入。通过全方位、多角度、多渠道助力乡村教师培训,大力实施教师培训"三计划两工程",建立健全省、市、县、学区、学校五级联动机制。以 58 个贫困县(市、区)和 17 个插花型贫困县(市、区)为重点,采取教师工作坊、网络研修、现场实践、校本研修、集中培训、送教下乡等灵活多样的方式,促进特困地区教师教育教学技能的整体提升。"国培计划"和"省培计划"每年培训特困地区 600 名幼儿园园长和 3000 名教师。到 2020 年,对全体乡村学校教师和校长进行 360 个学时的培训。落实"甘肃省特困地区学前教育教师队伍素质提升"项目,通过实施"3000 乡村教师访名校"项目,对全省微规模学校农村、教学点教师开展全员培训。加强乡村中小学幼儿园音体美等师资紧缺学科教师和民族地区双语教师培训。大力倾斜和加强革命老区、藏区学前教育转岗教师、藏区双语教师培训工作,丰富双语教师培训内容,提高双语教师教育教学水平。开展"巡回支教"活动,每年安排一批城市优秀教师、校长到革命老区和民族地区中小学、幼儿园支教挂职。

精准施策,提高特困地区教师各项待遇。在评选园丁奖和各级优秀教师等奖项时,向特困地区乡村教师倾斜,并适当放宽条件。同时,按照国务院《乡村教师支持计划(2015—2020 年)》要求,表彰奖励长期扎根农村、为人师表的特困地区教师。各级各类媒体大力宣传乡村教师的先进事迹，在全社会营造关心支持乡村教师和特困地区教育的浓厚氛围。全面落实好国家面向 58 个贫困县（市、区）和 17 个插花型贫困县（市、区）乡村中小学校、幼儿园教师生活补助政策，省级财政继续给予综合奖补，使乡村教师待遇总体上高于县城教师。我省乡村教师在享受甘肃省乡镇机关事业单位工作人员乡镇工作补贴 200—600 元基础上，对 58 个贫困县（市、区）和 17 个插花型贫困县（市、区）乡村中小学、幼儿园教师，按每月不低于 300 元标准发放生活补助，并对获得荣誉的教师适当提高标准。切实提高乡村学校班主任待遇，严格落实《甘肃省义务教育学校绩效工资实施意见》，在绩效工资实施总量的 30% 范围内，即奖励性绩效工资，按每人每月不低于 300 元标准，依据边远程度和工作量，实行差别化班主任津贴和寄宿制学校双岗教师岗位补助。从 2016 年开始，将加强特困地区乡村中小学、幼儿园教师队伍建设以及村小和幼儿园教师周转房列为省政府为民办实事项目，为村一级的小学和幼儿园教师建设周转房；把乡一级中小学幼儿园教师住房纳入保障性住房，由县政府统一解决。

典型经验三：恩玲中学拓宽资助渠道

恩玲中学学生接受各界资助主要的项目有：国家助学金、中央彩票公益金教育项目、困难大学生入学资助项目、民政局临时救助项目、田青青资助项目、海外教育基金会项目、北京长江科技扶贫基金会、鸿玉班项目、自强班项目、玉盛班项目等。学校根据社会团体和社会爱心人士的要求都分类独立建档，社会资助金发放由社会团体或社会爱心人士直接面对面交接或直接打入受助学生账户，对各类资助纸质材料分类归档，电子材料备份保管，实行动态管理，时时跟踪学生家庭经济收入变动情况并及时更新档案信息，坚持"决不让一个学生因贫困而辍学"的信念，千方百计保证每一个学生完成学业。

（二）义务教育精准扶贫存在的问题

1. 义务教育经费投入不足

各地教育扶贫是一揽子计划，从幼儿园到高等教育，真正落实到义务教育的不多。财政拨付的资金主要来源于中央省市专项资金和学校公用经费，资金筹措途径单一，加之县本级财政收入少，社会捐赠项目资金不多，创建资金缺口较大。

2. 经费使用不尽合理标准

各地重硬件建设，轻软件投入。且中小学布局不够合理。导致学校建设经费投入大，使用效益差。如某省县域义务教育均衡发展创建的7个县中，有些城区学校占地面积、教学及辅助用房、体育运动场、绿化面积不足；有些寄宿制学校学生生活设施不完善，功能部室不达标；有些学校教学仪器设备未装配到位。

3. 教育发展存在不均衡问题

对义务教育均衡发展认识不到位，重视不够，应对教育城镇化不力。城乡之间、校际在校园环境、教育装备、教师素质、教学质量和学校管理等方面存在较大差距，优质学校、优质教育资源多集中在城区和中心学校，引发农村学生向城区优质学校、中心学校流动，出现"城镇挤"，"乡村空"现象，导致"大班额""择校"问题。如某市义务阶段城区学校占学校总数的12.4%，而学生占到总数的48.1%。按照国家《义务教育学校标准化建设标准》，小学班额不超过45人，初中不超过50人，而目前，该市主城区小学最小班额40人，最大达70人，平均55人，70%以上超标准。初中最小班额40人，最大超过90人，平均59人，60%以上超标准。大班额和超大班额的存在，既影响正常教育教学活动的开展，也不利于师生的身心健康。

4. 教师队伍结构不尽合理

一是专业学科教师缺乏。数学、语文、英语等学科教师占大多数，体育、音乐、美术、计算机等专业学科教师相对少且城乡分布不均衡，农村更缺，存在以非专业的兼职教师代替或者改上其他课的现象。二是专业技术职务及骨干教师分布不均衡。城郊、农村中小学一些优秀教师流向城市办学条件好、待遇高的学校，城乡各学科专业技术职务及骨干教师分布不均衡。三是存在师资短缺问题。城郊学校和交通便利、基础设施较好的学校有教师超编现象，偏远农村和交通不便、基础设施较差的学校则有教师空编现象。甘肃表现女教师严重缺乏。四是管理水平有待提升。有些校长墨守成规，办学理念落后，作风不扎实，学校内涵发展水平有待提升。有些教师敬业奉献精神不够，责任心不强，在校内不用心讲课，在校外补课。特殊教育方面，缺乏入学检测、康复评估等设备设施和专业人才，常规教学的多，康复教育不足。

（三）意见与建议

义务教育均衡发展是提升国民素质的基础，是实现社会公平的起点。为进一步推进义务教育均衡优质发展，全面提升教育教学质量，保障适龄儿童、少年接受良好义务教育，办好人民满意的教育，对义务教育精准扶贫提出如下建议。

1. 加大对义务教育投入

当下义务教育属于县级投入为主，导致地区间差异巨大，往往是国家级贫困县的义务教育经费还能够有所保障，而一些非贫困县，经费投入问题更为严重。一是要继续落实教育财政投入"三个增长"要求，严格执行中央省关于加大教育投入的规定，确保义务教育均衡发展经费。二是要拓宽财政性教育经费来源渠道，积极争取中央省教育项目和资金投入，确保中小学改造建设需要。要进一步调整财政支出结构，向农村地区、薄弱学校倾斜，改善办学条件。三是要扩大融资渠道，探索建立社会捐赠、出资办教育的激励机制，鼓励社会各界办学助学，支持民办教育发展，使其成为公办教育的有益补充。

2. 优化义务教育基础设施建设

认真调查研究，运用大数据统计，做好义务教育生源动态统计，扩大学位供给，优化城乡中小学布局。要进一步夯实今年计划通过国家义务教育均衡发展评估认定的县区政府主体责任，按照义务教育基础设施的9项门槛指标，对所有学校逐项对标检查。要加快校舍、操场建设及学校功能部室优化整合、教学仪器设备配置，完善学校周边交通安全防范设施。要正确处理城市建设与学校建设的关系，将城区中小学校建设发展纳入城市建设规划，同规划、同建设、同验收、同交付使用。要统筹考虑城乡经济社会发展状况、生源变化和人民群众的现实需要，优先保障学校建设用地，合理安排学校布局。加强监督管理，对规模小的新建小区，或开发单位没有条件建设学校的，要按规定征收教育设施配套建设费，全额用于学校建设，使学校布局和规模与学龄人口分布相适应，实现义务教育"就近入学"。要加大督促整治力度，对已建成未移交的学校要限期移交，使配套学校的建设、管理和使用规范运行。

3. 优化教育资源配置

充分认识、高度重视义务教育均衡发展工作，科学研判、应对教育城镇化发展。要坚持高位均衡发展理念，深化教学改革，均衡配置教育资源，在保证优质学校继续发展的基础上，加大对薄弱学校经费投入和师资配备，缩小城乡差距、校际差距，着力解决义务教育发展不均衡问题，消除"大班额"，实现零"择校"。义务教育学校消除50人以上超大班额，要在优化布局的基础上探索农村学校办学模式，办好必要的教学点，加强寄宿制学校建设，解决农村学生居住分散上学往返难、留守子女无人管的问题。要探索构建义务教育均衡发展片区工作机制，利用"互联网＋"实现片区内管理、师资、科研、设施等优质资源共享，提高现有教育资源的使用效益，促进城乡教育优势资源互补。

4. 加强教师队伍建设

要健全完善新任教师定期补充机制，有计划地招录师范类毕业生，解决专业学科教师缺员和教师结构性短缺问题。要完善城乡校长、教师交流轮岗制度，加大城区学校对口支援农村学校、优势学校与薄弱学校联盟力度，加强优质教育资源辐射。要进一步增加农村教师晋升职称力度，提高乡镇教师的工资待遇，改善工作生活环境。要加快名师培养步伐，充分发挥"名师工作室"的指导带动作用，加强教育教学研究，进一步提高教学质量。创新教师素质提升机制，提高校长管理能力，提升教师队伍整体素质。

5. 义务教育精准扶贫要全国一盘棋

坚持问题导向，针对义务教育领域贫困问题、社会关注的热点难点问题，开展全国交叉调研，灵活调研方式，做到调研"深、实、细、准、效",把影响义务教育的深层次问题找出来,既有全国的政策,又要重点解决"零散的深度贫困户"和一些地区的"硬盖子"。

第三节 秦巴山地区义务教育精准扶贫现状调查报告

通过问卷调查、座谈会、现场访谈、资料查阅等调研方法,对秦巴山地区81个县的义务教育精准扶贫进行了"普查",重点跟踪了陕西省汉台区、洋县、略阳县、千阳县、淳化县、资阳县;四川省北川羌族自治县、利州区、青川县、剑阁县、苍溪县等县(区)。在陕西省汉中市召开了座谈会,在咸阳市、宝鸡市与扶贫办领导进行了交流,到县教育局和农村中小学进行实地调研,并与贫困学生交谈。调研工作实现了地市教育局—县区教育局—农村中小学—贫困学生—贫困社区一体化。调研内容主要涉及五个方面:一是教育精准扶贫的管理体制与运行机制(管理体制、工作思路、工作任务、运行机制、控辍保学措施);二是教育精准扶贫的政策制度与推进模式(扶贫政策、宣传路径、推进模式);三是教育精准扶贫的资金来源与帮扶人员结构;四是教育精准扶贫的效果(资助学生人数、资助工作成效、义务教育均衡发展情况、小微学校发展);五是教育精准扶贫遇到的困难与问题及其工作建议。调研过程中收集了各地教育精准扶贫的工作总结、典型案例及扶贫工作的相关资料。

一 秦巴山地区概况

本规划区域范围包括河南、湖北、重庆、四川、陕西、甘肃六省(市)的80个县(市、区)。国土总面积为22.5万平方千米。片区受大山阻隔,相对封闭。片区内地形复杂,洪涝、干旱、山体滑坡等自然灾害易发多发,是我国六大泥石流高发区之一,因灾致贫返贫现象严重。51个汶川地震极重灾县和重灾县有20个在片区,灾后振兴发展任务繁重;全国45个未控制大骨节病县中有16个在片区,因病致贫问题突出；有42个县属于南水北调中线工程水源保护区，4个县位于三峡库区。国家和省级扶贫开发工作重点县占总县数的90%，有47个老区县，占总县数的58.8%。①

二 秦巴山地区义务教育精准扶贫工作情况

（一）省级义务教育扶贫政策

攻克深度贫困堡垒是打赢脱贫攻坚战必须完成的任务。为全面贯彻落实《中共中央办公厅、国务院办公厅关于支持深度特困地区脱贫攻坚的实施意见》要求，教育部、国务院扶贫办关于印发《深度特困地区教育脱贫攻坚实施方案（2018—2020年）》的通知，进一步聚焦特困地区教育扶贫，各省制定相应的政策指导本辖区的教育扶贫工作。

2016年，河南省政府办公厅印发《河南省教育脱贫专项方案》，提出了多项有力可行的措施，旨在充分发挥教育在脱贫攻坚工作中的基础性、保障性作用。主要内容包括：

从2016秋季学期开始，实施全面覆盖建档立卡贫困家庭学生保障和资助政策，健全完善了从学前到研究生教育全学段的贫困家庭学生资助政策，做到了"应助尽助"，确保每个贫困家庭的孩子不因贫困失学辍学。②

学前教育阶段，按照年生均600元标准补助建档立卡贫困家庭3—6岁儿童学前教育保教费，并按年生均400元的标准发放生活补助费；义务教育阶段，免除学杂费、教科书费，并按年生均小学生1000元、初中生1250元的标准对寄宿生发放生活补助费；普通高中教育阶段，免除学费、住宿费，并按每生每年2000元的标准发放国家助学金；中等职业教育阶段，免除学费，并分别按每生每年2000元的标准发放国家助学金、"雨露计划"扶贫助学补助。

---

① 秦巴山片区区域发展与扶贫攻坚规划（2011-2020）（http：//fpb.shiyan.gov.cn/fpbxxgk/sfgwgkml/ghjh_1606/201511/t20151118_25769.shtml）。
② 《河南省"决战脱贫攻坚 决胜全面小康"系列新闻发布会教育扶贫专场》（https://www.henan.gov.cn/2020/09-17/1768270.html）。

• 义务教育精准扶贫理论与实践

改善特困地区学校办学条件。2016—2020年共投入资金245.56亿元，其中中央投资153.68亿元，省级投资46.39亿元，市县投资45.49亿元，支持53个贫困县改善办学条件。

2016—2019年，新建、改扩建幼儿园4000所；加快特困地区义务教育学校标准化建设，重点支持义务教育寄宿制学校改善办学条件；重点帮助特困地区普通高中改造教学和学生生活设施、体育运动场地、仪器设备和图书等基础资源；2016—2020年，重点建设100个左右特殊教育资源教室（中心），支持53所特殊教育学校配备教学仪器设备设施，为3000名左右义务教育阶段重度残疾儿童少年连续5年提供送教上门服务。

实施特困地区乡村教师支持计划。通过实施农村义务教育阶段学校教师特设岗位计划、农村学校教育硕士师资培养计划等，完善特困地区教师补充机制；全面落实特困地区乡村教师生活补助政策。各地规定为乡村教师缴纳住房公积金和各项社会保险费，并解决乡村教师重大疾病救助工作。[①]

为深入贯彻落实《中共湖北省委 湖北省人民政府关于全力推进精准扶贫精准脱贫的决定》（鄂发〔2015〕19号）要求，充分发挥教育扶贫在推进精准扶贫精准脱贫中的基础性、先导性、根本性作用，2015年湖北省教育厅颁布了《湖北省教育精准扶贫行动计划（2015—2019）》。

范围：计划按照"全面支持，不落一县；重点建设，不落一校；对口帮扶，不落一户；困难资助，不落一生"的要求，将工作对象锁定为37个贫困县、4821个贫困村、3974所薄弱学校、26.3万名乡村教师、76.6万人贫困家庭学龄人口。

目标：学龄人口全部入学。特困地区学前一年教育全面普及，义务教育入学率100%；学前三年教育毛入园率、义务教育巩固率、高中阶段教育毛入学率接近全省平均水平。

[①]《河南省人民政府办公厅关于转发河南省教育脱贫等5个专项方案的通知》（豫政办〔2016〕120号）（http://www.henan.gov.cn/2016/07-15/248069.htm）。

困难学生全程资助。健全家庭经济困难学生资助政策体系，实现从学前教育到高等教育的学生资助全覆盖，确保不让一名家庭经济困难学生因贫失学。

薄弱学校全面达标。完成3861所义务教育学校"全面改薄"任务，办学条件基本达到国家标准；支持34所中等职业学校（职教中心）标准化建设；促进特困地区学前教育、普通高中教育办学条件明显改善。

教师培训全员覆盖。将贫困县（村）中小学（含幼儿园）教师轮训一遍，共完成26.3万人次培训任务，着力提高中小学教师信息技术应用能力和教育教学水平。

均衡发展全数实现。巩固提高18个已通过国家验收的县（市）义务教育均衡发展水平，确保未接受国家验收的19个县（市）到2018年全部通过国家验收。

2015年重庆市颁布《中共重庆市委 重庆市人民政府关于精准扶贫精准脱贫的实施意见》指出：推动教育资源向贫困区县倾斜，实施高寒地区学校"暖冬计划""学前教育三年行动（二期）""普通高中发展促进计划"等教育工程，全面改善农村中小学教育薄弱学校办学条件。对贫困区县不足100人的小规模学校（含教学点）按100人核定公用经费。寄宿制学校公用经费在普通学校标准上每生提高200元。贫困区县校舍维修改造补助测算标准提高到900元/平方米。逐步提高贫困区县普通高中和中职学校生均公用经费市财政补助比例。实施城市优质学校与贫困区县义务教育阶段学校结对帮扶、捆绑发展项目。实施贫困区县农村义务教育阶段学校"特色岗位教师""三区"支教等计划，"免费师范生计划"、农村小学"全科教师"培养计划等实现贫困区县全覆盖。每年从全市农村小学定向培养的高校招生计划单列指标中，拿出一定数量招录高中贫困毕业生，定向培养全科教师。市属大专院校每年定向招收一定名额的贫困户子女。实施中等职业教育协作计划，支持都市功能核心区和都市功能拓展区职业学校坚持就业导向，创新办学模式，扩大招收特困地区学生规模。支持条件成熟的贫困区县举办"三二分段制""五年一贯制"中高职

- 义务教育精准扶贫理论与实践

教育。

完善家庭经济困难学生教育资助政策，将贫困户子女优先纳入资助范围。每年资助每名学前教育贫困生 2160 元、小学阶段贫困寄宿生 1000 元、初中阶段贫困寄宿生 1250 元。贫困户子女就读中职学校和公办普通高中免学费，每年资助每生国家助学金 2000 元。每年资助每名贫困户子女就读中职学校住宿费 500 元。贫困户子女高等教育阶段国家生源地助学贷款每年提高到 8000 元，还款期限延长至 20 年，享受每年 3000 元以上国家助学金。整合扶贫、工商联、工会、共青团、妇联、残联、慈善总会、红十字会等资源，对贫困户大学生给予一次性资助。职教扶贫"雨露计划"全覆盖。

为深入贯彻落实《教育部等六部门关于印发〈教育脱贫攻坚"十三五"规划〉的通知》（教发〔2016〕18号），全面提升特困地区教育发展水平，提高贫困群众素质能力，完成"教育脱贫一批"重要任务，从根本上阻断贫困代际传递，四川省教育厅、四川省发展和改革委员会、四川省民政厅、四川省财政厅、四川省人力资源和社会保障厅、四川省扶贫和移民工作局联合出台了《四川教育脱贫攻坚（2017—2020年）实施方案》。

主要目标：到 2020 年，特困地区教育总体发展水平显著提升，基本公共教育服务水平接近全省平均水平，实现建档立卡等贫困人口教育基本公共服务全覆盖。各教育阶段贫困家庭孩子全程全覆盖资助，保障建档立卡贫困家庭孩子都能上学，不让一个学生因家庭贫困而失学。每个人都有机会通过职业教育、高等教育或职业培训掌握一门技能，助推家庭脱贫，教育服务区域经济社会发展的能力显著增强。

义务教育方面：到 2018 年，县（市、区）域内义务教育基本均衡发展，学校之间办学条件和教育质量差距明显缩小，九年义务教育巩固率达 95%。对于特殊群体，要建立建档立卡贫困家庭留守儿童台账，在农村留守儿童集中地区加强寄宿制学校建设。针对建档立卡的未入学适龄残疾儿童少年，采用多种形式安排其接受义务教育，逐步实现残疾学生从义务教育到高中阶段教育 12 年免费教育。

建档立卡学龄前儿童，确保都有机会接受学前教育；建档立卡义务教育阶段适龄人口，确保都能接受公平、有质量的义务教育；对建档立卡高中阶段适龄人口，确保都能接受高中阶段教育特别是中等职业教育；对建档立卡高等教育阶段适龄人口，提供更多接受高等教育的机会；对建档立卡适龄人口，提供适应就业创业需求的职业技能培训。

帮扶对象范围：秦巴山区、乌蒙山区、大小凉山彝区、高原藏区88个贫困县，以及"四大片区"外72个县建档立卡贫困家庭受教育的53万名适龄少年儿童以及各级各类薄弱学校。

主要举措：巩固提升基础教育；推动发展高中阶段教育；大力发展民族地区教育；加强乡村教师队伍建设；健全贫困学生资助体系；充分发挥高校优势深度参与扶贫；集聚教育脱贫力量。

2016年，陕西省教育厅、陕西省扶贫开发办公室颁布《陕西省教育扶贫实施方案》，主要内容有：

实施贫困家庭就学子女精准资助。学前一年达到每生每年1300元标准，免除保教费和补助公用经费；按照每生每年750元标准，对贫困家庭幼儿、孤儿和残疾儿童接受学前教育进行资助。对中班和小班按照每生每年400元标准补助公用经费。

将义务教育全面纳入公共财政保障机制。统一城乡义务教育经费保障机制，全面落实城乡义务教育"两免一补"政策。对贫困家庭寄宿生按照每生每年小学1000元、初中1250元的标准补助生活费。

改善特困地区学校基本办学条件。到2020年，使特困地区农村学校教室、桌椅、图书、运动场等教学设施设备满足基本教学需要，宿舍、床位、厕所、食堂、饮水等基本满足生活需要；支持特困地区城区及其新区、开发区、居民小区学校建设，有效化解入学难和大班额问题。加快特困地区教育信息化进程，指导"三通两平台"建设，加强课程教学资源整合，推进信息技术与教育教学的融合应用。

加强特困地区教师队伍建设。建立省级统筹乡村教师补充机制。从2016年起，特困地区县以下学校招聘教师全部纳入特岗教师计划，每年招收2000人，确保新补充教师具备本科学历的不低于80%，确

• 义务教育精准扶贫理论与实践

保体音美和信息技术学科教师有一定比例；农村教育硕士师资培养计划向特困地区倾斜并逐年增加。

全面落实农村学校教师和校（园）长交流轮岗工作，推动城镇优秀教师向乡村学校合理流动和对口支援，鼓励城镇退休特级教师、高级教师到乡村学校支教讲学或开展帮扶。对志愿到特困地区中小学任教的免费师范生和教育硕士，优先落实周转房，优先晋升专业技术职务，并在参加进修学习、骨干选拔名额中给予倾斜。

加强特困地区教师培训和骨干引领。到2020年，对特困地区所有教师和校（园）长进行不少于360学时的培训，每年培训8万人次。推进农村学校开展校本研修，扩大"名师大篷车"送教下乡活动实施范围。逐年提高农村边远贫困和薄弱地区教学能手评选名额，充分发挥骨干教师作用，帮扶特困地区教师提高教育教学能力和水平。

全面落实乡村教师生活补助政策。推动43个集中连片特困县全面落实乡村教师生活补助，中央省财政给予综合奖补。推动省级连片特困县和国家扶贫开发工作重点县实施乡村教师生活补助。

2016年，甘肃省委、省政府印发《关于打赢脱贫攻坚战的实施意见》，做出教育脱贫攻坚的全面部署：一是健全学前教育资助制度，对全省学前教育在园幼儿免保教费，在58个集中连片贫困县和17个插花型贫困县1500人以上的有实际需求的行政村建设幼儿园，到2020年实现有需求的贫困村幼儿园全覆盖。二是普及高中阶段教育，对建档立卡贫困家庭学生就读普通高中免除学杂费和书本费，就读省内高职（专科）院校免除学杂费和书本费。以建档立卡的贫困家庭为重点，所有贫困家庭学生就读中等职业学校享受免学费政策，按每生每年发放2000元助学金，让未升入普通高中的初中毕业生都能接受中等职业学历教育或技术技能培训。2017年出台了《关于支持全省深度特困地区教育发展的实施意见》，指导深度特困地区编制教育脱贫攻坚方案，集中解决"两不愁、三保障"，重点聚焦"两州一县"教育脱贫，积极落实对东乡、积石山等地的特殊扶持政策。三是在实施"9+1"教育精准扶贫专项支持计划的基础上，制订14个市州"一市一方案"、23个深度贫困县"一县一清单"、贫困家庭"一户一对策"和受教育贫困人口"一生一规划"方案,做到底数清、措施清、责任清。四是建立教育扶贫东西部协作推进机制。

2018年,《甘肃省三年教育脱贫攻坚计划(2018—2020年)》出台,以"两州一县"和建档立卡贫困人口为重点,充分发挥教育在精准扶贫中的基础性和先导性作用,精准对接特困地区教育发展现状和贫困人口实际,特别是教育最薄弱领域和最贫困群体,采取超常规政策举措,实现"人人有学上、个个有技能、家家有希望",促进教育强民、技能富民、就业安民、政策惠民,坚决打赢教育脱贫攻坚战。

攻坚目标:2018年,特困地区九年义务教育巩固率达到92.8%,民族地区小学和初中辍学率分别接近0.6%、1.8%,当年脱贫的义务教育适龄贫困人口中无一人因贫失学辍学;永登县、榆中县、平川区、甘谷县、武山县、泾川县、灵台县、崇信县、华亭县、成县、徽县、玛曲县、碌曲县等13个贫困县达到教育脱贫退出标准,实现摘帽退出;23个深度贫困县农村学前教育资源持续扩大,幼儿园办学条件进一步改善;贫困家庭中高等院校毕业生首次就业保障机制更加完善;特困地区职业教育吸引力进一步增强,服务脱贫的能力明显提升。

2019年,特困地区九年义务教育巩固率继续提高,民族地区小学和初中辍学率分别降至0.6%、1.8%以下,当年脱贫的义务教育适龄贫困人口中无一人因贫失学辍学;景泰县、秦州区、麦积区、清水县、秦安县、张家川县、天祝县、庄浪县、静宁县、庆城县、华池县、合水县、宁县、安定区、陇西县、临洮县、武都区、文县、康县、临夏县、广河县、卓尼县、迭部县、夏河县等24个贫困县达到教育脱贫退出标准,实现摘帽退出;特困地区农村幼儿园软硬件条件更加完善;贫困家庭中高等院校毕业生首次就业率进一步提高;特困地区职业教育"订单式"培养全面深化,服务脱贫的能力进一步提升。

2020年,巩固和提高2019年所达到的目标与所取得的成绩;特困地区九年义务教育巩固率接近全省平均水平;全省所有建档立卡贫

• 义务教育精准扶贫理论与实践

困家庭义务教育适龄学生无一人因贫失学辍学；靖远县、会宁县、古浪县、环县、镇原县、通渭县、渭源县、漳县、岷县、宕昌县、西和县、礼县、康乐县、永靖县、和政县、东乡县、积石山县、临潭县、舟曲县等19个贫困县达到教育脱贫退出标准，实现全部贫困县摘帽退出；全省农村学前教育服务网络更加完善，贫困家庭适龄幼儿能够就近入园，农村学前教育保教质量稳步提升。

攻坚举措：狠抓义务教育控辍保学；改善义务教育办学条件；加强乡村教师队伍建设；健全贫困学生资助体系；大力发展民族地区教育；精准建立教育脱贫台账；集聚教育脱贫力量。

（二）特困地区教育扶贫举措与成效

1. 家庭经济困难学生资助

按照《中共中央关于构建社会主义和谐社会若干重大问题的决定》的有关要求，加大财政投入，建立健全家庭经济困难学生资助政策体系落实各项助学政策，扩大受助学生比例，提高资助水平，从制度上基本解决家庭经济困难学生的就学问题。

河南省洛阳市：从2016年秋季学期起资助范围为家庭经济困难的寄宿学生，资助标准为小学阶段每生每年1000元，初中阶段每生每年1250元，建档立卡贫困家庭寄宿学生为资助全覆盖对象。办理流程为每学期开学后，学生或监护人向就读学校提出申请，提供扶贫、工会、民政、残联等部门认定的建档立卡相关证件，低保证、残疾证等困难证明材料，学校审核、公示、确定发放名单，办理学生监护人银行卡[①]。据《河南日报》2017年8月25日张海军撰写的《卢氏教育扶贫升腾老区希望》报道：2016年，三门峡市卢氏县立足贫困山区孩子上学实际，紧扣教育扶贫工作重点，大力筹集资金确保教育扶贫惠民政策全覆盖、全落实。卢氏县在三门峡市率先实现了对贫困学生的全程资助，对建档立卡贫困户和家庭经济困难的在园幼儿，每人每学期发放500元补助；对贫困家庭义务教育阶段学生，在免除

---

① 《洛阳市2018年家庭经济困难学生资助标准》（http://www.sohu.com/a/229626177_120403）。

学杂费、教科书费的基础上，按照年均小学生1000元、初中生1250元的标准对寄宿生发放生活补助费；免除建档立卡贫困家庭学生的普通高中学费、住宿费，并按照每人每年2000元的标准发放国家助学金。义务教育阶段建档立卡贫困家庭学生6146人，在免除学杂费、教科书费的基础上，按照年生均小学1000元、初中1250元标准对寄宿生发放生活补助费222.76万元。同时，该县继续实施好农村义务教育学生营养改善计划。普通高中教育阶段2016年秋季享受普通高中国家助学金1642名学生，发放助学金164.2万元，为1290名建档立卡贫困生免学费、住宿费143.84万元。该县享受中等职业学校国家助学金594名学生，并发放中职助学金59.4万元。高等教育阶段办理生源地助学贷款2854人，金额2278.46万元，为201名学生发放家庭经济困难大学新生入学路费，共计13万元。

河南省鲁山县出台《鲁山县教育系统脱贫攻坚"润雨计划"实施方案》，积极开展帮扶工作。同时，平顶山市教育局统一调配全市优质教育资源，先后抽调40所名校、7600名优秀教师到该县进行定点帮扶，组织实施"百千万"工程，对薄弱学校、农村教师及该县16176名义务教育阶段建档立卡贫困户学生实行"一对一帮扶"，出台《鲁山县特困学生救助方案》，发挥学校、社会、教师、家长多方力量，帮助困难学生。到2016年，为11669名贫困学生发放生活补助4675万元，实现各阶段贫困学生全覆盖。

据2015年10月16日《重庆日报》王琳琳、段雪梅撰写的《奉节扶贫攻坚靶向精准》报道：重庆市奉节县将贫困户子女优先纳入资助范围。每年资助每名学前教育贫困生2160元、小学阶段贫困寄宿生1000元、初中阶段贫困寄宿生1250元。贫困户子女就读中职学校免学费，每年资助每生国家助学金1000—2000元。每年资助每名贫困户子女就读中职学校住宿费500元。贫困户子女高等教育阶段国家生源地助学贷款提高到8000元/年，还款期限延长至20年，政府给予贷款贴息。大力发展职业教育，有意愿读中职教育的学生实现了"应读尽读"。

2. 营养餐改善计划

河南省洛阳市：从2016年秋季学期起营养餐改善计划资助范围

为义务教育阶段建档立卡贫困家庭的学生（不含已经享受义务教育国定营养餐计划的学生），资助标准为每生每年 800 元。办理流程为每学期开学后，学生或监护人向就读学校提出申请，提供扶贫部门认定的建档立卡户相关证件，学校审核、公示、确定发放名单，办理学生监护人银行卡，将资金发放到学生监护人银行卡上。

湖北省十堰市：落实农村义务教育学生营养改善计划。坚持以生为本，推进营养改善计划提质升级，确保试点地区"应享尽享"对象达 100%，规范实施营养改善计划，确保国家专项资金足额等值用于学生膳食补助，力争学校食堂供餐率达 90% 以上，督促地方落实配套资金到位，科学提供营养餐食谱，实现农村学生营养健康状况得到显著改善。

河南省南阳市：一是试点实施国家农村义务教育学生营养改善计划的镇平、内乡、淅川、南召等 4 县，共计覆盖农村义务教育学校 1537 所，其中小学 1433 所、初中 104 所；受益学生 344425 人，其中小学 249453 人、初中 94972 人，国家按每生每天 4 元（每学年 800 元）标准拨付营养膳食补助，2016 年中央已完成下拨资金 25399.9 万元。二是经过努力，营养改善计划率先实现了由课间加餐模式转变为学校食堂提供免费午餐，学校食堂普遍采取学校直接管理或由专业餐饮公司托管。为确保食品安全，市县教育行政部门定期开展学校食品卫生安全拉网式检查，及时发现消除安全隐患。三是全面完成全国农村义务教育学生营养改善计划学校食堂建设项目工程，新建改建学校食堂 1063 所，土建面积 414221 平方米，累计完成投资 41668.6 万元，其中设配、设施购置 1592.7 万元。

3. 特殊群体关爱

河南省南阳市：努力做好留守儿童教育关爱工作。结合实际，深入研究，充分发挥学校主渠道作用，一是建立专项档案。市、县两级教育行政部门建立了留守儿童数据库，实施动态监测。目前，全市 4350 所中小学（含教学点）留守儿童档案已全部建立，296759 名留守儿童基本信息已全部录入数据库。二是明确帮扶教师。实施教师联系帮扶留守儿童制度，学校为每一位留守儿童指定一名专门的帮扶教师，全市已明确了8.8万名教师与留守儿童建立了帮扶关系。三是开通亲情电话。动员支持每一所留守儿童较多的学校积极创设条件，开通无障碍亲情热线电话，保障留守儿童每月至少与家长打一次亲情电话。四是加强家校沟通。建立留守儿童家长与学校沟通制度，加强学校和家长的沟通联系，指导家长科学教育孩子，共同关注留守儿童生活、学习情况和心理、生理状况。五是加强心理疏导。要求全市中小学开设心理健康教育课，配备专兼职心理健康教师，尤其要做好对留守儿童的心理咨询、心理矫正活动等。目前，全市中小学校共建立心理咨询室870个，配备专兼职心理健康教师3671名。六是开展专题教育。配发《留守儿童教育读本》近3万套，结合留守儿童年龄特点和认知规律，加强留守儿童心理健康、法制、青春期和安全等方面的教育。2016年，南阳市教育局被省教育厅评为"全省留守儿童教育关爱工作先进单位"。[1]

强力推进特殊教育提升发展。一是分类推进促整体发展。力推南召等4县特教学校改善办学条件；指导提升聋哑和视力教学的师资保障水平；协调相关部门开发市特教学校医教结合项目等。全市"三残"少儿入学达92%，比上年提升1.3个百分点。二是创建示范带整体提升。多次深入南阳市特教学校，与学校研讨论证"学前融合"启动方案、"分段施教"提升措施、特教学生生活管理办法等，力促市特教学校以现代化办学条件，优秀的师资素质和规范的学校管理，示范引领全市特教学校发展。11月，市特殊学校和内乡县特教学校，被评为河南省特殊教育示范学校。

重庆市：重点支持特困地区和农村地区普通中小学开展随班就读，推行融合教育，确保到2020年，全市特殊教育普及水平全面提高，残疾儿童少年义务教育入学率达到95%以上。为家庭经济困难的残疾儿童和残疾少年提供包括义务教育、高中阶段教育在内的12年免费教育。以中小学校为阵地，认真摸底调查，全面建立留守儿童

---

[1] 《南阳市教育局采取多种措施关爱特殊群体》（http://www.haedu.gov.cn/2016/12/30/1483064842816.html）。

• 义务教育精准扶贫理论与实践

档案，切实做到"一人一卡"。准确掌握留守儿童年龄、监护人、学习、生活状况等基本信息，实行动态管理，有针对性地开展关爱和帮扶。建立学校留守儿童帮扶制度，加强对留守儿童个性化学习指导，加强思想道德、心理健康和法制安全教育[①]。将特困地区进城务工人员随迁子女全面纳入城市义务教育经费保障范围，在生均公用经费保障、报名、编班、表彰、升学等各方面与城区居民子女享受同等待遇。

湖北省十堰市：贯彻落实国家《第二期特殊教育提升计划》，落实湖北省深度特困地区脱贫攻坚实施方案，做好义务教育阶段"建档立卡"适龄残疾儿童少年入学工作。以县（市、区）为单位，加强与当地扶贫办、残联等部门的对接，全面摸底登记本地义务教育阶段建档立卡贫困家庭适龄残疾儿童的就学和资助基本情况，"一人一案"入学安置，确保其接受义务教育。以县（市、区）为单位，逐步在特殊教育学校和承担随班就读残疾学生较多的普通学校建立特殊教育资源教室（中心），配齐基本的教育教学设备，为残疾学生提供个性化教育。

贯彻落实《国务院关于加强农村留守儿童关爱保护工作的意见》，发挥学校主阵地作用，密切家校联系，构建监护体系，为留守儿童提供良好的学习、生活环境。积极开展丰富多彩的校园文化活动，丰富留守儿童生活。创造条件开设有针对性的心理健康课，创设心理咨询室，定期为留守儿童进行心理咨询和心理辅导，使留守儿童的行为偏差和心理障碍得到及时矫正。整合社会资源，加强联动协作，形成关爱合力。联合共青团、妇联、关工委等部门，招募志愿者，聘请"代理（爱心）妈妈"，进行"生活引导、学业辅导、心理疏导"。据2015年10月16日《重庆日报》王琳琳、段雪梅撰写的新闻报道《奉节扶贫攻坚靶向精准》：依托106所乡村学校少年宫，每周举办2次音乐舞蹈、书法、棋类、科技制作、非物质文化传承等兴趣活动，

---

① 王嘉毅、封清云、张金：《教育与精准扶贫精准脱贫》，《教育研究》2016年第7期。

开拓学生视野，培养学生综合能力；支持和指导农村中小学校加强生命安全教育和心理健康教育，培养学生积极上进、阳光自信。

四川省青川县：2017年出台《青川县贫困学生救助方案》救助对象有因灾、因病、因意外失去父母的孤儿。因父（母）亲遭遇灾难、疾病、意外去世而另一方未再婚的单亲贫困家庭学生。父母一方或本人1—4级残疾家庭困难大学新生；父母一方1—2级或本人1—3级残疾家庭的学前教育、义务教育、中职、普高及大学阶段（在读生）贫困家庭学生。家庭成员患有重大疾病当年住院总费用报销和民政等各类救助后自付部分在5万元以上的贫困家庭学生。父（母）在服刑期间家庭困难的失管学生。当年未享受到国家、省、市政策性资助的建档立卡贫困家庭义务教育阶段非住校生、本（专）科大学生。

根据《广元市教育扶贫专项2018年实施方案》，青川落实"控辍保学"制度，完善由"县长、乡（镇）长、村长、校长、家长"共同负责的"五长责任制"，层层签订责任书，落实"控辍保学"各级责任主体，健全"控辍保学"目标责任制、联控联保机制和动态监测机制，加强对流动儿童、留守儿童、女童、家庭经济贫困儿童等重点群体的监控、关爱，切实开展对重度残疾儿童的送教上门活动，落实辍学学生劝返、登记和书面报告制度。

4. 特困地区薄弱学校改造与教师待遇提高

改善特困地区义务教育薄弱学校基本办学条件的重点任务有：保障基本教学条件、改善学校生活设施、办好必要的教学点、妥善解决县镇学校大班额问题、推进农村学校教育信息化、提高教师队伍素质等举措。

重庆市奉节县：一是实施高寒地区学校"暖冬计划""学前教育三年行动（二期）""普通高中发展促进计划"等教育工程，全面改善农村中小学教育薄弱学校办学条件。公用经费标准：500—550人每年补助1万元；400—499人按500人预算，另外补助2万元；300—399人按450人预算，另外补助3万元；299人及以下按350人预算，另外补助4万元；九年一贯制学校倾斜部分按初中标准计算。

寄宿制学校公用经费在普通学校标准上每生提高 200 元，校舍维修改造补助测算标准提高到 900 元/平方米。二是优化农村义务教育学校布局。加大寄宿制学校建设力度，优先保障农村学校人员编制配备，大力培养全科教师，保障学生就近上学。推动城市优质教育资源对口帮扶农村薄弱学校，每年选派 40 名城镇教师到贫困乡镇学校开展 1 年以上支教工作。

湖北省十堰市：落实乡村教师补助和基层教师学费补偿政策。贯彻落实省教育厅、省财政厅、省人社厅《关于实行农村义务教育学校骨干教师补助制度暂行办法的通知》（鄂教师〔2013〕8 号）和《关于对全省集中连片特困地区乡村教师实行生活补助的通知》（鄂教人〔2014〕7 号）文件精神，按时、足额落实好农村骨干教师和乡村教师补助政策；落实省财政厅、教育厅、人社厅《关于印发湖北省普通高校毕业生到艰苦地区基层单位就业学费管理补偿办法的通知》（鄂财教规〔2018〕1 号），对全日制普通高等学校应届毕业生自愿到我市贫困县基层单位就业、服务期达到 3 年以上（含 3 年）的实施学费补偿，补偿代偿金额根据毕业生在校期间每年实际缴纳的学费确定，其补偿最高限额为：本专科生 6000 元/学年、硕士研究生 8000 元/学年，博士研究生 10000 元/年，提高农村教师生活待遇，吸引更多优秀人才基层长期从教，稳定农村教师队伍。

四川省巴中县：农村学校发展工程。按照"小学低段就近入学，小学高段相对集中"的原则，持续调整农村校点布局；建立落实城乡学校结对帮扶机制和校长、教师轮岗交流机制，常态化开展"名师送教下乡"活动；实施乡村教师支持计划和特岗计划，落实农村教师生活补贴政策，鼓励城镇退休教师、教育志愿者等到乡村学校支教、讲学；市、县（区）安排教师培训专项经费，大力开展面向乡村教师尤其是贫困学校教师的专业能力培训，坚持将易地扶贫搬迁与改善村小办学条件同部署、同落实，编制了《"巴山新居"学校建设专项规划》，出台了贫困村校建设"十个一"标准。2016 年新建"巴山新居"学校 26 所，巩固提升村校办学条件 125 所，恢复村小（教学点）12 所。加快实施薄弱学校改造计划，按照"全面改薄"的 20

条底线要求，推进乡镇中心校标准化建设，确保乡乡都有标准中心校。

陕西省：把教育投入的重点放在农村，以集镇为重点，进一步加大对农村学校的基础设施建设，夯实农村教育的中坚资源，辐射和带动村级教学点；实行大幅度倾斜政策，在全省山区和农村边远地区强化实施义务教育学校教师岗位津贴制度。在培训、职称晋升、优秀评选等各方面，实施大幅度倾斜政策，给予农村学校教师更多的荣誉。

落实乡村教师支持计划、"三区教师"专项计划和中央扶贫工作有关要求，实施农村义务教育学校教师特岗计划，完善农村教师补充机制。深入推进义务教育学校教师校长交流轮岗，城镇学校、优质学校每学年交流到农村学校、薄弱学校的教师比例不低于符合交流条件教师总数的10%，其中名师、高级教师和一级教师不低于交流总数的30%，逐步实现教师校长交流轮岗的制度化、常态化，实现教师资源均衡配置。面向乡镇以下农村学校培养能承担多门学科教学任务的小学教师和"一专多能"的初中教师。结合实际制定农村教师职称评审条件、程序和办法，农村学校教师职称晋升比例应不低于当地城区教师。深入推进"骨干体系建设计划"和"全员素质提升计划"项目实施，建立乡村教师荣誉制度，推进农村教师周转宿舍建设，改善农村教师工作环境和生活条件。落实连片特困地区乡、村学校教师生活补助政策。

以城乡学校、优质和薄弱学校相互交流为主，每年交流轮岗教师约2万名，选派优秀教师约2200人次到特困地区支教，提升薄弱学校教育质量。支持利用信息化手段，为偏远地区学校远程输送优质课程资源，全省95%的中小学实现"宽带网络校校通"。探索大学区管理制改革，推动优质学校与薄弱学校结对，通过共享教师、教学装备等方式，实行捆绑发展，扩大优质教育资源规模。加强教师引进，每年招聘3000余名特岗教师到农村从教，重点补充薄弱学科师资，为农村学生就近上学、上好学提供保障。

- 义务教育精准扶贫理论与实践

三　秦巴山区特困地区教育扶贫工作亮点

陕西省紫阳县：贫困学生资助实现"四个精准"[①]

政策宣传精准。该县积极通过网站、QQ、微信以及黑板报、电子屏、宣传栏、校园广播等渠道广泛宣传学生资助政策，同时印制了宣传彩页，利用家长会、群众会等时机进行发放，使广大学生及其家长全面了解学生资助的对象、标准和申请、发放的时间节点及办理程序等内容。各学校积极开展团队活动或主题活动，实施感恩教育、励志教育、诚信教育和社会责任教育，确保了政策宣传全覆盖、无死角，使资助工作深入人心、更有温度。

对象识别精准。全县中小学教师进村入户，对贫困学生的家庭结构、经济状况、学习情况及帮扶需求进行实地调查了解，做好家庭经济困难学生认定工作。对全县贫困家庭学生进行全面的摸底核查，据实登记造册，建立精准扶贫学生档案，建立第一手资料。学校通过"全国扶贫开发信息系统业务管理子系统"进行查询，认真比对，建立贫困学生数据库，做好精准识别，确保建档立卡贫困户学生应助尽助。

审核程序精准。全县各中心学校设立了学生资助中心，积极开展工作人员业务培训，使他们对各学段的资助对象、资助标准、资助范围等资助政策以及各环节的办理流程和审批过程做到烂熟于心，确保政策宣传不走样，政策执行不跑偏，审批办理不错漏。建立班级、学校、学生资助管理部门三级认定机制，由学生或其父母提出申请，并提供各类贫困印证材料，经班级、年级、学校评审后，学校将拟资助对象的名单进行公示，公示无异议后再上报县学生资助管理中心审核，确保资助对象的认定层层把关、准确无误，避免了之前按比例划分资助指标，出现"吃不饱、不够吃"的现象。

资金发放精准。加强资金管理，对资助金申请、评审、发放等重

[①] 紫阳：《贫困学生资助实现"四个精准"》（http://jyj.ankang.gov.cn/Content-198931.html）。

第六章 集中连片特困地区义务教育精准扶贫调查报告

点关键环节实行严格监管,定期组织开展资金发放情况专项检查,积极配合审计、纪检等部门开展检查和审计,不断强化专项监督检查和日常监管力度;推行资金集中发放,限定资金发放时间段,减少资金的流转环节,保障资金安全,确保资金及时、准确地发放;设立学生资助工作举报电话,畅通群众反映渠道,接受社会各界监督,避免助富漏贫。在全面落实13年免费教育政策的同时,认真做好生源地助学贷款和"泛海计划"等贫困大学生资助的审核和资金发放,对建档立卡贫困家庭、低保家庭、残疾学生和农村特困救助供养学生按照标准发放补助资金,确保建档立卡贫困学生补助全覆盖。

陕西省紫阳县:"一三六"工作法领跑教育脱贫①

教育是拔除穷根、阻断贫困代际传递的重要途径,是最有效、最直接的精准扶贫。如何发挥教育的基础性、决定性作用,从源头上助力脱贫攻坚战,紫阳用实际行动回答了这个问题。

紫阳县是国家扶贫开发重点县和陕西省11个深度贫困县之一。近年以来,该县把"发展教育脱贫一批"摆在重要位置,聚焦控辍保学、学生资助、特殊群体关爱等重点领域和关键环节,坚持紧扣一个中心,筑牢三个基础,夯实六个规范,从组织机构、政策宣传、过程监管和资金落实等方面精准发力,取得了"零问题""零扣分"的好成绩,落实教育脱贫政策"六个规范"被市局主要领导批示在全市教育系统推广。

紧扣一个中心,坚持党建引领"主心骨"。

2018年6月29日,紫阳县纪念建党97周年暨庆"七一"表彰大会在紫阳县文体中心举行,毛坝镇中心学校党支部被授予"全县脱贫攻坚先进基层党组织"称号,这是全县教育系统实行"党建+脱贫攻坚"的一个代表。

全县教体系统牢固树立"党建核心引领"的思想,紧扣党建这个中心,全面推进"党建+教育脱贫"工作,充分发挥各级党组织和

---

① 《紫阳县"一三六"工作法领跑教育脱贫》(https://www.baidu.com/s? ie = utf - 8&f = 8&rsv_ bp = 1&srcqid = 3401080246824305441&tn = 48020221)。

- 义务教育精准扶贫理论与实践

全体党员在教育脱贫攻坚工作中的战斗堡垒作用和先锋模范作用,聚焦热点难点问题,积极探索创新,不断总结、反思和提炼工作中的成功经验和典型做法,努力打造教育脱贫"紫阳样本"。

全县各学校实行党支部书记和学校校长"一肩挑",秉承"党建核心、脱贫主责"的意识,把抓党建和抓业务高度统一、高度融合,实现了党建工作和教育脱贫同安排、同部署、同检查、同考核。全县实行"局党委—党支部—党小组"的网格化管理,把党组织的思想、组织、制度、作风建设传达到教育脱贫的神经末梢,把各级党组织打造为推动教育脱贫工作提质增效的"主心骨"和"风向标",把全体党员干部打造为时时处处奋勇争先的"领头雁"和"定盘星"。

该县各级各类学校始终坚持"支部在前、党员带头"的理念,牢固树立"一个支部就是一个堡垒,一名党员就是一面旗帜"的思想,在各支部设立党员先锋号、党员示范岗等"尖刀班""示范团",要求广大党员在政策宣传和结对帮扶等方面坚持先行一步、多做一点、树立标杆、全面带动,让广大师生和群众充分感受到"党组织就在我身边",积极营造党员率先垂范、典型示范引领的工作氛围。

筑牢三个基础,建强教育脱贫"桥头堡"。

提高办学水平,填平整体脱贫"洼地"。一是全面改善城乡学校办学条件,推动教育均衡优质发展。近四年用于改善全县学校办学条件的资金超过7.2亿元,该县的紫阳中学、毛坝中学和县幼儿园先后成功创建为省级示范高中、省级标准化高中和省级示范幼儿园。实施了86所义务教育学校的新建和维修改造项目,配备了一大批教学仪器和设施设备,全县学校办学条件彻底改善,内涵发展显著提升。二是全面提高教师队伍整体水平。加大教师补充力度,一次补充教师212名,全县教师总量缺编的问题得到有效解决。同时,近三年累计安排近400名教师参加了交流轮岗,解决了农村师资力量薄弱和部分学科教师紧缺的问题。2017年全县推荐评选出省市级学科带头人和教学能手22人,成立名师工作坊4个,极大地促进了教师的专业成长,为全面提高教育教学质量提供了有力的人才支撑。三是全面提升职业教育水平。围绕"村村有致富产业,家家有致富门路,人人有致富技能"的目标，紧紧依托县职教中心，充分发挥高中分类招生和职业教育单独招生的政策杠杆作用，引导初高中毕业生合理分流，对未升学的初、高中毕业生"一个不少"地开展了修脚、茶艺等多个专业的免费技能培训，累计培训10000余人次，有效地激励和引导贫困劳动力学技能、促脱贫，实现了"培训一人、就业一人、致富一户、带动一片"的目标。

凝聚多方合力，壮大教育脱贫队伍。

紫阳县建立了"县局牵头、各校负责"的教育脱贫工作机制，县教体局和学校成立了教育脱贫攻坚工作办公室，组建了一支从县教体局到各镇中心学校，到各年级、各班纵向到底的教育脱贫攻坚工作队伍。县教体局每年年初制定下发《教育脱贫攻坚工作实施方案》《教育脱贫工作要点》和《教育脱贫攻坚目标责任考核细则》等规范性文件，指导各校按章依规开展相关工作。制定《教育脱贫攻坚工作考核办法》和《教育脱贫攻坚包村联户干部管理办法》等管理考评制度，对全县各校教育脱贫工作实行过程化、精细化管理，并将考核结果与领导干部的工资待遇、职务晋升和评优选模密切挂钩。为强化督查落实考核问效，县教体局还充分发挥县教育督导室和县局纪委监察室的工作职责，在督查落实和考核问效上持续用力，不断加大日常督查，从快从严查处各类违规违纪行为，确保精准资助工作实现规范管理和"零差错"。县教体局主动加强衔接，积极整合高校帮扶、苏陕协作等多方力量，争取和发挥社会助教助学工程的支持，吸引有识之士和社会力量关心支持教育。扎实做好高校对口帮扶的对接、协调和工作落实，争取高校来紫开展支教助学活动。积极整合社会助学资源，协调援少会等社会组织广泛开展关爱留守儿童和贫困学生活动，2017年各级各类社会捐赠达到400万元。

坚持"八有"标准，构建脉络分明的"作战"阵地。

该县将学校原来的学生资助、学籍管理、留守儿童、三残儿童及学困生关爱等工作部门，统一归口到教育脱贫办公室集中管理。严格落实教育脱贫"八有"规范，即：有办公室、有门牌、有领导机构、有专（兼）职工作人员、有职责制度、有资助对象信息一览表、有

- **义务教育精准扶贫理论与实践**

教育扶贫宣传专栏、有教育扶贫专柜，聚焦"精准"分兵把口，把各项工作任务细化分解，明确路线图、时间表、任务书，实行目标管理、挂图作战、靶向施策。落实专人负责"全国学生资助管理信息系统"和"陕西省教育精准资助管理信息系统"两个系统的管理和使用，充分发挥两个系统在精准识别资助对象、精准记录资助信息的积极作用。在此基础上，该县已经着手启动了教育脱贫智慧平台建设，将建档立卡等贫困学生的基本信息、帮扶措施、政策落实等情况进行全程记录，实时呈现学生资助状态，客观反映教师帮扶成果，及时补正工作盲区，强化了工作协调与信息分享。

夯实六个规范，唱好教育脱贫"重头戏"。

规范包抓责任体系。县教体局成立了由局长任组长的教育脱贫攻坚工作领导小组，下设教育脱贫攻坚办公室，实行局党委班子分片联镇、党员干部包校包抓的工作机制。各学校设立了教育脱贫攻坚办公室，抽调精兵强将成立相应的工作机构，实行党员、教师结对帮扶贫困家庭学生制度，将包抓责任落实到每位教师人头，做到机构健全、责任明确、思路清晰、重点突出。

规范惠民政策宣传。县教体局梳理从学前到大学各学段教育惠民政策印发到学校，统一宣传内容，确保政策宣传不走样。按照"线上+线下"的宣传思路，在校园醒目位置设立永久性宣传专栏，印制教育惠民政策宣传彩页张贴到贫困学生家中，每学期开好教师会、学生会、家长会三个会宣传教育脱贫政策，鼓励在微信公众号或美篇等自媒体上推送政策信息。充分发挥各驻村工作队扎根一线、入户广泛的优势，抢抓春节务工人员返乡过节等有利时机，积极入户开展教育惠民政策宣传工作，有效提高了教育惠民政策知晓率。各学校积极开展团队活动或主题活动，开展感恩教育、励志教育、诚信教育和社会责任教育，既确保了政策宣传全覆盖、无死角，又让资助工作深入人心、更有温度。据统计，2017年全县共开展教育脱贫攻坚政策集中宣讲培训近50场次，发放《致家长一封信》近万份。

规范贫困学生认定。规范贫困学生认定程序，精准识别贫困家庭学生。认定程序分三步走：第一步为调查摸底，收集全镇（校）所

第六章　集中连片特困地区义务教育精准扶贫调查报告

有学生及家长页户口簿复印件，掌握基本情况；第二步为登记造册，汇总全镇（校）学生基本信息据实制表造册；第三步为认真比对，将全镇（校）所有学生信息到县扶贫局、民政局、残联进行比对，确定资助对象，建立贫困学生数据库，及时更新信息，实行动态管理，确保资助对象认定精准。

规范资助资金管理。加强资金管理，对资金申请、评审、发放等重点关键环节实行严格监管，定期组织开展资金发放情况专项检查，积极配合审计、纪检等部门开展检查和审计，不断强化专项监督检查和日常监管力度；设立学生资助工作举报电话，畅通群众反映渠道，接受社会各界监督，避免助富漏贫。资金监管严把三道关，一是严把资金使用关，建立健全严格的资金使用程序及规章制度，专款专用，严格按照学生资助相关政策，按时足额兑现，严禁挤占、截留、挪用、侵占。二是严把资助对象关，资助对象与认定对象对应，严禁随意更换，确需更换，必须有说明，做到应享尽享，不多报、不重报、不漏报，严格做到精准资助。三是严把资金发放关，严格按照政策文件规定，规范发放形式，学前阶段按补助标准抵扣伙食费；义务教育阶段以饭票、代金券等形式直补到人；普通高中阶段及中等职业教育阶段统一通过资助卡形式发放给学生。严禁随意更改资金发放形式，严格履行发放签字手续，杜绝代签、补签，有效避免了漏发、多发或重发情况。

规范教师结对帮扶。按照"三秦教师结对帮扶贫困学生"的总体安排，全县各校的教师与贫困学生建立了结对帮扶关系，采取"一对一""一对多""多对一"等方式，全县2200余名教师与1.8万名贫困家庭学生建立了帮扶对子，实现结对横到边、纵到底。各学校积极开展结对帮扶"三个一"活动，即：制订一套工作方案，建立覆盖全部贫困学生的《教师结对帮扶贫困家庭学生一览表》，明确帮扶责任，落实帮扶工作；结合"精准资助基层行"和"贫困学生大走访"活动安排，每月至少开展一次"大家访"活动，全体教师走村入户，深入贫困学生家中，对学生的家庭结构、经济状况、收入水平、收入来源、致贫原因、健康状况、心理状况等基本情况进行深入细致的排

● 义务教育精准扶贫理论与实践

查摸底,建立信息台账。通过调查了解,找准贫困学生需要解决的主要困难,建立问题台账,针对问题研究制定有针对性的帮扶措施。对照问题台账,有针对性地开展帮扶活动:一是开展志向和情感帮扶。随时掌握学生的思想动态,对学生进行品德、心理、行为等方面的疏导。特别是对孤儿、单亲和留守儿童等特殊群体,实行"多对一"的帮扶模式,通过开展专题讲座、心理辅导和文体活动等,帮助他们缓解心理压力,增强战胜困难的信心。各学校成立了留守儿童管护中心,积极组建"代理妈妈""代理爸爸"关爱团队,建立家长亲情联络专线,帮助学生克服学习和生活中的实际困难。二是开展心智和学业帮扶。结对帮扶教师及时跟踪了解帮扶学生的学习情况,针对学生学习上存在的问题,有针对性地制订帮学计划,及时给予课外辅导,帮助学生掌握正确的学习方法、建立对学习的信心乐趣,养成良好的学习习惯。三是开展物质和经济帮扶。严格落实13年免费教育政策、义务教育阶段"营养改善计划"和从学前到大学阶段全覆盖的教育惠民政策,严格执行资助标准和资助方式,将国家"奖贷免补"多种资助政策不折不扣地落到实处,在物质和经济上给贫困家庭学生实实在在的帮扶,想方设法帮他们解决实际困难,确保不因贫困失学辍学。

规范档案资料建设。按照"一生一档、档随人走、跟踪帮扶、因生施策、痕迹管理、全程记录"的总体思路,对农村建档立卡贫困家庭学生、低保家庭学生、农村特困救助供养学生、残疾学生这四类贫困家庭学生实行个人档案"一生一袋",规范建好资助对象台账,加强对贫困家庭学生信息的管理。建立完善在校学生花名册、贫困学生花名册、住宿学生花名册、资助资金发放花名册这四类表册;建好结对帮扶手册、结对帮扶明白卡、学生家庭情况入户调查表、结对帮扶贫困家庭学生记录表、《党员、教师结对帮扶贫困家庭学生一览表》、"大家访"活动记录表,做好"一生一档",对转入、转出学生实行档随人走、无缝转接。广大教师积极撰写结对帮扶感悟文章,及时汇编成册。规范建立教育惠民政策宣传汇编、教师结对帮扶感悟汇编、美篇及公众号图文汇编、教师走访等各类汇编;实行痕迹管理，及时对各类文字、影像资料分门别类，规范建档。各学校设立了教育脱贫档案资料专柜，实行专人管理，妥善保管相关纸质档案和电子数据，未经许可严禁对外提供，更不得随意泄露，确保信息安全。

经过探索实践，紫阳县教育脱贫工作成效明显。2017年，全县580余名受到资助的贫困家庭学生考入高等院校，为实现更高层次的就业创业，改善家庭贫困状况提供了有力的智力支持。全县累计资助学生20077人次，资金1698万元，发放大学生助学贷款2072人，资金1345万元。同时，在帮扶教师耐心细致的教育引导和精心呵护下，全县贫困学生中没有出现因心理、情感等因素导致的意外事件和安全事故，贫困学生身心得以健康发展，越来越多的贫困家庭学生得到了及时有效的资助，顺利地完成了学业、成就了人生梦想。

陕西省商洛市："六六六"教育扶贫工作法

在脱贫攻坚奋力冲刺的关键时期，商洛市教育系统围绕脱贫退出贫困户"无义务教育阶段辍学学生"的考核指标，紧扣"人人有学上、个个有技能、家家有希望、校校有帮扶"的目标，突出"六个"聚焦重点，落实"六项措施"（一卡一单一画一折页两册），坚决打好"六个"教育脱贫攻坚战。力争在市级考核中实现追赶超越，取得好的位次，在国考、省考过程中不出差错、不出问题。

"六个"聚焦重点。

一是聚焦"知晓率"，坚决打好教育政策宣传攻坚战。加大教育脱贫政策宣传力度，着力做好"一画一折页"的宣传推行，即《教育脱贫政策日历宣传画》和《商洛市教育脱贫政策宣传卡通折页》，于12月10日前发放到每个建档立卡贫困户，让每一个贫困户都能知晓自家孩子应该享受的教育资助项目、标准、数额等情况。

二是聚焦"能上学"，坚决打好精准资助攻坚战。将建档立卡家庭经济困难学生作为资助重点对象，全程全部落实从学前一年到大学的资助政策。各级各类学校要认真填写"一卡一单"，即《商洛市县区建档立卡贫困学生信息登记卡》和《商洛市县区建档立卡贫困学生（幼儿）资助金发放告知单》，确保在12月10日前，将秋季学期各项资助政策全面落实到位。

三是聚焦"零辍学",坚决打好控辍保学攻坚战。将建档立卡贫困家庭义务教育段"无因家庭贫困辍学学生"作为硬任务,按照"一家一案""一生一策"落实控辍保学措施。12月10日前要认真落实好"两册",即《商洛市教师结对帮扶贫困学生纪实手册》和《学生成长记录册》填写工作。坚决做到不让一个正处于义务教育阶段的孩子因家庭贫困而辍学。

四是聚焦"上好学",坚决打好薄弱学校改造攻坚战。加快"第三期学前教育行动计划"幼儿园建设、义务教育"全面改薄"、普通高中条件改善、职业教育质量提升计划等工程和学校信息化"三通两平台"建设,全面完成今年56所贫困村学校幼儿园建设任务,加大农村偏远地区学校改水、改厕、食堂改造力度,确保贫困学生在校饮水、食宿安全。

五是聚焦"有技能",坚决打好职教技培攻坚战。依托县区职教中心,以初中毕业、高中毕业后未升学学生和农村贫困人口为重点,统筹教育、人社、扶贫、农业等部门培训资源,大力开展定向、定岗、订单式转移就业免费培训。努力形成"一县一策""一县一品"产业发展和技能培训模式,努力实现"培训一人、脱贫一户"目标。

六是聚焦"有实效",坚决打好高校帮扶攻坚战。从脱贫攻坚全局和整体规划需要出发,变被动为主动,积极协助相关县区和部门,主动与结对帮扶高校进行对接联系,谋划一批打基础、管长远、利双方、能见效的帮扶需求清单,制订具体合作方案,推动一批重点扶贫项目落地开花结果。

"六强六抓"。

一是强化责任落实,抓好控辍保学。建立控辍保学动态监测、工作责任、台账销号、辍学报告、责任督学、专项督导、结对帮扶、家访登记、群众监督、信息公开等"十项制度",落实县长、局长、镇长、村长、校长、师长、家长"七长责任制"。实施万名教师结对帮扶贫困学生专项行动,全市2.45万名教师与贫困家庭学生结对子,从生活、学业、心理等方面帮扶贫困学生。

二是强化精准资助，抓好扶贫助学。全面实施"普惠+特惠""国家+地方+学校+社会"全程教育资助政策。学前教育实施"一免一补"政策，免除学前一年幼儿保教费，对家庭经济困难学前一年幼儿补助生活费；义务教育实施"两免一补"政策，免除农村义务教育阶段学生的杂费、国家教科书费，补助农村家庭经济困难寄宿生生活费；高中教育实施"一免一助"政策，免除高中生学费，为高中在校生中的家庭经济困难学生进行资助；高等教育实施"一贷一补一助"政策，对考入省属高校的建档立卡学生进行资助。2018年，整合教育、民政、扶贫等资助资金3749.3万元，资助贫困大学生8549人次。

三是强化镇村学校建设，抓好农村教育质量提升。深入推进贫困镇村学校建设，2017—2018年，全市完成贫困镇村公办中小学幼儿园建设项目80个，总投资2.7亿元，总建筑面积11.5万平方米。对全市学生规模不足100人的贫困镇村初中、小学和教学点按100人核拨了公用经费。全面落实乡村教师生活补贴，2017—2018年，争取国省补助金12037万元，为全市820所学校、12318名教师发放了乡村生活补助。2018年新招录的380名特岗教师全部分配到贫困镇村任教，通过教师交流轮岗、三区人才计划、农村教师专项培训等措施，切实统筹优势教育资源，提升农村学校教育教学质量。

四是强化校地帮扶，抓好产业脱贫。充分发挥高校教育培训资源优势和科研优势，加快产学研示范基地和实体项目建设，促进了一批项目落地。如商洛职业技术学院帮扶商州区，与商州区共建区第四幼儿园和商洛职业技术学院实验中学；西安建筑科技大学帮扶洛南县，组织师生成立脱贫攻坚社会实践团；商洛学院帮扶丹凤县，选派优秀学生到丹凤县顶岗实习；西安财经学院帮扶商南县，举办产业培训班建立高山蔬菜、药材示范、香菇种植产业合作社；西北政法大学帮扶山阳县开展农业和乡村旅游培训、建立产学研基地、实施农特产品进高校项目，资助贫困学生，实现农村劳动力转移400余名；西安医学院帮扶镇安县，举办两期月嫂家政服务就业培训班；陕西财经职业技术学院帮扶柞水县，援建柞水县马房子村蔬菜大棚项目等。

• 义务教育精准扶贫理论与实践

五是强化宁商协作，抓好培训资助。全市 18 所学校与南京市对口学校建立结对帮扶关系，商洛市遴选教师到南京市知名学校跟岗学习，选派校长教师赴南京考察学习。南京市选派教师到商洛支教、来商讲学。

六是强化职业培训，抓好农民致富能力培育。据 2019 年 3 月 14 日《商洛日报》李小龙撰写的《为贫困学子铺就成才路》：2018 年，全市开展农村实用技术培训、教育技能培训、劳动力转移培训、新型职业农民、教育精准扶贫培训等。如商州区职教中心开展食用菌、农家乐烹饪培训；洛南县职教中心开展烤烟技术、黄花菜栽培等技术培训；丹凤县职教中心开展中药材种植、果树修剪等技术培训；商南县职教中心开展肉兔养殖、核桃茶叶科管、水产养殖培训，等等。

陕西省宝鸡市："六三三"教育扶贫工作模式突出"六个强化"促进政策落实①

强化控辍保学。加大控辍保学"七长"责任制等十项制度落实力度，完善动态监测机制，实施精准控辍，对建档立卡贫困家庭学生、农村留守儿童、残疾儿童少年等特殊群体，完善"一生一策"，确保贫困家庭义务教育段学生零辍学。坚持开展春秋两季贫困教育人口信息核查比对，做到学生在校就读、资助情况、毕业去向等信息清晰准确，确保贫困教育人口身份精准识别、状态及时更新。

强化精准资助。精准落实各学段各类资助政策，做到贫困家庭学生应助尽助、应享尽享。及时发放、规范使用资助资金，严查截留、挪用、不及时发放等违规行为。定期排查梳理贫困学生享受资助情况，对在省外高校就读的大学生和外市就读的高中学段以下贫困家庭学生进行摸底，指导帮助他们及时申请，消除资助盲点。完善"国家＋地方＋学校＋社会"资助政策体系，调动社会力量参与贫困学生资助。

强化职教培训。引导和支持特困地区职教中心与高职院校联合举

---

① 《宝鸡市聚力"六三三"打好教育扶贫攻坚战》（http://jyt.shaanxi.gov.cn/jynews/rdjj/201804/26/78024.html）。

办"3+2"高职专业,拓宽深度特困地区学生接受职业教育渠道。安排"双返生"(初中、高中毕业返乡学生)培训专项经费,由市、县财政购买社会服务的形式,加大"双返生"培训力度,特别是帮助深度特困地区贫困家庭学生学习技能,促进就业、创业。

强化"普优"行动。深入推进"普优"(普及优质教育)行动,完善城乡教育联盟工作机制,全力推进城市优质学校与贫困山区、农村薄弱学校结对。做好教师、校长城乡交流工作,促进城乡师资均衡配置,达到管理、师资、信息共通共享,形成以城带乡、以强带弱的发展格局。抓"乡村教育振兴计划"实施,从学校标准化建设、教师队伍骨干群体壮大、学校信息化装备、课堂教学改革等方面建立问题清单管理制度,逐项解决特困地区学校缺设备、缺师资、缺技术等问题,全面提高贫困乡村学校的教育教学质量。

强化乡村教师队伍建设。贯彻落实中共中央、国务院《关于全面深化新时代教师队伍建设改革的意见》,落实集中连片特困县"特岗计划",及时补充紧缺师资。落实省(市)乡村教师生活补贴政策,在评优树模、职称晋升等方面向特困地区倾斜,引导乡村教师安心从教。坚持国培、省培、市培项目向农村薄弱学校倾斜。开设深度特困地区乡村教师专项培训,扩大"名师大篷车"送教下乡范围,帮助和引领农村和偏远地区教师专业成长。

强化深度特困地区攻坚。以《宝鸡市教育支持深度特困地区脱贫攻坚政策和工作措施》为抓手,让各项支持性政策和措施向深度贫困镇村倾斜,为深度特困地区全面、合理、科学配置教育要素,进一步增强控辍保学、学生资助、教育教学质量提升和职教扶贫力度,保障贫困乡村学生接受公平而有质量的教育。

深化教师结对帮扶。按照"学业有教、监护有人、生活有助、健康有保、安全有护"的目标,扎实开展"三秦教师结对帮扶贫困学生"活动。注重对贫困家庭学生在日常生活、学习中的交流指导、心理疏导和人生启导等,引导贫困家庭学生树立自信、阳光生活、无忧学习、快乐成长,达到"困难学生得关爱、帮扶教师受教育"的目的。

- 义务教育精准扶贫理论与实践

　　深化高校结对帮扶。切实配合省高教委做好"双百工程"（百所高校帮百县），引导县区与结对高校做好对接与合作工作，增强高校帮扶县区的针对性和融合度，促进智力帮扶、科技帮扶、民生帮扶、信息帮扶及产学研一体化示范基地建设，促使各种扶贫项目落地生根、早日见效，使高校的各类资源成为支持宝鸡市脱贫攻坚的重要力量。

　　深化苏陕协作帮扶。抢抓苏陕协作机遇，以《徐州市与宝鸡市教育支援及职业教育合作协议》为指引，找准定位需求，优化协作机制，增强协作深度，谋划合作项目，推进结对关系下沉到学校、细化到贫困家庭和学生，利用对口帮扶机制，促进县区教育扶贫上台阶。

　　坚持扶贫同扶智、扶技、扶志结合起来，培植特色，加强引导，树立榜样，为此，需要落实"三项常规"工作。一是深度宣传政策。通过制作教育扶贫专题宣传片、《致家长的一封信》、举办培训班等形式，让帮扶干部、家长、师生熟知政策，提高政策知晓率。二是深入挖掘典型。征集教育扶贫典型案例、先进事迹，编印《我的帮扶故事》，对好做法、好经验、好教师进行宣传推广。三是深化亮点报道。坚持传统媒体与新媒体相结合，对全市教育扶贫典型事例、先进经验、亮点特色开展专题报道，促进各县区教育扶贫提质增效。

　　陕西省汉台区：构筑"一二三三"模式助推教育脱贫①

　　"一"即筑牢一个基础：建档立卡学生信息库。汉台区教体局采取"7+1（七长+帮扶干部）"措施，夯实七长责任，建立建档立卡贫困户帮扶干部联系制度，结合网格管理机制，教育脱贫建档立卡户学生数据库实施"双核查、双跟踪、一条线"的工作机制。将教育脱贫建档立卡户学生数据信息核查工作重心向村、组转移，逐村建立信息台账、信息库，逐一落实包抓责任，促进全区教育脱贫建档立卡户学生数据更精、更准。

　　"二"即严守两条底线：控辍保学和精准资助。一是严格控辍保

---

① 《汉台区实行"一二三三"教育脱贫模式》（http://www.hanzhong.gov.cn/xwzx/qxdt/201808/t20180813_531280.html）。

学，落实全面到位。严格落实"七长"控辍保学责任制，成立了控辍保学领导小组，完善了控辍保学体系建设。政府、镇办、村、户；教体局、学校、班主任；学校、户层层签订《控辍保学目标责任书》，形成了镇办、村委会、村民小组行政控辍保学劝返复学和学校控辍保学劝返复学的双线体系。开展控辍保学动态监控工作，实行控辍保学月报季评、劝返复学、辍学报告、台账销号、责任督学、结对帮扶等制度。对因智力、感官残疾不能到学校接受义务教育的残疾儿童少年，驻地中心学校落实专门工作人员，制订专项工作方案，一生一策，开展送教上门。确保2018年全区建档立卡户义务教育阶段学生无辍学（因病休学的除外），其他学段学生不因贫困而失学。二是精准实施政策，资助全部覆盖。根据中央省市区有关资金管理要求，召开专题会议，深入研判，准确定位，及时拨付，精准落实，确保学生资助全覆盖。发放后，加强教育资助督查工作，确保教育资助工作无违纪违规现象。

第一个"三"即落实三个保障：思想保障、组织保障、宣传保障。一是提高站位，强化思想保障。紧紧围绕党的十九大精神和习近平重要讲话精神，全面贯彻落实中、省、市、区决策部署，以教育脱贫统揽全区教体系统各项工作，把党和国家的教育惠民政策一滴不漏地落实到贫困家庭、贫困学生的身上。二是落实责任，强化组织保障。建立健全区教体局、学校；镇、村各级层面教育脱贫组织机构，建立台账，明确责任，全员负责。三是提升效果，强化宣传保障。坚持正确的舆论导向，通过媒体全面宣传教育脱贫攻坚取得的成绩，准确解读上级脱贫扶持的决策部署、政策措施，及时、生动、准确地报道各单位、各部门脱贫的好经验、好做法，以典型促进工作，以可复制的做法丰富脱贫实践。加强贫困群众思想教育引导，调动脱贫积极性，营造全社会关心教育脱贫、支持教育脱贫、参与教育脱贫的良好氛围，助力全区脱贫攻坚目标如期完成。

第二个"三"即完善三项机制：结对帮扶机制、齐抓联动机制、督查通报机制。一是真心、真情，做实结对帮扶工作。继续推行结对帮扶机制，按照"一生一策"的原则，有针对性地从学习、生活、

• 义务教育精准扶贫理论与实践

心理等方面开展学生点对点、面对面的关爱帮扶活动,以"有计划、有措施、有成效、有考核"为标准,实施辅导学生学习、关心学生生活、关注学生健康、疏导学生心理、确保学生安全、培养学生能力的"六关爱"帮扶措施。结合"进村入户送关爱"活动,常态化开展家访、慰问、提供展示机会、安全教育、谈心等帮扶活动。从学习、生活、成长等方面对学生进行全方位帮扶,帮助其成人、成才。二是多元、全面,加强相关部门之间数据、信息的互联互通,促使教育资助形成合力。继续推进由汉台区教体局牵头,区总工会、区财政局、区民政局、区卫计局、区残联、区妇联、区慈善协会、区脱贫办、团区委多部门参与的教育资助联席会议制度,加强资助覆盖的广度、深度。加强与镇(办)的沟通联系,及时将教育脱贫资助落实的情况以书面形式反馈给相关镇(办);安排结对帮扶教师与建档立卡户帮扶干部联系,通过电话、短信、微信告知帮扶干部学生资助落实情况,促进帮扶干部履行好职责。积极发挥"汉中市汉台区教育帮扶基金"作用,加强与区脱贫办、区财政局、区审计局互联互通,加大贫困学生资格审查、救助资金发放工作。三是督查、通报,严格教育脱贫监管工作。开展教育脱贫问效问责督查,对工作中推进不力、不作为、慢作为的,按照《汉台区脱贫攻坚问效问责办法》追究相关人员及其单位责任。加强教育惠民政策落实的监督检查,重点检查贫困学生识别、资金使用、贫困学生帮扶等方面存在的问题。及时发现问题、解决问题,督促整改,促进教育脱贫各项措施全面落实,确保如期完成教育脱贫目标任务。

陕西省石泉县:"六抓六促"推进教育脱贫攻坚[①]

抓科学谋划,促良好开局。制发《石泉县 2018 年教育脱贫攻坚春季行动方案》《石泉县 2018 年教育脱贫攻坚工作方案》及相关的《石泉县 2018 年学生资助工作要点》《石泉县 2018 年学校留守儿童教育管护工作要点》,签订了《2018 年学校教育脱贫攻坚目标责任

---

① 《石泉县"六抓六促"扎实推进教育脱贫攻坚工作》(https://www.baidu.com/s?tn=48020221)。

书》，从顶层设计上做到了精安排、严要求、强责任，为新一年全县教育脱贫攻坚工作稳步有序推进奠定了坚实基础。

抓信息比对，促精准资助。抢抓寒假前夕有效时间，及时将上级提供的贫困人口比对信息表发至各学校，认真细致开展了贫困教育人口户籍、学籍信息比对及学籍、资助系统变更工作，同步拟函至各镇，协调安排各驻村工作队扎实开展好贫困教育人口信息核查核实。在此基础上，各学校利用春季报名，进一步详细做好各类学生特别是建档立卡贫困学生转入转出、流动流失等动态增减变化信息统计、情况核实、资料上报、系统更正等工作，有效确保了人员信息及资助发放精准无误。

抓政策宣传，促全员知晓。充分利用春节学生家长返乡过节、寒假前后家长到校接送等有利时机，发挥网站、橱窗专栏、专题培训、发放明白卡以及手机短信、微博、微信、校讯通、QQ 群等新媒体知晓面广、影响力深的作用，以及驻村工作队扎根一线、入户广泛的优势，以《义务教育法》《教育法》《未成年人保护法》等教育法律法规及教育惠民各项政策为主，相继组织开展教育脱贫攻坚政策集中宣讲培训，发放《致家长一封信》、政策明白卡，分散入户宣讲万余次，力求教育惠民政策学生、家长、社会全员知晓，进一步扩大了教育惠民、富民的认知度和满意度。

抓责任落实，促保学控辍。印发《关于进一步做好义务教育阶段控辍保学工作的通知》，并针对春节期间农村中小学生流动性强、辍学易发高发的特点，向各义务教育段学校印发《关于切实做好春节假期前后控辍保学工作的通知》，签订《石泉县 2018 年控辍保学目标责任书》，全面夯实控辍保学"双线""七长"工作机制及各相关部门工作职责，同步提请各有关部门、要求各学校切实加大《义务教育法》《未成年人保护法》《劳动法》等政策法规宣传和执法力度，积极营造全社会支持控辍保学工作良好氛围和强大工作合力，确保义务教育段乃至各学段零辍学。

抓结对帮扶，促成效提升。一是抓教师帮扶。进一步健全完善了学校教师结对帮扶工作机制，印制了《学校教育脱贫攻坚教师帮扶工作手册》，要求各学校严格按照"335"结对帮扶工作思路，用心用情开展好涵盖贫困、留守、残疾等各类学生的结对帮扶工作，全面激发贫困及弱势群体学生内生动力。二是抓外力帮扶。依托县职教中心服务脱贫攻坚职能作用，进一步扎实做好高校及苏陕协作结对帮扶。三是抓驻村帮扶。按照"大稳定小调整"原则，对全系统两个驻村工作队人员进行了调整，相继多次派员到村开展节日慰问、工作督促、产业推动等工作，目前驻村工作队正以夯实产业发展为重点，扎实开展驻村帮扶工作，确保包抓村年度脱贫攻坚各项任务稳步推进并取得实效。

抓统筹兼顾，促全面推动。一是抓动态宣传报道。年初以来全系统相继在各级各类媒体刊载教育脱贫工作动态宣传40余条，全面营造了追有目标、赶有方向，相互借鉴、共同促进的良好氛围。二是抓公共服务建设。积极组织人员到镇到村实地查看体育健身项目实施情况及器材安装现状，据实制订采购方案并按期实施采购及安装工作，目前已有2个年度整体脱贫村体育健身器材安装到位并投入使用，有效提升了脱贫退出硬实力。三是抓城乡教育均衡。以顺利通过国家义务教育基本均衡线复查验收为契机，拟通过狠抓教师业务培训、加大骨干教师体系建设、师德师风整治、名师名校名生名校长培养、加快农村改薄及教育扶贫项目建设进度等系列措施，全面缩小城乡教育差距，确保农村偏远贫困家庭学生能就近享受公平、均衡、优质的教育资源。四是抓督促检查指导。

陕西省宁陕县："一统四包五优先"助力脱贫攻坚[①]

"一统"即党建统领，聚焦教育扶贫模式创新。为充分发挥基层党组织在脱贫攻坚战中的堡垒作用，该县结合行业特点，创新"党建+扶贫"新模式，明确规定各基层党组织书记是教育精准扶贫第一责任人，切实担起对教育精准扶贫工作的领导，全面落实精准识别、精准施策、精准帮扶责任。该县教育系统269名在职党员干部、党员

---

① 《宁陕县实施"一统四包五优先"教育精准扶贫助力脱贫攻坚》（http：//jyt.shaanxi.gov.cn/jynews/rdjj/201711/26/73405.html）。

第六章 集中连片特困地区义务教育精准扶贫调查报告

教师还与675名贫困家庭学生采取"1+X"方式结成帮扶对子，教育系统基层党组织真正成为教育扶贫的主心骨、联通贫困学生的主线路、帮扶贫困学生家庭的主渠道，实现了基层党建与教育扶贫的"双促进"。

"四包"即教体局党委委员包片、股室干部包点、校长包校、教师包生，夯实责任，构建教育精准帮扶体系。为确保教育扶贫工作扎实推进，形成合力，该县建立了教体局党委委员包片、股室干部包点、校长包校、教师包学生工作责任制，将全县26所中小学，23所幼儿园划分4个片区，每名党委委员负责包抓1个片区；39名机关干部每人包抓1—2所学校，校长（园长）对本校教育扶贫负总责，865名教职工结对帮扶2679名贫困家庭学生。坚持上下同心、同力、同向，把精准识别、精准施策、精准帮扶任务层层分解，签订责任书，强化督查考核和结果运用，通过"硬"指标，形成"硬"约束，确保教育精准扶贫工作取得实效。

"五优先"即突出重点，扶贫政策优先精准保障。一是坚持贫困家庭学生教育民生项目优先安排。建立"奖、贷、助、免、补"扶贫助学体系和从学前、小学、中学直至就业的系列就学保障机制，实现了建档立卡贫困家庭子女十五年免费教育、营养改善计划、寄宿生生活补助、教育资助四个全覆盖，确保每一名建档立卡贫困家庭子女都能上得起学，无障碍入学，不因经济困难而辍学。二是坚持特殊群体学生优先关爱。该县在全面落实教育资助政策的同时，还高度重视留守儿童、残疾儿童、进城务工子女教育工作，制定下发了《宁陕县关于留守儿童健康成长工作方案》《宁陕县进城务工农民子女就学暂行办法》《特殊教育提升计划》，建立了县、镇、村和学校四级联动机制，不断完善义务教育学校接收残疾儿童、少年随班就读办法和管理措施，优先保障其享受教育惠民政策。三是坚持贫困家庭人口技能培训优先实施。四是坚持农村薄弱学校办学条件优先改善。五是坚持农村师资优先保障。认真落实乡村教师支持计划，该县建立了教师补充机制。

陕西省平利县："十工程"教育扶贫

- **义务教育精准扶贫理论与实践**

  控辍保学工程。盯紧"两不愁三保障"底线要求,贯彻落实控辍保学"双线六长"责任制,履行政府控辍保学法定职责,建立义务教育入学联控联保工作机制,紧紧抓实义务教育阶段控辍保学工作,确保义务教育阶段入学率达100%,义务教育阶段无辍学现象。

  精准资助工程。完善贫困户学生精准识别机制,让数据多共享,群众少跑路,提高精准识别效率。按照"对象精准、程序规范、阳光操作"的原则,健全完善全县在校建档立卡贫困户家庭学生、幼儿台账,实现学前教育、义务教育、高中教育、职业教育阶段教育资助政策在建档立卡学生中的全覆盖。

  免费教育工程。认真落实学前一年至高中的13年免费教育政策,协调县财政部门及时足额拨付各类教育经费,保障学校正常运转。从严强化学校收费管理,坚持收费公示制度,主动接受群众和社会监督,坚决杜绝自立名目乱收费,乱征滥订教辅资料行为,切实减轻贫困家庭经济负担。

  条件改善工程。巩固国家义务教育发展基本均衡县和省级教育强县创建成果,统筹城乡教育均衡发展,实施好贫困村教育公共服务项目建设,加快实施农村薄弱学校改造项目,提高农村学校标准化建设水平。

  质量提升工程。坚持把扶智育人作为教育扶贫的根本大计,大力实施素质教育,强化中小学教学常规督查检查,不断深化教学改革,科学分析研判教育质量提升举措,努力办好群众家门口优质教育,做到培养一名人才,改变一生命运,致富一个家庭。

  教师提素工程。充分利用"国培计划""省培计划"大力开展教师业务培训。加大教育对外合作交流,积极选派教师参加域外交流培训。加强教师骨干体系建设,壮大骨干教师群体,不断提升教师队伍整体素质。深入开展城乡义务教育学校校长、教师交流轮岗工作。落实好乡村教师生活补助政策。

  学生营养餐工程。加快农村中小学食堂建设,因地制宜推进学校食堂供餐模式改革,满足学生供餐需求,按照每生每天4元的标准,每年按照200天计算,规范实施农村义务教育阶段学生营养餐改善计划，改善学生膳食结构，为学生身体健康奠定基础。

职教强民工程。坚持面向三农，大力做好未升学初高中毕业生接受免费职业技能培训，着眼该县贫困村产业发展实际，从县职教中心抽调专业人员组建志愿服务队，深入贫困村开展农业技能培训和产业发展服务。

结对帮扶工程。在全县教师队伍中继续深入开展结对帮扶贫困学生活动，建立教师结对帮扶贫困学生长效机制，对贫困学生、留守子女有效开展思想关怀、生活关爱、学习辅导，教育学生自立自强。组织教师走村入户开展家访和教育政策宣传活动，提高教育扶贫政策的知晓率，加强家校联系，密切干群关系。

社会助教助学工程。主动加强衔接，积极争取外援，吸引有识之士和社会力量关心支持教育。扎实做好"三大帮扶"体系中高教对口帮扶的对接、协调和工作落实，争取高教来平开展相关支教活动。积极协调援少会等社会组织广泛开展关爱留守儿童和贫困学生活动。

陕西省洛南县：八项举措做好教育脱贫攻坚

做好控辍保学工作。将控辍保学作为考核镇办主要负责人履行教育责任的重要内容，建立控辍保学目标责任制，签订责任书，建立控辍保学动态监测机制，落实辍学学生劝返、登记和书面报告制度，做到全县义务教育段入学率达100%，小学无辍学，初中辍学率控制在1.8%以内，确保贫困户子女在义务教育阶段无辍学。

改善特困地区办学条件。修订学校建设中长期规划，通过校建项目、专项资金，重点支持服务于贫困村的完小、教学点和村级幼儿园，有效改善特困地区办学条件。积极实施第三轮学前教育"三年行动计划"，大力加强普惠性幼儿园建设。合理安排民办普惠性幼儿园奖补资金，优先支持解决贫困幼儿入学的民办幼儿园。

保障义务教育学校经费。义务教育学校生均公用经费向特困地区倾斜，对农村地区不足100人的规模较小学校按100人核定公用经费，专项用于改善办学条件。对寄宿制学校，在公用经费基准定额的基础上按照每人每年200元增加补助，切实改变学生食宿条件。

- 义务教育精准扶贫理论与实践

　　强化特困地区师资队伍。深化教育人事制度改革，配足配齐服务于贫困学校的师资力量，每年将新招聘的教师优先补充到缺编的边远山区学校任教。安排城区优秀校长、教师到特困地区学校交流轮岗支教。落实边远地区教师津贴，对农村偏远地区教师发放200—600元的乡村教师生活补助。评优树模、职称晋升、教育质量奖励向边远山区倾斜。

　　精准识别贫困学生。做好陕西省学生精准资助信息系统应用培训，对基层学校学生信息操作人员进行专题全员培训，并按照属地管理原则，由学校进村入户对扶贫部门统计后的贫困学生信息进行再次核实，核实内容包括学生的就读学校、年级、班级以及家长的联系方式，经县学生资助中心核实后，录入陕西省学生精准资助信息系统，做到精准识别、精准管理、精准资助。

　　落实贫困学生资助。加强学生资助政策宣传，县资助中心逐镇办进行资助政策宣讲，为贫困户发放一份宣传材料，学校召开学生会、家长会，确保学生资助政策、资助申请流程家喻户晓；加强学生资助队伍建设，全县各学校确定一名分管领导负责资助工作，一名教师具体做好精准资助信息系统数据录入和管理维护；严明资助工作纪律，资助金发放做到"四公开一监督"，即：分配名额公开、享受条件公开、评审程序公开、核定名单公开，接受学生、教师、群众及社会各方的广泛监督，确保各类资助金真正发放到生活最困难最急需的贫困学生手中。

　　做好贫困学生一对一包扶。在学校精准识别贫困户的基础上，由学校制订操作性强的包扶方案和计划，包扶教师根据每一名贫困学生的特点，制订切实可行的包扶计划，确保一名教师包扶一名贫困户家庭学生。同时，建立贫困学生成长档案，主动对贫困学生进行学习辅导和心理健康教育，及时掌握贫困学生在生活上的需求和困难，指导学生合理使用各类补助资金，对贫困学生进行励志教育和感恩教育，关注贫困学生的健康成长。

　　实施致富技能培训工程。充分发挥县职教中心功能，统筹培训资金和专业人才，以全县绿色农产品加工、乡村旅游服务、养老服务、餐饮厨艺、现代农艺、农村电商、光伏发电、玛瑙石雕刻等产业为重点,大力开展定向、定岗、订单式免费培训,增强农村贫困劳动力就业技能和致富能力,确保每季度培训人员不少于700人。办好镇办农技校,发挥农技校的主阵地作用,使每个农村贫困户至少有1名劳动力掌握到1—2门致富技能。

陕西省镇安县:"四个三"夯实教育脱贫攻坚①

精准识别三步骤:"一卡一库一系统"。每学期开学,各学校幼儿园对学生(幼儿)全面摸底排查,建立贫困学生信息卡,一生一卡翔实登记学生家庭相关信息,县学生资助管理中心统一汇总,与县扶贫局核对建档立卡贫困学生信息,精准建立镇安县建档立卡贫困学生信息库,核定录入全国学生资助管理系统。"三步骤"精准定位学生资助对象,确保建档立卡贫困学生全覆盖零遗漏。

政策宣传三渠道:"一画一信一折页"。镇安县印制《镇安县教育脱贫攻坚精准扶贫政策宣传折页》《致全县建档立卡贫困家庭学生家长的一封信》《商洛市教育脱贫攻坚宣传日历宣传画》等宣传单、宣传彩页,通过召开家长会、千名教师大家访发放给每一位建档立卡贫困学生家庭,利用QQ群、微信群、公众号等新型媒体推送,让义务教育控辍保学、各学段学生资助、县级教育扶贫两个"1+1"机制等教育脱贫政策不胫而走、不翼而飞,走村入户、上墙入档、进心入脑,不断扩大了政策宣传覆盖范围,更是提高了广大干部、贫困群众的政策知晓率和满意度。

政策落实三举措:"一单一书一协议"。县教育脱贫办设置《商洛市建档立卡贫困学生补助发放告知单》《教育资助政策与享受签字背书》和《镇安县"教师+学生"结对帮扶协议书》。学校幼儿园在发放学生资助资金后,及时填写发放告知单和签字背书,告知建档立卡贫困学生家长,清楚其子女在校享受各项教育扶贫政策的标准、资金发放时间、金额及发放形式,保证教育扶贫资金不折不扣、及时足额、精准发放到人。

---

① 《镇安县"四个三"夯实教育脱贫攻坚工作》(http://jyt.shaanxi.gov.cn/jynews/sxjy/201801/23/75388.html)。

• 义务教育精准扶贫理论与实践

　　工作纪实三办法:"一账一表两手册"。精准建立《建档立卡贫困学生教育支持台账》,精确掌握每名建档立卡贫困学生享受学生资助情况,确保全县所有建档立卡贫困学生应助尽助、应享尽享,不漏一人、不错一人。帮扶教师翔实填写《大家访记录表》,利用文字影像记载开展政策宣传、控辍保学、学生家访过程,《教师帮扶工作手册》细致记录帮扶教师开展思想引导、心理疏导、生活指导、学业辅导、政策宣导始末,《学生成长记录册》真实记述贫困学生在帮扶教师的关爱帮扶下,思想品德、学习习惯、综合素养等方面的点滴进步。特别是大家访活动中,贫困学生恶劣的居住环境、艰苦的生活条件、顽强的拼搏精神在帮扶教师内心产生了巨大的震撼,激起了帮扶教师内心的阵阵涟漪,多数教师用细腻的笔触写下了帮扶学生过程中感人肺腑的所见所闻、所思所感,更是坚定了教师持续深入帮扶关爱贫困学生的信念。

　　陕西省柞水县:"五加五保"推进教育扶贫[①]

　　"学校+驻村工作队"保障帮扶力度。将学校脱贫攻坚力量与驻村工作队力量有机结合,实行优势互补,实现"1+1"大于2的效果,使教育脱贫工作深度推进。

　　"教师+学生"保障帮扶精度。推行师生一对一结对帮扶和"大家访"活动,及时解决学生学习中存在的问题和困难,柞水县1700多名教师和4715名建档立卡贫困中小学生、幼儿结成对子,累计开展帮扶活动两万多次。

　　"国财+地财"保障投入额度。向上争取专项教育经费,确保全县教育投入实现逐年增加,近三年累计投入11.3亿元,有力保障了全县教育事业健康持续发展。

　　"学校+学校"保障教育深度。在全县范围内成立学校联盟,联盟组长学校定期到联盟成员学校调研、指导,委派教师到联盟成员学校进行教学交流,联盟成员学校派教师到组长学校顶岗学习,推进研训联动、教学同步、资源共享。

――――――――――

① 《柞水"五加五保"推进教育扶贫》(https://www.baidu.com/s? tn=48020221)。

"社区学院+双百工程"保障扶技强度。以"双百工程"社区教育学院、职教中心培训基地、村级教学点为依托,组织联桎扶贫高校选派教师,开展高频率、多层次的培训指导,确保每个有劳动能力的贫困家庭掌握1—2门实用技术。

四川省南江县:教育扶贫"12345"工作法①

开发一套系统。为整合资源、摸清底数、资助如数、分类施策,县教科体局整合全国中小学生学籍系统、全国中小学生资助管理系统,开发出一套适合自身特点的教育科技扶贫工作云平台,对全县学生入学情况、享受资助情况实行跟踪、动态管理。

构建两大体系。一是构建"五位一体"控辍保学体系。构建县、乡、校、村和家庭"五位一体"控辍保学体系,建立"双线控辍保学责任制",坚持"依法控辍、管理控辍、教改控辍、扶贫控辍",采取"责任堵流、治乱减流、助学控流、治学回流"等措施,使全县义务教育阶段适龄儿童一个不少,全部入学。二是构建留守儿童"三维一体"关爱体系。构建社会、学校、家庭"三维一体"的留守儿童关爱体系。建立健全留守儿童健康成长档案、建设"留守儿童之家",定期开展心理疏导和娱乐活动、设立校外活动辅导站,开展课外兴趣活动,让每位留守儿童倍感集体的温暖、生活的幸福,帮助他们树立正确的学习观、人生观、价值观。

确保三个不少。一是强化控辍保学措施,适龄儿童一个不少全部入学。二是落实兑现精准资助,全县建档立卡学生资助兑现一分不少。三是大力推进项目建设,乡乡中心校全面达标一所不少。

实施四大工程。一是加强体制、机制建设,夯实安全工作基础;二是加强安全工作队伍建设,强化学校安全管理能力;三是强化育人环境治理,着力营造安全稳定育人氛围;四是加强安全保障建设,不断提高安全保障水平。

落实五项制度。一是落实控辍保学"五长"责任制。全面落实由

---

① 《南江县实施教育扶贫"12345"工作法 确保义务教育有保障》(http://www.scedu.net/_wx/_wx_home_news_i.aspx?iid=636552534871647401)。

- 义务教育精准扶贫理论与实践

"县长、乡镇长、校长、村长、家长"共同负责的"五长"责任制，确保底数清、人数明，适龄儿童全部入学。二是落实适龄儿童"五查"制度。全县94所学校分学期建立适龄儿童台账，全面落实在扶贫系统中筛查，进村入户排查，与学籍信息比对核查，进入学校班级巡查，教育主管部门审查制度，确适龄儿童信息一条不漏，政策兑现落实一分不少。三是落实教育扶贫"五包"制度。全面落实局领导包学（片）区、挂联股室挂包乡镇、乡镇学校校长包学校、中层干部包村社、科任教师包农户制度，实现挂包责任全覆盖，确保责任重担人人挑，人人肩上有指标格局。四是落实政策宣讲"五个一"制度。上好教育惠民政策宣讲课，召开家长会，集中开展中小学生教育惠民政策知识竞赛，印发教育惠民政策告家长书，开展集中、分散家访活动，实现教育惠民政策在社会、学校、家庭、学生中入脑入心。五是落实教育资助"五个精准"制度。全面落实精准建档、精准入学、精准资助、精准建设、精准帮扶制度，高质量实现义务教育有保障工作。

河南省平顶山市："四问四清"确保教育扶贫政策全覆盖[①]

一问村委，贫富现状清。按照网格化分工，该市教育局组成85个工作组共274名工作人员，兵分6路深入舞钢市、鲁山县、叶县、宝丰县、郏县、石龙区等地，进村入户入校开展调研排查工作。分别与450个贫困村"两委"干部进行座谈，重点摸排掌握贫困村基本情况和现状，了解人民群众对教育政策的需求、掌握情况和满意度。

二问学校，政策掌握清。工作组与学校及教学点负责人进行座谈并开展调查问卷，重点摸排掌握各学校对教育资助政策的掌握情况，通过对317所贫困村学校进行摸排，发现部分学校教师缺编、特岗教师"五险一金"未完全落实、义务教育学校建设不完善等问题，针对此情况该市教育局制订改善校舍计划，完善乡村学校教师补充机制，加大公开招聘教师力度，持续推进乡村教师支持计划，优先支援

---

① 《平顶山市教育局"四问四清"确保教育扶贫政策全覆盖》（http://www.haedu.gov.cn/2018/06/01/1527846447228.htm）。

农村学校，完善教师工资待遇等政策督查机制，保障好教师合法权益。

三问家庭，生活状况清。克服形式主义，突出政策落实，带着责任与贫困户进行面对面、实打实、心连心沟通，为贫困户想办法、谋思路、办实事。通过与建档立卡贫困户进行座谈，掌握家庭日常生活状况，重点关注贫困户家庭政策是否保障到位；贫困户对教育行业扶贫工作、"两后生"技能培训、岗位技能培训还不能短时间使受训者快速致富、技能培训热情不高等问题。

四问学生，资助享受清。掌握建档立卡学生是否享受资助，从思想、心理和学业等方面给贫困学生以关怀，全力帮扶贫困学生能上学、上好学，努力实现建档立卡家庭脱贫资助全覆盖，让学生树立起对学习的信心、对生活的热爱，积极从根源上铲除贫困。在调研摸排中，通过对建档立卡贫困生进行座谈沟通，发现部分学生上学存在路程较远问题。将通过优化学校布局，督促县级人民政府结合本地人口分布、地理特征、交通资源，统筹乡村小规模学校、乡村寄宿制学校和乡村完全小学布局。在人口较为集中、生源有保障的村单独或与相邻村联合设置完全小学；地处偏远、生源较少的地方，在村设置低年级学段的小规模学校，在乡镇设置寄宿制中心学校，满足本地学生寄宿学习需求。

甘肃省陇南市：六项措施助推特殊教育发展[①]

一是落实"两基"最大限度保障残疾儿童少年接受教育。陇南市全面启动"两基"迎国检工作，市县教育局和各学校按照国检指标和建档工作要求，对7—15周岁适龄残疾儿童人数、入学情况进行了摸底登记，严格区分丧失学习能力、随班就读和在特殊教育学校学习的残疾儿童，进一步完善"两基"档案。依法保障残疾适龄儿童少年接受义务教育的权利，把落实党的惠民政策和送子女上学挂钩，最大限度提高学生入学率。

---

① 《陇南市特殊教育提升计划》（http://www.longnan.gov.cn/4455533/4644647.html）。

二是积极实施中西部特殊教育学校建设规划，改善特殊教育学校办学条件。在制定《陇南市教育事业发展"十二五"规划》的基础上，结合中西部特殊教育学校建设规划，积极争取特殊教育学校建设资金和项目。全市已批准列项建设4所特殊教育学校，建成后可接收1028名残疾儿童入学，基本上达到了30万人口以上的县都有一所特殊教育学校的要求。

三是加强随班就读指导教师培训，提高随班就读教师综合素质和专业水平。市教育局依托武都特教学校成立了陇南市特殊教育指导中心，由分管局长任主任，特教学校校长任副主任，业务科室同志为成员，指导各县区残疾学生随班就读工作，初步形成了以特教学校为骨干、以普通学校随班就读为主体的残疾儿童少年义务教育发展格局。结合普通学校教师普遍缺乏特教专业知识的实际情况，进一步加强随班就读指导教师的培训。

四是落实特殊教育经费，保障教育教学需求。全市所有义务教育阶段就读的特殊教育学生全面享受"两免一补"并免除住宿费。普通高中、职业学校为残疾学生减免学费，优先发放贫困学生补助。

五是改善特教装备水平，为残疾人学习提供服务。武都特教学校通过实施现代远程教育工程，装备计算机40台，建起了多媒体教室，购置了刺绣等实训设备，有效改善了教育装备水平；因地制宜开设了按摩、编织、刺绣等课程，使残疾学生初步掌握了一些职业技能，为残疾儿童毕业后走入社会奠定了基础。

六是进一步加强特教宣传，营造良好的社会氛围。市、县、区教育局、各级各类学校在"两基"迎国检宣传中把保障残疾儿童少年接受教育作为重点内容，充分利用网络、电视、报刊等媒介，深入宣传《义务教育法》《残疾人保障法》和《残疾人教育条例》等法律法规，宣传党委政府为加快发展特殊教育而采取的政策措施，动员社会各界关心支持特殊教育事业，形成了良好的舆论氛围。市、县区各级领导利用全国助残日、"六一"儿童节、教师节等重大节日，走访慰问特殊教育师生员工，表彰特殊教育事业发展成绩突出的先进单位和个人。

第六章 集中连片特困地区义务教育精准扶贫调查报告

湖北省十堰市：深化教育精准扶贫，助推农村脱贫攻坚[①]

聚焦基层基础，实施"两大工程"，筑牢教育扶贫根基。

一是实施"安幼"工程。全面实施学前教育行动计划，扎实推进"安幼养老"工作，利用集体闲置资产，充分调动学校、社会各方面积极性，建成110个乡镇中心幼儿园、850个村级幼儿园，构建了广覆盖、保基本的学前教育公共服务体系。二是实施"薄弱学校改造"工程。累计投入资金23亿元，新改扩建中小学校舍105万平方米，配套相关设施，全市义务教育学校全部达到教育部"二十条底线"要求。

聚焦特殊群体，落实"三个保障"，创新教育扶贫举措。

一是保障留守儿童健康成长。建立党政统筹、部门联动、学校主抓、家庭尽责、社会参与"五位一体"的留守儿童关爱保护长效机制，开展"爱心妈妈""微心愿"等行动，建成农村留守儿童关爱服务机构100余所，1811个村基本实现儿童福利主任制度全覆盖。二是保障残疾学生受教育权利。大力推进特教提升计划，实现残疾儿童教育扶贫"全覆盖""零拒绝"，坚决不让一个孩子因残疾而失学。三是保障进城务工随迁子女平等接受义务教育。不断完善进城务工人员子女就学政策，全市进城务工随迁子女就近入学，与城市学生享受同等政策。

聚焦贫困家庭，推进"四个精准"，用好教育扶贫政策。

一是"户户走到"，精准查找。全市市、县、乡、村四级干部和教育系统教师职工深入开展"户户走到"活动，找准致贫原因，为开展教育精准扶贫摸清了底数。二是"五库比对"，精准识别。建立贫困家庭学生信息共享机制，通过对学籍、资助、民政、残联、扶贫大数据等信息库比对，教师入户、班级评议，实现对贫困学生的精准识别。三是动态管理，精准锁定。建好覆盖县乡校的建档立卡学生数据库，跟踪管理、定期核查、动态调整，确保应进皆进、应退尽退。

---

① 《全省教育大会分享教育脱贫"十堰方案"》（http://jyj.shiyan.gov.cn/zwdt/gzdt/201903/t20190328_1692799）。

• 义务教育精准扶贫理论与实践

四是规范程序，精准发放。严格政策界限，规范资助流程，严肃财经纪律，确保了资助资金真正用到困难学生身上。

聚焦"志""智"双扶，整合"五大资源"，提升教育扶贫质效。

一是整合网络资源。探索"双师课堂""专递课堂""互加计划"和教学点网校等多种模式，通过"互联网+"，把最好的课程送到特困地区。二是整合人才资源。用好用足省新机制、"三区人才"支持计划等政策，补充名乡村教师、推动城乡教师交流。三是整合名校资源。坚持强校带弱校、名校带新校，大力推进集团化办学，联校协作、联片教研、学区化办学，357所学校结对帮扶，不脱贫不脱钩。四是整合帮扶资源。抢抓南水北调对口协作机遇，组织2200名干部教师赴京学习，邀请300多名院士专家教授来堰讲学指导，进一步提升了教师队伍整体素质。

重庆市云阳县：聚焦"三特"对象开展教育扶贫[①]

云阳县聚焦"三特"对象，因地因人因材精准施策，确保每名学生享受到公平而有质量的教育。一是特困地区特别用力。为海拔800米以上52所学校教室和14所高寒边远寄宿制学校学生宿舍安装取暖设备，为80余所寄宿制学校4.7万名寄宿生每人购置一床棕垫。在实施营养改善计划基础上，为海拔1000米以上3000余名学生每生每天免费提供1盒牛奶。建成特困地区中小学（含村小、教学点）和城区学校同步"远程互动课堂"录播教室9个，实施城区优质资源与深度特困地区学校共享。组织56所学校，建立贫困山区学校与县域内名校结对发展教育联盟11个，进一步促进贫困山区学校管理水平、师资素养、教育质量提升。二是特困学生特别用心。建立五部门联合认定贫困学生机制，创新实施六步精准资助法，健全学前教育到大学贫困学生（含残疾学生）精准资助体系，确保全县3.5万名建卡、低保、孤儿、残疾、贫困学生资助无一人减标、掉项、遗漏。将每年8月定为"贫困学生帮扶月"，每年整合部门及社会团体资金近1300万

---

① 云阳县：《聚焦"三特"对象抓实教育扶贫》（http://www.ceiea.com/html/201803/201803011351029457）。

元，开展差异化资助，帮扶特困学生近3000名。将每月第一个周末定为"贫困学生家访日"，教育系统6748名干部教师结对帮扶有学生的贫困家庭9206户，通过"贫困学生家访日"活动，对贫困户家庭及子女开展扶志、扶智教育。三是特殊群体特别用情。成立特殊教育指导和资源中心，对全县2100名特殊适龄儿童，采取特教学校入学、随班就读和送教上门相结合方式，多措并举，确保师资、教学、管理、保障"四落实"，对不能随班就读的272名残疾学生实行每周至少1次送教上门，每学年保证40个课时，落实"一人一案"，对特殊儿童及其家长进行康复训练指导，同时对送教上门的残疾儿童给予定额临时救助1000元，确保每一名适龄残疾学生公平接受教育。

四 义务教育扶贫工作存在的突出问题

（一）教育贫困的认定标准缺乏独立性

在义务教育领域，教育贫困认定的对象是义务教育学校与学生，当前国家对学校与学生的贫困认定没有统一的认定标准，更多的是一种地方标准。教育贫困本来就有一定的相对性，尤其是经济方面的认定与地方经济社会发展水准紧密相关，其认定标准也有地方确定。但在义务教育领域对贫困的认定实践中，由于没有统一的国家标准及认定因素的复杂性，一般对学生的贫困认定也参照国家对贫困户的认定标准，即经济上的贫困者也被认定为教育上的贫困者，也被纳入教育扶贫的对象。经济上的贫困者是教育扶贫的对象，但二者不是简单的对等，教育扶贫对象有着自己的"教育贫困"特色，对学生来说，其原因可能是经济、家庭等外在因素所导致的，更有可能是智力、身体、心理等内在因素造成的，需要教育的帮扶来弥补本应拥有的教育方面的缺失。对学校来说，其教育贫困可能是政策、资源、地理位置、师资等外部因素造成的，也可能是教学、管理、方法等内部因素造成的，是需要依靠教育资金、教育人力资源、教育政策等帮扶而达成。如果仅仅以经济上的贫困作为唯一和主要认定标准，就缩小了教育贫困的内涵，将相当一批"教育贫困者"排斥在外，教育扶贫就难以发挥其应有的功效。当前各地对"教育贫困者"的认定大都在

- 义务教育精准扶贫理论与实践

"贫困户"范围中进行，认定标准模糊，各地应根据自己的发展实际制定出相应的"教育贫困"认定标准，使教育扶贫工作更有针对性。

（二）教育帮扶施策的精准度不高

扶贫"扶薪"不如"扶志、扶智、扶心"。教育扶贫重在"扶志""扶智""扶心"，通过弥补贫困者教育短板以提高贫困者基本文化素质，提高贫困者内生能力，在扶贫中起到基础性、先导性作用。当前对贫困者的教育帮扶工作有简单化的倾向，一方面，没有按照教育的规律开展因人施策，因材施教，教育帮扶工作被简化为帮助贫困者经济上的脱贫，与社会其他领域的扶贫工作混为一谈，没有体现出教育扶贫的"扶志""扶智"特色；另一方面，教育扶贫工作没有体现精准，缺乏"教育味的绣花功夫"①。教育扶贫是一种内生式的扶贫脱贫方式，教育扶贫对于受教育群体的选择不仅体现在保障其受教育权利，更要面向他们的生存性和发展性需求。贫困者教育缺失的内容与原因不同，其教育补偿的方式也因人而异，提升教育帮扶施策的精准度就是要找准贫困的"症结"所在，对症下药，因人施策，"扶志"+"扶智"，使他们深刻感受到"知识改变命运"的教育力量，增强脱贫信心。对贫困学校而言，主要不是物质上的给予，更要在办学理念，教育管理、课程教学改革、教师教学质量提升等方面提升学校发展的内生动力，而不是落入物质式帮扶、快速表象化脱贫的形式主义中。

（三）教育扶贫的急功近利，"教育"特色不突出

时任教育部部长陈宝生指出："教育扶贫要精准，就得体现教育特点，让人感到确实是教育部门做的事。"② 教育是育人的工作，教育扶贫以补偿贫困者的"智"和"志"为主要目的，有自身的工作规律。张学迁在《广西日报》2017年8月17日撰写的《牵牢教育扶贫的"牛鼻子"》指出：当前教育扶贫工作为了赶速度、出成绩出现了急功近利的心态与方式。一些义务教育教育扶贫工作为了追求一些

---

① 陈宝生：《扶贫需施展"教育味的绣花功夫"》（http：//www.71.cn/2017/0424/944811.shtml）。

② 陈宝生：《扶贫需施展"教育味的绣花功夫"》（http：//www.71.cn/2017/0424/944811.shtml）。

如学生"控辍保学"入学率、学校硬件设施配置、学生考试成绩、脱贫率等显性指标，不惜重金投入，在短期内使扶贫效果显著呈现，热衷于脱贫摘帽。这不仅违背了教育扶贫的规律，从长远来看其扶贫效果也会逐渐消失。扶贫先扶智、治贫先治愚、脱贫防返贫，教育扶贫任重道远。教育扶贫不能立竿见影、马上见效，而需要大量铺垫性的长期工作，是一个长期系统性工程。教育扶贫需要长远战略、系统建设、精准施策，不能急功近利，更不能搞"形象工程"。教育扶贫要施展"教育味的绣花功夫"，[①] 要有"功成不必在我"的心态，久久为功，绵绵用力，才能实现"依靠教育拔除穷根""扶志""扶智""扶心"的教育扶贫目的。

（四）教育扶贫缺乏相应的"跟踪"服务

扶贫，既要扶其上马，还需再送一程。教育扶贫不能立竿见影、马上见效，其作用发挥需要进一步的跟踪服务，教育扶贫不能一扶了之。在地方义务教育扶贫工作中，前期扶贫工作做得扎实，教育资金、资源供给能有效满足贫困对象的需求，形式上做得很完备、很符合要求，但却忽视了扶贫资金、资源的有效利用，以及脱贫者新出现的问题，即对脱贫者的防返贫跟踪服务。致使贫困者暂时脱离了队列，由于后续的帮扶跟不上，不久就会返贫或逐步向贫困靠拢，使扶贫工作前功尽弃。因此，鉴于教育扶贫内容、作用与效应的特殊性，教育扶贫工作要不失时机地把工作重点转移到防贫防返贫上来，巩固脱贫攻坚取得的阶段性成果，实现扶贫工作从短期向长效、从治标向治本、从摘帽向振兴的转变。

第四节　武陵山区、滇桂黔石漠化区义务教育精准扶贫现状调查报告

本调研采取现场集中调研与网络问卷网情调研相结合，定性质

---

① 陈宝生：《扶贫需施展"教育味的绣花功夫"》（http：//www.71.cn/2017/0424/944811.shtml）。

• 义务教育精准扶贫理论与实践

化分析与定量统计参考相互印证，注重整体与局部的对象特征，并通过采取实地田野现场访谈考察、问卷调查、档案资料查阅收集、案例分析等具体调研方法完成调研工作；调研时间节点为2018年7月至2019年3月。为最大限度保证本次调研成果的信效度，调研组通过本着"尊重对象、真诚保密、咨政需要、优点宣传"原则发动学术资源、提前联系、提前熟悉调研区域概况、友情联络、灵活机动、注重调研对象重点亮点工作、对调研对象义务教育精准扶贫成效宣传等方式获得调研对象的信任与支持，较好完成了调研任务。本调研报告从义务教育精准扶贫调研目的及对象等概况、义务教育精准扶贫政策保障及相关现状、义务教育精准扶贫实施成效、义务教育精准扶贫主要问题及对策建议以及重要附录五大部分加以阐述。

一 义务教育精准扶贫调研目的、对象等概况

为精准了解掌握中国集中连片特困地区教育精准扶贫实情，本调研重点涉及湖南省、贵州省，参考比对湖北省、重庆市相关义务教育精准扶贫材料，重点调研集中连片特困地区为湖南省张家界市慈利县、桑植县、永定区、武陵源区等，湘西州龙山县、花垣县等；贵州省黔东南苗族侗族自治州榕江县、黔南布依族苗族自治州都匀市等省市区县，重点跟踪了湖南省张家界市慈利县、桑植县及贵州省黔东南苗族侗族自治州榕江县。调研地点及对象涉及省地市州相关教育扶贫办暨区县教育主管政府部门相关领导及对口分管部门、相关代表学校、学生、教师及家长等社会民众。

二 义务教育精准扶贫政策保障及相关现状

（一）省级政策及主要实施方案

1. 湖南省级政策及主要实施方案

湖南省高度重视教育精准扶贫的省级统筹，湖南省级政府成立了湖南省扶贫开发办公室与湖南省扶贫开发领导小组办公室；湖南政府教育主管部门专门成立了教育扶贫工作领导小组，并下发相关文件

《关于成立湖南省教育厅教育扶贫工作领导小组的通知》(湘教通〔2015〕228号),并且建设有专门的教育扶贫攻坚网站(http：//tpgj.zt.hnedu.cn)。该文件强调：为深入贯彻习近平在湘西调研指示精神,积极推进湖南省教育扶贫工作,根据《关于实施教育扶贫工程的意见》(国办发〔2013〕86号)和省委省政府决策部署,经研究,决定成立教育扶贫工作领导小组(以下简称领导小组)。领导小组组长由厅党组书记、厅长、省委教育工委书记王柯敏担任。领导小组办公室负责协调落实教育扶贫工作领导小组的决策部署,牵头做好教育扶贫日常工作。

相关省级政策及主要方案有：2015年7月,《中共湖南省委关于实施精准扶贫加快推进扶贫开发工作的决议》;2015年11月8日,《湖南省教育扶贫规划(2015—2020年)》,《湖南省人民政府关于统筹推进县域内城乡义务教育一体化改革发展的实施意见》,《湖南省教育厅教育精准扶贫试点方案》,《湖南省教育厅"发展教育脱贫一批"实施方案》。

2. 贵州省级政策及主要实施方案

贵州省级政府成立了贵州省扶贫开发办公室。相关省级政策有：《贵州省人民政府办公厅关于转发省教育厅等部门贵州省三大集中连片特殊困难地区教育扶贫工程实施方案的通知》,《省教育厅关于印发贵州省教育精准脱贫规划方案(2016—2020年)的通知》,《省教育厅关于实施贵州省深度特困地区教育精准脱贫三年攻坚行动(2018—2020年)的通知》。

(二)地市州区县义务教育基本概况

1. 湖南省地市州区县义务教育基本概况

张家界市辖2个市辖区(永定区、武陵源区)、2个县(慈利县、桑植县),有7个街道、32个镇、47个乡、15个民族乡。近年小学适龄儿童入学率达100%,落实义务教育保障资金近2亿元。2018年1月,《张家界市统筹推进县域内城乡义务教育一体化改革发展实施方案》指出：城乡基本公共教育服务均等化基本实现。九年义务教育巩固率达到97%以上,乡村教育质量明显提升,教育脱贫任务全面完成。湘西州 2016 年初中学校毕业生 31956 人，普通小学毕业生 32961 人。小学适龄儿童入学率 99.9%。落实义务教育保障资金 3.44 亿元。

区县选取湖南省张家界市桑植县为例，其义务教育基本情况如下：全县现有中小学校 225 所，在籍学生 57691 人，其中小学 33924 人，初中 15719 人。适龄儿童入学率 100%，巩固率 99.99%；适龄少儿入学率 99.04%，巩固率 99.58%。有公民办幼儿园 87 所。现有教职工 5655 人，其中在职 3782 人（含特岗 206 人）、退休 1873 人。

2. 贵州省地市州区县义务教育基本概况

截至 2017 年，黔东南苗族侗族自治州有普通中学 226 所，招生 93898 人，在校学生 278532 人，毕业生 99961 人。普通小学 673 所，招生 64614 人，在校学生 357941 人，毕业生 57881 人。小学适龄儿童入学率 99.27%。全州 16 个县市基本实现普及十五年教育。全年扫除文盲 0.38 万人。义务教育阶段学校免学杂费覆盖率 100%，免除教科书覆盖率 100%。2017 年，黔南布依族苗族自治州教育支出 77.40 亿元，同比增长 6.7%。教育支出与 2017 年 GDP 相比为 6.7%，占公共财政预算支出的 20.5%。截至 2017 年年底，黔南布依族苗族自治州教职工数 54176 人，专任教师数 45508 人。其中：小学教职工 18338 人，专任教师 16713 人；初中教职工 11168 人，初中专任教师 10284 人。

三 义务教育精准扶贫实施成效

（一）地市州区县义务教育精准扶贫实施概况及成效

1. 湖南省地市州区县实施概况及成效

湖南义务教育精准扶贫武陵山片区代表主要有湘西州与张家界市等地市州，湘西州包括龙山县、保靖县、花垣县等，张家界市主要包括慈利县与桑植县。张家界市的慈利县与桑植县是本次调研重点，相关内容后面会重点陈述，所以本部分就主要介绍湘西州的义务教育精准扶贫概况。

根据 2017 年 5 月 26 日湘西州扶贫开发办公室网站及《中国教育

报》2018年10月20日报道相关内容，以张家界市为例，该市精准扶贫精准脱贫工作综述概况如下：出台《张家界市精准扶贫"阳光助学"就读保障工作实施方案》，为教育精准扶贫助力。"张家界市扶贫部门建档立卡的农村贫困户家庭和民政部门认定的城乡低保户家庭子女，并在张家界市中小学就读的义务教育阶段特困学生和普通高中及中等职业学校（含技工学校）的家庭经济困难学生纳入阳光助学范围。"张家界市义务教育阶段按照精准资助的要求，对实施范围内的义务教育学校、普通高中学校、中等职业学校（含技工学校）的在校学生，在落实现有国家资助政策的基础上人均再补助1000元助学金。具体由各实施单位结合各区县实际在500—1500元范围内确定，分2—3档执行。"在实施过程中要牢牢把握'三个原则'，一是精准资助原则。资助对象的遴选要做到公平、公开、公正。资助对象实行公示，资金发放过程要做到阳光、透明。二是整合统筹原则。教育行政部门牵头，整合教育、民政、扶贫、工会、团委、妇联、残联、慈善等相关部门的有关资助项目，统一通过'阳光助学'平台实行精准资助。统筹原有各项资助政策，结合各自原有的实施办法和细则，在核准建档立卡贫困户和城乡低保户对象后，实施再救助。三是统一标准流程原则。在学生资助工作领导小组的领导下，各级各部门按照统一的资助标准、资助流程和资助工作要求实施精准资助，避免重复资助。"同时张家界市教育局要求，在实施过程中要严格把好"三关"。一是严把资助对象认定关。教育行政部门要按照学校认定的贫困学生名册与扶贫办的建档立卡贫困户子女和民政部门确认的城乡低保家庭子女名册进行信息对接，核准资助对象。二是严把资金发放关。该精准扶贫"阳光助学"项目资金，须经教育行政部门会同同级扶贫、民政等部门共同审核资助对象无异议后，报送同级财政部门审核，由财政部门拨付资助专项资金至同级学生资助管理中心的专用账户；需市级负担的资金由市级财政、教育部门共同下达专项指标给张家界市学生资助管理中心或区级教育局、财政局，再由同级学生资助管理中心打卡发放至受资助学生的银行卡上。三是严把档案管理关。各实施单位要严格按照《学生资助档案管理办法》要求，将

- 义务教育精准扶贫理论与实践

"阳光助学"的档案信息、各项表册、佐证材料单列整理，归档备查。

2. 贵州省地市州区县实施概况及成效

黔东南州是贵州省一个边远贫困的少数民族地区。2017年8月，该州教育行政主管部门成立"州教育扶贫关爱联合会"，开展"一元捐助，百分关爱"助学活动，即倡导教师每周捐助一元工资、非建档立卡学生每月捐助一元零花钱，为建档立卡等贫困学生就学资金提供保障机制。

一是加大宣传力度。为保障活动有序开展、取得成效，全州各级教育部门和各级各类学校，大力开展宣传，按照《州教育扶贫关爱联合会章程》，以自愿为原则，积极开展捐资助学活动，并特别强调，建档立卡贫困学生不参加捐赠。为进一步向广大师生宣传脱贫攻坚政策，提高参与意识与责任意识，州教育局印发了《关于在全州教育系统开展"一元捐助百分关爱"活动周的通知》，将每年3月的第一周确定为"一元捐助，百分关爱"活动周。同时，州教育局加强调度，开展教职工和非建档立卡学生参与率和奉献率"大比武"活动。

二是强化管理。要求州、县各级教育部门和学校、学生班级要做好班、校、县、州四级公示，确保透明公开。

三是强化资金管理。所有募集资金，严格按照《章程》专款专用，全部用于贫困学生资助，不得挪作他用，确保捐资助学活动在阳光下运行，严防滋生腐败和违规违纪行为。开展"一元捐助、百分关爱"捐资助学活动是落实党中央十九大"健全学生资助制度"的指示精神，健全和丰富了学生资助体制，拓宽了教育扶贫资金渠道，是政府资助主渠道资金的补充。开展"一元捐助、百分关爱"捐资助学活动，增强了教育系统全体师生脱贫攻坚的历史使命感和责任感，掀起了脱贫攻坚人人有责、人人参与的热潮。"一元捐助、百分关爱"捐资助学活动，弥补了政府资助资金不足未能全覆盖的问题，确保了贫困学生不因贫辍学，得到了贫困学生及家长和社会各界的认可和好评。

(二) 典型经验及案例

【案例1】慈利县学生资助中心作为湖南学生资助样本窗口助力教育精准扶贫

雨露滋润春满园，这里阳光正灿烂

——慈利县学生资助中心作为湖南学生资助样本窗口助力教育精准扶贫

在湖南省西北部世界著名旅游胜地张家界东大门，有一块美丽的红色土地——慈利。这片3492平方千米的版图面积上居住着土家、汉、苗等17个民族、71万慈姑儿女，属武陵山片区连片扶贫攻坚重点县。全县有普通高中4所、职业高中2所、教师进修学校1所、特殊教育学校1所、初中20所、九年制学校14所、完全小学32所、村小及教学点163个、独立幼儿园65所（民办27所）。现有在编教职工4337人，在校学生67470人，在园在班幼儿17303人。

2008年11月，根据国家资助政策的有关要求，慈利县成立学生资助管理中心，人员编制3人。全县各级各类学校都统一挂牌成立了学生资助管理中心办公室，并明确专干负责此项工作。在具体工作中，我们的做法是：一是深入学习，加强培训。二是规范设置，落实职责。该县率先实施了县、乡（镇）、校、村（居委会）四级资助管理网络。为做好学生资助管理中心建设工作，我县结合实际，创造性提出一手抓县学生资助管理中心标准化建设，一手抓学校资助管理中心办公室标准化建设，坚持"两手抓、两手硬"。并从"六定"方面（定目标、定人员、定牌子、定场所、定设备、定制度）对学校资助管理中心办公室标准化建设作了部署和要求，各学校资助专干一致认为，通过学校资助管理中心办公室建设，进一步提高了资助工作地位，规范了资助工作管理，提升了资助工作品位，对打造慈利县资助工作品牌有着深远的意义。目前，全县所有学校达标建设均已验收合格，县学生资助管理中心已被省级验收达标。三是完善管理，加强制度建设。为了让全社会全面了解党和政府的学生资助政策，我们精心设计印制了《慈利县学生资助工作指南》，《指南》从"学生资助管理中心建设""学前教育入园补助""普通中小学学生资助""中等职业学校学生资助""普通高等学校学生资助"五大方面，对我县学生

- 义务教育精准扶贫理论与实践

资助工作作了全景式呈现。一本小小的《指南》架起了县学生资助管理中心—学校—师生—家长—社会之间的爱心桥,让广大师生和家长尽享党和政府的惠民"政策快餐"。为树立大局意识和服务意识,制定了内部考勤制度,完善了《慈利县家庭经济困难学生认定办法》《慈利县学生资助管理中心财务管理制度》《慈利县学生资助档案管理办法》等一系列管理制度。

一份大爱,托举了慈利教育的高度

乘着圆梦中华全面小康东风,作为国家武陵山片区连片扶贫攻坚重点县的困难学子们同样享受着党的阳光雨露,享受到社会各界的关爱。十年来,在党和国家资助政策阳光雨露滋润下,惠民政策不断浸润人心,我县享受到学前教育、义务教育、普高教育、中职教育、高等教育等各学段国家政策资助共计128.7万人次,发放金额达2.6亿元。

慈利素有崇文尚礼、尊师重教的优良传统。十年来,县委、县政府面对公共教育资金的严重缺口,县委、县政府不为成规所囿,想尽一切方法,在教育改良进程中破冰前行。

为彻底解决贫困家庭子女就学难问题,近年来,慈利县更是大力推进教育精准扶贫,不断完善家庭经济困难学生资助体系。县政府每年安排预算20万元用于县学生资助管理中心开展工作,安排62万元用于补助义务教育阶段家庭经济困难未寄宿学生生活费,形成了强大的资助合力。2016年,慈利县在现行的各项国家学生资助政策基础上,进一步出台了地方性资助政策,启动了"阳光助学"工程,加大精准扶贫力度,进一步加强对农村建档立卡贫困户和城乡低保户子女的就读保障。一年来,整合县扶贫、民政和民宗、教育等部门财政资金,共资助学生10921人,发放资助资金1218.6万元,形成了独具特色的"慈利模式"。

一份责任,明媚了慈利教育的天空

"不让一个孩子因家庭经济困难而失学",这是慈利县学生资助管理中心一直以来的孜孜追求。从 2009 年开始，我县学生资助管理中心积极开拓，勇于创新，在全县启动了志愿者服务，开辟"绿色通道"，实行"一站式服务"，极大地方便了受助学生和家庭，深得广大群众的称赞。截至 2016 年年底，共帮助学生办理助学贷款 4651 人次，发放贷款金额达 3072.57 万元。这一举措，在湖南省属于首创，得到了省市各级领导高度评价。

多年来，慈利县学生资助管理中心一班人坚持用责任的犁耙，耕耘出教育的一片沃土。为确保资助工作公开、公平、公正，真正使国家资助政策家喻户晓，深入人心，在各学校设立资助宣传栏，开展相关宣传活动，通过电视、网络微信、设立咨询接待窗等多种形式宣传，还不断创新宣传举措，除了在乡镇集市张贴、发放宣传画等方式，聘请全县 668 名村支部书记担任学生资助政策义务宣传员，还将国家助学政策印在学生作业本扉页上，让每一位学生牢记于心，确保资助政策宣传全覆盖。为规范和完善管理，我县实行资金封闭运行，县教育局、县财政局密切配合联合下发了系列文件，在农村义务教育阶段家庭经济困难寄宿生生活补助、普通高中国家助学金和中等职业学校国家助学金及免学费资金管理上，在全市乃至全省率先实行财政集中支付、打卡发放，银行卡由学生或家长保管，确保了资金准确、及时、安全、足额发放到位。据调查，实施打卡发放以来，我县广大学生及家长对助学金到位满意率为 100%。针对中职学生学籍管理的特点，我们加大了监管力度，对全县中职学生人数实施了动态管理，实行了月月清查，由县财政局文科教股、县学生资助管理中心、县教育局职教股工作人员一道按照学校上报学生数，逐校、逐班、逐生清点核实，最后在管理系统中生成当月享受国家助学金人数。此项工作每月进行一次，确保贯彻执行政策不走样，确保助学资金准确无误发放到位。同时加强对全县所有学生资助项目进行全面清理，要求各学校根据相关文件精神建立贫困生档案库，坚决杜绝关系资助、人情资助等违规现象，确保教育扶贫精准到位。

一份责任，一份担当。由于国家精准扶贫、阳光助学政策的持续发力，让学生切实感受到党的资助政策无比温馨，真正实现了"不让

- 义务教育精准扶贫理论与实践

一个孩子因家庭经济困难而失学"的目标!

一份感恩,辉映了慈利教育的史册

十年树木,百年树人。国家资助政策从无到有、从少到多,日趋完善,下能惠及幼儿园的娃娃,中能惠及中小学生,上能惠及硕博研究生,真正实现了全程资助无断档,全面资助无遗漏,精准扶贫无死角。作为国家武陵山片区连片扶贫攻坚重点县,有着太多的贫困家庭。为培养出建设祖国的有用之才,为让这些家庭的孩子同样拥有接受良好教育的权力,在县委、县政府的大力倡导下,社会各界爱心人士纷纷伸出援助之手。企事业单位、社会爱心团体、爱心个人共捐资6000多万元,建立爱心学校12所,资助家庭经济困难学生20000余名。

2009年,由益海集团斥资700万元、县委县政府筹资300多万元,重建了国太桥乡九年制学校,为了不忘爱心人士的助学之情,学校建成后更名为益海学校,并以传承、感恩、励志、务实作为校训,让感恩的种子开花结果。2012年慈利三中校友、深圳禾田居投资有限公司董事长莫伯平为母校捐资100万元设立"禾田居奖助学基金",以奖励、资助品学兼优的莘莘学子奋发拼搏、学有所为,媒体给予了专题报道;由杉木桥镇中学校友柴本胜牵头的上海文来中学"爱心助学考察团"自2007年以来,每年都要赴杉木桥镇中学开展"一帮一"联谊活动,十年来,该校师生为杉木桥镇中学捐款累计近百万元。文来中学的这些捐款使杉木桥镇中学650名贫困学生顺利完成学业,学校的教育教学设施也得到了很大改善;另外,在慈利县学生资助管理中心长期指导下,零阳镇一完小满金平老师通过"慈利爱心网"公益平台,近十年来共募集爱心助学基金80余万元,资助贫困生上千余人。他的优秀事迹《网络搭起爱心桥——"小满哥"创建爱心助学网的故事》成功入选省教育厅出版的《湖南学生资助先进人物风采录》,社会反响很好。

我县还坚持助学与育人相结合,牢固树立资助育人的理念,每年有八万余名师生、家长共同参与感恩资助演讲比赛、报告会、演唱会，征文大赛、主题班队会、志愿者服务等活动，增强了广大学生感恩诚信、励志成才的信心，实现了感恩教育的制度化、常态化，为塑造学生健全的人格奠基。

"桃李不言，下自成蹊"，丰富多彩的感恩教育让学生们激动不已，正如学生们发自内心的话语："因为有你们，我无望的眼睛看到了光明；因为有你们，我贫瘠的心灵得到了滋润！"，"国家助学的好政策，让我们中职生扎上了理想的翅膀；国家助学的好政策，给了我力量！"。

一分耕耘，一分收获。由于我们求真务实，开拓创新，在学生资助工作方面取得了显著成绩，得到了省市领导高度评价。2012年8月我县承办了全市学生资助管理工作经验交流现场会并作了典型经验介绍，湖南教育电视台"教视新闻"头条报道了我县生源地信用助学贷款工作先进经验，在河南省、福建省赴张家界市考察生源地信用助学贷款工作座谈会上我县作了经验介绍，我县第一部公益助学微电影《满山情》在全国主流网络和微博上公映，张家界日报以"不让一个学生因贫困失学——我市资助贫困学生慈利样本观察"为题头版报道了我县资助工作取得的突出成绩。正因为我们倾情付出，2010年、2012年我县两度荣获全省学生资助工作先进单位，2007年、2014年、2016年三度荣获张家界市学生资助工作先进单位。

当然，我县学生资助工作绝不尽善尽美，唯有沿着目标，砥砺前行才是正道。在今后的工作中：一是全面宣传贯彻落实国家各项资助政策，大力拓宽社会各界力量助学渠道；二是进一步加强资助资金管理，规范操作程序，逐步完善资助制度；三是继续创新感恩教育形式，使家庭经济困难学生能全面、健康、快乐地成长。

一片爱心办教育，遍洒甘露润新苗。学生资助工作是一项功在当代，利在千秋的民心工程，作为县级学生资助管理中心，权力虽然很小，但责任更大。今后，我们将撸起袖子，俯下身子，真抓实干，为慈利广大贫困学子撑起一片希望的蓝天。

【案例2】桑植县"县级农村小学教师公费定向培养扶贫计划"

- 义务教育精准扶贫理论与实践

特色案例

合作培养　公费就读　定向就业
——县级农村教师培养计划探索教育扶贫新途径

为积极响应党中央精准扶贫战略号召，进一步落实"发展教育脱贫一批"和"阳光助学"扶贫工作要求，实现"培养一人、脱贫一户"的精准脱贫目标，充实边远山区薄弱学校师资力量，实现域内义务教育均衡发展，2016年，张家界市桑植县启动实施了"县级农村小学教师公费定向培养扶贫计划"。该计划在全省部分特困地区进行推广，2017年，8个市州21个区县553名学生已入学就读。

着眼教育扶贫，首创县级公费定向培养。桑植县位于湖南省西北部，属国家扶贫开发工作重点联系县，在省教育厅大力支持下，首创"县级农村小学教师公费定向培养扶贫计划"，自2016年起至2020年，每年从我县建档立卡贫困户家庭中择优录取50名优秀应届初中毕业生，由县政府全额出资，每生每年1万元，委托长沙师范学院培养五年制专科层次公费师范生。将帮助贫困家庭脱贫致富与充实农村小学教师队伍相结合，为决胜脱贫攻坚、全面建成小康提供有力支撑。

摸准扶贫脉搏，确保培养计划切实可行。教育是解决贫困问题的唯一有效办法，为探索教育扶贫新模式，我县总结多年来扶贫经验，按照三个结合的工作理念，创新实施县级公费定向农村小学教师培养计划。一是与现行教师培养政策相结合。县级农村小学教师公费定向培养扶贫计划是省级培养计划的延伸和发展，其招生、培养、就业等可参照省级培养计划执行，能为政府、学校及社会各界所接受和认可，不需要单独出台政策，降低了政策障碍，使计划能顺利实施。二是与贫困家庭实际需求相结合。在我县农村，教育支出压力是很多贫困家庭致贫的重要原因，县级农村小学教师培养计划由县级财政全额负担，每生每年1万元培养费，极大减轻了贫困家庭的就学压力。让贫困家庭学生成为国家正式编制教师，相对其他帮扶措施更加有效，更加长远，真正阻断了贫困代际传递。三是与农村教师发展需求相结合。相比普通的公费培养农村教师，回本乡任教的贫困家庭学生能够

第六章 集中连片特困地区义务教育精准扶贫调查报告

就近照顾家庭，更能安心扎根于基层，充实农村教师队伍，填补农村教育资源空缺，有效地解决农村教师"派不去、教不好、留不住"的痼疾，有利于实现域内义务教育均衡发展，是一种扶贫支持教育、教育反哺扶贫的可循环模式。

政府全额买单，确保贫困学生安心入学。招生录取的学生全部是建档立卡贫困户家庭子女，解决他们的上学费用，是计划顺利实施的根本保障。经测算，每生每年培养经费需1万元（包括学费、住宿费、军训费、教材费6000元，基本生活补助4000元），完成250人培养计划，共需经费1250万元。桑植是国贫县，地方财政十分困难，落实好这么一大笔培训费用，实属不易。县委县政府多次召集相关部门，召开专题会议，研究解决免费师范生的上学费用。站在"治穷先治愚，扶贫先扶智""再穷不能穷教育，再苦不能苦孩子"的高度，决定克服一切困难，培养经费由县级财政调剂承担，学生开学报名时，将培养经费统一打到长沙师范学院银行账户上，全力做好保障工作，不能让学生因报名没交费而产生负面影响和心理负担。

强化校地合作，确保培养计划高效优质。

桑植县与长沙师范学院通力配合，全力做好服务保障工作，保证培养质量，落实毕业安置。一是搞好服务。入学当天，桑植县举行了隆重的欢送仪式，派出领导和专车把学生送到学校；长沙师范学院举行了隆重的欢迎仪式，明确专人负责入学事宜，让学生体会到浓浓的集体温暖。二是加强管理。入学后，长沙师范学院将学生平均分配到其他班级，让他们与其他学生正常相处，消除班级贫富歧视和学生的自卑心理。致力于培养全面发展的"全科型"小学教师，设置入学辅导课程，通过团体辅导帮助新生适应环境，开展心理健康教育，帮助他们树立自信，不断进步。建立了在校培养期间沟通交流机制，定期开展培养工作信息反馈，通过多方联动提升培养质量。三是定期回访。县政府定期组织专门队伍，到长沙师范学院就扶贫招生委托培养工作进行回访，通过与学校领导、老师沟通，与在校学生进行交流，了解他们的思想学习情况，帮助他们解决生活中的困难，克服心理障碍，鼓励他们刻苦学习，练就一身过硬本领，扎根基层，回报社会，将来为家乡的教育事业作贡献。

【案例3】黔东南州"一元捐助，百分关爱"特色活动助力教育精准扶贫

黔东南州教育局启动教育领域扶贫资源动员机制，成立黔东南州教育扶贫关爱联合会，倡导开展"一元捐助，百分关爱"捐资助学公益活动，以自愿捐款为原则，倡议全州教育系统所有教师每星期捐献一元工资、倡议全州非建档立卡学生每月自愿捐助一元零花钱，为建档立卡等贫困学生就学资金提供就学保障，确保不让一位贫困家庭学生因贫失学。

黔东南州共有各级各类学校2420所，在校学生81.88万人。全州贫困学生24.64万人，贫困学生占在校学生总数的30.1%。有教职工63626人。近三年来，我州积极争取到国家各类学生资助资金36.21亿元，惠及学生529万人次。但全州贫困面大，贫困程度深，仍有部分临时性、特殊性、深度性贫困学生国家资助难以全覆盖，完成学业有难度。

为确保建档立卡等贫困学生就学资金有保障，确保贫困家庭学生不因贫失学，黔东南州教育局经过调研，为积极调动全州教育领域资源，拓宽教育扶贫资金渠道，根据《社会团体登记管理条例》，成立"黔东南州教育扶贫关爱联合会"，开展"一元捐助，百分关爱"捐资助学公益活动，为建档立卡等贫困学生就学资金提供保障机制。全州教师参与率达90%以上。全州形成一个"捐资助学，人人有责，聚力教育扶贫"的良好局面。

截至2018年12月，黔东南州教育扶贫关爱联合会收到善款823.33万元。教育扶贫关爱联合会本着解决大事、解决特事、解决急事的导向问题，自成立以来，按照《教育扶贫关爱联合会章程》，积极发挥联合会作用，共划拨爱心资金六批次640万元，积极支持各县市及州属学校脱贫攻坚工作，并重点支持镇远、麻江等6个2018年拟脱贫摘帽县，为建档立卡等特困家庭学生提供就学资金保障，助力脱贫攻坚。划拨学生资助资金第一批镇远县30万元、第二批深度贫困县从江县10万元、第三批深度贫困县剑河县10万元、第四批全州16六个县市和州属学校共300万元，第五批10万元支持施洞镇小学建档立卡学生腮腺炎疫苗、水痘疫苗应急采购资金、第六批16个县市建档立卡等特困家庭学生资助280万元（2018年6个拟脱贫摘帽县每县各30万元，其他各县市各10万元）。

四 主要问题及对策建议

（一）义务教育精准扶贫存在的主要问题

1. 学校基础建设投入不足

虽然近几年相关省市进行了合格学校的建设，但大部分学校依然存在基础设施差、教学设备陈旧落后、教育信息化水平低、农村教师住房条件简陋等问题，一些集中连片贫困地区中心小学以上学校未完成省合格学校建设，义务教育标准化学校建设刚刚起步，信息化建设还没启动。以桑植县为例，近几年，高中教育国家投入少，但为了建设省市级示范性高中，不得不采取工程队垫资和融资贷款等办法筹措项目经费，我县4所高中学校累计负债已达5000多万元。建议加大对我县标准化学校建设、信息化建设资金投入，建议统筹化解我县高中学校债务。

2. 学生资助保障范围有限

一是农村义务教育家庭经济困难寄宿生生活补助只有40%左右的寄宿生享受，没寄宿的家庭经济困难学生享受不到生活补助。二是营养改善计划的实施范围仅为农村学校，致使很多进城务工经商的随迁子女因在城区学校就读而享受不到这一惠民政策。三是幼儿园只有15%享受入园补助，普通高中家庭经济困难学生助学金只有30%的学生享受，救助的比例偏低，这些只有部分学生享受的资助项目，给学校在名额分配时带来困难，家长意见也大。建议扩大学生资助范围，关注家庭经济困难的非寄宿生和城区义务教育阶段学生，实现城乡全覆盖，同时提高普通高中家庭经济困难学生助学金和幼儿入园补助的比例。

3. 农村学校教师结构性短缺

教师编制是按师生比确定的，在农村学校，由于学生数少，导致教师数量少，往往一个老师要跨学科兼课，或转行任教非自己所学专业的课程，教非所学、学非所教现象非常普遍，因此，教学质量难以保证。另外没有幼儿教师和生活教师编，造成了幼儿园和生活教师占用义务教育教师编制。建议：一是适当放宽农村学校编制配备标准，增加编制数，保证农村学校的教师数量。二是配备幼儿教师、生活教师专用编制。三是对育龄女教师"产假式"缺员、重大疾病教师"病假式"缺员及其他正常原因造成的缺员等情况，由财政列入专项经费预算，以购买教育服务的方式解决临聘教师的工资问题。

4. 农村学校教师福利筹措困难

目前，对公职人员福利开的口子多，但下拨经费非常有限。给学校的生均公用经费仅能保证正常运转，对于一些规模小的农村学校，正常运转都难以保证，根本无力解决教师住房公积金、双薪、年终绩效奖等，造成了学校与学校之间、行业与行业之间存在收入差距，不利于教师队伍的稳定，不利于教育大局的稳定。建议将农村教师年终绩效奖列入财政预算，统筹解决。

5. 教育部门缺乏专项扶贫资金

相关省市县级教育局作为教育行政主管部门，主要职责是发展教育事业，但多年来，每年都承担有一至两个帮扶村的扶贫任务。要将一个村整村脱贫，为帮扶村进行基础设施建设以及产业发展，需要大量的资金投入，为了及时完成帮扶任务，不得不挤占其他经费，甚至是教育专项经费，这样使得本来就捉襟见肘的教育经费更加紧张，影响教育事业的发展。另外，教育局没有建立扶贫专项资金科目，帮扶资金无法下拨。建议为教育部门建立扶贫专项资金科目，以便更好地开展帮扶工作。

（二）义务教育精准扶贫的对策建议

义务教育精准扶贫是教育扶贫的重要内容，关系国家未来发展，如何办好更加公平更有质量的义务教育是全体教育人和相关群体应该重点思考的内容。2019年全国两会期间，习近平再次就相关教育扶贫事宜专题强调。习近平历来高度重视教育扶贫工作，强调治贫先治愚，扶贫必扶智。教育在促进扶贫、防止返贫方面的作用是根本性的、可持续的。教育扶贫是最根本的，也是最有效的精准扶贫。脱贫攻坚进入决胜阶段，不仅需要抓重点、补短板、强弱项，投入大量的资金、物资等，为贫困群众"输血"，更要加强扶贫同扶志、扶智相结合，强化贫困群众的"造血"功能，激发贫困群众自我发展的内生动力和追求美好生活的能力，真正斩断穷根，阻断贫困的代际传递。

做好教育扶贫工作，应以保障义务教育为核心，全面落实教育扶贫政策，进一步降低特困地区特别是深度特困地区、民族地区学生辍学率。

打好教育扶贫"组合拳"，重点是打好人才供给战，比如师资供给与学生毕业出口培养。行走在特困地区第一线，你会发现，每个县、乡、村的田间地头都有一群特殊的人，他们走街串户、帮扶群众、带领村民致富……他们就是驻村工作队，而高校的身影也在其中。高校是经济社会发展的人才库和智力源，应该充分发挥高校人才培养优势助力义务教育精准扶贫，湖南桑植县的成功经验就足以证明。

加强相关政策文件法规的宣传，让受众百姓知悉，同时也将相关教育扶贫成果及困难对外宣传，争取外界更大的支持力度进而尽快实现义务教育精准扶贫。

相关地市州暨区县应该充分发挥主观能动性，应该结合上级政策有机联系本地实际开展教育精准扶贫，开创性完成义务教育精准扶贫相关工作。

围绕"精准"谱写教育扶贫大文章。湖南张家界及湘西土家族苗族自治州等相关做法值得推广。

五　附录

附录 1：桑植县教育局教育扶贫实施方案（2018 年）

为贯彻落实《湖南省教育扶贫规划（2015—2020）》（湘政办发

- 义务教育精准扶贫理论与实践

〔2015〕96号）精神，确保教育扶贫工作有效开展，结合我县县情，制定本方案。

一、指导思想

全面贯彻落实党的十九大精神，以习近平新时代中国特色社会主义思想为指导，坚持扶贫先扶智，以建档立卡贫困人口为重点，以促进教育公平和提高劳动技术技能为抓手，精确对准教育最薄弱领域和最贫困群体，全面落实教育扶贫政策，全面提升我县教育发展水平，促进教育强民、资助惠民、技能富民，为全县脱贫摘帽、与全市同步建成小康社会打下坚实的智力基础。

二、目标任务

将推进教育扶贫工作作为全县教育工作的重要任务，通过全面落实资助政策，实现建档立卡家庭学生从学前教育到高等教育资助全覆盖，不让一个孩子因贫失学；通过提高各级各类教育入学率、改善薄弱学校办学条件、提高农村学校师资水平等措施，提高教育质量，促进教育公平，阻断贫困代际传递；以提高就业致富能力为重点，实现建档立卡家庭经济困难学生接受中等职业教育和技术技能培训机会全覆盖，提高贫困人口创业竞争力。

三、主要措施

（一）切实加强控辍保学工作

1. 建立控保体系，夯实工作责任。建立局党组成员包片、股室包乡镇、局机关干部包学校的控辍保学责任制。各校要加强领导，校长为控辍保学第一责任人，班主任、任课教师为直接责任人，层层签订责任状，夯实工作责任。

2. 严格学籍管理，规范网上操作。严格实行中小学学生转出、转入、休学、辍学报告制度，规范网上操作，确保每一名学生就学去向明确。

3. 采取有效措施，做好劝返工作。大力开展"三帮一"劝返复学行动，学校对本校和辖区内辍学学生建好台账，一人一档，做好劝学记录，实行销号管理。

4. 关注特殊群体，确保全部入学。进一步做好留守儿童接受义务教育的服务工作，保障进城务工人员随迁子女平等接受义务教育，建立翔实完备的留守儿童和"三类"残疾儿童少年信息台账，实行动态管理与监测，确保全部入学。

（二）全面落实教育资助政策

1. 规范资助管理程序。全面落实《桑植县脱贫攻坚教育扶贫"阳光助学"实施方案》（桑扶指发〔2017〕31号）文件精神，安排专人全程负责学生资助工作，规范各类资助项目申请、评审、公示、发放等环节。严格资金管理，建立专账管理资金，做到专款专用、专账核算。

2. 确保资助对象精准。学校主动与乡镇、村委会衔接，建立本校和辖区内建档立卡家庭学生信息库，做到信息准确，不漏一人。严格评审学前教育入园补助、寄宿生生活补助、普通高中国家助学金等项目资助对象，严禁优亲厚友、轮流坐庄，确保资助对象精准。

3. 及时足额发放资金。按照扶贫政策要求，资助管理部门要积极发挥综合协调作用，加快教育扶贫项目资金拨付进度，保证扶贫资金不拖不压及时足额发放到位，切实提高各项资助助资金的使用效益。

4. 搞好资助信息跟踪。学校以回访、感恩励志教育、优秀典型激励为主要载体，搞好资助信息跟踪，充分发挥资助育人功能，为后续资助工作的顺利开展奠定基础，进一步提升资助工作水平。

（三）改善薄弱学校办学条件

1. 推进学前教育发展步伐。加快推进乡镇中心幼儿园建设，达到每个乡镇有一所中心幼儿园，提高普惠性民办幼儿园发展水平，形成以政府为主导，社会参与，公民办并举的办园体制。

2. 改善义务教育办学条件。按照就近入学原则和国家办学标准，推进城乡教育一体化建设，均衡教育资源配置，加快学校标准化建设，全面改善薄弱学校办学条件，进一步缩小城乡、校际办学差距，保障学生就近入学需要。加快教育信息化进程，加强课程教学资源整合，推进信息技术与教育教学的融合应用。

3. 提升高中阶段教育水平。进一步提高普通高中标准化建设，努力改善办学条件。完成职业教育资源整合，切实发挥职教中心的统领作用。建设1个水平一流的职业教育实习实训基地和2—3个特色专业，深化校企合作培养模式，进一步提高职中毕业生就业率，逐步实现普职招生大体相当。

（四）提高农村学校师资水平

1. 有效拓展农村教师补充渠道。积极争取特岗教师计划、自主招聘等多种招聘政策，继续实施省级、县级农村教师公费定向培养计划，逐步建立完善农村教师补充机制，着力破解结构性矛盾，优先补充紧缺学科教师，新任教师优先安排到农村中小学任教，为农村学校持续输送优秀人才。

2. 有序推动城乡教师合理流动。加强县域内义务教育段教师的统筹管理，按照《桑植县校长教师交流轮岗工作方案》要求，积极推进校长教师在城区和农村学校之间、优质学校和薄弱学校之间的合理流动。

3. 职称评聘适当倾斜农村学校。严格执行省、市中小学教师职称（职务）评聘条件和程序办法，切实实现职称指标向农村教师倾斜，落实中级职称、高级职称农村学校分别提高5%和3%。

4. 全面提升农村教师能力素质。按照农村教师的实际需求改进培训方式，采取网络研修、送教下乡、校本研修等多种形式，增强培训的针对性和实效性。加强农村骨干教师和学科名师的培养，积极争取"国培计划"和"省培计划"，支持农村教师校长培训。

5. 大力提高农村教师生活待遇。全面落实乡镇工作补贴和武陵山片区人才津贴，依法依规落实农村教师工资待遇政策，并逐步提高。依法为农村教师缴纳住房公积金和社会保险费，关心和爱护贫困家庭教职工。

（五）大力开展技术技能培训

1. 加快发展现代职业教育。针对所有中职毕业生完善就业帮扶机制，继续开展"订单培养、定向就业"的职业教育模式。对接县域现代农业、旅游业、服务业，突出抓好职教专业建设提高县职校学生就业率。支持办好文武学校，扩大职校招生规模，逐步实现"普职招生规模大体相当"。继续与中国人民解放军3303工厂、湖南有色金属职业技术学院签订教育扶贫合作协议,对建档立卡贫困人口实行订单培养、定向就业。

2. 广泛开展职业技能培训。县职教中心面向贫困人口实施"一户一产业工人"教育培训计划,围绕蔬菜、大鲵、蜜蜂、茶叶、生猪等主导产业,广泛开展实用技术培训、成人继续教育和再就业培训工程,提高贫困人口参与产业建设能力。整合部门资源,开展多种特色培训,提高贫困人口职业技能,促进转移就业,形成多层次、多形式的终身教育体系,全力打造"造血式"扶贫新模式,提高贫困人口创业竞争力。

四、组织保障

(一)加强组织领导

成立桑植县教育局教育扶贫工作领导小组,加强对教育扶贫工作的指导协调与统筹管理,确保教育扶贫各项工作落实到位。

领导小组下设办公室,办公室设在学生资助管理中心,牵头负责教育扶贫日常工作。

(二)严格工作制度

1. 组长办公制度。教育扶贫工作领导小组定期(原则上每季度一次)召开教育扶贫工作专题会议,研究教育扶贫推进计划、重点工作和措施。由组长主持召开,教育扶贫办整理印发会议纪要或记录。

2. 季度通报制度。教育扶贫办每季度对教育扶贫工作进展情况进行通报。县教育局各责任股室室应于每季度结束后5个工作日内,将负责的扶贫项目实施进展情况报教育扶贫办汇总,并于新季度开始后15个工作日内印发通报,送工作小组组长、副组长、教育局各股室及相关学校。

3. 督查督办制度。将教育扶贫工作纳入学校绩效考核指标,教育扶贫办不定期组织教育局有关责任股室对各校教育扶贫工作进行专项督查,对存在的突出问题进行督办,对教育扶贫工作推进不力的学校领导进行约谈。

4. 监督举报制度。教育扶贫办设立监督举报电话,由专人负责记录、整理群众实名举报来电。对举报内容涉及有关股室和学校的，由相关股室和学校核查处理，教育扶贫办定期就监督举报情况进行总结分析。

（三）强化资金保障

加大对教育扶贫的经费投入，在政策项目资金等方面优先支持薄弱学校教育发展。积极鼓励社会力量参与教育扶贫，引导各类公益组织、社会团体、企业等开展捐资助学活动，完善政府、企业、个人共同投入的多元教育扶贫机制。

（四）加强宣传引导

通过各种媒体，宣传教育扶贫政策、措施及工作情况，着力宣传推荐教育扶贫中的先进典型，进一步凝聚力量，激发热情，形成人人知晓教育扶贫、人人支持教育扶贫、全社会参与教育扶贫的良好氛围。

附录2：榕江县2017年教育脱贫攻坚工作总结

（贵州省黔东南苗族侗族自治州榕江县教育和科技局，2017年12月23日）

一年来，我局认真贯彻落实习近平关于扶贫工作系列重要讲话精神和县委、县政府的安排部署，按照"发展教育脱贫一批"的要求，厘清思路、强化责任、细化措施，切实在精准扶贫上下功夫，脱贫攻坚工作扎实稳步推进。根据《中共榕江县委办公室 榕江县人民政府办公室〈榕江县教育脱贫攻坚三年（2017—2019年）行动方案〉的通知》文件精神及目标，开展了一系列工作，现将2017年教育脱贫攻坚工作情况汇报如下：

一、教育脱贫攻坚开展情况

（一）召开会议，贯彻精神

按照县委、县政府关于精准扶贫工作的安排部署，多次召开全局教育扶贫工作会议，认真组织全局干部职工学习贯彻中央、省、州、县有关脱贫攻坚文件和会议精神，统一思想认识，提高认识，按照精准扶贫、精准脱贫的要求，全面动员，狠抓落实，确保各项工作顺利开展、有序推进。

（二）建立机构，强化领导

为确保教育精准扶贫工作顺利开展、有序推进，强化组织领导，成立了由局长任组长，副局长为成员的扶贫工作领导小组，设置教育扶贫办公室。形成了党政"一把手"负总责，分管领导专门抓，扶贫专干具体抓的工作机制，为教育精准扶贫工作的开展提供了组织保障。

（三）深入调研，制订方案

为做好教育扶贫工作，深入贫困村、贫困村户和学校走访调研，制订了《榕江县教育扶贫行动方案》，明确了教育扶贫的指导思想、目标任务、工作要求，为扎实推进教育扶贫脱贫攻坚工作确定了时间表和路线图。

（四）精准识别，应助尽助

实施"两助三免（补）""两助一免（补）"精准扶贫资助政策。全面落实教育精准扶贫学生资助政策，对普通高中、职业高中、普通高校（高职）学生贫困学生实施"两助三免（补）""两助一免（补）"。一是开设"绿色通道"免学费、书费、住宿费。全县普通高中阶段2017年秋季学期直接"三免"入学政策学生数3352人（建档立卡学生3112人，农村低保230人，贫困残疾10人），减免资金351.345万元［其中免补学费216.58万元，建档立卡学生免（补）书费62.24万元，免补住宿费72.525万元］；榕江职校2017年秋季学期共有校内学籍256人，一、二年级建档立卡学生91人，直接"三免"入学资金29.695万元［其中免补学费25.6万元，建档立卡学生免补书费1.82元、免补住宿费2.275元］；2017年秋季全县高中阶段学校"绿色通道"免学费、书费、住宿费的共计3608人，建档立卡学生3203人，免费资金共计381.030万元，目前正根据助资金到位将资金拨付给学校办公，和核对书费后对学校实行多退少补。二是精准扶贫资助金得到落实。全县普通高中精准扶贫资助：2017年秋季学期截至11月20日通过扶贫部门审核通过的建档立卡学生3112人，普通高中2017—2018年精准扶贫资金第一批精准扶贫资助

- **义务教育精准扶贫理论与实践**

金省、州已经下拨到位，预计 12 月 20 日前将通过银行发放上资助金（每人 500 元）；全县中职精准扶贫资助：2017 年秋季学期截至 11 月 20 日通过扶贫部门审核通过的建档立卡学生 91 人，中职 2017—2018 年精准扶贫资金第一批精准扶贫资助金省、州已经下拨到位，预计 12 月 20 日前将通过银行发放上资助金（每人 500 元）。省外高校精准扶贫资助：2017—2018 学年学生申请省外高校精准扶贫资助 828 人，经县扶贫办审核通过 277 人，申请补报 2016—2017 学年学生 24 人，公需资金 143.403 万元，上级下拨到位资金 41.137 万元，尚欠 102.266 万元，待资金下拨补足后发放，预计 2018 年 3 月完成。三是国家助学金得到落实。全县普通高中应享受国家资助困难学生 3352 人，共需资助资金 335.2 万元，国家、省、州、县已经下拨到位资金 193.4 万元，尚欠 141.8 万元，预计 12 月 20 日前将通过银行发放部分资助金，尚欠资金待补足后发放；全县中职一、二年级学生 193 人，共需资助资金 19.3 万元，国家、省、州、县已经下拨到位资金 7.525 万元，尚欠 11.775 万元，预计 12 月 20 日前将通过银行发放部分资助金，尚欠资金待补足后发放。四是下拨义务教育贫困寄宿生补助金。2017 年秋季学期，全县共有 59 所农村义务教育小学的 10476 名贫困寄宿生和义务教育初中学校 11149 名贫困寄宿生享受寄宿生补助，共计补助金额 1220.61 万元。10 月底资金全部到位，并划拨到相关学校。五是落实学生营养改善计划资金。2017 年秋季学期全县义务教育阶段享受学生营养改善计划项目学校 180 所，学生 40325 人，省厅下达年度资金 3106.22 万元，其中秋季学期 1613.00 万元，截至 10 月底已经下拨到位；2017 年全县学前、幼儿园学校营养改善计划共涉及学校 159 所，其中小学附设学前班 133 个，公办幼儿园 17 所，民办幼儿园 9 所，享受儿童 10163 人，省厅下达年度资金 602.26 万元，其中秋季学期到位资金 304.89 万元，10 月份县教科局下拨到校（园）182.93 万元，其余资金因学校采购不及时尚未拨付。六是下拨学前教育幼儿资助资金。2017 年秋季学期全县享受学前幼儿资助资金 858 人，总资金 42.9 万元，其中中央资金资助 592 人，资助金 29.6 万元，省资金补助 266 人，资助资金 13.3 万元，已经全部到位，预计12月底发放完毕。七是开展在校大学生生源地助学信用贷款。2017年我局组织实施的大学生生源地信用助学贷款审核通过申请个数3414个，贷款金额2122.7055万元。为有效保障贫困大学生顺利完成学业奠定基础。八是开展大学贫困新生项目资助。2017年完成大学贫困新生项目资助440人，总资金160.7万元，其中组织实施的家庭经济困难大学新生车费资助（润雨计划）75人，资助资金4.9万元；县民政局组织实施开展的"慈德圆梦"资助家庭经济困难大学新生3人，资助资金1.5万元；县总工会组织实施开展的"金秋助学"资助困难职工子女入学81人，资助资金29万元；团县委组织实施的"茅台助学""习酒助学"资助家庭经济困难大学新生59人，资助资金29.5万元；县妇联组织实施"蒲公英助学"资助家庭经济困难大学新生20人，资助资金10万元；县统战部组织实施"泛海助学行动"资助家庭经济困难大学新生50人，资助资金25万元；县扶贫办组织实施"雨露计划.圆梦行动"资助家庭经济困难大学新生152人，资助资金60.8万元。

（五）干部驻村，结对帮扶

召开全局人员教育扶贫工作会议，宣传动员、筛选、落实帮扶派驻村人员。按照"单位到村、干部到户、责任到人、措施到位"的要求，抽调5位同志到贫困村驻村帮扶，了解贫困户当前急需解决的困难和问题，算好时间账、经济账，出谋划策，找准脱贫致富的路径，推进教育精准扶贫工作。

（六）加强宣传，扩大知晓

为提高教育扶贫政策的知晓率，各乡镇和学校进村入户大力宣传贫困学生"两助三免（补）""两助一免（补）"、高中学生免学杂费和助学金政策。共发放宣传单6万份，将教育扶贫项目清单、贫困学生资助标准发放到学生家长手中，提高了教育扶贫政策的知晓率。

（七）积极倡导，爱心助学

在认真实施好政府层面的教育惠民政策的基础上，广泛宣传扶贫助学工作，努力在全社会营造捐资助学的良好氛围，积极倡导社会爱心人士开展慈善助学活动，汇聚社会正能量。2017年通县委政府联系，获得州义工联资助家庭经济困难中小学生218人，资助资金32.4万元；获得上交所资助家庭经济困难高中生20人，(2017—2019年)资助资金12万元；获得省教育发展基金会资助义务教育阶段家庭经济困难学生796人，每年资助金76.416万元。我局正统筹各种资助渠道的力量，做到应助尽助、不落一人。

（八）补充师资，优化队伍

完成各阶段教师招聘261人，其中招聘幼儿教师65人，特岗幼儿教师10人，小学教育19人，初中教师12人，结转中小学特岗教师113人，普通高中教师41人、职业高中"双师型"教师1人，完成社会购买服务20人。

（九）合理布局，推进均衡

一是全面调整义务教育学校布局规划。为确保2017年义务教育发展基本均衡县通过省和国家评估验收，结合"改薄"工程、标准化建设、信息化建设等，对全县义务教育学校进行了布局规划调整，并已获县政府批准。2017年我县中小学完成撤并48所整合全县教育资源，积极推进中小学布局调整，促进义务教育均衡发展起到积极的促进作用。二是做好"控辍保学"及宣传工作。开展2月、8月"控辍保学"集中"宣传月"活动，参与宣传工作人数达8000余人；共发放《中华人民共和国义务教育法》《未成年人保护法》、"学生资助政策""9+3"教育工作政策和普及"十五"年教育政策等宣传单共计6万余份；局长与中小学校长，校长与家长签订《控辍保学责任书》共计6万余份；利用赶集天宣传发放传单30多次；进村600多次；在主要路口、人员会集地点张贴宣传标语400多幅；县级新闻媒体宣传长达2个月，"控辍保学"宣传工作做到家喻户晓，深入人心，为提高我县九年义务教育巩固率打下良好基础。三是推进学前教育发展。发展公办园扶持民办园，宣传、鼓励社会力量办学，使学前幼儿在园在班人数由10586人提升到13888人。

（十）加快建设，改善条件

2017年按照计划完成中小学、幼儿园新建或改扩建48所，其中新建或改扩建幼儿园30所，标准化农村寄宿制学校建设17所，城镇义务教育学校建设 1 所。

（十一）加强职教，就业富民

针对 16—20 岁留守农村的、未能继续升入高一级学校继续深造的初、高中毕业生。一是通过加强职业教育宣传，提高我县初、高中毕业生就读职业高中率，提高社会就业创业竞争力。督促各初中经宣传、动员和引导未就读普高的初中毕业生到县内外就读职业学校、五年制大专或非全日制技术学习，极大地提高了我县技术人才的竞争力，为他们个人提供了就业创业的本领。旨在通过 3—5 年的规范化技能学历教育培训，使其熟练掌握一门终身受用的技能，从根源上阻断贫困的代际传递，实现"职教一人、就业一人、脱贫一户"的目标。截至目前共有 779 名初中毕业生就读各类职业学校。二是通过对口帮扶企业帮扶，引导学生就读企业紧缺专业技术，实现职业学校毕业学生就业。经瓮福集团帮扶，2017 年再次对我县招收 40 名贫困家庭高中毕业生就读"瓮福—榕江"定制班，学生取得大专文凭，考核合格全部到瓮福集团就业。三是依托县科技服务中心和县职校，开展农村贫困劳动力全员培训。目前完成 200 人培训任务。

（十二）扫盲培训

由于扫盲工作任务重、涉及面广。县教科局通过各乡镇完成全县各乡镇开展基础数据摸底调查，截至 2017 年 12 月 22 日已收到全县各乡镇及文体、场坝、梨子园 3 个社区服务中心上报摸底调查扫盲对象 9672 人。根据扫盲培训相关工作方案，12 月 7 日已安排在寨蒿镇、平江镇、文体社区、场坝社区开展 2017 年度扫盲培训 195 人，各点已经按照计划正常上课，利用大干 20 天之机，确保完成 2017 年任务。其余乡镇扫盲工作将于 2018 年全面启动，确保 3 年内完成文盲群体扫盲培训和扫盲后继续教育。

（十三）招生倾斜，提升机遇

建立保障贫困乡镇学生接受优质教育机制，州、县优质教育招生计划向贫困山区倾斜，"致远班"招生和县内民族班招生向"两山"贫困学生倾斜，扩大贫困家庭学生进入州、县城民族班就读比例，让贫困家庭学生有更多机会接受优质教育。完成省级示范高中（榕江一中）的配额生的招生比例为60%、720人的任务。

二、推进措施

2017年以来，我局在教育脱贫攻坚方面采取的主要措施是：一是加强组织领导，制订脱贫攻坚计划，明确目标，落实责任，有序推进脱贫攻坚工作；二是开展精准识别、建档立卡和应助尽助；三是深入帮扶村开展遍访、回访和资金帮扶工作，掌握第一手扶贫材料，使帮扶工作更具针对性和实效性；四是加大开展教育脱贫攻坚政策宣传力度，提高社会及家长知晓率；五是狠抓教育基础工程建设，努力改善办学条件。

三、主要问题及困难

（一）贫困人口的扶贫任务艰巨。从教育驻村帮扶情况来看，部分贫困人口散居在偏远地区、发展环境差，有的贫困家庭缺乏劳动力和致富技能，有的贫困对象文化素质低、贫困户自身发展动力不足、思想保守、因循守旧，不愿改变创新生产生活方式，习惯于"等、靠、要"，发展动力不足，部分家庭因病、因残，劳动力缺乏，脱贫路径狭小，返贫现象突出，这些人群的扶贫成本高、脱贫难度大。

（二）教育资源配置还不均衡，贫困乡村基础设备设施薄弱，学校点多面广，城乡间、校际还存在一定差距。

（三）加快推进农村寄宿制学校标准化建设，完善各类设施设备，特别是宿舍、食堂、医务室、厕所、浴室等必需设施，改善寄宿学生吃、住、学、乐基本条件的资金缺口和扶贫开发难度较大。

（四）教育扶贫项目建设规划、设计、勘察、招标、备案等手续程序繁杂，建设前期工作耗时多，加上上半年的多雨天气，严重影响项目建设的整体推进。

四、下一步工作思路

（一）全面落实教育精准扶贫学生资助政策。实施好普通高中、职业高中、普通高校（高职）学生"两助三免（补）""两助一免（补）"，确保贫困家庭子女安心就学，不让一个学生因贫失学，不让一户脱贫户因学返贫，积极开展生源地助学贷款工作，扶持大学生完成学业。

（二）发展职业教育阻断贫困代际传递。以职业教育为突破口，加强劳动力技能培训，提高贫困人口的劳动技术技能，让贫困家庭"两后生"（初、高中毕业未能继续升学的贫困家庭中的富余劳动力）都能掌握至少一项劳动技能，提升贫困家庭脱贫致富能力。加大产教融合，校企合作，调整学科专业结构，创新人才培养模式，使每一个新成长的劳动力都能接受适合就业需求的职业教育，每年安排中职毕业生定向就业，带动贫困家庭脱贫致富，实现"职教一人、就业一个、脱贫一家"目标，阻断贫困代际传递。

（三）以改善条件为基础，全面改善特困地区中小学、幼儿园基本办学条件。将各类教育经费向贫困乡镇学校倾斜、向基础教育倾斜、向职业教育倾斜。着力改善贫困乡镇学校办学条件，有效增加优质教育资源，均衡发展义务教育，促进教育公平，提升教育服务扶贫富民能力。

（四）加强乡村教师队伍建设，保障特困地区适龄少年儿童接受良好基础教育。继续推进"特岗计划""国培计划"向特困地区基层学校倾斜，加强民族地区师资培训，按实际需求配足配齐各学科教师，完善城镇学校校长和骨干教师到农村或薄弱学校任职任教机制。

（五）积极引导社会力量捐资助学。在认真实施好政府层面的教育惠民政策的基础上，广泛宣传扶贫助学工作，努力在全社会营造捐资助学的良好氛围，积极倡导社会爱心人士开展慈善助学活动，扶贫济困、改善办学条件。

（六）创新工作载体，保障教育扶贫政策落到实处。一是全力做好抓党建促扶贫攻坚。二是大力开展捐资助学活动，继续组织全县师生开展"一元捐助，百分关爱"活动。

第五节　滇桂黔石漠化区云南片区义务教育精准扶贫现状调查报告

2018年8月16日至8月21日，本书课题组对云南省文山州的广南县、丘北县、麻栗坡县和红河州的泸西县的义务教育精准扶贫状况进行了调研及考察。

一 基本情况

文山州概况：文山州位于云南省东南部，国土面积32239平方千米，下辖广南县、丘北县、麻栗坡县等7个县。境内居住着汉、壮、苗、彝、回、傣等10余种民族，少数民族人口占总人口的54%。截至2018年6月下旬，全州建档立卡贫困户在校生共130081人，其中：小学68439人、初中28313人。

广南县概况。广南县国土面积7810平方千米，居全省第3位，居住着壮、汉、苗、彝、瑶、回等11种民族。国家级深度贫困县，截至2017年末，共有22344户94027人未脱贫，占全州总量的四分之一，贫困发生率11.81%。全县各级各类学校（园）共418所，其中：教师进修学校1所、完中4所、初中24所、小学216所、特殊教育学校1所，有教职工8949人，其中财政供养7684人，在校学生162840人，其中：初中36265人、小学91027人，特殊教育学生235人。适龄儿童入学率99.72%，初中阶段毛入学率100.83%，三类残疾儿童少年入学率89.97%，九年义务教育巩固率79.65%。全县人均受教育年限7.8年。

丘北县概况。丘北县总面积4997平方千米。境内居住着汉、壮、苗、彝、瑶、白、回、僰人等8种民族，少数民族人口占总人口的62.52%。有各级各类学校197所，其中：教师进修学校1所，完中1所，十二年一贯制学校1所，九年一贯制学校8所，初级中学6所，小学121所，其中完小94所，小学教学点27个，特殊教育学校1所。有各级各类在校生96162人，其中：普通初中在校生21544人，小学在校生50226人，特殊教育学校120人。学校总占地面积250.3万平方米，校舍建筑面积106.8万平方米。截至2018年6月有建档立卡户在校生18399人，其中：小学10344人、初中4094人。截至2018年7月25日，共劝返适龄儿童少年辍学生1360人，其中：小学122人、初中1238人；尚有辍学生271人，其中：初中210人、小学61人；小学辍学率为0.12%，初中辍学为0.97%。

第六章 集中连片特困地区义务教育精准扶贫调查报告

麻栗坡县概况。麻栗坡县辖区面积 2334 平方千米,总人口为 278026 人。麻栗坡县主要有汉族(占总人口的 59.37%)、瑶族、壮族、苗族、彝族、傣族、蒙古族、仡佬族等民族。有各级各类学校 188 所,其中教师进修学校 1 所、完中 1 所、初级中学 10 所、九年一贯制学校 1 所、完小 117 所、教学点 42 个(含一师一校 13 个)。各级各类学校在校生 46484 人,其中普通高中和初级中学在校生 15905 人,小学在校生 23087 人。共有教职工 4359 人(含民办幼儿园教职工),其中专任教师 3599 人。目前,全县已通过教育扶贫共惠及建档立卡户子女 1.45 万余人。

红河州概况。红河哈尼族彝族自治州位于中国云南省东南部,是云南省第四大经济体,经济总量和部分社会经济指标居全国 30 个少数民族自治州之首。红河州面积 3.293 万平方千米,下辖泸西县等 4 市 9 县,总人口 456.1 万人(2012 年),是一个多民族聚居的边疆少数民族自治州,有 10 个世居民族,有 241 万少数民族人口。红河州全州各级各类学校 2037 所,各类学校校舍建筑面积共计 9501886 平方米。截至 2018 年 5 月,国办系统认定红河州建档立卡未脱贫(返贫)105305 户 440761 人,其中有建档立卡在校学生(未脱贫、返贫)97912 人,其中小学 51253 人、初中 22289 人。

泸西县概况。泸西县国土面积 1674 平方千米。境内世居汉族、彝族、回族、傣族、壮族、苗族 6 种民族。截至 2018 年 6 月,全县有教职工 5752 人,其中专任教师 4990 人。有各级各类学校(含教学点、托幼机构)251 所,在校(园)学生 79214 人。其中,教师进修学校 1 所;初中 13 所(九年一贯制学校 2 所),在校生 17900 人;小学 136 所,在校生 36479 人。校园占地总面积 1900453.91 平方米,建筑面积 791070.63 平方米。建档立卡贫困户子女小学有 4803 人,初级中学 2511 人。

红河州与文山州位于云南省东南部。课题组调研了云南省红河州教育局,及红河州管辖的泸西县教育局与泸西县扶贫局;调研了文山州教育局,及文山州管辖的丘北县教育局,麻栗坡县教育局,广南县教育局,广南县扶贫局等单位。通过提前与对方单位联系对接,对教

• 义务教育精准扶贫理论与实践

育精准扶贫的相关负责人进行实地访谈座谈，收集相关政策文件、实施方案、取得成效及问题困难等材料。同时调研人员深入农村，访谈当地建档立卡与非建档立卡的农民，了解他们对扶贫政策的知晓程度、扶贫方案实施的落实情况，以及他们对近几年国家扶贫的满意度和诉求，最终形成此次调研的总体情况汇报。

二 义务教育精准扶贫实施情况

（一）云南省省级政策及主要实施方案

从2017年起，为确保云南省建档立卡贫困家庭适龄儿童少年接受九年义务教育并原则上无辍学；确保贫困县摘帽时实现县域义务教育发展基本均衡；确保各教育阶段建档立卡贫困家庭学生从入学到毕业的全程资助，不让一个学生因贫失学。到2020年，特困地区教育总体发展水平显著提升，实现建档立卡贫困人口教育基本公共服务全覆盖。

1. 强化控辍保学力度

全面做好组织入学，依法组织未入学儿童少年和辍学学生入学返学，建立未入学适龄儿童少年和辍学学生分类安置机制。完善辍学学生检测报告制度，履行义务教育控辍保学工作法定主体责任，完善控辍保学双线目标考核和问责机制，完善辍学学生劝返和预防工作机制，完善控辍保学帮扶工作机制。成立由党委、政府主要领导牵头，教育、公安、司法、工商、妇联、共青团、残联等相关部门共同参与的联合工作组，专门抓好控辍保学工作。强化部门联动，落实监护人责任，提升办学吸引力，通力合作控辍保学。

2. 加大教育扶贫精准度

精准掌握学生信息。全面掌握行政区域内适龄儿童少年的基础信息，"不错一户、不漏一人"。对尚未入学和已经辍学的适龄儿童少年进行精准识别，完善学生辍学检测报告制度，建立辍学台账，采取"一人一案"措施，明确劝返责任人，"一人不漏"地劝其入学返学。确保所有适龄儿童少年应入尽入，依法接受义务教育。对无故未入校就学的学生或去向不明的学生，建档造册，摸清去向和就读情况。非户籍学生流失辍学的,将学生电子学籍档案转交其户籍所在地学籍主管教育行政部门,配合做好劝返工作。

3. 推进义务教育均衡发展

实施贫困县县域义务教育发展基本均衡与贫困县摘帽挂钩衔接机制,确保贫困县摘帽时县域义务教育发展基本均衡通过国家认定。在县域义务教育发展基本均衡评估中实行一票否决制:对县域内教育经费"三个增长"近三年中有一年不达标,教育系统发生重大安全责任事故和严重违纪违规案件,残疾儿童少年义务教育入学率未达到80%,"全面改薄"任务未按期完成,小学辍学率高于0.6%、初中辍学率高于1.8%均一票否决。

4. 落实"全面改薄"工作

认真落实全面改薄工作进度要求,确保到2018年年底校舍建设和设备采购完成五年规划总任务的90%以上,2019年全面完成收尾工作,农村义务教育学校全部达到基本办学标准,基本满足"全面改薄"20条底线要求。88个贫困县"全面改薄"县级配套资金由省级财政和贫困县所属州(市)级财政按原资金分担比例承担,其中,省直管县资金由省级财政全部承担,州市配套资金必须足额到位,实现贫困县"全面改薄"县级资金"零配套"。

5. 加强教师队伍建设

全面落实《云南省乡村教师支持计划(2015—2020年)》。按照全省中小学教职工编制标准配齐配足教职工,对学生规模在200人以下的村小、教学点原则上按照不低于1∶2的班级与教职工比例核定教职工编制。从2018年起,各县市区中小学教师招聘不低于70%的计划通过"特岗教师"招聘完成,优先满足贫困县需求。提高乡村教师专业化水平,到2020年完成乡村学校校长和教师全员培训。推进边远艰苦地区农村学校教师周转房建设工作。严格落实乡村教师生活补助差别化政策,各地最低补助标准不低于每人每月500元且不得将乡镇工作岗位补贴充抵乡村教师生活补助,实现所有贫困县乡村教师生活补助政策"全覆盖"。每年组织一次乡村教师常规体检。

6. 加快推进义务教育信息化

贯彻实施云南省义务教育网络建设计划和"全面改薄"中小学信息化设备建设项目，按照"云网端融合，四全两有，千兆到校，百兆到班"的要求，升级改造和建设云南义务教育网络，到 2018 年年底基本实现贫困县各级各类学校教育网络班班通、义务教育学校 80% 的教学班建成多媒体教室，2020 年年底基本实现义务教育学校教学班多媒体教学设备全覆盖。加快建设服务于特困地区学校应用的"一校带多校"（1＋N 模式）平台和教学点数字教育资源全覆盖资源云以及义务教育阶段的学科教育资源云建设。

（二）文山州州级政策及主要实施方案

1. 强化控辍保学力度

实行"双线六长双挂"控辍保学责任制，建立一系列义务教育控辍保学工作制度，下发了《文山州建档立卡户学生资助方案》《文山州义务教育控辍保学行动方案》等配套方案。一是精准组织入学，确保"一个不漏"。每年的 3 月、4 月、5 月、6 月、8 月，都会向适龄儿童少年的父母或其他法定监护人发放义务教育入学（复学）通知书。二是精准动员返学，分类安排教学。对未入学和辍学的适龄儿童少年进行精准识别，建立未入学适龄儿童少年和辍学学生分类安置机制。或统一注册相应年级学籍并单独编班开展教育教学活动；或集中开设职初班，组织文化知识和职业教育；或到特殊教育学校就读；或送教上门等。三是精准防控辍学，确保"一个不走"。完善学生辍学监测报告制度，将每年 3 月和 9 月作为辍学重点监测时段。实行每月报告制度，将适龄人口、在校生、流失生和辍学生、劝返人数等数据统计上报。提升教学质量，帮助学困生提高学习成绩，杜绝因学习困难辍学。加强校外环境整治，严肃查处使用童工行为，加大依法强制入学力度，形成预防和控制辍学的良好环境。

2. 加大教育扶贫精准度

一是精准识别。建立建档立卡贫困户在校生信息动态更新机制，每年 3 月底前和 9 月底前核查一次建档立卡贫困户在校生信息，及时准确更新。二是精准资助。全面落实国家教育资助政策。所有义务教育阶段学生免除学杂费和教科书费，所有义务教育寄宿制学生享受生活补助，所有农村义务教育学生享受营养改善计划补助。增设州县级资助项目。针对建档立卡贫困户子女，设立义务教育阶段学生用具补助，小学和初中每生每年分别为 80 元、100 元。每年安排 1800 万元的财政资金，从 2018 年开始执行，到 2020 年止。各县（市）制定项目标准不同的资助政策。

3. 推进县域义务教育基本均衡发展

2018 年 1 月，文山州人民政府印发了《文山州教育脱贫攻坚实施方案》，提出了"夯实三个基础，突出三个重点，筑牢两条保障线，实现六个确保"的总体要求，确立了实现每个县（市）按省的规划进度通过县域义务教育基本均衡发展国家认定。文山州通过国家审核认定得 6 分，通过省级督导评估得 4 分。按照省的县域义务教育基本均衡发展规划进度目标，砚山县、文山市、西畴县、马关县、丘北县已按期通过了国家审核认定。麻栗坡县、广南县、富宁县 2018 年 5 月接受省的督导评估，得分都达到 90 分以上，有望通过。

4. 加快推进教育"全面改薄"项目

2014 年，文山州编制了《文山州全面改善农村义务教育薄弱学校基本办学条件项目规划（2014—2018 年）》，计划用 5 年时间，投入资金 37.75 亿元，改造校舍 167.78 万平方米、购置设备 5.85 亿元。

（三）红河州州级政策及主要方案

1. 强化控辍保学力度

（1）制定义务教育"控辍保学"工作措施，进一步完善"控辍保学"工作制度，层层签订责任，全力提高九年义务教育巩固率。（2）做好进城务工人员随迁子女入学工作，切实保障流动人口随迁子女在入学、编班、资助等方面与城市学生享受同等待遇。（3）实施义务教育质量提升计划，切实提高特困地区义务教育水平和质量。推进学区制建设，打破学校之间、学校与社区之间的壁垒，推进教育资源共建共享。（4）健全留守儿童关爱体系。完善留守儿童入学返学登记、社会救助、医疗保健和安全保障等工作制度，开展形式多样的关爱活动。

2. 全面落实精准资助政策

一是精准资助对象和政策。切实加强对各项资助经费的管理,确保资助经费及时发放到建档立卡贫困家庭学生手中。建档立卡户义务阶段学生享受"营养改善计划"800元/生/年;建档立卡户农村义务教育寄宿制学生享受"两免一补"。二是建立和完善贫困生资助体系。构建各级各类学校"奖、助、勤、贷、补"帮困助学体系,建立全州建档立卡户家庭子女受教育专项数据库,加大对贫困家庭学生的资助力度。采取多种供餐模式实施农村中小学营养改善计划。

3. 推进县域义务教育均衡发展

实施贫困县县域义务教育发展基本均衡与贫困县摘帽挂钩衔接机制,确保贫困县摘帽时县域义务教育发展基本均衡通过国家认定。对县域内教育经费"三个增长"近三年中有一年不达标、教育系统发生重大安全责任事故和严重违纪违规案件、残疾儿童少年义务教育入学率未达到80%、"全面改薄"任务未按期完成、小学辍学率高于0.6%、初中辍学率高于1.8%五项指标,在县域义务教育发展基本均衡评估中一票否决。

4. 全面改善薄弱学校基本办学条件

认真落实全面改薄工作进度要求,确保到2018年年底校舍建设竣工率和设备采购完成率达到五年规划总任务的90%以上,辖区内所有义务教育学校"20条底线"全部达标,2019年全面完成收尾工作,全面改善义务教育学校办学条件。

5. 加强特困地区教师队伍建设

(1)为特困地区补充紧缺学科教师。继续开展师范生顶岗实习行动,扩大"特岗计划"实施规模。(2)全面落实集中连片特困地区乡村教师生活补助政策,重点向条件艰苦地区、村小及教学点倾斜。确保特岗教师与在职在编教师享受同等待遇。(3)优先保障特困地区乡村学校编制和职称需求,及时补足缺编、空编人员。中、高级岗位设置向特困地区乡村学校倾斜。(4)"国培计划""省培"等教师培训项目重点向贫困县倾斜,培训经费80%以上用于乡村教师。确保每年有10%的骨干教师在城乡学校之间、优质学校与薄弱学校之间交流轮岗支教。

6. 提升特困地区教育信息化水平

加大对特困地区"三通工程"尤其是"宽带网络校校通"建设投入,夯实特困地区教育信息化基础设施。加快"班班通"建设,力争特困地区城镇和农村多媒体教室比例达到80%和50%以上。推进"网络空间人人通",实现有条件上网的所有教师开通网络学习空间,为特困地区城镇和农村教师按1:1和2:1标准逐步配置备课电脑。继续推进教学点数字教学资源全覆盖项目的应用,促进教学点开齐课程。

(四) 广南县落实情况

1. 加强义务教育控辍保学

实行"双线六长双挂"控辍保学责任制〔双线:政府一条线,教育部门一条线;六长:县长、乡(镇)长、教育局局长、校长、村长、家长;双挂:建档立卡户挂联干部和班主任〕,建立控辍保学责任追究制度。完善义务教育扶贫助学工作机制,认真落实学生资助政策,关爱留守儿童,杜绝因贫辍学;优化课程结构,提升农村学校教育教学质量,杜绝因学习困难辍学。加强校外环境整治,严肃查处使用童工行为,加大依法强制入学力度,形成预防和控制辍学的良好环境。通过依法控辍、制度控辍、规划控辍、质量控辍、帮扶控辍等系列措施,使小学和初中辍学率控制在国家规定线以下并逐步降低,提高九年义务教育巩固率,建档立卡户辍学学生实现100%复学。

2. 精准掌握建档立卡贫困户学龄人口信息

建立完善基于身份证信息的全国扶贫信息大数据系统与学生学籍管理、资助系统、招生考试的联动机制,县、乡、村三级分别建立建档立卡贫困户学龄人口信息库,精准识别和录入建档立卡贫困户各学龄段人口信息,贫困对象信息适时动态更新,作为落实教育扶贫政策、实施脱贫考核的依据。

3. 加大贫困学生资助力度

按照"对象精准,力度精准,分配精准,发放精准"的要求,落实各项资助政策。2018年，计划资助建档立卡贫困学生32400人，所需资金7604.4万元。义务教育资助阶段按小学90元/生/年、初中180元/生/年标准免费提供教科书，按小学600元/生/年、初中800元/生/年补助学杂费；寄宿制学生再按200元/生/年标准对学校补助公用经费。按800元/生/年标准给予营养改善计划补助；对义务教育寄宿制学校中建档立卡贫困户寄宿学生按小学1000元/生/年、初中1250元/生/年标准补助生活费。州级给予小学80元/生/年、初中100元/生/年的学习生活用具补助；县级财政再给予寄宿学生交通补助费小学300元/生/年，初中500元/生/年。

4. 推进义务教育均衡发展

根据《中共广南县委办公室 广南县人民政府办公室关于做好2017—2018学年度义务教育精准控辍保学工作的通知》精神，结合全县精准扶贫挂包帮扶工作，形成全县处级领导、县级各部门挂包乡（镇）抓好控辍保学的工作机制，层层签订控辍保学目标责任书，加大控辍保学工作力度。确保2018年通过国家义务教育均衡发展评估认定，全面实现义务教育均衡发展基本均衡目标。

5. 改善农村薄弱学校基本办学条件

为实施好《广南县全面改善农村义务教育薄弱学校基本办学条件规划（2014—2018年）》，确保到2018年年底校舍建设和设备采购完成五年规划总任务的90%以上，2019年全面完成收尾工作，农村义务教育学校全部达到基本办学标准，基本满足"全面改薄"20条底线要求。全县农村义务教育学校教室、桌椅、图书、实验仪器、运动场等教学设施满足基本教学需要；学校宿舍、床位、厕所、食堂（伙房）、饮水等生活设施满足基本生活需要。

2018年，计划实施农村教育基础设施建设项目416个单体，362119平方米，计划投入资金8.9亿元（含2018年出列的42个贫困村实施教育基础设施项目建设56个单体，规划投入资金8614.36万元，缺口3675.4万元）；县自筹资金6.72亿元（贷款被收回3.92亿元，县级财政配套资金2.8亿元）。

6. 加强乡村教师队伍建设

全面落实《云南省乡村教师支持计划（2015—2020 年）》系列政策措施，项目实施、政策落实重点向特困地区倾斜。落实《云南省公费师范生教育实施办法（试行）》文件精神，采取"定向培养、定向就业"的方式，培养本科层次的小学全科教师、初中"一专多能"教师、音体美等学科紧缺教师、民汉"双语"教师。扩大"特岗计划"实施规模，重点支持边境、贫困、山区、民族、高寒地区补充乡村教师，优先满足乡村初中、村完小及教学点需求，切实保障"特岗教师"与当地在职在编教师享受同等工资待遇。全面落实集中连片特困地区乡村教师生活补助政策，完善"500＋X"的乡村教师生活补助差别化政策体系，重点向条件艰苦地区倾斜，乡村教师住房纳入当地住房保障范围统筹解决。重视教师身心健康，做好乡村教师重大疾病救助工作。以乡村教师为重点对象，实施各级各类培训项目，实行 5 年一周期不少于 360 学时的专业化全员培训制度。

（五）丘北县落实情况

1. 强力推进控辍保学工作

建立完善控辍保学工作机制，加强落实双线六长责任制和双挂联工作机制，将控辍保学各项指标控制在国家、省规定范围内，确保建档立卡贫困家庭子女不因贫失学、适龄人口零辍学。三部曲：一是逐步感化，从辍学状态，转入职校，状态良好者再转入普通中学。二是行政处罚，用童工者，人社局处罚该用人单位。三是自主政策，应贷尽贷，没有建档立卡的贫困户，申请社会资助。2018 年，小学辍学率控制在 0.6% 以下，初中辍学率控制在 1.8% 以下，义务教育九年巩固率达到 80%，残疾儿童少年义务教育入学率达到 91%。

2. 精准落实教育惠民政策

精准落实生源地信用助学贷款、两免一补、营养改善计划等教育惠民政策。2018 年落实好家庭经济困难学生资助政策：义务教育阶段学生学费、课本费全免（免学杂费对学校补助公用经费，补助标准为：小学 600 元/生/年，初中 800 元/生/年；寄宿制学生再按 200 元/生/年标准对学校补助公用经费。免费教科书补助标准为：小学 90 元/

生/年，初中 180 元/生/年）；补助寄宿生生活费标准为：小学 1000 元/生/年，初中 1250 元/生/年；实施农村义务教育学生营养改善计划 800 元/生/年。

3. 精准实施"全面改薄"

加强项目建设力度，校舍维修改造工程，实现标准化建设，切实改善办学条件。2018 年计划投入 23000 万元，实施职中迁建二、三期建设工程；扎实开展项目前期工作，投资 800 万元，实施标准化学校项目建设。及时掌握国家政策和资金投向，调整工作思路和重点，做好项目包装和申报，全力争取"一村一幼"上级项目资金。

4. 配齐建强师资队伍

认真落实"乡村教师支持计划"，健全教师竞争交流机制，优化师资配置。2018 年计划补充教师 160 人，其中特岗计划 100 名、引进紧缺人才 30 名，事业单位常规招聘 30 名。进一步完善教师定期交流、城乡支教、跟班学习等制度。实行教师编制、职称评聘和评优表彰等向乡村学校倾斜。加大城乡教师交流力度，优质学校每学年教师轮岗交流（含支教）比例不低于学校专任教师应交流数的 10%。

5. 加强教育信息化建设

加快推进"三通"建设，基本实现特困地区学校多媒体教学设备全覆盖。规范课程设置，开齐开足相关课程。落实"名校网络课程"，加快推进建档立卡贫困人口自身发展能力建设。2018 年，实现所有教学点与省级网络平台互联互通，实现"宽带网络校校通""优质资源班班通"和"网络学习空间人人通"。

6. 做实学生关爱工

一是实施特殊教育质量提升计划，落实"零拒绝、全覆盖、全容纳"要求，着力推进"送教上门"，持续提高残疾儿童少年入学率。二是关爱留守儿童。贯彻落实《国务院关于加强农村留守儿童关爱保护工作的意见》。每个乡镇至少建成 1 个留守儿童关爱中心，开设亲情电话，聘请"代理（爱心）妈妈"，进行"生活引导、学业辅导、心理疏导"。学校设立"留守儿童之家"，认真组织开展"三个一"活动（即每天一条短信、每周一次电话、每月手写一封家信）。三是保障进城务工随迁子女义务教育权利。落实"两为主""两纳入""同城同教"要求,将进城务工人员随迁子女全面纳入义务教育经费保障范围,与同城学生一视同仁。

(六)麻栗坡县落实情况

1. 严格执行规定,切实保障控辍保学

加强法律宣传,营造良好氛围。精准动员返学,实行"清零销号"管理。发布《麻栗坡县人民政府关于依法组织适龄儿童少年入学并完成义务教育规定年限的通告》,适龄儿童少年的父母或其他法定监护人,不得允许或迫使适龄儿童少年婚嫁或订立婚约,因结婚导致其未完成义务教育的,将与适龄儿童少年结婚的人员及其监护人列为被告或者第三人依法追究其法律责任;凡是不按规定送适龄儿童少年入学,经劝返3次以上和学习教育后,仍不服从者,暂停发放低保等惠民资金、暂缓享受各种扶贫政策;对逾期不履行乡镇人民政府依法作出行政处罚决定,经催告仍不履行的,由乡镇人民政府向人民法院申请强制执行或提起诉讼;对违反规定使用童工的,严格按照《禁止使用童工规定》的要求从重处罚。严格执行"双线六长双挂"责任制,将贫困、留守、流动、残疾适龄儿童少年作为控辍保学工作的重点人群,确保"一个不走"。

2. 做好精准扶贫,有效落实资助政策

2017年共落实各类助学金1914.35万元、受益学生2879人,各项惠民政策有效落实。拨付各种教育专项资金10241万元,其中中央省补公用经费2902.60万元,受益学生33241人;寄宿制学校公用经费577.38万元,受益学生28869人;特殊教育学校公用经费32.38万元,受益学生54人;农村小学不足100人校点补充公用经费88.62万元,受益学生1477人;农村义务教育阶段家庭经济困难寄宿学生生活费2979.45万元,受益学生28874人;农村义务教育学生营养改善计划国家试点中央专项资金2401.28万元,受益学生30016人。

3. 强化政府职责,扎实推进义务教育均衡发展

一是强化领导,精准部署。成立了以县长为组长,县委、人大、政府和政协分管联系教育的领导任副组长,政府办等县直部门和乡镇

● 义务教育精准扶贫理论与实践

主要领导为成员的县义务教育均衡发展工作领导小组,统筹安排全县义务教育均衡发展工作。二是精心组织,明确责任。制订了《麻栗坡县深入推进义务教育均衡发展工作方案》《麻栗坡县义务教育均衡发展联席会议制度》,明确了县、乡政府和各有关部门均衡发展的工作目标、推进步骤、具体任务和责任要求,确保工作有组织,有领导,分工具体,责任明确。三是建立机制,落实责任。制定了《麻栗坡县推进义务教育均衡发展激励和问责实施细则》,使义务教育均衡发展有了坚实的组织保障。

4. 切实加大投入,努力推进学校标准化建设

优先安排教育财政投入,努力推进义务教育学校标准化建设,均衡配置义务教育资源。一是认真落实相关经费保障。二是科学规划校点布局。三是学校标准化建设有力推进。四是大力推进学校设施设备建设。紧紧围绕义务教育均衡发展要求,认真组织实施国家"薄改""改薄"教学条件装备项目。

5. 狠抓均衡主题,加强教师队伍建设

一是制定教师补充机制。建立"按需设岗,公开招聘"的教师补充机制,逐年招聘合格新教师。二是落实校长教师交流工作。制订《麻栗坡县中小学校长教师交流轮岗工作实施方案》,建立实施了促进县域内校长和教师交流的长效机制。三是全面加强师德师风建设。出台《麻栗坡县中小学(园)教师职业道德考核实施办法(试行)》,实行"师德一票否决制"。四是强化校长教师培训。制定了《麻栗坡县中小学教师全员培训工作意见》,落实五年一周期的教师全员培训要求。五是制定教师激励机制。制定《麻栗坡县义务教育学校绩效工资实施办法》,绩效工资向边远艰苦地区教师倾斜;积极执行国家规定的乡镇教师补助政策,制定了《麻栗坡县落实集中连片特困地区乡村教师生活补助政策实施办法》,分类别和等级对乡村教师进行定额补助。

6. 构筑关爱体系,保障特殊教育群体教育公平

认真落实"两免一补"、营养改善计划等便民惠民政策,保障少年儿童平等接受义务教育。制订了《麻栗坡县城区2017年义务教育

学校招生入学方案》，保障适龄儿童、少年在户籍所在地学校就近入学。一是保障残疾儿童享受教育权利。采取办特教班、随班就读和送教上门的方式，做好残疾儿童少年的义务教育工作。二是坚持"两为主"原则，将进城务工人员随迁子女就学纳入教育发展规划和财政保障体系。三是建立留守儿童关爱机制，制订了《麻栗坡县关爱留守儿童少年就学实施方案》，确保了留守儿童少年进得来、留得住、学得好。

（七）泸西县落实情况

落实目标任务：巩固提升县域义务教育发展基本均衡成果，强力落实"控辍保学"责任，县域内小学入学率达到99.5%以上，初中毛入学率达到99%以上，小学、初中辍学率分别控制在0.6%和1.8%以下，义务教育阶段建档立卡户子女无辍学。做好特殊教育群体关爱，"一人一案"安排残疾儿童少年入学，规范送教上门工作，切实保障特殊教育群体接受教育的权益。进一步加大教育惠民政策宣传力度，确保国家教育惠民政策家喻户晓，教育惠民扶贫政策落实应全覆盖。

1. 强力落实控辍保学

重点围绕以下几方面开展控辍保学工作：

一是摸底排查再深入。做好辍学学生标注登记工作，确保学籍系统信息与实际一致，确保辍学生一个不漏摸排到位。对上学期间连续超过3个工作日无故未入校就学的学生或去向不明的学生，建档造册，查清去向和就读情况并建立学生台账资料。

二是劝返措施再细化。针对不同情况的辍（失）学生，找准学生辍学的主要原因和真正原因，按照"一人一案""一人一策"的原则开展劝返工作。对无正当理由未送适龄儿童少年入学的父母或法定监护人，给予批评教育并责令限期改正、下达《行政处罚决定书》、出具有关司法文书等处理。发现义务教育阶段辍（失）学生被企业单位和个人违法用工，立即进行查处。

三是保学工作再压实。重点抓好学校"管理控辍"和教师"教育教学控辍"两个环节，将全面提高教育教学质量作为控辍保学的主

● 义务教育精准扶贫理论与实践

要措施；建立教师联系学生制度和建立家访长效制度，加强对"问题学生""留守学生"的心理健康教育；多关心、多鼓励，让学生体验成功的喜悦，真正使"学困生"留得住、学得好，努力实现"清零"的目标。

四是工作成效再精准。对进城务工父母子女，按学籍管理要求及时完善手续，协助办理就学手续；死亡的，要有死亡证明；对已婚（育）、出家、无法核实、找不到人、没有相关证明材料、正在劝返等情况，均视为辍学，须继续想方设法落实并劝返；对重病或重度残疾，丧失学习能力的，有免学证明；由于自身情况特殊而入学困难的须申请延缓入学，获得同意，缓学证明存档。

五是规范送教上门，确保送教上门工作规范、精准、有效。严格落实《泸西县教育局关于印发〈泸西县教育系统"送教上门"实施方案〉的通知》（泸教发〔2017〕152 号），按工作标准流程，有计划、有步骤开展工作。目前，县域内义务教育阶段送教上门 165 名（其中建档立卡贫困户子女 56 人），一人配备一个书包、一套教材，制定"一人一案"；确定一名包保责任人，指定一名责任教师，每月不少于 1 次，每次不少于 2 课时，开展送教上门工作，并留有视频、教案、作业等资料。

2. 全面落实教育惠民政策，保障学生资助到位

计划 2018 年内对 35000 名小学生免除杂费，补助公用经费 2100 万元，免除教科书费 315 万元，营养改善计划 2800 万元，对 13000 名寄宿生生活补助 1300 万元，全县共计实施小学"两免一补"6515 万元；计划对 18000 名初中学生免除杂费补助公用经费 1440 万元，免除教科书 324 万元，营养改善计划 1440 万元，对 16000 名寄宿生生活补助 2000 万元，全县实施初中"两免一补"5204 万元。

3. 加强政策宣传和引导，切实做到教育惠民政策家喻户晓

组织全体教职员工共 8000 余人次入户宣传教育惠民政策、印发"教育惠民政策"宣传挂历 18000 余份、印发《全国学生资助管理中心致初（高）中毕业生的一封信》7500 余份、印制《不让一个学生因家庭经济困难而失学——云南省学生资助政策简介》宣传册子

1500 余份，宣传讲解覆盖全部在校（园）学生；针对部分家长对其子女享受教育资助情况不明，说不清，讲不明的，由其子女写下所享受的教育资助，交由家长保管；印制《泸西县教育局致全县挂联干部的一封公开信》，发放给各位挂联干部，进村入户再次对农户进行教育惠民政策宣传引导。进一步加大《义务教育法》宣传力度，形成全社会关心、支持义务教育发展的良好氛围，确保每一位家长依法送其子女入学。

4. 全面改善办学条件，保障适龄儿童少年有学上

改善义务教育办学条件，计划 2018 年投资 4000 万元，实施项目 20 个，统筹全面改善义务教育薄弱学校基本办学条件专项资金、农村义务教育经费保障机制的校舍维修资金、中西部农村初中校舍改造工程资金，改善农村小学、初中教学用房和运动场等附属设施条件，加强图书、教学仪器设备、多媒体远程教学设备、体育卫生艺术教育器材配备。

三　义务教育精准扶贫项目及推行路径

（一）广南县

2016—2017 年："全面改薄"规划新建校舍 422917 平方米。2014 年至 2017 年 7 月按照"全面改薄"项目库已下达项目 355492 平方米，总投资 59570.07 万元，涉及教学楼、综合楼、宿舍楼、食堂、厕所等建设项目 551 个。截至 2017 年 12 月 31 日已开工 487 个单体、建筑面积 313422 平方米，开工率 88%。交付使用 290591 平方米，完成 80%（已完成任务）。

2018 年：广南县义务教育均衡发展建设项目需发包 31 包，计划总投资 64770.1 万元，涉及 264 个单体总建筑面积 252573 平方米。其中，贷款资金项目涉及 126 个单体计划投资 23269.72 万元；改薄资金涉及 75 个单体计划投资 22121.88 万元；县级自筹资金涉及 63 个单体计划投资 19378.5 万元。42 个贫困村项目全部开工建设，6.72 亿元项目无资金来源，垫资项目共 31 个包，已经有人垫资并开工建设 23 个包，剩余 8 个包正在寻找垫资方，正在商谈垫资细节。

- 义务教育精准扶贫理论与实践

精准识别、精准资助。认真组织各学校再次根据精准扶贫大数据平台与在校生比对核查，建立完善基于份证信息的全国扶贫信息大数据系统。现动态管理已完成核查全县建档立卡贫困户子女在校生33244人（其中小学19316人，初中6744人）。其中：县内就读的建档立卡在校生25778人（其中小学16615人，初中5526人）。

加大教育扶贫资助政策宣传力度。编制并印发《广南县教育精准扶贫资助政策》宣传手册50000份。内容包括《教育扶贫政策及办理流程》《文山州建档立卡贫困学生资助政策明白卡》，确保建档立卡户每户一册，加强对学生资助的宣传工作，让惠民政策家喻户晓，精准有效推进脱贫攻坚工作。

（二）丘北县

切实加快教育攻坚项目建设。一是实施好中央、省州专项工程。抓好已下达项目的实施，加快"全面改薄"建设项目扫尾工程，积极争取中央省州专项项目支持。二是实施好地方重点项目。积极开拓资金筹措渠道，整合资金，全力推进丘北县学前教育建设项目、云师大附属丘北中学等项目建设。

进一步抓实控辍保学工作。继续加大力度落实劝返就学一批、送教上门一批、职初班培训一批等措施，对辍学学生实行销号管理。

进一步强化教育宣传工作。在运用好张贴宣传标语、印制发放宣传资料等传统做法的基础上，利用微信公众号、QQ群等媒体及时发布教育政策法规，提高工作知晓率和透明度。

精准识别，动态管理。以扶贫部门审定的建档立卡贫困对象为准，做好辖区内建档立卡贫困人口的精准识别和统计工作。摸清入户道路、住房面积等整户情况。摸清家庭成员年龄、就学等个人情况。认真完善《教育精准扶贫建档立卡贫困户"一户一策"登记表》《教育系统建档立卡贫困户0—18周岁人员情况统计表》《教育精准扶贫建档立卡户子女情况统计表》《教育精准扶贫建档立卡贫困户子女在校学生名册》《教育精准扶贫建档立卡贫困户子女辍学学生名册》《丘北县教育精准扶贫建档立卡贫困户子女在校生"一人一档"登记表》相关数据，建立健全相关台账，做到"一户一策"和"一生一策"、底子清、数据准、精准掌控、动态更新。

强化时效,精准资助。坚持"公开透明、量入为出、突出重点、专款专用",确保资助资金及时、足额落到需要帮助的贫困人口手中。2017年,学前教育贫困儿童资助资金惠及学前在校生2308人,受助金额69.24万元;农村义务教育阶段学校公用经费补助资金惠及68702人,受助金额5207.74万元;农村义务教育阶段学校免费教科书专项资金惠及68702人,受助金额795.645万元;农村义务教育阶段家庭经济困难寄宿学生生活费补助资金惠及45443人,受助金额4076.11万元;农村义务教育学生营养改善计划中央补助资金惠及58247人,受助金额4587.8万元。

(三)泸西县

探索发动社会力量参与精准扶贫如彩票公益金教育助学项目;励耕计划资助范围和对象为全国公办小学、初中、普通高中以及中职学校家庭经济特别困难的教师,其中,重点资助因遭受自然灾害、突发事故或重大疾病等而造成家庭经济特别困难的教师。资助标准为每人1万元,学校经办,教育局推荐上报。

四 义务教育精准扶贫实施成效

(一)义务教育的动态变化情况

1. 薄弱学校建设

文山州:从2014年实施"全面改薄"以来,全州累计投入专项资金37.53亿元,占5年规划的99.42%。截至2018年6月底,全州校舍建设类批复资金38.47亿元,批复面积210.95万平方米,开工面积201.14万平方米,开工率为95.34%,竣工面积175.56万平方米,竣工率83.23%,累计完成投资33.11亿元,完成投资率为86.05%;设备采购批复资金6.27亿元,完成采购资金6.13亿元,完成投资率为97.69%。学校生活设施极大改善,仪器设备配备、信息化水平提高,基本做到学生1人1桌1椅(凳),寄宿生1人1床位,基本消除"大通铺"现象。麻栗坡县下金厂学校学校学生宿舍的高低床问题全部完成安装,老旧的床和课桌椅已全部更换。文山市

• 义务教育精准扶贫理论与实践

德厚镇中心学校采购的宿舍高低床床板质量问题已解决。

广南县：2009年至2015年全部消除学校D级危房30.82万平方米。2014年以来，投入资金184316.84万元、实施各类基础设施建设项目1260个、新建校舍面积853571平方米。2013年以来，投入18717.95万元为242所义务教育学校补充配足配齐了教学仪器、音体美器材、计算机和图书等设施设备。2018年再次筹集资金6.72亿元改善学校办学条件，目前项目已全部开工建设，确保今年12月交付使用。

丘北县：2014年至2018年4月，上级批复全面改薄专项资金61463.76万元，目前完成投资60653.26万元，完成投资占批复资金比例的98.7%，其中校舍建设项目完成投资54967.7万元，设备购置项目完成投资5685.56万元。2009年至2018年，累计投入校舍建设资金17.52亿元，新建、改扩建校舍面积91.5万平方米，拆除县域内全部25.23万平方米中小学D级危房，全县中小学校舍面积从2010年的42.59万平方米增加到2018年的106.8万平方米，已全面消除66人以上超大班额。

引入企业垫资，实施EPC项目，启动全面改薄计划5年规划（2014—2018年）。2014年至2017年，丘北县争取到"全面改薄"专项资金53854.25万元，其中：项目建设资金47376.05万元，设施设备项目资金6478.2万元。2017年投资4.07亿元，实施73所学校基础设施及配套附属项目工程建设，实现了"建一所，适用一所"的目标，基本达到全县脱贫攻坚发展要求。截至2017年12月，超额完成五年规划建设任务，完成校舍建筑面积25.42万平方米，完成规划任务的105%，完成投资46761.05万元，完成规划投资的102%；设备购置项目，完成投资6478.2万元，完成五年规划任务的90%。

麻栗坡县：2014年以来，消除D级危房4.8万平方米。投入薄弱学校改造计划校舍建设资金11008.18万元，运动场建设资金778.49万元，新建校舍5.53万平方米，运动场3.39万平方米。融资7.0756亿元（其中：县级自筹资金2.8756亿元），用于全面改善全县116所薄弱学校办学条件，征地326亩，规划建筑面积25.57万平方米、运动场地面积3.39万平方米。2014年以来，先后投入教育技术装备购置设备资金2893.67万元，为全县中小学校补充购置了教学仪器设备、计算机、图书等，为推进全县义务教育均衡发展奠定了良好的基础。投资1209.02万元，启动实施麻栗坡县教育信息化第一期建设项目，大力推进"三通两平台"的建设。

红河州：2017年各类学校校舍建筑面积共计9501886平方米，比2016年增加1071421平方米。截至2018年6月，全州"全面改薄"专项工程累计备案批复校舍建筑面积138.42万平方米，累计开工校舍建筑面积124.44万平方米，开工率为89.0%，累计竣工校舍建筑面积89.28万平方米，竣工率为64.5%。按省教育厅2017年9月全面改薄调整规划要求，我州要完成设施设备采购2.84亿元，截至2018年6月，已完成采购2.82亿元，完成率为99.3%。截至2018年8月，全州竣工校舍面积171.65万平方米；累计采购生活设施（含学生用床）148198台/件/套，课桌凳133550套，计算机、教学仪器设备等32102套，图书891292册，完成采购资金3.33亿元，中小学办学条件得到较大改善。

泸西县：2014年以来，先后整合各类教育专项资金6.16亿元（县级配套3.41亿元），推进236个项目建设，新建学校6所、改扩建学校130所，新增校舍建筑面积22.96万平方米、体育运动场地面积5.4万平方米、教学仪器价值916万元、图书38.7万册。2017年10月31日，投资3.2亿元、占地面积236.34亩、总建筑面积78221.71平方米、规划在校生规模4000人的中枢镇初级中学迁建项目顺利投入使用。学校实现"一无、四有、六配套"。让全县100%的学校（含校点）实现"一无"，即无D级危房；80%以上中心完小实现"四有"，即有食堂和浴室、有实验设施设备、有体卫艺设施设备；100%的完小以上学校实现"六配套"，即围墙、球场、校门、厕所、旗杆、水源配套；让绝大部分农村中小学达到功能齐全、布局合理，全面满足教育教学需要。

2. 两免一补

红河州：义务教育阶段学生全部实行免学杂费和免教科书政策。

对家庭经济困难的寄宿生，按照小学每人每学年1000元、初中1250元标准提供生活补助。2014年，寄宿生生活补助2650.36万元；2015年，寄宿生生活补助3131.75万元；2016年，寄宿生生活补助3205.25万元。2017—2018学年建立义务教育"两免一补"补助情况统计台账。2018年义务教育阶段学生全部实行免学杂费和免教科书费政策。对寄宿生按照每人每学年小学1000元、初中1250元标准提供生活补助，建档立卡贫困户子女全部享受以上政策。2018年118757名各级各类建档立卡学生（含已脱贫人员）获得惠民资金共24829.284万元。其中：义务教育阶段建档立卡贫困户家庭经济困难学生受助"两免一补"，"营养改善计划"800元/生/年，两项共19985.71万元，惠及96902名学生。

3. 营养餐计划

文山州：学生营养改善计划政策有效落实，2017年全州投入营养改善计划补助资金3.06亿元。

广南县：全面落实"两免一补"和营养改善计划工作。营养改善计划和寄宿生生活补助资金拨付到学校，由学校全额为当卡户学生提供等值优质的产品。2017年广南县义务教育阶段免书费教科书惠及127292人，营养改善计划惠及115877人，共投入9064.56万元，实现"营养改善""寄宿制生活补助"全覆盖。

泸西县：全省所有农村义务教育阶段学生（不含县城所在地学校的学生），补助标准为每人每天4元，全年按照学生在校时间200天计算，每生每年补助资金800元。2014年营养改善计划补助3475.95万元；2015年营养改善计划补助3851.57万元；2016年营养改善计划补助4119.92万元。2018年营养改善计划每生每年800元，加上两免一补资金两项共19985.71万元，惠及96902名学生。

4. 精准扶贫

文山州：2017年全州投入义务教育阶段寄宿制学生生活补助2.62亿元，补助寄宿学生30.82万人；补助义务教育阶段学生42.48万人。"两免一补"政策有效落实。根据《文山州贫困对象动态管理结果分析报告》（文贫开发〔2017〕15号），全州建档立卡贫困户在校生130009人（已脱贫17569人，未脱贫112440人），其中：小学68591人（已脱贫9144人，59447人），初中25741人（已脱贫3635人，未脱贫22106人）。2018年全州上半年累计下达各类学生资助资金13234.74万元，资助家庭经济困难学生10.95万人次。

广南县：2016年，共补助建档立卡学生11673人，资助资金436.06万元。其中：义务教育阶段寄宿制学生交通费补助7516人（小学生4884人，初中生2632人），补助金额278.12万元；免学平险10890人，共计61.6万元；免建档立卡高中学生学杂费、住宿费707人，共计84.84万元。2017年共筹资543.82万元用于教育扶贫工作，2017年，共补助建档立卡学生22282人，资助资金774.755万元。其中：义务教育阶段建档立卡户寄宿制学生往返交通补助14153人，共计补助523.17万元；义务教育建档立卡在校生每生每学年补助学平险50元（小学16615人，初中5526人），共计补助35.935万元。建档立卡学生免除学杂费，共计补助195万元。2018年预计筹资1347万元用于扶贫工作。

丘北县：精准识别，动态管理。强化时效，精准资助。2017年9月至2018年7月，共资助建档立卡家庭经济困难学生60245人次，资助金额合计4586.82万元。

红河州：截至2017年12月31日，扶贫办国办系统认定红河州建档立卡218686户，共920246人，其中已脱贫113393户，脱贫479543人，未脱贫（返贫）105293户440703人。其中在校生总人数合计81894人，小学43555人，初中17141人。截至2018年5月，国办系统认定红河州建档立卡未脱贫（返贫）105305户440761人，其中有建档立卡在校生（未脱贫、返贫）97912人，小学51253人，初中22289人。

2018年全年落实各级各类学校困难学生惠民资金共计15.39亿元，全面惠及91.3万多人次各级各类学生，其中118757名各级各类建档立卡学生（含已脱贫人员）获得惠民资金共24829.284万元。实现从学前教育到高校学业的全程精准资助和全覆盖，确保了全州家庭经济困难学生不因贫辍学或失学。

5. 控辍保学

文山州：2018年1月至7月，全州共劝返辍学生1227人，其中建档立卡贫困户子女人。小学辍学率控制在0.6%以下、初中辍学率控制在1.8%以下；贫困村小学入学率达99.5%以上、初中入学率达到99%以上，建档立卡贫困户义务教育阶段学龄人口控辍保学率达100%。近三年来全州小学辍学率均控制在1%以下，初中辍学率趋稳，九年义务教育巩固率逐步提高。2018年据初步统计，全州小学、初中辍学率分别为0.06%、1.45%。

广南县：2016年，有建档立卡在校生25778人（其中：小学16615人，初中5526人）。全县适龄儿童入学率99.72%，初中阶段毛入学率100.83%，年辍学率小学0.12%，初中1.68%。九年义务教育巩固率79.65%。

截至2017年12月底，有建档立卡在校生25520人（其中：小学16615人，初中5526人）。2017年12月小学辍学40人，辍学率为0.04%；初中辍学425人，辍学率为1.26%。

截至2018年4月30日，小学劝返辍学生41人返校就读（其中：建档立卡16人），辍学率0.07%，劝返率达37.96%；初中劝返辍学生211人返校就读（其中：建档立卡93人），辍学率1.09%，劝返率达34.70%。

丘北县：2016—2017学年度，义务教育阶段辍学人数388人（小学64人，初中324人），截至2018年5月24日，建档立卡贫困户适龄儿童少年辍学生85人（初中62人，小学23人）未返校。2018年上半年劝返辍学生696人，其中返校就读579人、送教上门103人、职业培训14人。截至2018年7月25日，共劝返适龄儿童少年辍学生1360人，其中：小学122人，初中1238人；尚有辍学生271人，其中：初中210人，小学61人；小学辍学率为0.12%，初中辍学率为0.97%。

红河州：2017年全州小学适龄儿童入学率99.76%，同比增加0.18个百分点，小学在校生年辍学率为0.09%，同比降低0.06个百分点；初中毛入学率为100.91%，同比增加0.32个百分点，初中在校生年辍学率为0.68%，同比降低0.56个百分点，控辍保学工作成效明显。

截至2018年1月10日，全州累计劝返复学4535人，其中建档立卡户子女1017人。3名建档立卡户子女因厌学不能复学的青少年，已按"一人一案"实施了送教上门服务，建档立卡户子女已实现了"清零"的目标。全州义务教育阶段适龄儿童少年还有895人处于辍学或失学状态。

截至2018年6月20日，全州义务教育小学阶段失辍学学生136人，失辍学率为0.035%，初中阶段失辍学学生702名，失辍学率为0.40%，义务教育阶段建档立卡户学生辍学4名（小学2人，初中2人，屏边县）。

泸西县：2017年全县小学辍学率为0.03%，初中辍学率为0.56%。2017—2018学年，小学在校生36479人，应入学适龄儿童36282人，实际入学适龄儿童36151人，纯入学率为99.64%；初中在校生17900人，应入学适龄少年17730人，毛入学率为100.96%。学年初泸西县域内义务教育阶段小学辍学11人，辍学率为0.03%；初中辍学103人，辍学率为0.56%。截至2018年4月，共劝返回66人。截至2018年6月，小学辍学3人，辍学率为0.008%；初中辍学45人，辍学率为0.24%；建档立卡贫困户适龄儿童、少年没有辍学。

6. 义务教育均衡发展

广南县：努力实现教育公平。一是保障外来务工随迁子女享受同等待遇。全县有进城务工随迁子女1912人，全部进入公办学校就读。二是构建留守儿童关爱体系。建立了农村留守儿童之家，代理爸爸、代理妈妈等关爱体系，全县有农村义务教育留守儿童59726人，全部接受义务教育。广南县全县214所小学和28所初中，督导评估10项基本办学条件均有7项及以上达到省定标准，所有义务教育学校综合达标率为100%。2018年6月，通过省政府教育督导委员会办公室对我县推进义务教育基本均衡发展工作进行督导评估验收。

丘北县：2017年义教均衡发展项目建设规划投资4.07亿元，争取上级专项资金1.3亿元，浦发基金7966万元，其余为企业垫资。

项目年内开工率为100%，完工率为85%。2017年春季学期，特殊教育学校有学生104人，全县残疾儿童入学率达到88.46%。2017年上半年，开设了18个培训班，共培训学员250余人次；组织开展公益活动1次，参加人数200人；组织了45人参加2017年云南省第八届青少年体育舞蹈锦标赛；组织公益展演3次，共191人次；组织开展科技传播活动3次，参加人数26000人。

麻栗坡县：2017年89名"三残"儿童中有79人在校就读，入学率为88.76%。9906名留守儿童与普通学生一样，能够在校内外愉快学习和生活。

7. 师资队伍建设

广南县：制定教师补充机制，合理配置师资。2011年以来，补充教师3697人，2018年，新招聘事业编制教师100名，特岗教师800名，广南县所有评估对象学校师生比均能达到省定标准。

抓好教师培训。2016—2018年，组织全县教师开展各类培训，共16578人次，公用经费中教师培训支出分别占3.83%、5.73%、5.09%。2018年上半年，全面启动教师全员培训。

完善教师激励机制，保障教师待遇。表彰重点向基层和一线倾斜。2016—2018年全县实施学校公租房建设1755套，共91834平方米，2000余名教职工住进了公租房；投资687.5万元，实施教师周转房项目共128套，4480平方米，乡村教师住宿难题得到一定的缓解。乡镇补贴每月500元全部落实到位，乡村教师生活补贴每人500—700元也已经发放到位

加强师德师风建设。涌现出了全国模范教师等一批师德模范和先进典型。

丘北县：积极争取教师编制，壮大教师队伍。2018年，事业单位招聘教师20人，招聘特岗教师200名，引进紧缺专业教师5人，争取"三支一扶"支教教师6名。提高乡村教师待遇。制订实施《丘北县乡（镇）工作岗位补贴实施方案》，落实每人每月500元的乡（镇）岗位补贴；制订实施《丘北县落实集中连片特困地区乡村教师生活补助政策实施方案（暂行）》，按学校类别每人每月给予500

元、550元、600元、700元、800元、900元六个等次补助标准分类补助；落实教师职称评聘政策，全县已有217名乡村小学教师评聘为高级职称。推进教师培训，提升教师水平。2015年获批"国培计划（2015—2017）"项目示范县以来，共培训教师2万余人次，教师培训覆盖率达100%。开展校长教师交流轮岗工作，出台《丘北县推进义务教育学校校长教师交流轮岗工作实施方案》。2017年实现教师和骨干教师交流轮岗433人，交流比例分别为14.32%和20%；校级领导交流轮岗22人次。

麻栗坡县：2016—2018年，共招聘补充教师414人。全县85所小学、12所初中教职工与学生之比都达到了省定标准，通过努力为义务教育学校配备了英语250人、音乐153人、美术133人、体育198人、信息技术100人、科学130人的专业教师队伍，基本满足了开齐课程的要求。还通过政府购买服务，为中小学校聘用食堂工作人员和学校安保人员458人。新建了一批教师周转房和教师周转宿舍，缓解了教师住房紧张问题。

2016—2018年，义务教育阶段学校校长交流136人，年平均交流比例为31.6%；教师交流1620人，三年平均交流比例为18.9%。

2016—2018年，全县各级各类学校教师培训经费合计827.62万元，组织中小学校长、教师参加县级及以上各类培训达1万余人次。

8. 学校信息化建设

广南县：截至2018年7月，网络项目建设工作由教育厅统一组织实施，设备采购已上报教育厅正在采购中，其余项目规划已上报州教育局，由州级统一组织实施。

丘北县：2014年以来，累计投入6876万元，全面推进教育信息化建设（其中争取并投入"全面改薄"设施设备采购资金576.083万元，设备采购率为100%）。目前，全县学校拥有计算机6543台（其中：中学2737台、小学3806台），生机比为10∶1（其中：中学生机比为7∶1、小学生机比为12∶1），学校生均计算机占有量超过国家和省定标准；办公用机1771台（中学859台、师机比为2∶1，小学912台、师机比为4∶1）。

(二) 典型经验

广南县：2018年云南省扶贫基金会"先进个人"——罗正华

罗正华，男，苗族，1971年3月生，1991年7月参加工作，大专学历，中小学高级教师，现任广南县教育局学生资助管理中心主任，担任教育扶贫、学生资助、营养改善计划等工作。

2009年被评为广南县"两基工作优秀个人"荣誉称号；2011年被评为文山州"两基工作先进个人"荣誉称号；2014年3月被评为广南县"民族团结工作先进个人"；2014年7月被评为中国扶贫基金会"爱加餐项目十佳优秀个人"；2014年9月被评为文山州"优秀教育工作者"；2017年10月被评为广南县"脱贫攻坚工作先进个人"；2018年3月被云南省扶贫基金会评为"先进个人"等荣誉称号。同时，在县委、县政府的正确领导下，在局领导对全县教育扶贫工作的高度重视下，在各位同事的关心支持和帮助下，真抓实干，奋力拼搏，使广南县的教育扶贫工作取得了一定的成效。

1. 加强理论学习，不断增强政治理论水平和思想道德素质

不断学习，努力提高自身的政治素质和理论水平，掌握国家、省州县教育精准扶贫政策，为了完成建档立卡适龄人口100%入学和零辍学，要在35773户共155748人中比对出全县建档立卡在校学生信息，对于一个非信息技术专业的他来说还要在规定的时限内完成很大的工作量确实是高难度。然而罗正华同志他没有泄气，也没有抱怨，而是想尽一切办法撸起袖子加油干。在一个晚上，他一个人在办公室下载有关数据统计比如"从身份证号码提取出生年龄""从身份证号码提取出生年月"等电子表格公式视频来看，整整熬了两个晚上终于学会了数据统计的一些操作技巧，第二天，很有成就感地到办公室和同事分享喜悦和成果。这样使教育精准扶贫工作得心应手，提高了工作效率。

2. 敬业爱岗，舍小家为大家

（1）教育扶贫办公室就是他的"家"

教育扶贫工作贵在"精""准""实"，为了取得最翔实的第一手资料，他除了提前上班延迟下班时间，为了完成领导所需材料他时常

放弃午休时间、夜不能寐，还经常通宵达旦加班做扶贫材料、各种表册等，加班到深夜实在太困了就从教育局招办拿来一个枕头，一床薄被来办公室躺一会儿，醒来又继续加班，有时妻子不放心他整晚都不回家，就半夜跑到办公室探望，然而老实耿直的妻子见到此事只是欲哭无泪疼在心里，再次默默支持鼓励丈夫的工作。更有甚者，他中午下班后顾不得回家吃饭，妻子用饭盒端着热腾腾的饭菜送到办公室，妻子说："趁热吃了吧！别饿坏身子。"可是他忙应：好的好的！但是忙于工作的他一直忘了吃饭，直到下午同事来上班才发现他妻子送来的饭菜还一动不动地摆在桌子上。

（2）带病坚持工作

有几天天气特别冷，再加上罗正华同志为了教育精准扶贫工作也没有好好休息等原因，他生病感冒了，同事听着他的声音、看到他身体不适、难受的样子劝他抽点时间去输液好得快，但是他知道，一离开办公室还有很多工作等着他完成，他不忍心放下手头的工作、领导还等着要的材料、数据而去输液，他说浪费这些时间去输液自己也不安心，然教育局分管教育扶贫工作的李副书记不忍心，送来了感冒药给他吃下，吃完药罗正华同志依然坚持工作，同事只能看在眼里疼在心里。

（3）致力于营养餐项目管理工作

在忙于教育扶贫资助等工作的同时，为进一步改善学校的食堂条件，罗正华同志积极向中国扶贫基金会申报"爱加餐"和"爱心厨房"项目。"爱加餐"项目自2012年3月落户广南以来，已累计为董堡乡罗瓦小学、坝美镇弄追小学、者太清水江小学等190所贫困小学43656名贫困儿童提供了4191080盒牛奶和4191080个鸡蛋，累计投入了1057.5万元。"爱心厨房"项目累计为清水江小学、杨柳井宝月关小学、珠琳阿哈小学等60所贫困小学安装60套"爱心厨房"设备，实施营养改善计划以来，全县农村义务教育阶段学生的体质状况发生了喜人的改变。

麻栗坡县：麻栗坡县马街乡落实"四个一"措施扎实抓好精准扶贫动态管理工作。为确保扶贫动态管理工作顺利开展，马街乡采取

• 义务教育精准扶贫理论与实践

"四个一"措施，扎实抓好工作落实。

一是一个机构抓到底。成立了乡领导小组，负责全乡动态管理工作的组织协调工作。以村委会为单位，组成八个片区工作组，负责本辖区动态管理工作落实；组建了33个工作小分队，每个小分队不少于3人，具体挂钩包干到村小组，负责动态管理各个环节工作任务落实。

二是一支队伍讲政策。马街乡组织熟悉脱贫攻坚政策的人员组成政策宣讲组，深入村寨开展扶贫政策宣讲，让老百姓真正了解扶贫政策，积极主动参与到脱贫攻坚工作中，达到"要我脱贫"到"我要脱贫"的转变。

三是一个试点带好头。为了让各级干部深入了解掌握动态管理工作方法、工作步骤、工作程序，马街乡将普留塘村委会堡上村小组作为动态管理工作试点，于6月18日组织乡村干部及驻村队员、挂钩单位人员到堡上全程参与动态管理工作的整个流程，让他们真正了解熟悉工作的方法和程序。

四是一套表册管总体。做好动态管理工作，最关键的就是要将对象的情况摸清、信息搞准，乡里结合需要采集的信息，综合各表册涉及的内容信息，设计制作"马街乡2017年度贫困对象动态管理信息表"，"信息表"涉及家庭成员信息、收入情况共80余项内容，确保了内容全面、便于录入。

五 主要问题与对策建议

（一）存在的主要问题

1. 云南省普遍存在的主要问题

（1）目标把握不精准，帮扶供需错位。有的地方对建档立卡贫困家庭人口、在校学生底数不清，没有做到对象精准、施测精准。部分贫困户没有建档立卡，而有些贫困户已经脱贫或本就不贫困，由于"政策全覆盖""一个不漏""一票否"等上层政策，导致下层实施明知不贫，仍不得不"扶"。

（2）政策措施没有落地。"控辍保学"工作机制落实不到位，贫困家庭学生资助政策未全面落实。有的建档立卡贫困家庭学生未获得相应资助,有的已脱贫。建档立卡贫困家庭学生未持续享受资助政策,县级配套资金缺乏。广南等13县(市、区)贫困户义务教育阶段辍学率高于2%。文山等州(市)部分贫困家庭子女就学未享受资助政策。

(3)扶贫资金使用不规范。个别地方资金拨付慢,部分项目资金使用率不高。个别地方学生自主资金发放迟缓,虚报冒领、贪占挪用现象仍时有发生。自主力度有待加大。

(4)扶贫资金空缺大。教育负担重,"全面改薄"尚有差距。有的地方没有依法落实教育经费"三个增长"等工作要求,义务教育条件保障有待改善。泸西县2018年教职工捐款426600元用于教育扶贫。

(5)干部攻坚能力不足。对适龄儿童少年辍学问题束手无策,工作实效不明显。一些地方帮扶工作不扎实,群众满意度低。超过5%的贫困户反映帮扶责任人未开展实质性帮扶。存在"漫灌式"帮扶或简单给钱给物现象,对项目实施、资金投向跟踪不及时。

(6)教育扶贫工作缺乏专门化。教育扶贫工作人员变动性大,很多地方是由教育局从学校抽调老师临时"组队"。一个阶段过后,老师们又回原校,工作问题不解决,很难调动起工作的积极性,且人员不稳定,扶贫工作难开展。教育局扶贫工作部门错综复杂,缺乏专职专业人员和专门的办公室,导致扶贫工作难以统合。

2. 文山州存在的主要问题

(1)目标标准把握不准确。建档立卡贫困家庭教育人口、在校学生信息不全,没有做到对象精准、施策精准的问题。建档立卡贫困户在校生处于动态变化中,存在一定的统计错漏风险。

(2)教育扶贫政策宣传不到位。宣传深度不够,宣传手段比较单一,宣传面还未全覆盖。宣传过程中还存在沟通和理解不到位、形成误读的问题,再加上各行业扶贫政策较多,贫困户吃不透、厘不清的情况也一定程度上存在。部分家长对学生在校可以获得哪些教育资助政策不了解,对学生是否获得相关资助也不清楚,一些村小组和农户家未看到相关教育扶贫政策宣传材料。

· 义务教育精准扶贫理论与实践

（3）控辍保学形势严峻。据2018年7月统计，全州还有义务教育阶段辍学失学学生1196人，其中建档立卡贫困户子女152人。一些辍学生远在外地打工或随父母在外地生活，不愿意回来。一些因早婚或在早产中，不能到学校就读。还有一些无视法律要求，经多次劝返，无正当理由也拒不复学。

（4）义务教育均衡发展还存在薄弱环节，全面改薄项目面临资金困难。由于浦发银行贷款被收回，部分"全面改薄"校舍建设项目资金短缺，筹措困难。

（5）干部攻坚能力不足、作风不硬。存在部分县乡村干部和中小学教师面对适龄儿童少年辍学问题束手无策，工作实效不明显。

3. 红河州存在的主要问题

（1）教育经费投入不足。如有一项资助，一共50000元，却要覆盖2000个学生，僧多粥少。

（2）控辍保学形势依然严峻。成绩差、打工潮、民族传统、监护人教育意识淡漠、温控措施不具体、司法介入难实施等因素，导致劝返复学工作难度大。

（3）资助政策有待进一步完善。目前，全州有7个县市建立了政府助学专项，且其中只有弥勒、石屏等少数县市助学力度相对较大。

（4）部分建档立卡户脱贫动力不足。对自身脱贫缺乏计划，缺乏信心，"等靠要"思想突出，如建水县。

（5）南北区域差别大，教育发展不均衡。如北部的泸西县比南部的弥勒市毛入学率和巩固率都更高。10%的城乡流动率，有些地方能达到，有些地方达不到。北部外来人口多，师资不平衡。南部招商引资难，投资成本高，交通不方便。特岗教师招考力度大，但三年考核后自动放弃的较多。

（6）超生致贫的问题。多数贫困家庭子女都在三个及以上，更甚者五六个也不罕见。南方气候适宜，有利于人和动物繁殖，且很多人抱着"反正都这么穷了，国家总不会让我饿死"的心态，导致超生更严重。现在部分专家鼓吹计划生育全面开放，这对于本就贫困艰难的南部来说，可能会雪上加霜。

泸西县存在的主要问题。①宣传不到位。不少贫困户不知道"两免一补"政策，不清楚申请助学贷款等教育扶贫政策，存在贫困家庭学生未享受或未足额享受奖学金、学杂费免除等教育资助政策。②控辍保学落实不彻底。很多偏远地区少数民族学生无上学意愿。大学生失业较多，缺乏榜样带头，对"知识改变命运"缺乏信心。反复劝，反复辍，劝返效果不稳固。送教上门不规范。③资助资金短缺。有些项目融入不进去。基础设施建设资金缺口大，办学条件离标准化学校存在一定差距。④非建档立卡边缘贫困户因学造成家庭负担重，扣除教育支出达不到收入标准的情况排查不彻底，有漏评隐患。⑤极少数学校未及时退还建档立卡户学生学杂费。比如，审计发现，有两所中学在教育扶贫中，未及时退还建档立卡户学生学杂费133.72万元。⑥异地上学学生实际受助情况难以全面掌握，易导致重复享受资助。

（二）对策建议

1. 精准识别

扶贫局方面需健全完善建档立卡贫困户信息监测报告交换机制，并与教育口实时动态更新。核查义务教育学生入学情况、建档立卡贫困户子女入学辍学情况、享受资助政策情况，对存在问题有针对性地制定操作性较强的有效的工作措施，确保全面达标。进一步强化"双线六长双挂"责任制，落实学生监测、报告和劝返各项程序，组织核查登记建档立卡贫困户义务教育辍学学生，建立工作台账，并责成各县（市）对照辍学生登记表，逐一进行劝返，劝返结果及时录入。可借鉴丘北县利用微信平台，一户一个二维码，实时记录监控建档立卡户的动态。

2. 精准资助

全面覆盖建档立卡贫困家庭学生，做到一个不漏、应助尽助。特别是与财政部门加强协调，及时落实州级资助资金。进一步抓实学生精准资助工作。认真落实"两免一补"和营养改善计划和省、州、县对建档立卡贫困生的各种资助政策。同时采取各种合理有效的措施为贫困生就学尽力提供保障，确保不让每一个家庭因为经济困难而失学。也可通过职业教育，带动扶贫，如泸西县通过合作办学（云南技师学院路西分院），现在校学生4228人，2010年以来累计毕业6349人，毕业生就业率达98%以上。

3. 控辍保学

制订更加详细的义务教育控辍保学工作方案。按照"一户一案，一生一策"的要求，以建档立卡户贫困家庭学生为重点，继续深入扎实开展义务教育精准控辍保学工作。压实控辍保学工作责任，强化明责、包保、督查、问责等措施，实行双线目标管理，完善"控辍保学"长效机制。在全县范围内选取具有代表性的案例进入司法程序，强制其入学，以形成依法治教的效应，促使控辍保学工作走入正常的法律轨道。可借鉴丘北县控辍保学三部曲：一是逐步感化，从辍学状态，争取进职校，如状态良好则转到普通中学。二是行政处罚，用童工者，人设局处罚该用人单位。三是自主政策，应贷尽贷，没有建档立卡的贫困户，申请社会资助。可借鉴红河州规范送教上门，一是针对有事实婚姻者，侧重于教授生理卫生及育儿保健知识；二是针对残疾儿童（如脑瘫），及不适合学班教育和特殊学校者，侧重于认知世界及自理能力的培养训练。

4. 促进义务教育基本均衡发展

全面统筹推进义务教育城乡一体化改革发展，加快义务教育学校标准化建设，加强教师资源的统筹安排，实现县域优质资源共享，着力提升乡村教育质量。着力改善薄弱地区教学环境及配套设施条件，加大对偏远地区农村教师的经济补助与精神奖励，降低农村教师的职称晋级门槛，力所能及地解决当地教师的后顾之忧。督促未达标县加大相关资金统筹力度，整合教育建设项目，努力改善办学条件，确保按要求通过国家县域义务教育均衡发展评估。

5. 加大教育扶贫政策宣传力度

编制教育精准扶贫学生资助政策宣传卡，以一览表形式介绍国家、省、州及县（市）出台实施的针对各学段建档立卡户教育扶贫政策，要求各县（市）教育局印制并宣传发放至所有建档立卡户家庭和每位建档立卡户学生。同时，加强对教育系统干部职工的宣传培训。可借鉴丘北县请受资助的大学生志愿者回乡宣传，比扶贫工作人员效果更好。

6. 提升干部攻坚能力

针对早婚、厌学、打工、多次劝返无果等问题研究起草具体的工作方案，与检察院联合起草《依法促进义务教育控辍保学工作实施办法》等方案，强化义务教育法的效力。通过明确工作规范、实施要求，为基层干部解决辍学问题提供法律保障、政策依据，同时加强纪检监督。

7. 多渠道筹集资金

建立州、县人民政府特困助学专项资金。从扶贫资金中专门设立州、县政府助学金，对建档立卡学生，尤其是对因学致贫家庭子女进行重点资助。按照"政府领导、教育主管、部门配合、社会参与"的学生资助管理体系，整合资源、统筹规划、集中使用，最大限度提高社会助学资金的使用效率。大力引进社会资助，如中国兵器装备集团资助项目，彩票公益基金项目等。同时，大力推进教育重点项目。积极向省厅汇报工作，争取把项目建设资金列进省级盘子，申请开辟"教育项目绿色通道"。

8. 组建专门机构

成立专门的扶贫办公室，及稳定的扶贫工作人员，使扶贫工作专门化。应着力解决调教师工作调动问题，安定人心，做好工作。

第六节　滇西边境山区义务教育精准扶贫现状调查报告

通过问卷调查、现场访谈，档案资料查阅等调研方法，课题组对滇西边境山区的义务教育精准扶贫进行了"普查"，重点调查了云南省红河州、楚雄彝族自治州南华县、姚安县，大理市祥云县，丽江市永胜县、宁蒗县，保山市施甸县、昌宁县。

- 义务教育精准扶贫理论与实践

一 基本情况

（一）滇西边境山区区域分布情况

滇西边境山区是我国特困地区之一，是我国重要生态功能区，少数民族主要聚集区和过境地区。滇西边境山区集中连片特殊困难地区主要包括临沧市、丽江市、保山市、普洱市、红河哈尼族彝族自治州、大理白族自治州、楚雄彝族自治州、德宏傣族景颇族自治州、西双版纳傣族自治州和怒江傈僳族自治州等10个市州的56个县市区，其他县市区5个，共61个县市区。在此区域内共有边境县19个、民族自治地方县市区48个、国家扶贫开发工作重点县45个，农民人均受教育年限仅为5.2年，素质性贫困问题十分严重[1]。

（二）滇西边境山区自然条件与社会经济状况

滇西边境山区大部分位于滇南山间盆地和横断山区南部，占国土总面积20.9万平方千米，整体属于热带亚热带季风气候。区域内高山峡谷纵横，河流众多。哀牢山、高黎贡山、无量山、怒山纵贯其中，澜沧江、怒江、元江和金沙江等江河穿越其间，山高谷深使得最高海拔（6740米）与最低海拔（76.4米）近6600米，立体气候特征明显，森林覆盖率达54.6%。

截止到2010年年末，滇西边境山区总人口有1751.1万人，其中有乡村人口1499.4万人，少数民族831.5万人。分布着26个民族，如汉族、彝族、傣族等，其中独有少数民族15个、人口较少民族8个。人均地区生产总值为10994.1元。

滇西边境山区贫困的主要原因在于地势，境内多山，地势海拔高度差异悬殊，最高海拔6740米，最低76.4米，导致交通闭塞，基础设施瓶颈突出。同时，人均受教育年限在2010年仅为5.2年，区内多少数民族，部分少数民族属于直过民族，还不能适应经济快速发展的需要[2]。

---

[1] 《滇西边境山区片区区域发展与扶贫攻坚规划》（https：//baike.baidu.com/item）。
[2] 《滇西边境山区片区区域发展与扶贫攻坚规划》（https：//baike.baidu.com/item）。

(三）滇西边境山区义务教育精准扶贫实施情况

滇西边境山区以云南省为主，在 61 个县中占 51 个县，因此，调研重点也放在了云南省。

根据中央精神，云南省围绕义务教育精准扶贫先后出台了《云南省委 省政府关于深入贯彻脱贫攻坚重大战略部署决定》《云南省脱贫攻坚规划（2016—2020 年）》《云南省人民政府办公厅关于印发云南省乡村教师支持计划（2015—2020 年）的通知》《云南省加强教育精准扶贫行动计划》《云南省全面改善特困地区义务教育薄弱学校基本办学条件项目规划（2014—2018 年）》《云南省农村义务教育学生营养改善计划实施意见（云政办发 2012—25 号）》《"直过民族"国家通用语言文字普及推广工程方案》《云南省统筹推进县域内城乡义务教育一体化改革发展的实施意见》《云南省人民政府关于深入推进义务教育均衡发展的实施意见》《云南省义务教育质量提升计划（2016—2020 年）》《云南省义务教育均衡发展激励和问责办法》和《关于进一步做好义务教育"控辍保学"工作的意见》等多个文件，通过多个政策配套，强调指出：发展学前教育，巩固提高义务教育，普及高中阶段教育，到 2020 年，显著提升特困地区教育总体发展水平，实现教育基本公共服务覆盖全部建档立卡贫困人口，保障适龄儿童特别是贫困家庭的适龄儿童都可以上学，不让任何一个学生因家庭困难而失学，使所有贫困家庭学生都能从入学到毕业的教育各阶段中获得全程资助。为此，在全省范围内，对所有义务教育阶段学生实施相应的优惠政策，保证每一个儿童都能有学上。

二 云南省滇西边境山区义务教育扶贫专项计划与措施

为全面落实《中共云南省委 云南省人民政府关于深入贯彻落实党中央国务院脱贫攻坚重大战略部署的决定》、教育部等六部委《教育脱贫攻坚"十三五"规划》《云南省加强教育精准行动计划》，制订了《云南省教育扶贫实施方案》，有步骤有计划地实施义务教育扶贫专项计划。

- **义务教育精准扶贫理论与实践**

（一）义务教育扶贫专项计划

1. 全面改善特困地区义务教育薄弱学校

截至 2018 年 11 月底，云南省按照教育部教基一厅〔2014〕5 号文件要求的"20 条底线"① 达标率为 99.97%，2018 年"全面改薄"专项督导云南省复查学校 2637 所，其中达标学校 2632 所，复查达标率为 99.81%②。

2. "全面改薄"工作进展情况

云南省"全面改薄"五年规划总投资 338.77 亿元，其中：中央资金 165.59 亿元，省级资金 88.58 亿元，州县级资金 84.6 亿元。规划校舍建设面积 1347.48 万平方米，投入资金 259.07 亿元；规划运动场建设面积 1291.27 万平方米，投入资金 30.35 亿元；规划设施设

---

① 全面改善特困地区义务教育薄弱学校基本办学条件20条底线要求：
1. 消除 D 级危房。新建校舍抗震设防类别不低于重点设防类，满足综合防灾要求。
2. 多层校舍建筑每幢不少于 2 部楼梯，楼梯坡度不大于 30 度，护栏坚固。
3. 教室和宿舍内外墙面平整，无明显尖锐突出物体，室内无裸露电线。
4. 教学用房室内采光良好，照明设施完善，光线充足。
5. 学生 1 人 1 桌 1 椅（凳）。
6. 按国家标准配置满足教学需求的黑板。
7. 设置旗台、旗杆，按要求升国旗。
8. 具备适合学生特点的体育活动场地和设施设备，有利于开展具有当地特色的体育活动。
9. 因地制宜设置满足校园安全需要的围墙或围栏。
10. 新增图书为适合学生年龄特点的正版图书，配备复本量应视学校规模和图书使用频率合理确定。
11. 有可供开展多媒体教学的教室。
12. 学生宿舍不设在地下室或半地下室。
13. 寄宿学生每人 1 个床位，消除"大通铺"现象。
14. 寄宿制学校或供餐学校具备食品制作或加热条件。
15. 配备开水供应设施设备。
16. 有条件的地方，新建校舍一般设置水冲式厕所。厕位够用，按 1∶3 设置男女蹲位。旱厕应按学校专用无害化卫生厕所设置。
17. 除特别干旱地区外，寄宿制学校应设淋浴设施。
18. 配置消防和应急照明设备，设置疏散标志。
19. 在校门、宿舍等关键部位安装摄像头和报警装置。宿舍区配备急救箱。
20. 消除 66 人以上超大班额。

② 《云南省 2018 年全面改薄专项督导自查报告》（http：//www.ynjy.cn/web/182907909/07d47382421f4c209c8d7292c912941c.html）。

第六章 集中连片特困地区义务教育精准扶贫调查报告

表6-4 云南省义务教育扶贫政策一览

教育阶段	政策名称	资助对象	资助标准	资助比例
义务教育	免除学杂费	对城乡义务教育学生免除学杂费,对学校给予公用经费补助	免学杂费对学校补助公用经费,补助标准为:小学600元/生/年,初中800元/生/年,寄宿制学校按照寄宿学生数每生每年再增加200元的公用经费补助,特殊教育6000元/生/年	所有义务教育学生100%
	免教科书费	对城乡义务教育所有学生免费提供教科书	免费教科书补助标准为:小学90元/生/年,初中180元/生/年	所有义务教育学生100%
	寄宿生生活补助	对城乡义务教育寄宿生给予生活费补助。对迪庆州原高原农牧民子女补助标准生活费补助的基础上每生每年再增加250元的补助	小学1000元/生/年 初中和特殊教育1250元/生/年	寄宿学生"全覆盖"100%
	农村义务教育营养改善计划	全省所有农村义务教育阶段学生(不含县城所在地学校的学生)	补助标准为每生每天4元,全年按照学生在校时间200天计算,每生每年补助资金800元	农村义务教育学生"全覆盖"100%

· 317 ·

- 义务教育精准扶贫理论与实践

续表

教育阶段	政策名称	资助对象	资助标准	资助比例
中等职业教育	国家助学金	具有中等职业学校全日制学历教育正式学籍的一、二年级在校涉农专业学生和非涉农专业家庭经济困难学生。建档立卡户家庭经济困难学生、滇西边境山区片特困地区和藏区中等职业学校农村学生（不含县城）全部纳入享受国家助学金范围	2000 元/生/年	约占一、二年级在校学生的70%
	免学费	对中等职业学校（含民办）全日制正式学籍一、二、三年级在校生中所有农村（含县镇）、城市家庭经济困难学生和建档立卡贫困户家庭学生、农村（含县镇）学生免除学费（艺术类相关表演专业学生除外）	2000 元/生/年	约占在校学生的95%
	省政府奖学金	奖励中职学校全日制学生中特别优秀的学生	4000 元/生/年，每年400 万元	约占在校学生的0.3%
	迪庆州怒江州中等职业教育农村学生全覆盖政策	协助省民委落实在执行国家中等职业教育现行免补政策的基础上，省财政对在迪庆州和怒江州中职学校或省内其他试点中职学校就读，并纳入普通全日制学籍管理的迪庆州、怒江州农村户籍（含农转城）学生，初中起点中职学生在校期间第一、第二学年，高中起点第一学年，给予生活费补助	2500 元/生/年	符合条件均享受
	雨露计划	协助省扶贫办落实对中等职业学校建档立卡贫困户家庭经济困难学生的给予生活费补助	2500 元/生/年	符合条件均享受

第六章 集中连片特困地区义务教育精准扶贫调查报告

续表

教育阶段	政策名称	资助对象	资助标准	资助比例
普通高中	国家助学金	资助普通高中在校生中的家庭经济困难学生。对普通高中建档立卡贫困户家庭经济困难学生给予一等国家助学金资助	一等2500元/生/年 二等1500元/生/年	约占在校学生的30%
	高中建档立卡家庭经济困难学生免学杂费	免除公办普通高中建档立卡家庭经济困难学生（含非建档立卡的家庭经济困难残疾学生、农村低保家庭学生、农村特困救助供养学生）学杂费	按照2004年《云南省发展和改革委云南省教育厅关于调整普通高中学费收费标准及有关问题的通知》（云发改费〔2004〕536号）确定的各地普通高中学校现在任的收费标准执行（不含住宿费）	符合条件均享受
	高中建档立卡贫困户家庭经济困难学生生活费补助（政策正在实施中）	对普通高中建档立卡贫困户家庭经济困难学生给予学生生活费补助	2500元/生/年	符合条件均享受
	滋惠计划	奖励普通高中在校品学兼优的家庭经济困难学生	每人2000元	根据中央下达项目资金实施

- **义务教育精准扶贫理论与实践**

续表

教育阶段	政策名称	资助对象	资助标准	资助比例
14年免费教育	迪庆州怒江州14年免费教育	对学前教育2年在园幼儿免除保教费，对普通高中学生免除学杂费、教科书费和住宿费。对迪庆州所有农村学生给予生活费补助，对怒江州建档立卡家庭经济困难学生给予生活费补助	学前教育：免除保教费标准2200元/生/年，生活费补助标准1000元/生/年。普通高中：免学杂费标准1200元/生/年，免住宿费标准450元/生/年，生活费补助标准3000元/生/年，免教科书标准160元/生/年。	符合条件的所有学生100%
	昭通市镇雄县、彝良县、威信县14年免费教育试点	对建档立卡家庭经济困难学前教育2年在园幼儿免除保教费，建档立卡家庭经济困难中学生免除学杂费、教科书费和住宿费，对建档立卡家庭经济困难学生给予生活费补助	学前教育：免除保教费标准2200元/生/年，生活费补助标准1000元/生/年。普通高中：免学杂费标准1200元/生/年，免住宿费标准450元/生/年，生活费补助标准3000元/生/年，免教科书标准160元/生/年	约占在校学生15.3%

· 320 ·

备购置资金 49.35 亿元。根据"全面改薄"双月报统计，截至 2018 年 10 月底，云南省已经开工建设的"全面改薄"项目工程面积为 1355.28 万平方米，完成工程竣工面积 1222.84 万平方米，分别占五年规划总面积的 100.58%与 90.75%；已完成设施设备购置资金 50.02 亿元，占五年规划总资金 101.36%。中央要求确保到 2018 年底完成校舍建设和设备采购任务"超九成"的工作目标已全面完成。

3. "全面改薄"资金投入情况

2014—2018 年，云南省"全面改薄"专项资金共投入 236.6 亿元，其中：中央资金 118.33 亿元，省级资金 70 亿元，州、县两级配套资金 48.27 亿元。从省级配套落实方面来看，省委、省政府对"全面改薄"项目高度重视，省级财政在年度预算中足额落实地方配套资金，达到了中央和地方 5∶5 的分担要求。同时，省、州、县三级加大对"全面改薄"项目的投入力度，3 年来整合其他教育专项工程资金 109.15 亿元投入"全面改薄"项目实施，全省"全面改薄"项目资金总投入达到 345.75 亿元，占五年规划总投资的 102.06%，其中：中央资金 157.1 亿元，省级资金 104.13 亿元，州、县两级配套资金 84.52 亿元。云南省加大落实地方配套和整合其他教育专项工程资金力度，确保"全面改薄"项目按规划顺利实施，加快了全省农村义务教育学校建设的进程。

4. "20 条底线"达标情况

依据"农村义务教育薄弱学校改造工作二十条底线要求督导管理系统"的统计数据，截至 2018 年 11 月底，全省 16 个州市、129 个市县区中的 15 个州市、128 个县市区的义务教育教育学校"20 条底线"100%达标；全省 16256 所义务教育学校（包含教学点）中的 16251 所"20 条底线"全部达标，达标率 99.97%，其中：学校数 12656 所，达标 12651 所，达标率 99.96%；教学点 3600 个，达标 3600 个，达标率 100%。"20 条底线"中，全省义务教育学校已有 19 项指标 100%达标，仅剩"超大班额"一项指标有 5 所学校未达标。

• 义务教育精准扶贫理论与实践

（二）义务教育扶贫专项措施

1. 推行农村义务教育营养改善计划

截至 2018 年 6 月底，全省 129 个县市区共有 15528 所中小学校参加营养改善计划试点，其中：小学 13759 所，初中 1769 所；惠及全省 480.03 万名农村义务教育阶段学生，其中：小学生 320.83 万人，初中生 159.2 万人。2012—2018 年，全省累计下达营养改善计划补助资金 262.46 亿元，其中：中央资金 202.84 亿元，省级资金 25.8 亿元，州市配套资金 33.82 亿元，保障了全省营养改善计划有效实施。

2. 全面控辍保学

在云南省完成两基目标之后，部分地区的控辍保学力度较两基检查前有所减弱与松动，导致义务教育阶段中小学又出现了辍学反弹现象，辍学现象在边远地区初中学生中表现更加明显与突出。究其原因主要在于以下几个方面：一是由于云南特殊的自然、地理和文化历史条件使部分学生因条件艰苦、交通不便、早婚等而导致辍学；二是由于长期封闭的原始生活状态使得部分群众对读书认识不够，缺乏依法送子女上学的意识与意愿；三是部分少数民族学生在入学前没有接触与学习汉语，导致到了学校后因学习基础差而产生厌学，使得辍学情况较为突出；四是新"读书无用论"的抬头以及部分边长内心深处倾向于子女早点走向社会的思想影响，部分学生在升学无望的情况下选择辍学务工；五是部分留守儿童因家长长期在外务工，缺乏父母监管而失学或辍学[①]。这对教育扶贫是一种极大的挑战，为此，云南省政府在 2017 年 7 月 28 日国务院办公厅印发《关于进一步加强控辍保学提高义务教育巩固水平的通知》（国办发〔2017〕72 号）与《云南省政府督导委员会关于印发进一步做好义务教育控辍保学工作的通知》（云政教督〔2016〕4 号）的基础上出台了《云南省人民政府办公厅关于进一步加强控辍保学提高义务教育巩固水平的通知》，对控

---

① 《云南省人民政府办公厅关于进一步加强控辍保学提高义务教育巩固水平的通知》政策解读（http://www.njy.cn/officehtml/company/ynsjyt/zhang）。

辍保学工作作了总体的部署。同时，为使控辍保学工作真正落地，让处于义务教育阶段的中小学的权益得到充分的保证，云南省教育厅与云南省司法厅联合发布了《云南省教育厅　云南省司法厅关于印发依法督促监护人送适龄儿童少年接受义务教育试行办法的通知》（云教规2018〔2〕号），让控辍保学做到有法可依，有法必依，同时，也能在具体的行动中做到宣传教育、行政处罚、申请强制执行直至诉讼①，最终目的就是让适龄儿童与青少年能够回归课堂，完成义务教育，真正担负起扶贫先扶智的责任与义务。

3. 强化乡村教师队伍建设②

全面改善乡村教师待遇。截至2017年11月底，投入中央预算内专项资金12.50亿元建设农村教师周转宿舍，改善农村教师生活和工作条件，在集中连片特困县实行乡村教师（乡中心区、村庄学校的教师）生活补助差别化政策，着力提高乡村教师待遇。

强化系统培训与专项培养。探索建立省（州、市）、县（市、区）、学校系统化的教师培训体系，全部由云南省财政资金承担。

创新编制管理与职称评审，明确全省中小学教职工编制标准统一为高中1∶12.5、初中1∶13.5、小学1∶19，对学生规模较小的村小、教学点，按生师比与班师比相结合的方式核定编制。职称评聘向乡村教师倾斜，明确乡镇及以下中小学教师可不受岗位数额限制。

4. 加快义务教育信息化工作

义务教育网络建设项目是云南省省政府重点项目之一，网络建设是按照《云南省人民政府关于加快推进"互联网＋"行动实施意见》《云南省人民政府关于统筹推进县域内城乡义务教育一体化改革发展的实施意见》精神，把互联网与教育深度融合，提高义务教育质量。

---

① 《云南省教育厅 云南省司法厅关于印发依法督促监护人送适龄儿童少年接受义务教育试行办法的通知》（http：//www.ynjy.cn/web/07e4c723cd9041b8be071570e94715b9/5dd3d1f8ed4c4c0bb176142ab125ab5c.html）。

② 《云南省加强乡村教师队伍建设》（http：//www.moe.gov.cn/jyb_xwfb/s6192/s222/moe_1757/201712/t20171218_321571.html）。

- **义务教育精准扶贫理论与实践**

通过与网络运营商的通力合作,实现校校有校园网,村完小及以上学校教室无线网络全覆盖,校园利用 4G/5G 网络实现有条件的学校覆盖。截至 2018 年 12 月底,云南省已经建成"云+网+端"一体化全覆盖、全高速、全应用、全管控,有专用通道、有校园网络的"云网端融合、四全两有"教育网络。实现了优质教学资源共建共享,农村边远学校能开出、开齐课程,缩小城乡差距,促进义务教育均衡发展①。

5. 推进县域义务教育发展基本均衡

截至 2018 年 8 月,云南省共有 68 个县(市、区)均达到义务教育发展基本均衡县评估认定标准②,预计到 2019 年全省所有 109 个县(市、区)实现县域内义务教育基本均衡的总目标如期实现。

三 滇西边境山区各州、县域教育精准扶贫基本情况

(一)楚雄彝族自治州义务教育精准扶贫基本情况——以南华县和姚安县为例

1. 楚雄彝族自治州概况

楚雄州设 9 县 1 市(楚雄市、双柏县、牟定县、南华县、姚安县、大姚县、永仁县、元谋县、武定县、禄丰县,其中双柏县、南华县、大姚县、姚安县、武定县、永仁县 2018 年 8 月调查时属于贫困县③),103 个乡镇。全州常住人口 274.40 万人,在总户籍人口中,少数民族人口 956300 人,占总人口的 36.15%,其中彝族人口 770120 人,占总人口的 29.11%,占少数民族人口的 80.53%。万人以上少数民族有彝族、傈僳族、苗族、傣族、回族和白族④。

---

① 《云南省义务教育网络建设思茅区建设工作启动》(http://www.zhijiaoyu.com.cn/news/show-2058.html)。

② 国家督导检查组:《云南 45 个县均达到义务教育发展基本均衡县评估认定标准》(http://www.sohu.com/a/210825880_673549)。

③ 《楚雄州 2018 年贫困县退出公示》(http://www.cxz.gov.cn/info/1031/17146.htm)。

④ 《州情简介——楚雄彝族自治州人民政府》(http://www.cxz.gov.cn/info/1223/13464.htm)。

截至2016年，全州基础教育、中专（职高）在校学生达38.03万人，少数民族学生占43.83%。其中：幼儿园、小学、初中、高中、中专（职高）少数民族在校生分别为23794人、77874人、41739人、16659人、6227人，分别占幼儿园、小学、初中、高中、中专（职高）在校生总数的40.79%、48.23%、43.26%、36.69%、35.59%[①]。

2. 楚雄彝族自治州义务教育精准扶贫政策

落实好中央和云南省义务教育各项资助政策，楚雄州先后出台了《楚雄州农村义务教育学生营养改善计划相关政策》《楚雄州人民政府关于统筹推进县域内城乡义务教育一体化改革发展的实施意见》《楚雄州教育精准扶贫实施方案》《楚雄市2018年"十大专项行动"方案》《楚雄州补短板惠民生专项行动方案》《楚雄州教育领域综合改革实施方案》等一系列文件，着力改善义务教育阶段办学条件，提升整体办学水平。制定了《楚雄州教育事业发展"十三五"规划》《楚雄州乡村教师支持计划（2016—2020年）》等政策，提升义务教育阶段教师教学水平与生活质量。制订了《楚雄州特殊教育提升计划实施方案（2015—2017年）》，提高义务教育阶段特殊教育学校生均公用经费基准定额，保障残疾学生接受义务教育的权利。制订了《楚雄州"互联网+教育"行动计划（2016—2018年）》，全面提升义务教育信息化水平。

3. 南华县义务教育精准扶贫基本情况

（1）南华县教育概况

2017—2018学年，全县共有各级各类学校175所，现有教师1892人，在校生32144名，其中：普通高中1所，在校生2754人；职业高级中学1所，在校生210人；教师进修学校1所；义务教育阶段学校147所，在校生24025人（普通初中14所，在校生9056人；小学61所、教学点73个，在校生14969人）；幼儿园27所，有在园

[①] 《楚雄州教育局2016年工作总结》（http://www.cxedu.gov.cn/Content-2255.aspx）。

幼儿4745人。学龄前儿童毛入园率为90%，学前三年儿童毛入园率为84.12%；小学适龄人口入学率为99.98%；初中阶段毛入学率为116.57%，入学率为99.96%；高中阶段毛入学率为88%；小学无辍学，初中辍学率为0.3%（无建档立卡贫困户学生）；九年义务教育巩固率达94.17%。

（2）南华县义务教育精准扶贫相关政策

在全面贯彻落实《云南省教育精准扶贫学生资助政策清单》《楚雄州教育精准扶贫实施方案》《楚雄州建档立卡贫困户学生精准资助实施方案和普通高中建档立卡贫困户家庭经济困难学生生活费补助实施方案的通知》等文件精神，南华县制订了《南华县教育精准扶贫实施方案》，确保年度脱贫退出的建档立卡贫困家庭扣除就学负担后家庭年人均纯收入仍达到脱贫标准，实现对普通高中及以上建档立卡贫困户学生资助全覆盖，不让一个学生因家庭经济困难而影响继续升学。

第一，针对建档立卡户，制定了具体的帮扶措施。一是做到对建档立卡贫困户学生从学前教育阶段就读资助的全覆盖；二是对建档立卡贫困户学生在义务教育阶段实现"两免一补"及"营养改善计划"全覆盖。"两免"即免学杂费和免费提供教科书。所有建档立卡贫困户按照小学600元/生/年、初中800元/生/年、特殊教育6000元/生/年免除学杂费，免费提供教科书补助标准按照小学90元/生/年、初中180元/生/年执行；寄宿生生活补助标准按照小学1000元/生/年、初中和特殊教育1250元/生/年的国家和省定标准执行；"营养改善计划"按照4元/生/天，全年按照学生在校时间200天计算，每生每年800元给予补助。

第二，保障教育投入，夯实办学基础。按照中央与云南省以及楚雄州政府的安排，南华县县政府多方筹措资金，全力保障教育投入，确保三个增加。启动全面改薄工程，全面改善义务教育薄弱学校办学条件。自2014年以来，全县共实施"全面改薄"项目239个，投资10931万元；建设校舍36782平方米，涉及学校37所；建设运动场102747平方米，涉及学校57所；购置食堂设备2469件套、3D打印设备55台、课桌凳11492套、学生用床4026张，涉及学校122所。2018年"全面改薄"计划投资6154.8万元，建设校舍项目49个，建设面积19259平方米，运动场项目49个，建设面积46587平方米。通过改薄工程，全县义务教育学校20条底线均已达到办学需求。除此之外，还加大推进教育信息化建设，共投入资金2200多万元，新建计算机教室49间，为147所中小学采购计算机，多媒体一体机，通过建设，计算机初中生机比达7∶1，小学生机比达9∶1，多媒体班套比达1∶1。全县学校实现了三通两平台，学校教育信息化水平快速提升。

4. 姚安县义务教育精准扶贫基本情况

（1）基本情况

2018年春季学期全县开办各级各类学校149所。义务教育中小学校和教学点共80所，其中完全中学1所、初级中学8所、完全小学58所，教学点13个。全县在岗教职工2307人，其中幼儿园教职工339人，小学教职工1017人，初中教职工660人，高中教职工236人。中小学专任教师学历合格率为100%。全县小学教学班436班，在校小学生8842人；初中教学班139班，在校初中学生5521人；高中教学班52个班；在校高中学生2365人（其中：普高2203人，职高162人）。小学适龄儿童入学率达99.98%，巩固率达99.85%；初中毛入学率达112.9%，巩固率达99.07%[1]。

（2）姚安县教育扶贫政策措施

姚安县在总结2014—2017年教育扶贫实施中存在的经验，根据教育扶贫新政策，为进一步做好教育精准扶贫工作，制订了《姚安县教育局脱贫攻坚实施方案》《姚安县教育精准扶贫巩固提升方案》，确保到2020年年底，基本普及学前教育，基本实现县域内义务教育均衡发展，普及高中阶段教育，努力实现高中教育优质发展。出台了《姚安县人民政府关于统筹推进县域内城乡义务教育一体化改革发展

---

[1] 《姚安县教育局关于对2018年教育扶贫指标认定的报告》（http://www.yaoan.gov.cn/Pages_341_36180.aspx）。

的实施意见》，着力解决"乡村弱"和"城镇挤"的问题，巩固和均衡发展九年义务教育，加快缩小县域内城乡教育差距①。与此相配套制定并实施了《姚安县差别化乡村教师岗位生活补助实施方案》，全面改善乡村教师待遇。

（3）姚安县义务教育精准扶贫实施策略

第一，针对建档立卡户，具体帮扶措施。针对家庭贫困的在园幼儿班学生，给予助学金，针对义务教育阶段建档立卡户，落实义务教育"两免一补"政策和实施农村儿童义务教育营养改善计划；针对高中及以上建档立卡户，落实普通高中国家助学金、贫困学生免学费、生活补助政策，落实中职免学费、助学金和"雨露计划"政策，对贫困家庭大学生在国家助学贷款、新生入学资助等方面优先予以资助。

第二，义务教育精准扶贫投入。一是就学保障投入。自2017年9月以来，对家庭贫困的在园幼儿班学生，给予助学金，落实义务教育"两免一补"政策和实施农村儿童义务教育营养改善计划；落实贫困学生免学费、生活补助政策，落实中职免学费、助学金和"雨露计划"、普通高中国家助学金政策，对贫困家庭大学生在国家助学贷款、新生入学资助等方面优先予以资助。2017年秋季学期发放建档立卡学生学前教育助学金411人，41.1万元，2017年5545名中小学寄宿制学生继续享受寄宿生补助，14021名中小学生吃上了免费午餐。

二是全面改薄，提升办学条件。截至2017年年底，共计新建校舍及运动场59716平方米，93个单体工程，项目总投资6266.73万元，全面改善薄弱学校办学条件。

三是提升教育信息化水平。投资2982.85万元完成全县教育信息化建设，全县所有校点均开通50M以上宽带网络，实现了"宽带网络校校通，优质学习资源班班通、个人学习空间人人通"②。

四是提升基础教育水平。通过义务教育基本均衡迎国检为契机，

---

① 《姚安县人民政府——姚安县人民政府关于统筹推进县域内城乡义务教育一体化改革发展的实施意见》（http：//www.yaoan.gov.cn/Pages_186_23550.aspx）。

② 姚安：《教育精准扶贫措施》（http：//www.yaoan.gov.cn/Pages_3_29235.aspx）。

全面改善特困地区义务教育薄弱学校基本办学条件，加强农村寄宿制学校建设，办好必要的村小学和教学点，完善特困地区义务教育学校布局和义务教育经费保障机制，统一城乡义务教育学生均公用经费基准定额。通过结对帮扶，强化师资培训，改善乡村教师生活待遇等方式，加强特困地区师资队伍建设，建立城乡学校教师均衡配置机制，缩小了城乡师资质量差距。

（二）大理白族自治州义务教育精准扶贫基本情况——以祥云县为例

1. 大理白族自治州概况

大理白族自治州地处云南省中部偏西，全州国土总面积为29459平方千米，其中山区与坝区面积各占总面积的93.4%与6.6%。全州辖1市11县（大理市、祥云县、漾濞彝族自治县、南涧彝族自治县、宾川县、巍山彝族回族自治县、云龙县、弥渡县、剑川县、永平县、洱源县、鹤庆县），其中有9个国家级贫困县，2个省级贫困县；辖110个乡镇，其中乡42个、镇68个，是我国唯一的白族自治州，是闻名于世的电影"五朵金花"的故乡[①]。

2. 大理白族自治州教育精准扶贫方面政策

大理白族自治州在参照云南省教育扶贫精准实施方案的基础上，结合《中共大理州委组织部　大理州人民政府扶贫开发办公室关于印发大理州聚焦打好精准脱贫攻坚战加强干部教育培训工作实施方案的通知》《大理州扶贫开发领导小组办公室关于制定扶贫开发领导小组成员单位扶贫干部培训实施方案的通知》，制订了《大理州教育精准扶贫培训方案》。

3. 大理白族自治州义务教育投入

一是落实"全面改薄"。以推动义务教育均衡发展为抓手，深化实施教育精准扶贫，全州"全面改薄"规划总投资22.24亿元，其中中央资金11.08亿元，省级资金3.38亿元，州级资金1.55亿元，县

---

① 《走进大理》（http://www.dali.gov.cn/dlzwz/5116653226157932544/20121126/267789.html）。

• 义务教育精准扶贫理论与实践

级资金6.23亿元，惠及1418所义务教育阶段学校，其中教学点353个。除云龙县外，全州其余的11个县市均已实现了义务教育基本均衡。为此，2018年全州对云龙县重点实施"全面改薄"项目，规划投资达3.41亿元。目前为止，全州1235所中的1219所农村义务教育阶段学校已经达到"全面改薄"20条底线要求，完成比例达98.70%。云龙县义务教育学校已经达到"全面改薄"20条底线要求，目前云龙县义务教育基本均衡已通过了省级教育督导评估，将于年底接受国家教育督导评估。

二是落实控辍保学。按照义务阶段教育"一个不能少"的思想，以各县市人民政府为控辍保学的主体，采取层层签订责任状的形式，采用"双线""六长""八包""一帮"工作机制，全面落实各级党委、政府的控辍保学的决定。按照控辍保学的四个步骤（宣传教育、责令改正、行政处罚、申请强制执行或提起诉讼），对不履行义务教育法定责任的家长或监护人依法进行处理；加强校园周边活动场所的执法检查和对违法招用未成年人行为查处力度。加强对流失和辍学学生的动员与劝返力度，确保现有的辍学学生只减不增。

三是落实资助政策。已经建立起了以政府为主导，以学校和社会为补充的"三位一体"资助格局，资助范围涵盖从学前教育到高等教育的家庭经济困难学生，实现了各学段全覆盖、公办民办学校全覆盖、家庭经济困难学生全覆盖的"三个全覆盖"，形成普惠性资助、特困性资助、奖励性和补偿性资助有机结合的"多元混合"资助模式。同时，在坚持"兜底线、补短板、促攻坚、惠民生"的原则基础上，落实好各项精准资助政策，精准聚焦建档立卡贫困户学生，仅2017年，大理州对各项学生资助达138.5万人次，资助资金达10.75亿元[1]。对于义务教育学生全部免除城乡义务教育阶段所有学生学杂费，免费提供教科书，对寄宿生实施生活补助。对城乡义务教育寄宿生按照小学1000元/生/年，初中和特殊教育1250元/生/年的标准给

---

[1] 《大理州"四个落实"搞好教育扶贫》（http://www.dalidaily.com/xuexijiaoyu/20180727/094740.html）。

予生活费补助，对8个人口较少民族每生每年再增加250元的补助①。

4. 大理州祥云县义务教育精准扶贫基本情况

祥云县位于云南省中部偏西北，全县共有国土面积2425平方千米，居住有汉、白、彝、苗、回、傈僳等多个世居民族，截止到2016年年末总人口达47.98万人。共设有8个镇2个乡139个村（居）委会，有1191个村（居）民小组②。截至2018年7月全县共有64个贫困村（含21个建档立卡贫困村和43个国务院标注贫困村），有义务教育阶段在校生13051人，其中小学8753人，初中4298人，全县义务教育阶段建档立卡贫困户学生3843人。

全县根据省、州、县相关要求先后制定出台一系列文件，明确各项目标的任务书、时间表和路线图，压实各方责任。2013年，制定出台了《祥云县推进义务教育均衡发展实施方案》《中共祥云县委祥云县人民政府关于优先发展教育加快推进现代化的意见》《祥云县人民政府关于进一步加强中小学教师队伍建设的意见》和《祥云县人民政府关于进一步提升"两基"水平推进义务教育均衡发展的实施意见》；2016年，制定出台了《祥云县脱贫攻坚发展教育脱贫一批工作方案》《祥云县推进义务教育均衡发展实施方案》《祥云县教育局关于进城务工人员随迁子女接受义务教育的工作意见》和《祥云县教育局关于进一步做好21个贫困村和建档立卡贫困户子女"控辍保学"工作的通知》；2017年，制订出台了《祥云县2017年教育精准扶贫工作方案》《祥云县建档立卡贫困户子女职业教育精准扶贫实施方案》《祥云县"控辍保学"工作实施方案》《祥云县开展重度残疾儿童少年"送教山门"工作方案》《祥云县举办扫除青壮年文盲后继续教育培训班实施方案》《祥云县开展学前教育巡回支教点工作方案》和《祥云县中小学保健室建设方案（试行）》。

第一，全面改薄。2014年以来，全县组织实施了"学前教育三年行动计划、中小学校舍安全工程、薄弱学校改造计划、"全面改

---

① 《大理州学生资助政策简介》（http：//www.dle.gov.cn/Content-3334.aspx）。
② 《祥云县概况》（http：//www.ynxy.gov.cn/Item/302.aspx）。

• 义务教育精准扶贫理论与实践

薄"建设项目、初中校舍改造工程、职业学校基础能力提升工程"等一大批项目，各级各类学校基础设施不断完善，设施设备不断完备，学校办学条件得到了极大改善。2014 年新建校舍 192822 平方米，加固改造校舍 30000 平方米，累计完成投资 44331.15 万元；2015 年新建项目在建 35448 平方米，竣工 20878 平方米，累计完成投资 1.35 亿元；2016 年全县提前启动 21 个贫困村 22 所学校基础设施建设及"全面薄改"项目，全县累计投入 2.65 亿元（主要用于学校绿化美化、围墙、运动场、校园文化等建设，计算机、多媒体、图书、实验仪器、音体美器材及配套设施等设施设备的购置），全力加大基础设施建设和设施设备配置力度。全县 170 所义务教育学校全部达到 8 项及以上指标，达标率 100%，并于 2016 年 12 月底顺利通过了国务院教育督导委员会的评估认定。2017 年实施了学前教育、义务教育和高中阶段教育三类建设项目，开工 23701 平方米，完成投资 5600 万元，累计完成投资 6000 万元。

第二，抓实控辍保学。建档立卡户适龄子女全部入学，全县建立和完善控辍保学的联动机制，按照"双线六长制"和"三避免、一落实"的要求，层层签订控辍保学责任书，采取"一人一案""一生一档"、送教上门、依法强力劝返等措施，控辍保学卓有成效，实现了义务教育阶段建档立卡贫困户子女"零辍学"的目标。高度重视农村留守儿童、进城务工人员随迁子女、农转城子女和残疾儿童少年等特殊群体平等接受教育。在全县中小学建立儿童关爱室（心里咨询室），配备专兼职心理辅导员 174 人。2014 年全县小学适龄儿童入学率为 99.91%，辍学率为 0.14%，初中毛入学率为 103.31%，辍学率为 1.37%；2015 年全县小学适龄儿童入学率为 99.93%，辍学率为 0.12%，初中毛入学率为 104.26%，辍学率为 2.98%；2016 年全县小学适龄儿童入学率为 99.94%，辍学率为 0.03%，初中毛入学率为 106.39%，辍学率为 1.19%；2017 年深入开展义务教育阶段辍学学生清零行动，特别针对卡外户 6 类重点对象（危房户、重病户、残疾户、低保户、重学户、孤儿户），深入细致开展劝返入学工作，确保"该入学的一个不少，已入学的一个不走"。全县小学适龄儿童入学率为99.96%，辍学率为0，初中毛入学率为103.67%，辍学率为0.47%（经十次大劝返后，实际辍学率为0）。

第三，落实资助政策。全县坚持"全面覆盖、全程覆盖、全员覆盖"的原则，不断健全和完善从学前教育到大学教育的"减、免、补、奖、助、贷"学生资助体系，认真实施教育精准扶贫"六大工程"（学前教育资助工程，中小学资助工程，普通高中学生资助工程，职业高中学生资助工程，贫困大学生资助工程，职业教育及职业技能培训工程），对建档立卡贫困户子女做到"精准资助，应助尽助"，确保贫困学生安心完成学业。2014年有135051人次享受各项惠民资金12326.3万元；2015年有131668人次享受各项惠民资金13082.4万元；2016年有129357人次享受各项惠民资金12838.6万元，其中有建档立卡贫困户子女24625人（次），享受民生资金880.455万元。2017年有36万人次享受各项惠民资金13449万元，其中建档立卡贫困户子女33198人次享受资金1476万元。2018年春季学期累计发放各类资助金5830.575万元，资助学生18万人次，建档立卡户子女18142人次享受资助金634.67万元。2017—2018学年，全县统一免除义务教育阶段和高中阶段建档立卡户学生校服共2195人，金额514507元。全县实现了建档立卡贫困户惠民政策全覆盖，无因贫困而不能到高一级学校就读的情况发生。

（三）丽江市义务教育精准扶贫基本情况——以永胜县、宁蒗县为例

丽江市共有国土面积20600平方千米，辖有1区4县（古城区、玉龙县、永胜县、华坪县、宁蒗县），常住总人口在2017年年末为129万人，其中少数民族占总人口数的60.6%。全市一区四县中，有三个县为扶贫开发工作重点县，分别为宁蒗县、玉龙县与永胜县，其中宁蒗县是全省27个深度贫困县之一。在全市65个乡（镇）465个村（居）委会中，250个贫困村，110个深度贫困村，截止到2017年年底还有187个贫困村未出列。全市建档立卡贫困人口44133户175584人。2014年至2017年累计脱贫22657户92002人。到2018年还有21476户83582人未脱贫，贫困发生率为8.96%。

- 义务教育精准扶贫理论与实践

脱贫工作一直是丽江市政府的头等大事，先后围绕着教育脱贫，在遵从中央、省级的义务教育精准扶贫的相关文件精神的基础上，丽江市人民政府制订了《丽江市聚集深度贫困村打赢脱贫攻坚战实施方案》《丽江市人民政府关于统筹推进县域内城乡义务教育一体化改革发展的实施意见》等文件，全面实施义务教育脱贫攻坚工作。

1. 丽江市永胜县义务教育精准扶贫基本情况

永胜县位于云南省西北部，金沙江东北岸，滇西北高原与横断山脉交接地带。地处丽江市中部，东接华坪县，南邻大理州宾川县和楚雄州大姚县，面积5099平方千米，150个村（居）委会、1433个村民小组。2016年年末，全县共有建档拉卡贫困人口8497户29961人，占丽江市的30.29%。有光华乡、大安乡、东山乡、鲁地拉镇4个贫困乡镇和38个贫困村。

截至2017年12月底，县内在校生35336人（小学22308人、初中13028人），全县建档立卡户在校子女12790人（已脱贫5558人，其中小学3426人、初中2132人；未脱贫7232人，其中小学4521人、初中2711人）。

2. 永胜县义务教育扶贫政策

根据义务教育扶贫实际需要，永胜县政府先后印发了《永胜县教育精准扶贫工作实施方案（试行）》（永教发〔2017〕70号）、《永胜县乡村教师生活补助实施方案》（永教联发〔2017〕3号）、《义务教育控辍保学工作实施方案》（2018）和《进一步做好义务教育"控辍保学"工作措施》等相关文件。

第一，认真落实两免一补政策。2018年投入农村义务教育经费保障机制公用经费2670.44万元；投入免费教科书资金403.57万元。投入农村义务教育阶段学校寄宿生生活费补助资金1975.21万元，全面落实国家惠民教育政策。

第二，全面实施与落实农村义务教育营养改善计划。2018年投入营养改善计划资金2516.19万元，涉及学生34947人，其中小学生22973人，初中生11974人。

第三，认真实施《永胜县建档立卡贫困户子女在校学生助学方案》。建立能进能出的动态管理机制，健全完善建档立卡贫困户子女档案，实施教育扶贫、精准助学的系统化、精细化动态管理。建档立卡贫困户子女在校学生分别按照以下标准进行资助：小学600元/人/年，初中1000元/人/年；实施贫困山区乡镇幼儿营养餐工程。制订了《贫困山区公办学前教育营养餐实施方案》，资金由县财政全额拨付，7个贫困乡的学前教育学生每生每人4元，于2017年3月1日起实施，已投入资金65.46万元，涉及学生818人。

第四，全面改薄，扎实做好学校基础设施建设和办学条件改善工作。2018年投入资金2253.06万元，实施48个针对山区学校的全面改薄工程，解决55所山区小学教学及辅助用房、生活用房不足的现状。拟建教学及辅助用房4593平方米，生活用房3395平方米。投入资金154.56万元，解决11所山区小学运动场不足的问题，拟建室外运动场6956平方米。

3. 丽江市宁蒗县义务教育精准扶贫基本情况

宁蒗全县共有各级各类学校195所，其中：普通高中2所，职业高中1所，初级中学11所，九年一贯制学校5所，小学119所（教学点33个），幼儿园56所（公办40所，民办16所），教师进修学校1所。共有教职工3796人，其中：专任教师3083人。在校（园）少年儿童共计48925人，其中：学前教育幼儿在园（班）8095人，小学在校生22308人，初中在校生13028人，普通高中在校生5588人，职业高级中学在校生390人。学前三年毛入园率为66.6%，小学适龄儿童入学率为99.81%，初中毛入学率为131.2%。

宁蒗县人民政府制订了《宁蒗彝族自治县义务教育控辍保学工作实施方案》，确定义务教育扶贫政策精准到位。2017年投资4267万元，新建校舍单体18个，建筑面积13748平方米，新建篮球场7块，面积4052平方米，基础工程建设11900平方米；新建大兴镇小凉山一贯制学校，投资9701万元新建校舍单体8个，建筑面积47928平方米，学校建成后消除超大班额，有力促进宁蒗县义务教育均衡发展。到2018年年底，全部消除66人以上"超大班额"；到2019年，消除56人以上"大班额"，比例控制在1%以内，之后逐年降低，直至全部消除。小学、初中辍学率控制在 0.6% 和 1.8% 以下，实现建档立卡户子女零辍学。

为深入落实好"两免一补"政策，继续实施好农村义务教育阶段学生营养改善计划和寄宿生生活补助"两个全覆盖"。特少民族（普米族）小学、初中每生每年另增加享受生活补助 250 元。2017 年 1—12 月，用于城乡义务教育贫困寄宿生生活费补助资金 2161 万元，营养改善计划中央资金 2821.7 万元。在用好中央政策资金的同时，为了使学生营养餐更营养，在县财政困难的条件下，县级财政投入高寒山区小学学生肉食补贴 150 万元，每生每天 1 元，每学期 100 天，全年按照在校时间 200 天计算，每学期受益学生 7500 人。

积极推进"宽带网络校校通、优质资源班班通、网络学习空间人人通、教育资源平台、教育管理平台"的"三通两平台"建设，2014 年以来，采购交互式电子白板、一体机 833 台，师生电脑 3000 台，着力提高校园信息化。目前校园网建设已经达到 86.7%。全县中小学 1100 个教学班实现教育资源"班班通"，7 个教学点的接收教室和 7 个主讲教室构建的"在线课堂"已经投入常态化使用。到 2018 年，多媒体教学设备配备实现义务教育班级全覆盖，基本实现"优质资源班班通"。

除妥善安排进城农民工随迁子女接受义务教育以及贫困儿童外，还特别统筹特殊教育资源，发展特殊教育。保障残疾儿童有学上，上好学，到 2018 年年底，三类残疾儿童少年入学率达到 80% 以上。

（四）保山市义务教育精准扶贫基本情况——以昌宁县、施甸县为例

保山市地处云南省西部，与缅甸接壤，拥有国境线 170 千米，国土总面积 19637 平方千米。总人口 261 万人，以汉族为主，有彝、白、傣、傈僳等少数民族。全市辖 1 个市辖区、1 个县级市、3 个县：隆阳区、施甸县、腾冲市、龙陵县、昌宁县。市政府驻隆阳区，距省会昆明 593 千米。截至 2018 年 11 月，保山市共有义务教育学校（含教学点）993 校，其中：隆阳区 342 校，施甸县 125 校，腾冲市 259

校，龙陵县127校，昌宁县140校①。

1. 保山市义务教育精准扶贫政策

落实相关义务教育相关政策。对城乡义务教育阶段家庭经济困难学生"两免一补，按照小学1000元/生/年，初中1250元/生/年标准发放；落实人口较少民族义务教育阶段学生生活费补助，250元/生/年，使全市8个人口较少民族义务教育阶段学生寄宿制生活费补助标准达到小学1250元/生/年，初中1500元/生/年；落实农村义务教育阶段学生营养改善计划，按照每生每天4元（全年按照学生在校时间200天计算，每生每年补助资金800元）。隆阳、施甸、龙陵和昌宁四县区为国家试点县，由中央资金实施；腾冲市为地方试点县，由省级和县级资金共同实施；参照义务教育阶段学生标准，落实特殊教育学校在校学生补助政策。②

保山市出台了《保山市人民政府关于深入推进义务教育均衡发展的实施意见》《保山市教育局2017年教育精准脱贫百日攻坚行动实施方案》《保山市乡村教师支持计划（2015—2020年）》等政策文件，分步骤确保1区4县分别在规定的时间（腾冲县在2016年，隆阳区在2017年，昌宁县在2018年，施甸县、龙陵县在2019年）实现义务教育基本均衡，九年义务教育巩固率达到95%以上。办好每一所义务教育学校，让县域内学校在校园环境、设施设备、生均公用经费、教师素质、管理水平上大体相当，差距明显缩小。使得全市教育环境更加公平，力争实现教育起点公平、教育过程公平与教育结果公平。教育质量明显提升，义务教育优质均衡发展标准全覆盖，城乡教育和谐发展。③

---

① 《保山市2018年全面改善特困地区义务教育薄弱学校基本办学条件工作专项督导自查报告》（http：//www.baoshan.gov.cn/info/egovinfo/1001/zw_nry/01525537-2-/2018-1128001.htm）。

② 《保山市教育脱贫攻坚精准资助政策简介》（https：//baijiahao.baidu.com/s？id=1572101308994646&wfr=spider&for=pc）。

③ 《保山市人民政府关于深入推进义务教育均衡发展的实施意见》（http：//www.baoshan.gov.cn/info/egovinfo/1001/zw_nry/01525537-2-11_B/2015-0924004.htm）。

2. 保山市昌宁县义务教育精准扶贫基本情况

全县共有义务教育学校 145 所，其中小学 127 所，教学点 1 个，九年一贯制学校 3 所，初级中学 13 所，特殊教育学校 1 所。义务教育阶段学生总计 35096 人，其中小学生 21479 人，特殊教育学生 165 人，初中学生 13452 人。截至 2018 年 6 月底，全县义务教育阶段适龄儿童少年辍学 39 人，其中失学 3 人，辍学 36 人均为初中学生。全县适龄儿童入学率为 100%，巩固率为 99.92%，辍学率为 0.14%；初中毛入学率达 125.03%，巩固率为 99.8%，辍学率为 0.35%，达到国家规定标准。

昌宁县印发了《昌宁县教育精准扶贫工作实施方案的通知》《昌宁县加强中小学控辍保学工作实施方案的通知》《关于加快推进"20 条底线要求"达标工作的通知》《昌宁县控辍保学法治宣传教育实施方案》《昌宁县 2018 年脱贫摘帽补齐教育保障短板工作方案》《进一步规范义务教育阶段控辍保学数据统计上报工作的通知》《昌宁县教育系统"千名教师进万家"精准扶贫工作方案》等文件，改善办学条件、确保义务教育阶段学生"一个都不能少"。同时，抓细抓实送教上门。以县特殊教育学校牵头，各乡镇学校指定专门教师为全县 79 名重度残疾儿童少年开展送教上门工作，全面提高送教上门质量，促进教育公平。

第一，全面改薄、提升义务教育学校办学条件。通过向上争资、向外引资、县内增资、社会捐资继续推进学校建设，学校办学条件进一步提升。2018 年固定资产投资年度任务目标 3.75 亿元，上半年完成入库 9550 万元，完成投资 7750 万元。一是 63 个浦发和 15 个国开项目均已全面开工，分别完成投资 36851.32 万元和 2060.65 万元。二是示范一小建设项目前期工作全面完成，将于 7 月 6 日公开招投标，完成投资 3000 万元。三是 2018 年第一批全面改薄项目下达资金 3316.87 万元，校舍建设项目建筑面积 18000 平方米，下达资金 2116.87 万元，其中完工 1 个，在建 2 个；食堂设备购置项目 58 个，购置食堂设备 1441 台件套，下达资金 448 万元，已采购 3270600 元，剩余资金正在进行采购；教学仪器购置项目 187 个，购置教学仪器设备和图书 691 台件套，下达资金 752 万元，采购计划表已上报。四是 2018 年第一批中小学校舍维修改造长效机制项目下达资金 1298.34 万元，其中：校舍建设项目 2 个，资金 945 万元；运动场建设项目 4 个，资金 353.34 万元，均已开工。五是投资 3000 万元的教育现代化推进工程为 2018 年中央预算内投资项目，昌宁一中教学楼和运动场建设项目已开工。

第二，全面资助贫困学生。严格落实好各类惠民资助政策，以建档立卡贫困家庭学生为重点资助对象，仅 2018 年上半年，就对各类学生发放各项资助资金累计达 3592.54 万元。其中：学前教育家庭经济困难学生补助资金 75.3 万元，惠及学生 3017 人；春季学期义务教育阶段家庭经济困难寄宿学生生活费补助资金 1502.58 万元，惠及学生 26919 人；春季学期覆盖所有义务教育阶段学生的营养改善计划食堂供餐资金 1010.19 万元；普通高中国家助学金 366.78 万元，惠及学生 1808 人，建档立卡学生全部享受一等助学金；普通高中建档立卡家庭经济困难学生免学杂费资金 148.69 万元；中等职业学校国家助学金 121.6 万元，惠及学生 608 人；中等职业学校免学费资金 158.2 万元，惠及学生 791 人，建档立卡家庭经济困难学生达到全覆盖；"雨露计划"职业教育补助资金 209.2 万元，惠及学生 1202 人次。

3. 保山市施甸县义务教育精准扶贫基本情况

施甸全县有各级各类学校 225 所，其中：幼儿园 95 所（公立 90 所，民办 5 所）、小学 109 所、初级中学 15 所、完全中学 3 所、职业中学 1 所、教师进修学校 1 所、特殊教育学校 1 所。在职教职工 3511 人，其中：专任教师 3345 人、职工 166 人。在校生 51798 人，其中：幼儿园（含学前班）9771 人、小学 22370 人、初中 12042 人、普高 4811 人、职业高中 2722 人、特殊教育学校 82 人（送教上门 7 人）。小学入学率、辍学率分别为 99.85% 和 0.06%，初中毛入学率、辍学率分别为 109.67% 和 0.07%，义务教育阶段建档立卡户适龄儿童少年无辍学，残疾儿童少年入学率为 99.28%，少数民族儿童少年入学率为 99.05%，初中三年巩固率为 99.59%，义务教育九年巩固率为 95.97%。

对照全国义务教育发展基本均衡县标准要求，施甸县 127 所（小学 109 所、初中 15 所、完中 3 所）义务教育阶段学校全部达标，达标率 100%。其中：达标 10 项的有 121 所（小学 105 所，初中 16 所），占 95.28%；达标 9 项的有 3 所（小学 3 所），占 2.36%；达标 8 项的有 3 所（小学 1 所，初中 2 所），占 2.36%。

施甸县对县域内城乡义务教育阶段学生实行全面免除学杂费、免费提供教科书，并对家庭经济困难寄宿生分别按照小学生 1000 元/人/年、初中生 1250 元/人/年标准提供生活补助；实施农村义务教育营养改善计划，按照 800 元/人/年标准对所有农村义务教育阶段学生（不含县城所在地学校的学生）进行补助；实施人口较少民族补助，对城乡义务教育阶段的 8 个人口较少民族（景颇族、普米族、独龙族、基诺族、德昂族、阿昌族、怒族、布朗族）给予每生每年 250 元的补助[①]。

《施甸县教育扶贫学生交通费和生活费补助方案》专门针对老元乡、摆榔乡外出至县一中、县三中及大楼中学就读的义务教育阶段七至九年级学生。其他乡镇建档立卡贫困户（以县扶贫办认定的为准）外出至县一中和大楼中学就读的义务教育阶段七至九年级学生。初中学生交通费补助：摆榔籍到施甸三中就读学生每生每学期补助 400 元，到施甸一中和大楼中学就读学生每生每学期补助 800 元。木老元籍到施甸一中和大楼中学就读学生每生每学期补助 800 元。其他乡（镇）建档立卡贫困户学生到施甸一中和大楼中学就读学生每生每学期补助 800 元[②]。

贯彻《施甸县教育局关于认真抓好 2015 年义务教育控辍保学工作的通知》《施甸县教育局 2016 年控辍保学工作实施方案》《施甸县

[①] 《2017 年施甸县学生资助政策简介》（http：//www.shidian.gov.cn/info/egovinfo/1001/xxgknry/01525914 - 6 - 11_B/2017 - 0609002.htm）。

[②] 中共施甸县委办公室 施甸县人民政府办公室：《施甸县教育扶贫学生交通费和生活费补助方案》（http：//www.shidian.gov.cn/info/egovinfo/1001/xxgknry/01525914 - 6 - 11_B/2017 - 0208002.htm）。

教育局关于进一步加强义务教育阶段"控辍保学"工作的通知》《施甸县教育局关于做好义务教育阶段辍学学生劝返工作的通知》和《施甸县教育局关于做好2018年春节期间控辍保学工作的紧急通知》等文件精神,认真抓好了义务教育阶段控辍保学工作。《施甸县教育事业发展"十三五"规划》《施甸县推进义务教育均衡发展的实施方案》《施甸县教育扶贫五年规划(2016—2020)》《施甸县关于进一步推进义务教育均衡发展工作的实施方案》和《施甸县义务教育均衡发展工作问责办法》,深入推进义务教育均衡发展。《施甸县"十二五"期间义务教育阶段学校标准化建设规划方案》和《施甸县义务教育薄弱学校改造计划》,切实改善义务教育办学条件。《施甸县人民政府办公室关于印发义务教育学校校长教师交流轮岗实施方案的通知》《施甸县人民政府办公室关于印发乡村教师支持计划(2015—2020年)实施方案的通知》,推动实行校长、教师交流轮岗制度,推进全县教育师资均衡发展,不断将城乡、乡镇、校校之间的教育差距缩小。

截至2018年6月,上级累计下达校舍建设项目208个,资金17791.84万元,面积91448平方米,占五年规划的82.64%;累计开工208个,面积91448平方米,占五年规划的82.64%;累计竣工178个,面积67213平方米,占五年规划的60.74%;在建项目30个,面积24235平方米,占五年规划的21.9%。下达运动场建设项目1个,面积4600平方米,占五年规划的31.25%,已开工。已完成设施设备采购2438.35万元,占五年规划的100%。实现免除学费、教科书费全覆盖;2018年寄宿生生活补助春季下达指标21333人,资金1189.2250万元,已完成发放;建档立卡户子女营养改善计划全覆盖,已下达2018年第一批农村义务教育学生营养改善计划中央专项资金1320.84万元,1—4月已实施458.96万元。

采取"一次采购、分期付款"的方式推进中小学信息化建设,投入资金5800余万元,为全县义务教育阶段学校配备了一批标准化的实验仪器、计算机、音体美教学等设备,目前已全部装配完成,正在准备终验相关工作,教育信息化和现代化水平进一步提高。

义务教育精准扶贫理论与实践

(五) 红河州义务教育精准扶贫基本情况——以泸西县为例

红河哈尼族彝族自治州（简称红河州）位于云南省南部，与越南接壤。州内民族众多，除汉族外，还有10个世居民族，分别为哈尼、彝、傣、苗、瑶、壮、回、布朗（莽人）、拉祜、布依等。红河州还是全国唯一以哈尼族、彝族为主体民族的自治州。截至2015年年底，红河州常住人口465万人，户籍总人口454.58万人，其中：城镇人口143.82万人，乡村人口310.75万人。主体民族中哈尼族84.96万人、彝族112.55万人，分别占总人口的18.69%、24.76%。

截至2017年12月底，全州各级各类学校2037所，在校生864989人，比2016年增加21790人；教职工58014人，专任教师50003人，分别比2016年增加1186人、521人；各类学校校舍建筑面积共计9501886平方米，比2016年增加1071421平方米。全州学前教育毛入园（班）率为80.83%，学前三年毛入园率达68.14%；全州小学适龄儿童入学率为99.76%，同比增加0.18个百分点，小学在校生年辍学率为0.09%，同比降低0.06个百分点；初中毛入学率为100.91%，同比增加0.32个百分点，初中在校生年辍学率为0.68%，同比降低0.56个百分点，控辍保学工作成效明显；全州高中阶段毛入学率预计达75%，比2016年上升了2.9个百分点，普职比达1∶0.99。

2017年12月31日，扶贫办国办系统认定红河州建档立卡218686户，共920246人，其中已脱贫113393户，脱贫479543人；未脱贫（返贫）105293户，有440703人。全州建档立卡未脱贫（返贫）人口中，在校生总人数合计有81894人，其中学前教育有10360人，小学有43555人，初中有17141人，高中有4562人，中职有2317人，高职有294人，大专及以上有3665人。因学致贫总户数6458户，共有29257人；未脱贫户数3481户，共有15739人，在校学生有11012人，其中学前教育有300人，小学有1885人，初中有1737人，高中有2148人，中职有1346人，高职有164人，大专及以上有3432人。

1. 红河州义务教育精准扶贫政策

红河州制订了《红河州2018年学生资助工作宣传方案》《红河

州教育局关于进一步加强学生资助工作的通知》《红河州教育局关于进一步加强义务教育控辍保学工作通知》等文件，全面开展"不漏一户、不少一人"的义务教育辍学学生"清零行动"。

建立特殊群体学生关爱机制。各学校对留守儿童、孤残学生、单亲学生、后进生实行建档管理，关注学生成长，针对学生实际情况，采取有效措施，帮扶到人。全面改薄与加强教师队伍建设认真落实乡村教师支持计划，实施县属学校中级职称以上人员自愿到乡村任教，设立农村初级中学"高级教师支教岗位"等各种优惠政策。扎实有效推进义务教育均衡发展，确保全州义务教育发展基本均衡工作顺利推进。《红河县教育扶贫十六条措施》《关于调整教育精准扶贫领导小组的通知》明确全州各级教育扶贫工作职责。

2. 红河州泸西县义务教育精准扶贫基本情况

截至 2018 年上半年，全县有教职工 5752 人，其中专任教师 4990 人。有各级各类学校（含教学点、托幼机构）251 校，在校（园）学生 79214 人。其中，普通高中 2 所，在校生 8517 人；职业高级中学（云南省技师学院合作办学，在校学生 4500 人）、教师进修学校各 1 所；初中 13 所（九年一贯制学校 2 所），在校生 17900 人；小学 136 所，在校生 36479 人；幼儿园 98 所（其中民办 80 所），托儿所 2 所在园（班）幼儿 16318 人。校园占地总面积 1900453.91 平方米，建筑面积 791070.63 平方米。目前，建档立卡贫困户子女幼儿园有 1135 人，小学有 4803 人，初级中学 2511 人，普通高级中学 746 人。

泸西县全面落实各种资助政策，多方位拓展资金筹措渠道，进一步完善对贫困家庭学生资助体系，对义务教育阶段学生全部实行免学杂费和免教科书费政策。对寄宿生按照小学 1000 元/人/年、初中 1250 元/人/年的标准提供生活补助，建档立卡贫困户子女全部享受以上政策。制定了《泸西县中小学教学质量奖励实施办法（试行）》，全面改善义务教育阶段教师工资待遇，提升义务教育阶段教师教学与生活质量。为进一步推进义务教育均衡发展，出台了《红河州教育扶贫实施方案》《泸西县深入推进义务教育发展基本均衡的实施意见》

● 义务教育精准扶贫理论与实践

《泸西县义务教育发展基本均衡工作监督与问责办法》《泸西县义务教育均衡发展问题整改工作方案》等文件。为巩固控辍保学成果，制订了《泸西县进一步加强义务教育精准控辍保学工作实施方案》，最大限度减少辍学存量，杜绝辍学增量，对有反弹倾向的学生严防死守，做到人清状况明，确保应该在校学习的学生都在、请假的必须有假条、外出的说得清去向。义务教育阶段辍学率严格控制在小学0.6%、初中1.8%的指标以下。

3. 红河州泸西县义务教育基本投入

全面改善学校基本设施，学校实现"一无、四有、六配套"。让全县100%的学校（含校点）实现"一无"，即无D级危房；80%以上中心完小实现"四有"，即有食堂和浴室、有实验设施设备、有体卫艺设施设备；100%的完小以上学校实现"六配套"，即围墙、球场、校门、厕所、旗杆、水源配套；让绝大部分农村中小学达到布局合理、设备设施与功能齐全，使教学条件能全面满足教育教学需要。全面改善薄弱学校特别是特困地区义务教育基本办学条件，实施农村初中校舍改造工程。自2014年以来，先后基础上整合各类教育专项资金共计6.16亿元（县级配套资金3.41亿元），共推进236个项目建设，其中新建6所学校、改扩建130所各级各类学校，新增22.96万平方米校舍、5.4万平方米体育运动场地、添置916万元各类教学仪器、38.7万册图书。2017年10月31日，投资3.2亿元、占地面积236.34亩、总建筑面积78221.71平方米、规划在校生规模4000人的中枢镇初级中学迁建项目顺利投入使用。

提高特困地区教师生活待遇。根据相关规定，设置3000—5000元不等的农村边远艰苦地区特殊岗位津贴补助，在农村学校任教的教师每人每年给予6000元乡镇补贴；在36所农村艰苦边远地区学校任教教师每人每年给予1200元的津贴补助。

提升乡村教师整体素质，让特困地区学校共享城镇优质学校教育教学和教师资源。通过优先向特困地区学校配备优秀教师资源，开展城镇优质学校与特困地区学校结对帮扶活动，确保特困地区学校教师配备与教育教学相适应，共享优质资源。

推进义务教育信息化建设。2014年，一次性投入1.3亿元，全面推进教育信息化建设，配置3157台教师用计算机、2640台学生用计算机、11间直录播教室、910套电子白板、22套校园广播系统、88套校园安监系统、440个监控点。全县村委会完小以上学校教师人均配备了1台笔记本电脑，小学、初中生机比分别为15∶1、8∶1，高于全州平均水平（全州小学、初中生机比分别为16.5∶1与10.5∶1）；直录播教室、校园广播系统、校园安监系统（网络版）在红河州处于领先水平。目前，全县义务教育网络建设涉及141所义务教育中小学校，1444个教学班，除学校在建无法施工的，目前已经开通1374个教学班，开通率达95.15%。

保证义务教育经费足额到位。2014—2016年，全县地方财政经常性收入分别完成54082万元、59113.8万元、50296万元，分别增长5.83%、9.30%、-14.92%；义务教育经费拨款分别为49610.2万元、55137.4万元、60006.8万元，分别增长6.15%、11.14%、8.83%。小学生均教育费分别增长6.1%、28.1%、23.88%，初中生均教育费分别增长6.78%、21.97%、25.02%；小学生均公用经费分别增长3.29%、1.27%、0.08%，初中生均公用经费分别增长9.55%、0.15%、0.04%。2017年，泸西县地方财政经常性收入预计完成50809万元，同比增长1.02%；义务教育经费预计拨款72079万元，同比增长20.12%；小学、初中生均教育费预计分别增长18.03%、14.66%；小学、初中生均公用经费预计分别增长5.02%、5.03%。教师人均工资从2014年的59262.91元增长到2016年的109390.32元。每年农村税费改革财政转移支付资金的59.98%均用于教育，三年共计3156万元；三年征收的教育费附加3996.02万元和从土地出让收益中按2%计提的教育资金2288.96万元均用于教育支出。

四 滇西边境山区义务教育精准扶贫存在的主要问题

（一）主要问题

滇西边境在响应国家教育精准扶贫的过程中，总体都做得相当不

- 义务教育精准扶贫理论与实践

错，但是，在具体落实过程中，还存在以下几个方面的问题。

第一，教学点的撤并还需要进一步仔细思量，不能仅仅从教育行政管理的方便角度来考量教学点的撤并。尽管在某种程度上教学点的撤并能够给小学生带来更优质的教育，但对于家庭与孩子的成长，以及亲情来说未必是一件好事。因此，在撤并过程中，应充分考虑家庭、学校以及孩童成长之间的平衡。同时，也要考虑学生今后成长过程中的情感要求。

第二，控辍保学与如何安置劝返学生依旧是突出的问题。尽管云南省各州县均根据中央及省市的要求出台了相关的文件，严格控辍保学。但是，对于已经有一定社会经历，工作经历甚至有家庭婚姻经历的劝返学生来说，如何安置他们，却是困难重重。从年龄与身份来说，他们是处于义务教育所规定的年龄，也应该在学校接受义务教育，身份应该是学生。但是，他们又不是普通纯粹的学生，与正常在校学生相比，他们已经不再是纯粹意义上的单纯学生。这群人在经历过社会生活之后，思想与头脑已经不再单纯，返校后绝大部分心思也没有放在学习上。在稍微受到诱惑的情况下，随时都有可能再次流落到社会上。因此，在所调查的区县中提及这群因义务教育法而劝返回来的学生，如何进行再次引导他们进入班级，用心学习并融入班集体成为一个老大难的现实问题。如果在具体操作上，没有相对稳固的措施与强有力的保障，容易让这小部分人影响到大部分正常学习阶段的其他学生。如果在一个学校根据不同年级、单独编班开设课程，于时间与精力对边远贫困山区的学校是一个难以完成的任务。而如果加入正常班级，则会使老师因为这少部分人而耗费大量时间，最终的结果是因为小部分人而影响大部分的正常教学和其他方面。因此，对于劝返回来的学生如何安置问题，成为各学校在完成义务教育任务过程中的一个老大难问题，如果解决不好，将会成为一个带坏整个学校的隐患。因此，如何在践行《义务教育法》、控辍保学以及提高学校质量之间找到一个平衡点，是目前进行义务教育中的一个难点。当然，对这部分劝返学生安置应该站在全州或全县的角度来考虑，单独一所学校难以解决。

第三，部分地区师资力量得不到有力的补充，人员结构老化严重；缺编与超编现象同时存在，处于结构失衡状态。在所调查的各州、县中，城区以及郊区相对富裕的地方教师相对集中，但是在老、少、边、穷的乡村学校，人员严重不足，部分学校已经连续几年没有年轻教师进入。同一地区不同学校之间缺编与超编现象同时存在，导致缺编学校学科的不平衡，部分学科没有专人，难以开齐。除人员的超编与缺编外，还存在着不同学段的结构性缺编与超编。

第四，扶贫教育办公室是临时差事机构，没有专门稳定的人员从事教育扶贫办专门事务。在考察的所有州县中，除一个州县有一个专门的职员在从事扶贫办的工作外，其余的都是兼任。因此，在机构设置上还须进一步统筹，教育扶贫的力度还需要进一步提升。

第五，部分教育扶贫资金配套不到位。在采访过中发现，有些州县限于地方财力的问题，除中央资金到位外，地方的配套资金没完全到位。地方配套资金的受制于地方政府本身的财税收入。但因为地处边陲与山区的原因，财政收入本身就很少，即使按照给定的比例进行拨付也只是杯水车薪，甚至难以解决。因此，对于这部分州县的教育扶贫资金的安排，是否可以考虑特殊解决渠道来保障义务教育精准扶贫的投入。

第六，义务教育精准扶贫项目校舍建设等工程项目受制于气候原因推进缓慢。在义务教育精准扶贫项目的工程建设中，各种项目的工程工期也许只考虑了贷款资金的周期性的安排，忽略了云南当地特殊的气候条件，所以导致部分项目的工程建设仓促进行，为后面的工程质量可能会埋下隐患。在考察中，如宁蒗县教育局就反映，工程类项目的推进无法如期完成，最主要的原因在于建设过程中没有考虑宁蒗县天气的特殊情况，而上面的主管部门却只注重截止日期，却没有注意到在这个日期截止之前的天气状况是否允许工程进行建设。如果强行在截止日期建设完工，也就在无形之中会造成工程质量的问题。因此，如何根据具体情况制定合理的工程以及资金使用截止的日期，考验着教育扶贫主管部门的智慧。

（二）对策建议

第一，进一步精准识别，做到敢于建档立卡也要敢于动态取消。在采访过程中，尽管各州县教育局取得了很好的成绩，在州县中实现了精准教育贫困户的帮扶工作，并且实现了动态的调整。但是，由于政策要求全覆盖，一个不漏、一票否决等上层政策的原因，部分人员在已经脱贫的情况仍然在帮扶之列，导致进入贫困户容易、出贫困难。因此，要及时对有关贫困户进行动态调整，做到能进能出。

第二，合理布局与规划教学点，满足特困地区学生就近入学的需求。限于资金与教师成本等方面的原因，部分州县对于教学点撤离的较多，许多小孩从小学一年级开始就不得不离开家到新布局的学校就读。的确，从资金成本与管理、师资力量等角度来说，这种新型学校有利于学生的管理，也有利于学校的发展。但是，这种离家远的借宿制学校却把学生的亲情阻隔，在某种程度上制造出新型的留守儿童，学生在这种学校留守，并不利于孩子的成长。因此，在撤并教学点时还是应该多考虑孩子心理健康成长的因素。

第三，理顺编制与教育财政拨款的关系，创新解决教师缺编与超编问题。对于因历史原因造成的超编，可以根据情况，把部分教师在经过培训后，用制度保障的形式送到缺编的教学地方；对于结构性缺编，在编制不变动的情况下，用人事代理等方式，解决学校的结构性问题，让真正需要用人的地方有人。当然，也可以通过制度切割的办法解决教师结构性失调的问题。如新人新办法，老人老办法，创新解决在教育扶贫过程教师不够以及教师富余的不平衡。

第四，完善控辍保学的措施，实施义务教育与职业教育相结合的办法，给不愿返校以职业谋生的技能培训。在控辍保学方面，难度相当大，最主要的原因在于这部分返校的学生已经有丰富的人生阅历，如工作或已经结婚生子，或者本身就已经厌学而只是因为义务教育法的原因，迫不得已再度回到学校，完成规定年限的教育。因此，对无心想学，但又不得不学的学生，在保证义务教育课程的同时，可以根据当地情况开展职业教育，这样既能保证他们完成义务教育，同时也能让其学到一技之长，为回到社会顺利谋生做准备，同时也为防止他们再度返贫做准备。

第五，教育扶贫政策应具有相对稳定的专门资金投入，也需要有专门部门承接教育扶贫的工作。调查发现几乎没有一个教育局有专门的教育扶贫办办公室，同时也几乎没有专门的工作人员从事这项专门的工作，似乎感觉教育扶贫工作是阶段性而不是长期性工作。因此，建议有常设机构，保证工作的连续性。

第六，教育扶贫资金投入与使用应该更合理，截止日期的设定应该符合当地的规律。在采访中发现，在资金使用上，因项目完工速度受当地气候以及某些暂时不可克服的原因，最终导致资金使用的截止日期没有与当地实际结合，贷款被收回，导致部分项目停滞不前，或者某些项目在仓促中进行，为后续工作埋下了隐患。因此，资金与政策截止日期的制定应充分考虑当时的实际情况，而不是一刀切。

第七章　集中连片特贫地区教育精准扶贫经验

2018年春夏之际，课题组组织开展了对集中连片特困地区的教育精准扶贫工作调研，搜集了集中连片特困地区的教育精准扶贫工作经验。主要有以下几方面。

一　各负其责、各司其职的责任体系

各省、市、自治区在扶贫工作中都高度重视加强组织领导，健全组织机构，明确工作职责，落实工作任务，行之有效地开展教育扶贫工作。

（一）健全组织机构

陕西省教育厅、陕西省扶贫开发办公室印发《陕西省教育扶贫实施方案》，建立"省级加强统筹，市级协调推进，区县为主实施"的教育扶贫工作落实机制，明确各级教育部门（单位）和学校主要负责人为实施教育扶贫工作第一责任人。陕西省汉中市教育局建立局长主管、局领导主抓、各科室协同合作的工作机制。汉中市汉台区建立"1+5"指挥系统，即在汉台区教体局设立区教育脱贫办公室，下设贫困学生信息管理及控辍保学组、惠民资助政策落实组、薄弱学校教师管理组、薄弱学校建设组、宣传督查组5个工作小组，各镇（办）、村（社区）、学校、幼儿园相应设置教育脱贫办公室，以此构建教育脱贫工作精细化、制度化、规范化、科学化的管理体系。

四川省教育厅成立以厅长为组长、分管领导为副组长、各处室负责人为成员的教育脱贫攻坚工作小组，抽调专门人员成立扶贫办，加强工作统筹。各市（州）、县（市、区）教育行政部门均成立工作机构，落实人员。坚持教育扶贫与全省脱贫攻坚同频共振，把摘帽县教育脱贫任务责任分到各厅领导、各处室，定期研究、定期督导、定期总结、同步脱贫，确保教育扶贫政策得到落实。四川省广元市青川县建立"1+5"指挥系统，设置1个指挥部，5个工作组和指导组。

重庆市石柱县成立教育扶贫指挥部，由县政府分管领导任指挥长，县教委、人力社保局、妇联、团委、三峡水库管理中心、民宗委、扶贫办为成员单位，协调指挥教育扶贫工作。县教委成立教育扶贫工作领导小组，统筹协调指导全县教育扶贫工作。

（二）完善管理体制

中国义务教育实行"以县为主"的管理体制，教育扶贫管理体制也表现出"以县为主"的特点，县（区）级人民政府是控辍保学的责任主体。

1. 教育精准扶贫责任制

教育精准扶贫管理体制主要有"5长制""6长制""7长制"，各种管理体制在县（区）长、县（区）教育局长、乡（镇）长、村主任、校长这一层面上是一致的，只是在组长、师长、家长这个层面上有所不同，然而在实际工作中都没有忽略。

（1）六长责任制

云南省保山市施甸县落实县长、乡（镇）长、村主任、教育局长、中心学校校长、学校校长"6长"控辍保学责任体系（中学为五长、小学为六长）。

云南省昭通市威信县建立县长、县教育局长、乡镇长、村主任、校长、家长"6长"责任体系，并建立了"6+1"（六长+帮扶干部）工作机制。

（2）七长责任制

四川省广元市利州区推行区长、教育局长、乡镇长、校长、村主任、组长、家长控辍保学责任制。

陕西省咸阳市实行县长、县教育局长、乡长、村主任、校长、师长、家长控辍保学责任制。汉中市汉台区实行"7长+帮扶干部"、略阳县实行"7长+责任督学"的"7+1"控辍保学责任体系,实现了机制责任不准辍学、办学过程不让辍学、服务保障不想辍学,责任追究不敢辍学。

2. 控辍保学目标责任体系

根据行政职能和扶贫工作的具体责任,各地把教育脱贫工作的落实分成"行政线"和"教育线",建立"双线"控辍保学目标责体系。在具体操作上,云南省昭通市威信县建立的"行政线"是县政府—乡镇政府—村委会(社区)、"教育线"是教育局—中心学校—学校;陕西省汉中市建立的"行政线"是县政府—镇政府(街道办)—村委会—村民、"教育线"是教体局—学校—教师—学生。

在落实目标责任方面,云南省昭通市永善县对两线明确分工,"行政线"保入学、"教育线"保完学。同时,整合村三委、驻村工作组、包村工作队"三支队伍"力量,统筹抓好"控辍保学"工作。

(三)明晰工作责任

1. 领导政策清

各地都严格按照《国务院办公厅转发教育部等部门关于实施教育扶贫工程意见的通知》《中共中央 国务院关于打赢脱贫攻坚战的决定》等教育脱贫相关文件精神,建立扶贫工作体制机制,健全工作制度,完善工作体系。

2. 人员分工清

陕西省汉中市组建全市教育脱贫骨干信息员队伍。要求各县(区)教体局脱贫办分别指定1名骨干信息员和2—3名专职教育脱贫信息宣传员。局属各学校、市学生资助管理中心、市考试管理中心分别指定1名专职教育脱贫骨干信息员。要求骨干信息员不仅要做好本县区、本单位信息宣传工作,同时要配合做好全市教育脱贫信息宣传的稿件组织、约稿拟写、文字修订、整理报送、质量评审、统计监测等相关工作。每一位骨干信息员每月至少向市教育脱贫办报送或在省市主流媒体发表1篇教育脱贫综合报道。信息报送重点是本地、本单位贯彻落实省市教育脱贫重要决策部署情况和具体措施;执行政策中出现的新情况、新问题和社会公众对脱贫攻坚的情况反映;重要任务的进展情况、取得的重大成效、存在问题和下一步工作措施；结合实际开展的创新性良好的社会氛围、改革和探索性工作的情况；市教育脱贫办约稿信息等。宣传报道的重点是省市教育脱贫的政策举措、工作进展、扶贫成效、创新做法和先进经验等。通过宣传"教育强民、技能富民、就业安民"的典型经验、事例和人物，为打赢脱贫攻坚战，营造和舆论支持。

3. 工作责任清

陕西省咸阳市"七长制"明确工作责任：县长承担控辍保学领导责任，负责控辍保学总体部署和统筹协调，及时研究、解决控辍保学工作的问题和困难；定期召开专题会议，督促控辍保学工作的落实和整改。县教育局长负责控辍保学组织实施，制订工作方案，落实工作任务，组织督导检查，指导学校开展控辍保学工作，建立义务教育阶段适龄儿童辍学通报制度，排查辍学学生，汇总上报辍学情况。乡长负责辖区内的控辍保学工作，督促学生监护人送子女入学；指导村委会摸清辖区内的适龄儿童入学就读情况，严格控制辍学现象，保障适龄儿童少年接受义务教育，帮助孤儿、残疾人子女、贫困家庭学生，不让学生因家庭经济困难失学；乡政府接到辖区内学校报送的《义务教育阶段学生辍学情况报到单》后，立即向学生监护人发放《限期返校通知书》，对仍不返校的学生监护人依法给予批评教育，责令其限期送子女返校。村主任负责对辖区内义务教育阶段适龄儿童少年建档造册，进村入户动员适龄儿童少年入学，劝返辍学学生，加强留守儿童入学情况调查，配合学校做好学生、家长的思想工作。校长负责学校管理，制定教师控辍保学责任制，落实班主任包班制度，准确把握学区内适龄儿童少年底数和入学情况，建立学区内义务教育适龄儿童少年花名册，及时家访无故3日未到学校的学生，及时劝返无故5日未到学校的学生，对劝返后3日仍未到校的学生填写《义务教育阶段学生辍学情况报告单》及时报送乡政府和县教育局，配合乡政府、村委会做好辍学学生的劝返工作。家长履行监护职责，依法保证适龄子女按时入学完成九年义务教育，不能以任何理由让子女中途辍学或失学。师长负责学生的学习指导和生活关爱，对厌学或不愿上学的学生，采用单独谈心和心理疏导等方式做好思想引导；积极开展对留守儿童、贫困家庭学生、学困生和残疾学生的课业帮扶和心理激励，帮助其树立学习信心。

四川省广元市利州区"7长制"明确规定：区长负责统筹、协调相关部门开展"控辍保学"工作，逐级签发责任书，夯实责任主体，建立长效机制；教育局长负责组织教育法规的宣传、贯彻和落实，统筹安排辖区内中小学校抓实"控辍保学"工作，开展定期和不定期的督查寻访；乡镇长负责家长的法制宣传和教育工作，依法组织辖区内适龄儿童少年入学，耐心动员辍学学生返校；校长协助乡镇、村社干部动员适龄儿童少年入学，做好未入学孩子的走访慰问和心理辅导，以及对家长宣传动员工作，全力做好已入学孩子的教育和监管工作；村主任负责抓工作落实，及时掌握全村适龄儿童的就学情况，动员未入学的孩子按期入学，发现疑似辍学的情况及时向乡镇和学校报告；组长负责进村入户做好家长工作，对适龄儿童进行登记造册，全力组织动员入学，配合村主任全面掌握小组内孩子的就学情况，及时劝返辍学学生复学；家长负责履行监护职责，依法送子女按时入学，切实加强监管和教育，配合学校保障适龄儿童少年接受并完成义务教育。

陕西省汉中市汉台区印发《关于进一步落实教育脱贫工作责任的通知》，区教体局与学校签订控辍保学目标责任书，学校与教师签订控辍保学目标责任书。汉台区望江初级中学校长与全体教师、学校与学生家长签订"控辍保学目标责任书"明确校长、师长、家长责任；要求对学生的转入、转出情况做好登记，做到学生休学、复学、转入、转出、辍学情况清楚，手续完善，证明材料齐全，按照学校相关规定及时上报相关资料。

4. 服务边界清

（1）服务对象清

重庆市石柱县建立农村建档立卡户、城乡低保户、孤儿、残疾学生、烈士子女等贫困家庭学生台账。

第七章 集中连片特贫地区教育精准扶贫经验

（2）服务层次清

重庆市石柱县健全完善学前教育至普通高等教育的学生资助体系。对农村学前教育幼儿实施营养改善计划；对贫困家庭幼儿免保教费和生活费；对义务教育贫困家庭学生补助生活费；对城乡义务教育阶段学生实施营养改善计划；对普通高中贫困家庭学生免学费，农村建卡贫困家庭学生免教科书费，给予助学金补助；对中职学生免学费，建卡贫困家庭学生免教科书费，贫困家庭学生免住宿费；对普通高等教育建卡贫困家庭大学生实施学费资助；对三峡移民子女接受高职教育学生给予助学金补助。

5. 工作程序清

（1）精准识别"四步四联"

四川省广元市利州区采取"4步4联"实现适龄儿童入学信息全掌控。四步：①通过户籍找学籍。通过公安部门户籍管理系统掌握全区适龄人口户籍信息，锁定适龄人口总数，通过比对全国中小学学籍管理系统，查询学生就学情况及学籍信息。②通过学校找学生。根据查询到的学籍信息与相关学校取得联系，出具在校就读证明。③通过村组找家长。针对因姓名、身份证号以及在省外就读等各种特殊情况无法通过学籍系统查询的适龄人口，在村社干部及片区民警的配合下，进村入户、走亲访友、寻小区探租户，与家长见面，了解掌握孩子就读情况。④通过流入地找证明。针对一些"举家外出"、家庭变故等原因，无法通过家长掌握就读情况的，通过与流入地政府、教育主管部门取得联系，请求协助查询并传回就读证明。四联：①领导联系片区。教育局每一位局级领导联系一个片区，督促指导控辍保学工作。②股室联系乡镇。每个股室联系1—2个乡镇、街道，具体指导控辍保学工作。③学校联系村组。每个学校根据划定的施教服务责任区，和村组一起，详细掌握片区内适龄人口就读情况，实施常态监管。④教师联系学生。实施师生爱心结对，将每一个贫困家庭学生、残疾学生、留守儿童、问题学生的关爱职责落实到每位教师，为每个孩子制订关爱方案，建立成长档案，力促每个孩子健康快乐、幸福成长。

(2) 精准资助"四步法"

云南省昭通市威信县教育局采取"四步法"规范学生资助工作。①重宣传、全覆盖。加强教育扶贫惠民政策解读、培训，确保学生资助政策深入人心。②精研判、准定位。精准研判拟资助学生的数据，精准研判分解资金。③慎发放、零差错。各学校、幼儿园严格按照发放程序和标准，实施资金发放，并通过"告知书"将学生受助情况及时告知家长和帮扶干部。④提站位、严督查。建立健全教育扶贫督查工作机制，加强教育资助政策落实的监督检查。

(3) 控辍保学"双线四包"

广西三江县控辍保学"双线四包"。"双线"：控辍保学工作机制的"行政线"和"教育线"。"四包"："行政线"是领导包乡镇、乡镇干部包村、村干部包村民小组、村民小组包户（帮扶联系人包户）；"教育线"是教育局领导包学校、学校领导包年级（包村）、班主任包班、科任教师包人。

(4) 辍学劝返"四步骤"

云南省保山市施甸县人民政府发布《关于加强控辍保学提高义务教育巩固水平相关事项的通告》，对无正当理由未依照法律规定送适龄儿童少年入学接受义务教育的，由当地乡镇人民政府依法予以行政处罚，经催告仍然拒不履行行政处罚决定的，由乡镇人民政府向人民法院申请强制执行或提起诉讼。施甸县教育局根据《通告》精神，采取宣传教育、责令改正、行政处罚、申请强制执行或提起诉讼4个步骤开展辍学劝返工作。

陕西省咸阳市对未按时送适龄少儿入学和中途无故辍学两天以上者，学校及时了解学生未到校原因，确有辍学倾向的下达"辍学学生督促通知书"，督促其在一周内送子女入学。对经督促超过一个星期仍未送子女入学的家长，学校要报告当地乡镇政府。乡镇政府收到辖区学校疑似辍学报告后，2日内联系村委会，组织相关人员进行劝返。对仍不能及时送辍学学生返校就读的家长，下发"不按时入学学生家长处罚通知书"对家长进行处罚。对于处罚后仍不能送子女入学的家长启动司法程序，由公安、司法机关强制其送子女入学。

(5) 精准退出"三级认定"

陕西省咸阳市淳化县建档立卡贫困家庭学生退出义务教育实行户、村、乡镇办（中心）三级认定，经家长（监护人）、村委会、乡镇办（中心）认定，县教育局审核下发"义务教育达标认定书"。

(四) 加强动态监测

陕西省咸阳市建立"市县校"三级控辍保学动态监测机制。

二 精准识别、精准脱贫的工作体系

(一) 精准宣传

1. "一册一袋一平台"宣传

陕西省咸阳市淳化县借助"一册一袋一平台"开展教育脱贫宣传。"一册"即淳化县教育脱贫政策宣传手册；"一袋"即淳化县精准脱贫爱信袋；"一平台"即淳化县公众微信平台。通过"周进班、月入户、期中（末）请进来、季度走出去"的宣传方式，确保群众听得懂、说得清、记得牢，提高政策知晓度和工作满意度。"周进班"即每周召开一次主题班会，向学生讲清教育脱贫政策，小手拉大手，学生回家讲给家长听；"月入户"即帮扶教师每月家访一次，了解学生家庭状况、在家学习生活习惯，与家长交流学生健康成长的措施和方法，对家长进行教育脱贫政策宣讲，将各学段学生教育脱贫资助政策、资助范围、标准和程序向建档立卡学生家长详细解释清楚，实现教育扶贫"五进"家庭，即教育扶贫政策、教育资助政策、家庭教育指导、心理生理健康辅导和教师个性化关爱进家庭；"期中（末）请进来"即学校每学期中期和期末分别召开家长会，对学生家长进行政策宣讲；"季度走出去"即每季度安排宣传组深入全县的203个行政村，对"四支队伍"进行教育脱贫政策培训，提升群众对教育脱贫政策的知晓率和工作满意度。

2. "四书五法"宣传

陕西省西安市周至县采用"四书五法"确保教育政策知晓率。"四书"即编制《周至县教育资助政策宣传手册》《教育资助政策宣传彩页》《告家长书》《学生享受资助政策告知书》，"五法"即通过

• 义务教育精准扶贫理论与实践

千名教师进万家逐户宣传、教育扶贫政策宣传周活动、手机短信平台发送教育扶贫信息、县电视台每季度一期教育扶贫专栏、开通教育扶贫热线等方法开展教育政策宣传。

3. "六个一"宣传

陕西省宝鸡市采取"六个一"开展教育脱贫宣传。"六个一"即编印一套宣传资料，原创一首音乐快板，举办一期电视访谈，开设一个宣传专栏，开通一部咨询热线，开展一次入户宣讲。编印的《学生资助政策汇编》《脱贫攻坚知识30问及政策解读》《教育精准资助20问》《一图读懂教育扶贫》《致全市建档立卡贫困家庭学生家长的一封信》，以及创作的《资助圆我上学梦》音乐快板深受群众欢迎。

4. "九措并举"宣传

陕西省汉中市通过"九措并举"开展教育脱贫宣传。①利用广播、电视、网络、报纸、动漫等传播媒体宣传。②通过微博、微信、QQ等互动平台宣传。③在幼儿园、小学、初中、高中、中职和汉中境内的中高等教育机构，利用班会、队会、家长会、专题讲座、国旗下讲话、课堂教学等形式宣传。④通过板报、宣传栏开展宣传。⑤编印一封信、教育资助政策一览表、教育资助100问和教育资助政策顺口溜。⑥采用挂历、展板、宣传画、文艺演出等文化活动，深入贫困村、贫困家庭家中全面宣传。⑦基层党政组织采用流动宣传车、村民大会、文化下乡等多种形式把扶贫政策宣传到村、到户、到人。⑧通过第一书记、大学生村官、驻村干部、包扶干部入户宣传。⑨开展"万名教师大家访"活动，让资助政策家喻户晓。对学生资助政策、资助程序和实施情况的宣传，做到新闻媒体与传统媒体宣传相结合，广而告之与进村入户相结合，切实提升资助宣传效果。

（二）精准识别

1. "网格化"管理模式

陕西省汉中市洋县实行网格化管理体系，开发教育脱贫云数据平台，建立横向到边、纵向到底的全覆盖网络，运用互联网实现教育部门数据与国扶系统数据的实时对接和信息互动共享，从根本上准确识别教育扶贫对象，着力提升教育脱贫政策落实的精准度，真正实现教

· 358 ·

育脱贫，不落一人。

（1）实施原因

①国扶系统的学生数据是系统建立当年学生的就读信息，且未经教育部门学籍信息确认，随时间的迁移，存在大量的信息失实。

②学生分布广，流动性大，每学期都面临着入学、升学、毕业、休学、转学、复学等大量的信息动态变化，国扶系统信息未能同步更新。然而国扶系统数据却是贫困人口认定的唯一依据，教育部门也没有日常使用国扶系统的权限，导致学校对贫困学生识别认定缺乏依据，出现识别的错、漏现象。教育系统贫困学生数据与国扶系统信息的不对接，造成教育脱贫控辍保学和精准资助的错位现象，直接影响教育脱贫政策的落实。

（2）工作程序

①洋县教育脱贫网格化采用"1＋4＋18＋285＋N"的管理模式，建立"总网格—片网格—分网格—点网格—管理员"五级教育脱贫网格组织体系，教育脱贫工作组作为总网格长，负责总体统筹安排；教体局4名党组成员作为片网格长，负责全县东、南、西、北四个片区的督查协调；18个科室和局直单位负责人作为分网格长，负责对口包抓全县18个镇办驻镇中心小学统筹镇域教育脱贫管理；全县193所中小学、幼儿园作为点网格长，按照责任分工具体承担全县285个村（社区）的教育脱贫具体落实。每个村（社区）由点网格确定2—5人的管理队伍，具体承担村级学生数据核实和档案建设。

②村级管理网格单位负责对本村户籍适龄就学建档立卡人口信息逐一入户核实，建立基础信息台账。

③以国扶系统贫困人口数据为基数，导入教育脱贫云数据平台。村级管理网格按照分配账号，进入教育脱贫云数据平台，对本村户籍适龄在读学生标注在校生信息（含就读学校、年级、学段、学籍号），并对姓名、身份证号等关键信息核实修改。

④193所中小学、幼儿园，根据村级网格单位标注的县内就读学生信息，按照就读学校进行信息确认。

⑤基本信息确定后，通过数据后台传送给各镇办国扶系统管理

员，对国扶系统中的不一致信息进行更正。

⑥每年3月、9月开学后，对学生变动信息由村级管理网格在云平台更新，各镇办在国扶系统同步更新。各村级管理网格导出打印形成本村教育脱贫学生信息台账。

⑦每年4月、10月资助政策落实后，县内193所中小学、幼儿园，依据分配的学校账号，在平台录入所有资助信息，勾选项目、金额。学校按照就读学校导出打印本校学生资助信息，村级网格管理单位按照户籍导出打印本村所有学生受助信息，形成校级、村级资助台账。

（3）工作成效

①教育脱贫云数据平台的运用，使教育部门与扶贫部门实现数据共享，同步更新，从根本上解决了数据不对接的问题，确保了教育扶贫对象精准。

②教育脱贫网格化管理与云数据平台的结合运用，把全县所有建档立卡学生按照户籍全部纳入管理网络，解决了单纯地以学校为单位管理，只能以学籍掌握本县就读学生，无法掌握县外就读学生的弊端，使教育脱贫"控辍保学"工作实现全覆盖、无死角。

③云平台的运用，使教育脱贫管理手段实现网络化，提高了各种数据统计、提取的准确性，实现了数据管理的动态监控。

④云平台的运用，使每个学生就读信息和教育资助信息直接显示在洋县扶贫App上，便于每个建档立卡家庭帮扶干部及时掌握教育扶持政策的落实情况，使教育脱贫工作在社会的监督中阳光运行。

⑤"网格化"管理对本网格内0—17周岁适龄少年儿童就读状况进行全面摸排，实现了对在校学生、幼儿和非在校适龄少儿的全面监控。以此为基础，建立"两类信息库"，即在校贫困学生（幼儿）信息库和非在校适龄儿童信息库，完善教育扶贫信息。

⑥建立在校建档立卡户学生信息台账做到"五有"，即学业有教、生活有助、健康有保、监护有人、安全有护。对跨区域建档立卡户就读学生，一是主动联系转入县区或高等院校，要求他们按规定落实教育资助政策；二是与转出县区学生资助中心和学生家长联系，建立外

县区在本县区就读建档立卡户学生信息台账，按照文件要求落实相应资助，真正做到应助尽助、不漏一户。

2. "四比对"工作机制

陕西省宝鸡市周至县教育扶贫建立"四对比"工作机制，实现精准识别。将学校获得的学生资助信息与扶贫信息库、学籍信息库、户籍信息库、低保信息库比对核查，动态监测。

3. "五个"信息库建设

陕西省汉中市城固县教育扶贫建设"五个信息库"：①各学段建档立卡户学生信息总库；②本县建档立卡户学生在本县就读信息库；③本县建档立卡户学生到外县就读信息库；④外县建档立卡户学生到本县就读信息库；⑤本县建档立卡户大学生信息库。

（三）控辍保学

1. "一二四"控辍保学

陕西省咸阳市通过"1册2表4书"控辍保学。"1册"，即填写适龄儿童少年花名册。"2表"，即适龄儿童少年入学情况统计表、在校儿童少年变动情况统计表。"4书"，即每学年初向适龄儿童少年发放"新生入学通知书"，向按时入学困难学生发放缓免入学通知书；每学期初，向未入学学生的家长发送"辍学学生督促通知书"，督促其送子女入学，对经督促仍未送子女入学的家长发送"不按时入学学生家长处罚通知书"，配合公安、司法机关强制其送子女入学。

2. "一二三六"控辍保学

陕西省咸阳市淳化县"1册2卡3制度6台账"控辍保学。"1册"，即结对帮扶工作手册，每月开展1—2次帮扶活动，确保精准帮扶"一生一策"。"2卡"，即留守儿童关爱卡和结对帮扶纪实卡。"3制度"，即目标责任考核制度、联席会议制度、质量考评制度。"6台账"，即建档立卡户学生帮扶纪实台账、学困生帮扶台张、留守儿童关爱台账、流动学生观察台账、残疾学生关爱帮扶台账、辍学学生劝返销号台账。

• 义务教育精准扶贫理论与实践

（四）精准脱贫

1. "一二三三"模式

陕西省汉中市汉台区构建"一二三三"模式，通过筑牢一个基础、严守两条底线、落实三个保障、完善三项机制开展教育扶贫工作。

（1）筑牢一个基础

陕西省汉中市汉台区加强建档立卡学生信息库建设，采取"7+1（七长+帮扶干部）"措施，夯实七长责任，建立建档立卡贫困户帮扶干部联系制度，实施"双核查、双跟踪、一条线"的工作机制，将教育脱贫建档立卡户学生数据信息核查工作重心向村、组转移，逐村建立信息台账、信息库，逐一落实包抓责任，促进全区教育脱贫建档立卡户学生数据更精、更准。

（2）严守两条底线

①控辍保学。严格落实"七长"控辍保学责任制，成立了控辍保学领导小组，完善了控辍保学体系建设。政府、镇办、村、户；教体局、学校、班主任；学校、户层层签订《控辍保学目标责任书》，形成了镇办、村委会、村民小组行政控辍保学劝返复学和学校控辍保学劝返复学的双线体系。开展控辍保学动态监控工作，实行控辍保学月报季评、劝返复学、辍学报告、台账销号、责任督学、结对帮扶等制度。对因智力、感官残疾不能到学校接受义务教育的残疾儿童少年，驻地中心学校落实专门工作人员，制订专项工作方案，一生一策，开展送教上门。确保2018年全区建档立卡户义务教育阶段学生无辍学（因病休学的除外），其他学段学生不因贫困而失学。

②精准资助。根据省市区有关资金管理要求，召开专题会议，深入研判，准确定位，及时拨付，精准落实，确保学生资助全覆盖。发放后，加强教育资助督查工作，确保教育资助工作无违纪违规现象。

（3）落实三个保障

①提高站位，强化思想保障。紧紧围绕党的十九大精神和习近平重要讲话精神，全面贯彻落实省、市、区决策部署，以教育脱贫统揽全区教体系统各项工作，把党和国家的教育惠民政策一滴不漏地落实

到贫困家庭、贫困学生的身上。

②落实责任,强化组织保障。建立健全区教体局、学校;镇、村各级层面教育脱贫组织机构,建立台账,明确责任,全员负责。

③提升效果,强化宣传保障。坚持正确的舆论导向,通过媒体全面宣传教育脱贫攻坚取得的成绩,准确解读上级脱贫扶持的决策部署、政策措施,及时、生动、准确地报道各单位、各部门脱贫的好经验、好做法,以典型促进工作,以可复制的做法丰富脱贫实践。加强贫困群众思想教育引导,调动脱贫积极性,营造全社会关心教育脱贫、支持教育脱贫、参与教育脱贫的良好氛围,助力全区脱贫攻坚目标如期完成。

(4) 完善三项机制

①结对帮扶机制。推行结对帮扶机制,真心、真情地做实结对帮扶工作。按照"一生一策"的原则,有针对性地从学习、生活、心理等方面开展学生点对点、面对面的关爱帮扶活动,以"有计划、有措施、有成效、有考核"为标准,实施辅导学生学习、关心学生生活、关注学生健康、疏导学生心理、确保学生安全、培养学生能力的"六关爱"帮扶措施。结合"进村入户送关爱"活动,常态化开展家访、慰问、提供展示机会、安全教育、谈心等帮扶活动。从学习、生活、成长等方面对学生进行全方位帮扶,帮助其成人、成才。

②齐抓联动机制。多元全面地加强相关部门之间数据、信息的互联互通,促使教育资助形成合力。由汉台区教体局牵头,区总工会、区财政局、区民政局、区卫计局、区残联、区妇联、区慈善协会、区脱贫办、团区委多部门参与的教育资助联席会议制度,加强资助覆盖的广度、深度。加强与镇(办)的沟通联系,及时将教育脱贫资助落实的情况以书面形式反馈给相关镇(办);安排结对帮扶教师与建档立卡户帮扶干部联系,通过电话、短信、微信告知帮扶干部学生资助落实情况,促进帮扶干部履行好职责。积极发挥"汉中市汉台区教育帮扶基金"作用,加强与区脱贫办、区财政局、区审计局互联互通,加大贫困学生资格审查、救助资金发放工作。

③督查通报机制。开展教育脱贫问效问责督查、通报,严格教育

脱贫监管工作。对工作中推进不力、不作为、慢作为的按照《汉台区脱贫攻坚问效问责办法》追究相关人员及单位责任。加强教育惠民政策落实的监督检查，重点检查贫困学生识别、资金使用、贫困学生帮扶等方面存在的问题。及时发现问题、解决问题，督促整改，促进教育脱贫各项措施全面落实，确保如期完成教育脱贫目标任务。

2. "一抓两促三提升"工作模式

陕西省汉中市略阳县坚持把教育作为阻断贫困代际传递的根本途径，通过党建引领，发挥党组织在教育扶贫中的战斗堡垒作用和学校党员教师在教育扶贫中的模范带头作用，不断夯实教育发展基础，均衡配置教育资源，改善深度特困地区办学条件，探索抓学校党建，促教育改革、教育脱贫，提升教育脱贫"扶志""扶智""扶技"功能，实现"一抓两促三提升"，为脱贫攻坚提供强大动力支持。

(1) 党委领航建章立制抓统筹

略阳县委把加强党的领导、强化党的建设，作为抓好教育扶贫工作的重要保证，将中小学校党建作为全县基层党组织建设的重要组成部分。出台了《加强中小学校党建工作的实施意见》《加强民办学校党的建设和党的工作全覆盖的实施意见》，印发了《专业技术人员脱贫攻坚"一对多"帮扶工作实施意见》《略阳县贫困大学生资助工作实施方案》《略阳县教育行业脱贫工作考核办法》《略阳县教育救助专项资金管理办法》《略阳县党员教师结对帮扶贫困学生考核办法》等文件，使教育行业脱贫工作有序、有力、有效。通过不懈努力，全县教育突破重重困难，逐步走上全面崛起之路。全县学前三年入园率达到98.4%，普惠性幼儿园占比达100%，全县初中毕业生升学率达到95.8%，在国家义务教育质量监测9项指标中，有3项位居第一或前列。让贫困山区每个孩子都沐浴在了党的阳光下，享受到公平优质的教育资源，全县群众对教育的满意度逐年提升。

(2) 支部发力精准施策聚合力

为打赢教育脱贫攻坚战，县委、县政府靠前指挥，成立了教育脱贫办公室，全县教育系统34个基层党支部牵头，各学校均成立教育脱贫办公室，由支部书记或校长担任办公室负责人。充分发挥学校党组织的思想、组织、作风优势，绘制出全校教育脱贫攻坚"时序表"和"作战图"，实行"挂图作战"，协调党、工、团、队联手推进教育脱贫。坚持抓学校党建引领，发挥学校党组织在脱贫攻坚中的战斗堡垒作用和党员教师模范带头作用，提升教育在脱贫攻坚中"扶志""扶智""扶技"功能，为脱贫攻坚提供了强大动力支持。

（3）党员带头结对帮扶争先锋

作为深度贫困县，面临贫困学生多、留守儿童多的实际，略阳县开展党员教师结对帮扶贫困学生行动。全县496名在职党员教师带头担任帮扶人或帮扶组长，带动1702名教师参与，结对帮扶4667名贫困学生。建立"袋随人走、跟踪帮扶"的工作机制，对毕业或转学的贫困生的档案袋随学生流动移交，接收学校签字接收后安排该校老师进行帮扶责任对接，保证贫困学生接受"接力式"帮扶。

通过党员教师"一对一，一对多"帮扶贫困学生，使得全系统党员和教师消除了思想偏差和困惑，从工作上、感情上主动融入教育脱贫，自发书写脱贫路上的相遇感悟，学习掌握了群众工作方法，增强了群众感情。打通了服务群众"最后一千米"。也使贫困群众免除了后顾之忧，以更大的精力改善生活条件，为贫困家庭实现更高层次的就业创业，改善家庭贫困状况提供了有力的智力支持，真正感受到了党的温暖，得到了实惠，有效提升了群众获得感和幸福感。

3. "五清"工作模式

陕西省汉中市略阳县教育扶贫抓"五清"：①底数清，以镇村建档立卡信息系统为基础，核实贫困学生家庭的致贫原因、收入来源、收入水平等基本情况，全面摸底核准信息；②问题清，找准学生帮扶需求，建立台账；③责任清，帮扶教师与帮扶对象建立一对一帮扶关系，定人定责定时；④对策清，提出具有针对性的帮扶举措；⑤记载清，全程跟踪全面记载帮扶情况。

4. 农村微型学校联盟模式

随着城镇化进程的加快，农村学校办学规模逐步萎缩，四川省广元市利州区跟全国各地一样出现了规模不足100人的农村学校，多达14所，占到了全区学校总数的35%。这些微型学校质弱面广，涉及

- 义务教育精准扶贫理论与实践

农村最贫困的地区，影响着教育公平和均衡发展，撤之不能，办之难继的矛盾日益突出。基于此，在市、区两级政府和教育主管部门的正确引导下，14所农村微型学校于2014年年底，自发组成了发展联盟，抱团发展，着力提高农村学校教育质量，创办"小而优、小而美"的乡村学校，让农村孩子在家门口享受到优质教育。

（1）改革资源配置，提升学校"办学力"

广元市利州区政府为了促进微型学校发展，改变按人头拨付公用经费的办法，对微型学校实行每年20万元保底划拨，每个教学点每年不少于5万元，每年安排25万元经费保障联盟学校开展活动。建立城区学校和乡村微型学校联谊帮扶机制和评优评模晋级倾斜机制，实行农村教师配置、职称比例、评职评优、经补贴倾斜政策。建立微型学校联盟，制定《联盟章程》，通过实施"四大联盟"（联理、联志、联力、联行）和"六大行动"（研训联动、管理互通、文化共建、质量共进、资源共享、项目合作），实现共管联盟事务、共谋联盟发展、共享联盟资源、共同抱团发展目标。

（2）改革管理模式，提升干部"执行力"

区政府先后从城区学校和机关遴选了8名德才双馨的干部到微校任职；轮流安排中层干部到城市学校挂职。建立城区学校和微型学校联谊帮扶机制。通过简政放权，精心选配和培训干部，提升校长领导力、干部执行力。联盟定期开展论坛活动，交流学校管理的新思想和新做法。联盟内3位校长先后在全国、全省会议及全市校长论坛参会发言，交流经验；1位校长多次应邀到浙江、甘肃等地举办专题讲座和实地指导；1位校长被评为"广元市教育之星"。

（3）创新研训举措，提升教师"发展力"

①创建远程网络课堂，促进联盟学校艺体教师共享共用。联盟与上海沪江教育科技达成合作协议，开通"互联网+艺术课堂"的网络教学。1所学校的艺术专职教师上课，成员学校学生通过网络同步听课、同步互动，有效化解了微校艺术教师缺乏的问题。

②通过"订单式"和网络方式培训全员教师，提升微型学校的办学品味、干部教师的综合素养。

③开展"小小班"教育教学研讨。分析小小班教育教学特点、优势与不足，寻找有效策略，提升教学质量。

④开展教育改革研究。区政府将微校联盟发展申报为市委重点改革项目，成立专项工作领导小组，定期调研和指导，为联盟良性运行问诊把脉。联盟申报的《农村微型学校联盟发展的实践研究》课题成功入选省教育重点课题，该项成果报告被省教育厅评为教育改革成果一等奖。

（4）创新活动途径，提升学生"成长力"

①营造"班家文化"。针对班额人数少，教室剩余空间大，农村留守学生多、亲情缺位的实际情况，在教室安放沙发、茶几、生活柜、书柜等，以尊重、关爱、体贴、信赖为核心元素让留守学生在教室里既能愉快学习又能享受到家的温馨。

②建立流动书屋。联盟利用心平基金会捐赠的2800本优质图书，建起流动书屋，启动"图书漂流"活动，安排固定时间开展阅读活动，让书籍"流动"起来。

③开展留守学生夏令营。区财政每年安排20万元资金用于留守学生特长培育夏令营活动。400余名微校留守儿童参与团队拓展训练和研学旅行活动。

④开发乡土教育课程。联盟学校根植乡土，利用乡村资源，开发劳技课程。范家小学开设认识身边的植物等课程；白朝小学开设麦秸画、玉米画、五谷画、奇石画、竹编等艺术课程；龙王小学开设农耕、养蜂、中草药种植、豆腐制作等劳技课程，充分彰显特色。

5. "贫困村合作社＋学校食堂"订单式扶贫购销模式

重庆市丰都县将"食堂扶贫"作为教育扶贫的重要突破口，以学校食堂农产品需求为导向，结合当地产业、种植、养殖资源优势，探索"贫困村合作社＋学校"农产品对接供销模式。学校与贫困村合作社签订食堂购销合同，探索"订单化"生产，"菜园子直通菜篮子"按季节时令为学校食堂直供农产品，实现近距离、低成本、无公害供应。一批"萝卜村""生猪寨"逐渐成形，既解决了学校绿色食品原材料采购问题，降低成本，提升营养餐质量，又助推了全县脱贫攻坚、富农增收。目前，全县有 20 所学校与贫困村合作社签订了购销合同，惠及学校师生 3.9 万人。针对农村小规模学校（教学点）生源少、无食堂和后勤服务人员问题，实行"一校一策"，按照"属地管理、就近方便"原则，探索"中心校（完小）+教学点"就近送餐方式，由中心校每天将标准的"营养午餐"（两荤一素一汤）打包后，派人定时配送至边远教学点，为乡村就读儿童提供优质、可口饭菜，实现营养改善"一个不少"，学生受惠率达 100%。丰都县营养改善"全覆盖"并获评"全国阳光校餐示范县"。

三 上下联动、统一协调的政策体系

（一）教育脱贫"1+10"工作方案

陕西省咸阳市教育脱贫工作，由市教育脱贫攻坚工作领导小组印发了《进一步深化教育脱贫工作实施方案》，教体局各相关科室依据"实施方案"细化任务，有针对性地制定义务教育控辍保学、中小学幼儿园结对帮扶、学生资助管理、职业教育精准扶贫、教育基金和项目管理、义务教育学校教师特色岗位计划、义务教育学校教师校长交流轮岗、教育脱贫宣传、教育脱贫工作考核等 10 项配套措施，形成教育脱贫"1+10"方案汇编，为县市区开展教育脱贫工作提供遵循。

（二）教育脱贫"2+8+N"工作方案

四川省教育厅《四川省教育与就业扶贫专项方案》《四川省 2016—2020 年教育脱贫攻坚实施方案》"2"个方案，实施"8"大工作计划，即大小凉山教育扶贫提升工程计划、深度贫困县教育脱贫攻坚实施计划、基础教育巩固提升计划、就业创业能力培育计划、民族地区十五年免费教育计划、乡村教师专项支持计划、藏区千人支教十年计划、深度贫困县教育脱贫攻坚实施计划；拟定"N"个建设项目细化方案，明确教育扶贫的方向、途径和措施。

（三）教育脱贫"10 项"工作制度

陕西省建立健全"10 项"制度，强化控辍保学工作管理。

1. 一册两表四书制度

每学年初，各中小学校全面摸底，填写"适龄儿童少年花名册"，

向适龄儿童少年发放"新生入学通知书",向有特殊原因不能按时入学的适龄学生发放"按时入学困难学生缓免入学通知书"。每学期初,向未按时入学的学生家长发送"辍学学生督促通知书",督促学生家长送子女入学;对经督促仍然没有送子女入学的家长,报告当地政府,由政府向家长发送"不按时入学学生家长处罚通知书",对家长进行处罚,并配合公安、司法机关强制家长送子女入学。每学期末,统计填写"适龄儿童少年入学情况统计表"和"在校儿童少年变动情况登记表"。

2. 月报季评制度

全省各县、市、区和中小学实行控辍保学工作情况月报制。每月25日前各县教育局按照考核点评内容向市教育局报告控辍保学工作实施情况。每季度进行考核点评,内容包括:控辍保学体系建立,控辍保学工作责任落实,控辍保学动态监测机制建立,辍学学生劝返、登记、书面报告制度落实,适龄少年儿童入学台账建立,计划脱贫退出户无辍学学生达标率等。

3. 台账销号制度

各县、市、区和学校建立辍学学生台账及辍学学生返校销号制度。积极开展劝返工作,不断减少辍学学生人数,扩大无辍学学校、无辍学村、无辍学乡镇、无辍学县范围,力争不出现新辍学学生。

4. 辍学报告制度

加强义务教育阶段学生管理,掌握学生在校情况,对48小时未到校又未履行请假手续的学生,立即向学生所在地乡镇政府和县级教育行政部门报告。

5. 责任督学制度

各级责任督学把控辍保学作为挂牌督导的重要内容,随时掌握学校控辍保学情况。学校报告辍学情况,责任督学要同时签字。

6. 专项督导制

市、县政府教育督导部门将控辍保学纳入义务教育均衡发展合格县、"双高双普"县、316督导评估体系,每年组织两次控辍保学专项督导。

7. 结对帮扶制

各学校、幼儿园领导、教师与建档立卡户建立"一对一""多对一"的爱心结对帮扶关系。

8. 家访登记制

学校教师定期或不定期对建档立卡贫困家庭学生进行家访,做到政策宣传入户、课业指导入户、心理帮扶入户、家教指导入户,并认真填写"家访记录表"。

9. 群众监督制度

市、县两级教育行政部门公布控辍保学举报电话,接受群众对弄虚作假行为的监督举报,确保不遗漏一位辍学学生。

10. 信息公开制度

对建档立卡贫困家庭学生,在保护学生隐私的情况下,在一定范围及时公开、公示帮扶情况和劝返情况。

此外,还有政策告知制度、协力帮办制度、上门服务制度、集中办理制度、核查核对制度、巡查考核制度等。

四 因地制宜、因村因户因人施策的帮扶体系

(一)校内师生帮扶

1. 帮扶原则

陕西省咸阳市贯彻教育帮扶"准—细—实"三步走原则,开展教师结对帮扶贫困学生专项行动。"准"是明确要帮谁;"细"是筹划怎么帮;"实"是谋求见效果。咸阳市泾阳县多措并举,定向施策,精准发力,扎实开展此工作,做到片不漏村,村不漏户,户不漏人。口镇中学一名在校初中生,幼童时被水烫伤造成头皮面部伤残,十多年来,面对巨额的整容花费望而却步,在幼年成长的心底造成心理阴影、羞于见人,在县教育局的帮扶下,终于在省城医院,实施面部整容分期治疗,拾回生活的自信,勇敢面对阳光。白王小学一年级建档立卡贫困生,其祖父常年卧床,父亲患重病,自身难顾,母亲早年离家出走,家里一切全靠年迈的祖母操持,据结对帮扶的老师讲,刚接触这名学生时,他性格孤僻,举止怪异,甚至言语表达都显障碍,在

她长期的亲近、关照、帮扶下，现在这名学生变得开朗多了，言行举止也接近正常，这一切变化预示着他新的人生的开启。

2. 工作机制

陕西省咸阳市建立"一户一卡、一教一帮、一生一策、一生一袋"结对帮扶贫困学生工作机制。"一户一卡"摸清底子。进村入户，准确掌握每一户建档立卡贫困家庭在学前教育、义务教育到高中教育就读的学生的详细情况以及每一名辍学学生、在外借读学生的基本情况，做到底子清、去向明。"一教一帮"明确责任。对建档立卡贫困家庭适龄子女，实行以名教师结对帮扶一名学生，对已辍学的及时采取措施劝返，对正在就读的学生，从生活和学习上关心帮助，促其在校安心学习。"一教一帮"让每一名留守儿童心有人爱、学有人教、身有人护、难有人帮。为建档立卡家庭及子女送政策、帮学业、扶志向、促脱贫。永寿县教育局为建档立卡贫困家庭学生每户建立《明白卡》和《帮扶工作手册》，详细记录家庭的具体情况。根据每个学生的具体情况，和家长一起制定针对性的帮扶措施，各学校依据摸底情况，让所有教职工与贫困学生结成帮扶对子，对学生学业、智力、情感、心理、生活等方面进行帮扶。"一生一策"找到措施。对已辍学学生要根据辍学原因，制订劝返方案，确保全部返校就读，对建档立卡贫困家庭在校学生，要关注其生活、学习状况，采取得力措施关爱、帮扶、确保其在校学得好、不流失。"一生一袋"真实记录。一袋包括结对帮扶明白卡、结对帮扶手册、教师结对帮扶记录表、"大家访"活动记录表。详细记录教育帮扶和资助落实等情况，袋随人走，全程跟踪。

陕西省商洛市镇安县编印《学生成长记录册》真实记述贫困学生在帮扶教师的关爱帮扶下，思想品德、学习习惯、综合素养等方面的点滴进步，可以加入"一生一袋"。

3. 帮扶内容

（1）扶志

扶贫先扶志是摆脱贫困的心理基础。贫困学生由于其特殊的家庭环境和成长条件，普遍存在孤独、自卑、忧虑等心理障碍，帮助他们树立正确的世界观、价值观、人生观，培养正视困难、积极进取、自强不息的意志品质，提高心理承受力尤为重要。

陕西省商洛市镇安县帮扶教师对学生开展政策宣导、思想引导、心理疏导、生活指导、学业辅导培养学生的思想品德、学习习惯和综合素养。

陕西省咸阳市旬邑县突出学生心理矫正，帮扶从"心"开始。科任教师充分利用心理辅导室，增强师生间的心理交往，疏通学生思想。印发在全县中小学开展脱贫攻坚励志教育活动的通知，将励志教育纳入课程安排，对四年级以上学生开设励志教育课程，由班主任担任授课教师。结合教育脱贫《师生结对帮扶实录》，贫困生成长记录，指导帮扶学生把每一天的生活当作励志平台，每天反思自己，激励自己，管理自己。同时通过评价引领，阶段性开展家长培训、亲子互动等主题实践活动，使学生在情境体验中受到教育启迪。

陕西省宝鸡市千阳县南寨镇中学践行"3391"生态德育模式。突出3个主题教育：七年级习惯培养教育，八年级青春成长教育，九年级信念理想教育；树立3大理念，即人文、和谐、自主；坚持9个自主，即每学期至少开展9个自主班会；开展1项活动，即学校每月由学生自己组织开展1次大型德育展示活动。学校坚持以班级为龙头，以课堂为阵地，以活动为平台，大力实施以"行动立德"十大主题活动为内容的自主班会行动、"三自教育"行动、心理辅导行动、贫困生与家长视频交流行动、生活技能培训行动、困难学生资助行动、控辍保学劝返行动和德育活动成果展示等"8项扶志行动"，塑造学生健康人格，使贫困学生理想信念进一步坚定，核心素养进一步增强。

陕西省宝鸡市千阳县南寨镇中心小学对贫困学生开展"八种行为习惯"，即生活习惯、卫生习惯、劳动习惯、学习习惯、文明礼貌习惯、安全习惯、健体习惯、节能习惯的养成教育。

（2）扶智

治贫先治愚，扶智是扶知识，这是教育扶贫和义务教育的中心任务。陕西省宝鸡市千阳县南寨镇中学聚焦课堂，启智育能常态化。南寨镇中学针对贫困生心理上的自卑和抑郁，学习上的兴趣缺乏、方法缺失，生活理想缺位等问题，在课堂教学中，广泛开展"教师帮带、学生互助一对一爱心育才"行动，着力"三优先、三必须、三重点"，助力贫困学生启智成才。"三优先"，即课堂教学活动优先让贫困生汇报预习情况、优先进行才艺展示、优先交流学习心得；"三必须"，即学习小组建设中贫困生必须担任学习干部、必须有帮带学生、必须轮流承担学习小组长；"三重点"，即教师对贫困学生的导学案重点批阅、重点检查、重点展览。贫困学生通过在"课改"中合作交流，探索研究，自我展示，真正成为学习的主人，并在学习中克服自卑，重拾自信，感受快乐，学习成绩显著提高。

（3）扶技

扶技是扶技术，旨在提高学生的生存能力和就业能力。陕西省咸阳市淳化县职教中心加大建档立卡贫困家庭和职教学生技能培训力度，使更多的贫困家庭适龄青年和职教学生掌握一技之长。陕西省宝鸡市千阳县南寨镇中心小学对贫困学生开展"八项社团活动"，即剪纸、刺绣、面食、书法、绘画、象棋、葫芦丝、口风琴等，通过面食社团活动提高学生的日常生活能力。

4. 帮扶措施

（1）结对帮扶

陕西省咸阳市编印结对帮扶工作手册，坚持开展师生结对每天一辅导、每周一活动、每月一家访、每学期一评估活动，发挥教师聪明才智，帮扶困学生学习生活，关怀学生心智情感，教育学生知恩感恩，促进学生健康成长。

陕西省咸阳市长武县开展师生牵手"五知五帮"。即知学习情况，帮学生找准方向；知家庭困难，帮学生走出困境；知行为习惯，帮学生规范言行；知身心状况，帮助学生快乐生活；知兴趣爱好，帮助学生展现自我。通过入户家访，谈心交流，辅导功课，活动引导，老师学生共填帮扶卡、爱心卡，亲情连线等形式，教育贫困生和留守儿童快乐学习，健康成长，知恩感恩，回报社会，服务国家。

陕西省汉中市略阳县精准帮扶"五帮五助"。即帮物质资助，助

- 义务教育精准扶贫理论与实践

生活改善；帮品德养成，助健康成才；帮学习提高，助学业进步；帮特长培养，助全面发展；帮家庭教育，助快乐成长。

陕西省汉中市汉台区开展"五个一""六关爱"活动。学校（园）每季度开展一次安全教育、一次家访、一次慰问、一次谈心、提供一个展示机会。辅导学生学习、关心学生生活、疏导学生心理、关注学生健康、确保学生安全、培养学生能力。

四川省广元市利州区对残疾儿童"送教上门"，"一人一案"，"一生一责任人"结对帮扶。

甘肃宁夏地区针对残疾儿童少年实际困难，采取随班就读、送教上门等形式，推进差异教学和个别化教学。

（2）代理家长

陕西省宝鸡市千阳县教育局崔家头小学建立代理家长制，学校教师主动承担起代理家长的义务，成立帮教小组，坚持对缺乏照顾能力的贫困家庭学生洗衣、洗头、购买学习用品、照顾生活、补习功课。汉中市略阳县选拔品德高尚、责任心强、学生信任的已婚女教师担当"代理妈妈"，在心灵上给予慰藉，引导学生健康、快乐成长。咸阳市长武县枣园九年制学校教职工争当"代理爸爸""代理妈妈"，走进所帮扶的留守儿童家庭，与其监护人交谈，与其沟通，进一步了解学生情况，针对学生实际制定帮扶措施，采取多种途径排除其心理困惑，拉近师生的距离，让每一位留守儿童深切地感受到来自老师的"母爱"。

（3）阳光工作室

四川省广元市青川县全县45所义务教育教育阶段学校均建立了"阳光工作室"，针对残疾儿童的具体情况扎实开展关爱行动。同时，建立了义务教育阶段适龄重度残疾儿童"送教上门"制度，有针对性地开展"一人一案""送教上门"活动，增强其生活信心和勇气。

（4）留守儿童之家

四川省广元市利州区、青川县建设"留守儿童之家""乡村少年宫""未成年人心理成长指导中心""亲情活动室"。

陕西省宝鸡市在城区学校和乡镇建立留守儿童关爱中心，聘请

"爱心妈妈"做好"学业辅导、生活引导、心理疏导",开展"一周一次亲情电话视频、一月一次书信、一季一次爱心交流、一期一次见面、一年一次评选"活动。

(5) 留守学生夏令营

四川省广元市利州区、青川县开展留守学生夏令营活动。利州区财政每年安排 20 万元专项资金,开展留守学生特长培育夏令营活动。2016—2018 年暑假期间,800 余名农村微型学校留守儿童,受邀到城市学校、图书馆、博物馆、万达影院等免费接受体育、音乐、美术培训、团队拓展训练,开展社会实践活动。

(6) 微家园

陕西省宝鸡市千阳县教育局南寨镇中心幼儿园利用手机 App,开辟"微家园",与贫困幼儿家长随时互动。

(7) 托管家园

重庆市丰都县建立留守儿童"寄宿制学校+托管家园"相衔接的"全天候"关爱模式。构建以 96 所农村寄宿制学校为主体,以乡村少年宫、社区服务站、托管中心、爱心驿站等为补充,以学校教师和"爱心妈妈联盟""红樱桃义工"等公益组织、社会服务机构、志愿者为骨干的留守儿童关爱体系,通过建立亲情聊天室、设置亲情电话、开展亲情陪护、举办亲情活动等方式,形成"全天候"关爱氛围。建立留守儿童、学困生、贫困生、残疾儿童、问题少年等帮扶救助档案和成长记录袋,开展"一对一"帮扶活动,推行思想政治、人格品质、心理情感、行为习惯、营养健康、安全保障"六位一体"教育关爱模式,形成政府、学校、家庭、社区"四方共保"工作机制,在全国推广。按照"有计划、有课堂、有作业""送图书、送文具、送活动""三有三送"要求,对特殊群体学生送教上门。

(8) 异地帮扶

陕西省汉中市洋县教体局对异地转入学生的精准资助。对县外随迁子女入学的建档立卡学龄人口,洋县专门建立就学台账,按照国家相关教育资助政策,全部纳入教育精准资助范围,落实教育扶贫政策。

· 义务教育精准扶贫理论与实践

（9）跟踪服务

陕西省咸阳市建立控辍保学信息库，翔实记录学生转入、转出、休学、复学、辍学情况，动态监测，对转出学生跟踪协助，帮助落实资助政策。

（二）县内校际帮扶

（1）校际结对帮扶

陕西咸阳市确定优质普通高中、初中、小学、幼儿园各4所，一对一结对帮扶永寿县、长武县、旬邑县、淳化县的一所普通高中、初中、小学和幼儿园，帮扶学校、幼儿园充分发挥示范引领作用，对受扶学校、幼儿园从教育理念、学校管理、教育教学、教育科研、教师专业发展、校园文化建设、办学条件、学生间的交流等方面进行指导与帮扶，推动优质教育资源共享，促进特困地区薄弱学校办学水平不断提升。

（2）大学区制

陕西省宝鸡市千阳县教育局针对城乡学校规模大小不一、教育资源不均衡、管理水平参差不齐的现状。推行"大学区"制管理改革，按照相对就近、优势互补、以强带弱的原则，以城区直属学校和乡镇中心小学为龙头校建立五个学区，实现管理模式、设施配备、教师调配、师资培训、课程规划、教研活动、组织备课、质量检测、评价激励九统一，以大带小、以强扶弱、以优扶差，促进优质教育资源向薄弱学校和贫困学生倾斜，实现了薄弱学校、乡村教师和贫困学生的孵化发展和成长，被省教育厅授予省级义务教育"学区制"改革示范县。

（3）流动书屋

四川省广元市利州区创建流动书屋。2016年，心平基金会为微联盟捐赠了价值4万元的优质图书，微联盟给每所学校分配200本。为了让学生阅读更多的书籍，微联盟开展"图书漂流"活动，建设流动书屋，各个学校两个月交换一次图书，让书籍"流动"起来。

（三）省内高校帮扶

各地借助高校优质教育资源和教师培训平台，有针对性地开展中小学教师培训。

（四）省外对口帮扶

陕西咸阳市开展苏陕帮扶抓交流。淳化县与高港区对口帮扶，在干部交流、校长教师交流、科研人员交流、优质教育资源共享、教育发展结对帮扶等方面开展经常性的交流与指导，提升全县教育发展水平。

此外，陕西省汉中市城固县还开展"六帮带"活动。即校际"强校"帮"弱校"、教师间"名优"带"普通"、师生间"大手"牵"小手"、区域间高校促地方、组织上党员引群众、属地上镇办助学校。

五　保障资金、强化人力的投入体系

（一）薄弱学校建设

甘肃省制定《甘肃省义务教育学校基本办学条件标准》和《甘肃省全面改善义务教育薄弱学校基本办学条件底线标准》，按照"一校一本一图"要求，组织专业队伍进行校园规划，做到"一校一策"。

陕西省对特困地区不足100人的小规模学校（含教学点）按100人核定公用经费补助资金，确保教学正常运行。

（二）贫困家庭学生资助

1. 免补措施

（1）"三免一补"

四川省绵阳市北川羌族自治县"三免一补"。即义务教育阶段免除学杂费、免费提供教科书、免除义务教育阶段学生作业本费。落实营养改善计划。投入资金对农村义务教育学生，按照每生每天6元的标准实施免费午餐。

（2）"四免一补"

河南省洛阳市"四免一补"。义务教育阶段免除学杂费、作业本费、免费提供教科书、免除初中学生中招报名考务费。对贫困县学生义务教育阶段营养餐补助4元/天/人。

（3）"4＋X"

宁夏地区推进"4＋X"供餐模式，提高学生膳食水平。营养餐的标准比国家标准高出1.6元，超出部分由宁夏承担。

（4）"八免一补"

四川省广元市利州区"八免一补"。即义务教育阶段建档立卡学生免学杂费、课本费、作业本费、营养午餐费、教辅资料费、住宿费、校服费、保险费和住校生生活补助。

2. 顶格资助

陕西省汉中市略阳县对所有建档立卡贫困家庭学生在校就读期间顶格享受对应的奖、贷、助、减、补等资助政策。

3. 资金兜底

陕西省汉中市12个县区均设立不少于40万元的教育救助专项资金，对落实资助政策后家庭仍特别困难的学生再次进行帮扶支持，确保贫困学生不因贫失学。其中汉台区设立200万元、西乡县设立160万元。

（三）提高乡村教师待遇

河南省洛阳市嵩县提高乡村教师待遇。农村教师每月补助200—300元，深山区教师每月补助300—400元，教学点教师每月补助500元；对申请到深山区工作6年以上教师高定两级浮动薪级工资，10年以上固定浮动两级薪级工资。

六　广泛参与、合力攻坚的社会动员体系

重庆市石柱县教委与县扶贫办、县民政局、县残联及时联系，适时更新在校贫困学生信息台账，确保全县各类贫困家庭学生情况清、底数明，为精准资助提供最坚实的依据。

湖南省张家界市出台"阳光助学"方案，助力"精准扶贫"。从2016年起，张家界市教育局、民政局、财政局、人社局、扶贫办联合出台《张家界市精准扶贫"阳光助学"就读保障工作实施方案》，为教育精准扶贫助力。

陕西省咸阳市坚持以"政府筹措资金为主，爱心慈善捐助为辅"的原则，"统筹整合各方面资源，精准落实帮扶措施"，全方位全覆盖开展教育扶贫。市县两级教育、民政、团委、残联、妇联、工会、

关工委、慈善机构等加强工作协作，密切配合，充分利用各种资源，以不重复资助和不漏一人为原则开展政策资助。教育局落实学前至高中阶段贫困学生国家资助政策和贫困大学新生入学资助政策，以建档立卡学生为重点，实施国家资助政策全覆盖，做好大学生生源地信用助学贷款工作；市民政局实施福彩公益资金资助项目，为城乡低保户家庭、无力支付高校学习和生活费用的新生和经济特别困难的军烈属、优抚家庭大学生以及社会福利院孤儿、社会散居孤儿的资助和留守儿童的爱心资助工作；市总工会组织筹措资金，实施"金秋助学"项目，精准帮扶全市各级工会特困职工子女考入 211 或 985 高等院校品学兼优的特困职工家庭子女和考入本科院校的市直基层工会、市级产业工会的困难职工家庭子女；市团委大力实施希望工程，利用积极争取的团省委资金和团市委募捐资金资助全市二本以上的品学兼优、家庭经济十分困难、农村学生家庭收入低于平均收入标准、城市学生家庭低于咸阳市城镇居民收入水平的大学新生；市妇联积极实施"红凤工程"，利用社会各界的捐助款，定向资助贫困女大学生，同时，要求受助学生承诺毕业后 5 年内资助一名贫困女大学生；市慈善扶贫协会利用爱心企业和爱心人士捐款，资助全市二批本科以上院校录取的城乡低保户和其他贫困家庭子女；市关工委利用民营企业关工委的爱心企业家捐款和关爱基金利息资助贫困大学新生；市残联组织资助建档立卡贫困家庭和低保户中的残疾大学新生和残疾人家庭大学新生。陕西省汉中市教育脱贫充分动员行政、企事业单位、民主群团和社会力量，探索建立信息共享机制、工作协调机制、社会参与机制等，凝聚合力，系统谋划，统筹推进教育脱贫工作。汉中市汉台区加强相关部门之间数据、信息的互联互通，促使教育资助形成合力。推行教育资助联席会议制度，由汉台区教体局牵头，区总工会、区财政局、区民政局、区卫计局、区残联、区妇联、区慈善协会、区脱贫办、团区委多部门参与，拓展资助覆盖的广度和深度。

甘肃省建立学籍系统和教育、民政、卫计、扶贫、残联、公安等基础信息比对核查联动机制，运用信息库开展大数据分析，及时发现辍学儿童。对家庭特别困难的学生，建立特殊关爱机制，制订"一家一案，一生一案"扶贫方案，统筹扶贫、惠民政策，确保适龄儿童不因家庭经济困难失学辍学。兰州市榆中县恩玲中学拓宽资助渠道，接受国家资助：普通高中国家助学金、普通高中免学杂费和书本费、中央彩票公益金教育项目、困难大学生入学资助项目、民政局临时救助项目；社会资助：善缘基金会、恩玲奖学金、加拿大支持中国乡村女学生基金会、海外中国教育基金会项目、北京长江科技扶贫基金会、鸿玉班项目、中国扶贫基金会"海峡新长城自强班"、玉盛班项目、天庆集团资助项目、陈立莉项目、马子平项目、刘兴玲项目等 20 余项。学校根据社会团体和社会爱心人士的要求都分类独立建档，社会资助金发放由社会团体或社会爱心人士直接面对面交接或直接打入受助学生账户，对各类资助纸质材料分类归档，电子材料备份保管，实行动态管理，时时跟踪学生家庭经济收入变动情况并及时更新档案信息，坚持"决不让一个学生因贫困而辍学"的信念，千方百计保证每一个学生完成学业。

七 多渠道、全方位的监督体系

（一）多元清查

陕西省汉中市汉台区、留坝县和云南省昭通市威信县建立了"双核查、双跟踪、一条线"工作机制，开展教育脱贫数据筛查清洗，建立一套数据保精准。

1. 双核查

（1）行政线核查。以村（社区）为单位，由村（社区）第一书记或村（社区）干部牵头，镇（办）域内的学校、幼儿园积极配合，按户籍核查本村（社区）不同学段的学生，建立本村（社区）建档立卡贫困家庭学生信息台账。

（2）教育线核查。以学校、幼儿园为单位，由各学校、幼儿园按照学籍和学生家长提供的相关证明，核查本校（园）建档立卡贫困家庭学生（含外县、区户籍学生），建立学校、幼儿园建档立卡贫困家庭学生信息台账。在此基础上，镇（办）村（社区）和中心学校实行信息共享、实时比对。

第七章 集中连片特贫地区教育精准扶贫经验

2. 双跟踪

（1）行政线跟踪。由各村第一书记牵头，依托挂包帮扶干部具体对所帮扶家庭的学生进行"行政线"跟踪帮扶管理，特别是对在外县就读的建档立卡户学生进行跟踪管理，并建立跟踪管理台账。

（2）教育线跟踪。由各中心学校牵头，组织教师对本校（园）建档立卡贫困家庭学生进行一对一跟踪帮扶，在学生升学、流转后及时将相关信息移交新学校，并建立跟踪管理台账。

3. 一条线

"双核查"后，各村（社区）、各校（园）将建档立卡贫困家庭学生信息全部汇入区教育脱贫办，区教育脱贫办比对信息后，将结果反馈给各村（社区）、各校（园）核查。经多次比对、核查，最终形成准确无误的全区建档立卡贫困家庭学生信息库。

（二）三级监管

陕西省汉中市建立完善"市—县—校"三级控辍保学动态监测机制，即"市教育局负责学籍管理，控辍专项督查，县教育局开展学籍管理，信息核查，控辍常规督查、专项督查，学校落实信息录入、学生转、借、休手续和报备、辍学生报告"，同时依托全省教育脱贫控辍保学动态系统，加大摸排核实和分析研究，全面掌握建档立卡脱贫户学生、家长和监护人联系电话等基本情况，及时掌握学生动态。

（三）严格监督

1. 专项督导

陕西省建立教育脱贫责任督学制度和专项督导制。要求县级责任督学要把控辍保学作为挂牌督导的重要内容，随时掌握学校控辍保学情况。每年组织两次控辍保学专项检查。汉中市印发了脱贫攻坚工作责任追究办法（试行）。安康市镇坪县建立控辍保学督查考核机制。县政府教育督导室成立专项督查组，通过查阅资料、入户核实，现场点评等方式开展"控辍保学"专项督导，确保控辍保学工作落实。对控辍保学成效显著的镇给予肯定，对措施不力、工作滞后的镇给予通报批评，追究相关责任人的责任，确保"控辍保学"取得实效。

宁夏建立"县级自查、市级督查、省级评估"的督导检查机制。由县级教育督导室经常性开展辖区学校教育精准扶贫工作检查,市级教育督导室每半年督查一次所属县教育精准扶贫工作,自治区政府教育督导室每年组织评估检查组或聘请第三方机构开展各县教育精准扶贫绩效评估,发布评估报告,接受社会、群众监督。自治区建立教育精准扶贫通报、约谈、督办、表彰机制,强化责任追究,严肃处理违规违法行为。

2. 定期巡查

甘肃省建立省市定期巡查、县级经常自查的监督检查机制。积极协调财政部门将资金管理使用情况列入重点监督检查范围,加强专项资金的监督检查。各级教育部门对资金的使用管理及效果进行定期检查。各地教育主管部门配合审计部门将资金使用情况纳入每年重点审计内容,进行全程跟踪审计。坚持以阶段审计与专项审计相结合的方式,及时发现、纠正、解决问题,变事后追究为事前防范。实行项目信息公开制度。县级教育部门要通过当地媒体、部门网站等方式,向社会公示义务教育薄弱学校改造计划总体规划、年度资金安排、工作进展等情况。

云南省保山市施甸县突出检查,严格问责。围绕全县义务教育阶段"零辍学"的目标,由县政府督查室、教育督导室定期、不定期对全县各乡(镇)和学校控辍保学工作进行全面督查,对控辍保学工作机构不健全、责任不落实、措施不得力、上报数据不真实的乡(镇)、学校及个人进行问责,对辍学率居高不下的乡(镇)、学校进行通报批评,并取消单位及主要领导当年度评优评先资格。

河南省南阳市平顶山市"四问四清"确保教育扶贫政策全覆盖。一问村委,贫富现状清。按照网格化分工,该市教育局组成85个工作组共274名工作人员,兵分6路深入舞钢市、鲁山县、叶县、宝丰县、郏县、石龙区等地,进村入户入校开展调研排查工作。分别与450个贫困村"两委"干部进行座谈,重点摸排掌握贫困村基本情况和现状,了解人民群众对教育政策的需求、掌握情况和满意度。二问学校，政策掌握清。工作组与学校及教学点负责人进行座谈并开展调查问卷，重点摸排掌握各学校对教育资助政策的掌握情况，通过对317所贫困村学校进行摸排，发现部分学校教师缺编、特岗教师"五险一金"未完全落实、义务教育学校建设不完善等问题，针对此情况该市教育局制订改善校舍计划，完善乡村学校教师补充机制，加大公开招聘教师力度，持续推进乡村教师支持计划，完善教师工资待遇等政策督查机制，保障教师合法权益。三问家庭，生活状况清。克服形式主义，突出政策落实，带着责任与贫困家庭进行面对面、实打实、心连心沟通，为贫困家庭想办法、谋思路、办实事。通过与建档立卡贫困家庭进行座谈，掌握家庭日常生活状况，重点关注贫困家庭扶贫政策是否保障到位；贫困家庭对教育行业扶贫工作、"两后生"技能培训、岗位技能培训等工作的意见。四问学生，资助享受清。掌握建档立卡学生是否享受资助，从思想、心理和学业等方面给贫困学生以关怀，全力帮扶贫困学生能上学、上好学，努力实现建档立卡家庭脱贫资助全覆盖，让学生树立起对学习的信心、对生活的热爱，积极从根源上铲除贫困。在调研摸排中，通过对建档立卡贫困生进行座谈沟通，发现部分学生上学存在路程较远问题。通过优化学校布局，在地处偏远、生源较少的村设置低年级学段的小规模学校，在人口较为集中、生源有保障的村单独或与相邻村联合设置完全小学，在乡镇设置寄宿制中心学校，满足本地学生学习需求。

3. 群众监督

陕西省建立群众监督制。要求县级教育部门公布控辍保学举报电话，接受群众对弄虚作假行为的监督举报，确保不遗漏一位辍学学生。

八 严格考核评估

陕西省、甘肃省建立健全评估机制，开展第三方评估。陕西省咸阳市教育局出台了教育局科室及直属单位教育脱贫工作考核办法，将其纳入年度目标责任考核。陕西省咸阳市淳化县对照省2017年度脱贫攻坚第三方成效评估发现的问题和陕西2017年度脱贫攻

- 义务教育精准扶贫理论与实践

坚教育扶贫存在的问题，开展"七查七补两提升"活动，坚持问题导向，建立问题台账，抓好问题整改，全面落实教育扶贫全覆盖工作任务，集中精力和优势，多点突破、多创亮点，助力全县脱贫摘帽。①查辍学，补措施。查学校辖区0—17周岁人口、6—14周岁义务段适龄儿童、学校教育脱贫所包村建档立卡学生、校内就读建档立卡学生、困境儿童、留守儿童、残疾儿童、孤儿等底子清不清；查一册两表四书和控辍保学"1236"机制落实情况；查学校辍学学生劝返过程资料；查学校送教上门过程资料等。补实制度措施落实过程，确保建档立卡户无因家庭贫困辍学义务教育。②查资助，补遗漏。查县内就读学前教育阶段、义务教育阶段、中职教育阶段、高中教育阶段建档立卡学生资助政策落实情况，过程是否规范，程序是否到位；县内就读建档立卡学生资助是否全覆盖，有无遗漏建档立卡学生现象。③查服务，补信息。查就读学校是否收到《关于给我县建档立卡学生落实资助的函》，看学生受资助情况和学校跟踪服务信息记录情况。④查帮扶，补缺失。查学校"淳化教师结对帮扶贫困学生"活动开展情况，看帮扶过程是否扎实，看帮扶手册填写是否规范，帮扶效果是否有效。⑤查驻村，补责任。查学校驻村联户工作开展情况，看驻村工作队是否坚持到岗守岗，岗位责任是否落实，各种记录填写情况，指导村两委精准识别、精准施策、精准退出开展情况；包户教师联户工作开展情况。⑥查宣讲，补效果。查学校教育脱贫政策宣讲情况，重点看"周进班、月入户、季度走出去、期中（末）请进来"教育脱贫政策宣讲要求落实情况，看有无过程资料。⑦查资料，补类别。查村委会学生建档立卡贫困家庭教育脱贫资料是否按照要求归类存放。

九　完善教育脱贫档案资料

（一）陕西省汉中市教育脱贫校、村、镇、户档案目录

1. 校级教育脱贫档案

（1）建档立卡学生花名册（含2016年已脱贫）。

（2）义务教育段和高中职段在校寄宿学生建档立卡花名册（含

2016 年已脱贫）。

（3）教育资助发放签名确认表。

（4）教育资助发放告知回执单。

（5）党员教师结对帮扶贫困学生档案袋。

（6）局—校，校—师，校—家长，三种控辍保学目标责任书。

（7）控辍保学工作实施方案。

（8）本校残疾学生花名册。

（9）在校学生花名册。

（10）休、转、复学台账。

（11）义务教育阶段对辖区免（缓）学适龄少年儿童送教上门资料（含名册、方案、计划、过程记载内容及图片）。

（12）对疑似辍学生劝返记录及过程性台账。

（13）控辍保学工作制度、学籍管理制度。

（14）本校在读特困学生档案（受教育救助学生）。

（15）控辍保学和学生资助县级文件。

（16）毕业生去向登记、统计表。

2. 村（社区）教育脱贫档案

（1）0—17 周岁适龄人口花名册。

（2）6—15 周岁人口花名册。

（3）残疾少年儿童花名册。

（4）建档立卡就读学生花名册（含 2016 年已脱贫）。

（5）建档立卡就读学生 2017 年资助台账（含 2016 年已脱贫）。

（6）建档立卡就读学生 2017 年资助台账佐证材料（复印所有学生资助明白卡装订成册）。

（7）镇—村、村—户控辍保学责任书。

（8）控辍保学劝返台账。

（9）村受助学生资助告知单复印件。

（10）无辍学印证材料（发至镇办的认定函复印件并附名册）。

（11）教育资助和控辍保学县级文件。

- 义务教育精准扶贫理论与实践

3. 镇办教育脱贫档案

（1）本镇办 0—17 周岁适龄人口花名册（收集各村名册汇总）。

（2）6—15 周岁人口花名册（收集各村名册汇总）。

（3）残疾少年儿童花名册（收集各村名册汇总）。

（4）建档立卡就读学生花名册（收集各村名册汇总）。

（5）义务教育入学通知书存根。

（6）镇办控辍保学工作实施方案。

（7）县—镇、镇—村控辍保学责任书。

（8）缓（免）学决定书存根。

4. 户教育脱贫档案

（1）资助明白卡。

（2）教育脱贫宣传资料。

（3）受助学生资助告知单。

（4）村—户、校—家长控辍保学责任书。

（二）陕西省咸阳市淳化县教育脱贫档案参考目录

1. 2018 年村委会教育脱贫资料

（1）镇村 2017—2018 学年度适龄儿童入学情况统计表。

（2）镇村 2017—2018 学年度适龄儿童花名册。

（3）镇村 2018 年春季学期建档立卡适龄儿童入学情况统计表。

（4）镇村 2018 年春季学期建档立卡适龄儿童花名册。

（5）镇村义务教育有保障达标认定书。

（6）2018 年春季镇村建档立卡学生精准资助跟踪服务统计表。

（7）《关于给我县建档立卡学生落实资助的函》（2018 年春季学期）。

（8）淳化县 2018 年春季学期"义务教育有保障"达标认定书（户认定书）。

（9）教育脱贫宣传资料、影像资料、教育脱贫会议记录（2017 年教育脱贫资料另存入档案盒，2018 年教育脱贫资料按照目录整理归类装入新档案盒）。

2. 县内就读建档立卡学生家中爱心袋中资料

（1）《淳化县建档立卡学生结对帮扶手册》。

（2）建档立卡贫困家庭学生受助情况温馨告知书。

（3）淳化县"义务教育有保障"达标认定书（计划脱贫户中有义务段学生的家庭装入）、《淳化县教育脱贫政策宣传手册》等教育脱贫政策宣传资料。

3. 县外就读建档立卡学生家中爱心袋中资料

（1）淳化县建档立卡学生跟踪联系情况登记表。

（2）《淳化县教育脱贫政策宣传手册》等教育脱贫政策宣传资料。

（三）陕西省汉中市汉台区徐望镇中心小学教育扶贫资料目录

（1）控辍保学目标责任书。

（2）留守儿童结对帮扶卡。

（3）教育脱贫工作论文。

（4）教师爱心结对帮扶寄语。

（5）教育脱贫工作心得体会。

（6）教育脱贫学校教师先进典型事例。

（7）教育脱贫优秀教师爱心结对帮扶工作总结。

（8）小学生教育脱贫优秀作文选。

十　教育扶贫取得的成效

1. 控辍保学成效显著

陕西省咸阳市洋县 2017 年实现"双百一零"目标，即义务教育入学率达到 100%，贫困家庭子女义务教育巩固率达到 100%，建档立卡贫困家庭适龄学生零辍学。

2. 学生升学率提升

陕西省汉中市洋县 2017—2018 学年义务教育段建档立卡贫困家庭子女九年级毕业生 791 人，进入普高、中职继续接受教育 739 人，精准资助学生毕业升学率达 93.3%。

3. 无学生退出

陕西省汉中市洋县对 2017 年涉及贫困家庭退出的 2019 户和 2018

义务教育精准扶贫理论与实践

年退出的 7536 户，经过镇村初查、网格管理单位核查、县级审查程序，逐户、逐村建立义务教育阶段就学有保障台账和认定书，2017年义务教育阶段学生 754 人，2018 年义务教育阶段学生 2802 人，均无一人辍学。

4. 学生体能达标率提升

陕西省汉中市洋县 2017 年义务教育段建档立卡学生 5871 人，体质健康监测优秀 2329 人，占比 39.67%；良好 1535 人，占比 26.15%；合格 1804 人，占比 30.73%；不合格 208 人，占比 3.54%。

参考文献

阿海曲洛：《西部少数民族地区教育扶贫政策绩效评估指标体系构建研究》，《四川师范大学学报（社会科学版）》2018年第4期。

白维军：《精准扶贫对西方反贫困理论的借鉴与发展，《中国人力资源社会保障》2018年第9期。

蔡其勇、毋锶锶：《义务教育精准扶贫成效显著——基于集中连片特困地区的调查》，《中国教育报》2019年5月2日第10版。

曹扶生、武前波：《国外城市反贫困理论研究综述》，《城市问题》2008年第10期。

陈纯槿：《教育精准扶贫与代际流动》，华东师范大学出版社2017年版。

陈纯槿：《教育精准扶贫与代际流动》，华东师范大学出版社2017年版。

陈振明：《公共政策学——政策分析的理论、方法和技术》，中国人民大学出版社2004年版。

褚宏启：《教育公平的原则重构与制度重组——兼论什么样的教育不平等是公平的》，《教育学报》2020年第5期。

段从宇、伊继东：《教育精准扶贫的内涵、要素及实现路径》，《教育与经济》2018年第5期。

段少清：《非政府组织参与农村义务教育扶贫的公信力建设研究》，硕士学位论文，广西大学，2015年。

付民：《中国政府消除贫困行为》，湖北科学技术出版社1996年版。

黄承伟：《中国扶贫理论研究论纲》，《华中农业大学学报（社会科学版）》2020 年第 3 期。

焦宇：《我国教育扶贫攻坚成效显著》，《中国民族报》2019 年 1 月 8 日第 3 版。

李培林：《中国扶贫开发报告（2017）》，社会科学文献出版社 2007 年版。

李萍、田世野：《习近平精准扶贫脱贫重要论述的内在逻辑与实现机制》，《教学与研究》2019 年第 2 期。

李兴旺、朱超：《教育扶贫理论研究综述》，《科教导刊》2017 年第 3 期。

李兴洲：《公平正义：教育扶贫的价值追求》，载司树杰、王文静、李兴洲《中国教育扶贫报告（2016）》，社会科学出版社 2016 年版。

联合国开发计划署评估办公室编：《计划管理者手册：面向结果的监督与评估》，科学出版社 1999 年版。

马立超：《教育精准扶贫政策体系建设的成效、困境与突破——基于政策设计的分析视角》，《当代教育科学》2020 年第 6 期。

［美］戴维·罗伊斯、布鲁斯·A. 赛义、德博拉·K. 帕吉特：《项目评估——循证方法导论》，王海霞、王海洁译，中国人民大学出版社 2018 年版。

潘虹：《重庆市精准扶贫绩效的实证研究》，硕士学位论文，重庆大学，2017 年。

钱杰：《慕尼黑精准扶贫》，《党员文摘》2018 年第 3 期。

孙璐：《扶贫项目绩效评估研究——基于精准扶贫的视角》，博士学位论文，中国农业大学，2015 年。

檀学文：《完善现行精准扶贫体制机制研究》，《中国农业大学学报（社会科学版）》2017 年第 5 期。

唐敏：《教育精准扶贫运行机制的构建》，《教育理论与实践》2018 年第 25 期。

王海涛：《实施脱贫"五个一批"推进脱贫攻坚》，《农民日报》2016 年 2 月 25 日第 1 版。

王宏甲：《塘约道路》，人民出版社 2016 年版。

王嘉毅、封清云、张金：《教育与精准扶贫精准脱贫》，《教育研究》2016 年第 7 期。

王孔敬：《三峡库区退耕还林政策绩效评估及后续制度创新研究》，博士学位论文，中央民族大学，2011 年。

王三秀：《中国扶贫精细化：理念、策略、保障》，社会科学文献出版社 2017 年版。

王伟光：《精准扶贫思想是习近平新时代中国特色社会主义思想的重要组成部分》，载王灵桂、侯波《精准扶贫：理论、路径与和田思考》，中国社会科学出版社 2018 年版。

王文静、李兴洲、谢秋葵、赵晓晨：《中国教育扶贫发展与挑战》，载司树杰、王文静、李兴洲主编《中国教育扶贫报告（2016）》，社会科学出版社 2016 年版。

王亚荣：《从大扶贫到精准扶贫看党的贫困治理理论及其实践》，《党史博采（下）》2020 年第 2 期。

王政武：《以人民为中心的中国精准扶贫机制构建逻辑与路径再造》，载郑长德《精准扶贫与精准脱贫》，经济科学出版社 2017 年版。

吴霓、王学男：《党的十八大以来教育扶贫政策的发展特征》，《教育研究》2017 年第 9 期。

吴霓、王学男：《教育扶贫政策体系的政策研究》，《清华大学教育研究》2017 年第 3 期。

吴月：《我国义务教育有保障目标基本实现》，《人民日报》2020 年 9 月 24 日第 12 版。

习近平：《摆脱贫困》，福建人民出版社 1992 年版。

向帮华、冉隆锋、蔡其勇、贾毅：《域中小学课程协同发展路径审视——以重庆市为例》，《中国教育学刊》2020 年第 12 期。

邢慧斌、刘冉冉：《集中连片特困区教育精准扶贫绩效的空间差异研究》，《教育与经济》2019 年第 2 期。

徐晓军、胡倩：《反贫困的理论研究》，《中国经济时报》2013 年 2 月 22 日第 6 版。

薛宝贵、何炼成：《反贫困的理论依据、挑战与对策》，《社会科学动态》2017年第2期。

姚松、曹远航：《我国教育扶贫政策的成就、反思与展望》，《河北师范大学学报（教育科学版）》2020年第4期。

伊敏：《中国的贫困与反贫困理论研究综述》，《技术经济与管理研究》2019年第11期。

张家军、赵芸逸、徐超、王霞：《乡村振兴战略背景下"互联网+教育扶贫"模式构建研究——以A在线支教项目为例》，《改革与开放》2018年第21期。

张俊良、刘巳筠、段成荣：《习近平"精准扶贫"理论研究》，《经济学家》2020年第2期。

张磊：《中国扶贫开发政策演变（1949—2005）》，中国财政经济出版社2007年版。

张帅卿：《皖西北农村留守儿童的教育问题研究》，硕士学位论文，江西财经大学，2018年。

郑继承：《中国特色扶贫开发理论的发展与创新》，《社会主义论坛》2020年第2期。

钟慧笑：《教育扶贫是最有效、最直接的精准扶贫——访中国教育学会会长钟秉林》，《中国民族教育》2016年第5期。

附　　录

附录1　调查问卷（学校用）

[**指导语**] 义务教育扶精准贫是针对贫困地区的特定人口进行的教育投入和教育资助服务，使贫困人口掌握脱贫致富的知识和技能，通过提高当地人口的科学文化素质以促进当地的经济社会和文化发展，并最终摆脱贫困的一种扶贫方式。该问卷主要用于调查学校的基本情况，所得数据仅作科研用途。包括学校学生、教师基本数据，学校教学基本设施情况、食堂、操场等情况。

课题组
2017年11月26日

一　在校学生情况

1. 学校学生总数_____人，共有_____个年级、_____个班，平均每个班学生人数_____。

2. 生源来自_____个村，招生范围约_____平方千米，学生距学校最远约_____千米。

二　基本设施情况

1. 学校占地_____平方米，校舍建筑总面积_____平方米。

2. 绿地面积_____平方米，绿地率_____%（绿地面积/学校总占地）。

• 义务教育精准扶贫理论与实践

3. 学校运动场跑道有_____条、_____米,排球场_____片,篮球场_____片,羽毛球场_____片,乒乓球台_____张。
其他体育场地:_____。

4. 学校教室基本状况表:

普通教室 间	每间 m²	理化生实验室 间	每间 m²
音乐教室 间	每间 m²	书法教室 间	每间 m²
计算机教室 间	每间 m²	科学实验室 间	每间 m²
地理教室 间	每间 m²	多功能教室 间	每间 m²
图书室 间	每间 m²	学生活动室 间	每间 m²
心理咨询室 间	每间 m²	多媒体教室 间	每间 m²
美术教室 间	每间 m²	卫生室 间	每间 m²
体育活动室 间	每间 m²		

三 教师基本情况

1. 学校教师总人数_____人,其中男教师_____人,女教师_____人。

2. 学校教师的职称结构,三级_____人,二级_____人,一级_____人,高级_____人,特级教师_____人,研究员_____人。

3. 学校教师学历结构,硕士_____人,本科_____人,专科及以下_____人。

4. 学校教师的年龄结构,30岁以下_____人,31—45岁_____人,46岁以上_____人。

5. 学校教师公寓建设状况:(   )
  (1)有,人均面积_____平方米   (2)无

6. 学校是否有教师周转房:(   )(1)有   (2)无

四 学生午餐状况

1. 学校是否有食堂:(   )
  (1)有   (2)无(如果选"无",则不填写第四部分)

2. 学校食堂经营方式：（   ）

（1）学校自己管理

（2）个人承包

（3）公司承包

3. 学校食堂面积：_____ 平方米。

4. 是否有餐桌椅：（   ）

（1）有　　　　　　　　（2）无

如有餐厅，是否有桌椅：（   ）

（1）没有　　　　　　　（2）只有桌子

（3）只有椅子　　　　　（4）有桌子和椅子

5. 食堂是否提供早餐？（   ）

（1）是　　　　　　　　（2）否

早餐通常提供哪些食物（可多选）：（   ）

（1）主食　　　　　　　（2）咸菜

（3）蔬菜　　　　　　　（4）肉类或鸡蛋

（5）豆类　　　　　　　（6）牛奶

（7）水果

6. 食堂是否提供午餐？（   ）

（1）是　　　　　　　　（2）否

午餐通常提供哪些食物（可多选）：（   ）

（1）主食　　　　　　　（2）咸菜

（3）蔬菜　　　　　　　（4）肉类或鸡蛋

（5）豆类　　　　　　　（6）牛奶

（7）水果

7. 食堂是否提供晚餐？（   ）

（1）是　　　　　　　　（2）否

晚餐通常提供哪些食物（可多选）：（   ）

（1）主食　　　　　　　（2）咸菜

（3）蔬菜　　　　　　　（4）肉类或鸡蛋

- 义务教育精准扶贫理论与实践

（5）豆类　　　　　　　（6）牛奶

（7）水果

8．学生在校饮水情况（可多选）：（　　　）

（1）学校提供白开水

（2）学校提供购买的桶装水

（3）学生自带或购买水

（4）其他（请写明）_____

（感谢您的填写。感谢您对本课题研究工作的大力支持！）

附录2　调查问卷（校长用）

[**指导语**]　义务教育扶精准贫是针对贫困地区的特定人口，进行的教育投入和教育资助服务，使贫困人口掌握脱贫致富的知识和技能，通过提高当地人口的科学文化素质以促进当地的经济和文化发展，并最终摆脱贫困的一种扶贫方式。本次调查的主要目的是了解校长群体对于义务教育精准扶贫政策的认识，以及不同教育扶贫方式在本地区内的实际效果。所得数据仅作科研用途。该问卷共分为两个部分，第一部分为基本信息部分，第二部分为问卷部分。

课题组

2017年11月26日

一　基本信息

1. 学校名称_____　　　2. 性别：A. 男　　B. 女
3. 年　　龄：_____　　4. 职称：_____
5. 从教年限：_____　　6. 学历：_____
7. 学校类型：A. 小学　　B. 初中　　C. 九年一贯制

二 问卷部分（请把你选择数字标"红"）

项 目	非常不同意	比较不同意	一般	比较同意	非常同意
1. 我对义务教育精准扶贫的各项政策有着较为清晰的认识。	1	2	3	4	5
2. 我经常关注有关义务教育精准扶贫各项政策和各项通知。	1	2	3	4	5
3. 我能意识到某项义务教育精准扶贫政策对学校发展所起的作用。	1	2	3	4	5
4. 现行义务教育精准扶贫政策的制定结合了各地区的实际情况。	1	2	3	4	5
5. 我能在各项义务教育精准扶贫政策中找到支撑本校发展的政策。	1	2	3	4	5
6. 本地区推行的义务教育政策较为空泛，无法改善本校的教育现状。	1	2	3	4	5
7. 义务教育精准扶贫的各项政策具有较为规范的实施流程。	1	2	3	4	5
8. 我能够依据义务教育精准扶贫的政策有序开展本校的教育工作。	1	2	3	4	5
9. 我常需要根据义务教育精准扶贫政策的精神探索符合本校的发展途径。	1	2	3	4	5
10. 义务教育精准扶贫的各项政策，有助于改善本地区教育的落后状况。	1	2	3	4	5
11. 在义务教育精准扶贫政策的帮助下，我校的薄弱环节得到了较大改善。	1	2	3	4	5

12. 您所在的学校，现在推行的是哪种教育扶贫建设项目（可多选）？（　　　）
　　A. 标准化建设　　　　B. 薄弱学校改造　　　　C. 营养餐
　　D. 学校运动场建设　　E. 教育装备　　　　　　F. "云平台"工程建设
　　G. 其他（请填写）：＿＿＿＿＿＿＿＿＿＿＿＿

13. 义务教育精准扶贫政策的实施，对本校教育发展所起的作用不大。	1	2	3	4	5
14. 本校实施的教育精准扶贫建设项目解决了制约学校发展的关键问题。	1	2	3	4	5
15. 本校所推行的教育扶贫建设项目能实质性地改善本校的薄弱环节。	1	2	3	4	5

- 义务教育精准扶贫理论与实践

续表

项　目	非常不同意	比较不同意	一般	比较同意	非常同意
16. 本校所实施教育扶贫建设项目为学校的发展做出了有针对性的贡献。	1	2	3	4	5
17. 本校教育扶贫建设项目的负责人有着较强的组织和管理能力。	1	2	3	4	5
18. 本校教育扶贫建设项目负责人的合理安排保证了项目的顺利开展。	1	2	3	4	5
19. 本校教育扶贫建设项目的负责人无法有效推动项目各项工作的实施。	1	2	3	4	5
20. 本校教育扶贫建设项目的日常运行中经常出现各种小问题。	1	2	3	4	5
21. 本校教育扶贫建设项目的日常管理有着标准化的规范流程。	1	2	3	4	5
22. 本校为教育扶贫建设项目的有效运行制定了周全的规章制度。	1	2	3	4	5
23. 教育扶贫建设项目的有序推行提高了本校的总体发展水平。	1	2	3	4	5
24. 教育扶贫建设项目的开展极大地鼓舞了学校教师的工作热情。	1	2	3	4	5
25. 教育扶贫建设项目的有序开展真正改善了学生的日常学习和生活状况。	1	2	3	4	5

26. 在扶贫政策的制定中，您认为有哪些地方还需要进一步关注和改善的？

27. 在扶贫建设项目的推行中，您认为政策的推行者应该提高哪些方面的能力？

28. 在扶贫建设项目的运行中，您认为还存在哪些不足和需要改善的地方？

（感谢您的填写。感谢您对本课题研究工作的大力支持！）

附录3　调查问卷（教师用）

[**指导语**]　义务教育扶精准贫是针对贫困地区的特定人口进行的教育投入和教育资助服务，使贫困人口掌握脱贫致富的知识和技能，通过提高当地人口的科学文化素质以促进当地的经济和文化发展，并最终摆脱贫困的一种扶贫方式。本次调查的主要目的是了解教师群体对于义务教育精准扶贫政策的认识，以及不同教育扶贫方式在本地区内的效果。所得数据仅作科研用途。该问卷共分为两个部分，第一部分为基本信息部分，第二部分为问卷部分。

课题组
2017年11月26日

一　基本信息

1. 学校名称：＿＿＿＿＿＿　　2. 性别：A. 男　　B. 女
3. 年　　龄：＿＿＿＿＿＿　　4. 职称：＿＿＿＿＿＿
5. 从教年限：＿＿＿＿＿＿　　6. 学历：＿＿＿＿＿＿
7. 学校类型：A. 小学　　B. 初中　　C. 九年一贯制

二　问卷部分

1. 我对义务教育精准扶贫的各项政策有着较为清晰的认识。（　　）
　　A. 非常不同意　　B. 比较不同意　　C. 一般
　　D. 比较同意　　E. 非常同意
2. 我经常关注有关义务教育精准扶贫各项政策和各项通知。（　　）
　　A. 非常不同意　　B. 比较不同意　　C. 一般
　　D. 比较同意　　E. 非常同意
3. 我能意识到某项义务教育精准扶贫政策对学校发展所起的作用。（　　）
　　A. 非常不同意　　B. 比较不同意　　C. 一般

- 义务教育精准扶贫理论与实践

  D. 比较同意　　　　E. 非常同意

  4. 现行义务教育精准扶贫政策的制定结合了各地区的实际情况。（　　）

    A. 非常不同意　　B. 比较不同意　　C. 一般

    D. 比较同意　　　　E. 非常同意

  5. 我能在各项义务教育精准扶贫政策中找到支撑本校发展的政策。（　　）

    A. 非常不同意　　B. 比较不同意　　C. 一般

    D. 比较同意　　　　E. 非常同意

  6. 本地区推行的义务教育政策较为空泛，无法改善本校的教育现状。（　　）

    A. 非常不同意　　B. 比较不同意　　C. 一般

    D. 比较同意　　　　E. 非常同意

  7. 义务教育精准扶贫的各项政策具有较为规范的实施流程。（　　）

    A. 非常不同意　　B. 比较不同意　　C. 一般

    D. 比较同意　　　　E. 非常同意

  8. 我能够依据义务教育精准扶贫的政策有序开展本校的教育工作。（　　）

    A. 非常不同意　　B. 比较不同意　　C. 一般

    D. 比较同意　　　　E. 非常同意

  9. 我常需要根据义务教育精准扶贫政策的精神，探索符合本校的发展途径。（　　）

    A. 非常不同意　　B. 比较不同意　　C. 一般

    D. 比较同意　　　　E. 非常同意

  10. 义务教育精准扶贫的各项政策大大改善了本地区教育教学的落后状况。（　　）

    A. 非常不同意　　B. 比较不同意　　C. 一般

    D. 比较同意　　　　E. 非常同意

  11. 在义务教育精准扶贫政策的帮助下，我校的薄弱环节得到了

较大改善。（　　）

  A. 非常不同意　　B. 比较不同意　　C. 一般
  D. 比较同意　　　E. 非常同意

12. 您所在的学校，现在推行的是哪种教育扶贫建设项目（可多选）：（　　）

  A. 标准化建设　　B. 薄弱学校改造　　C. 营养餐
  D. 学校运动场建设　E. 教育装备　　F."云平台"工程建设
  G. 其他（请填写）：_____

13. 义务教育精准扶贫政策的实施，对本校教育发展所起的作用不大。（　　）

  A. 非常不同意　　B. 比较不同意　　C. 一般
  D. 比较同意　　　E. 非常同意

14. 本校实施的扶贫建设项目解决了制约学校发展的关键问题。（　　）

  A. 非常不同意　　B. 比较不同意　　C. 一般
  D. 比较同意　　　E. 非常同意

15. 本校所推行的扶贫建设项目能实质性地改善本校的薄弱环节。（　　）

  A. 非常不同意　　B. 比较不同意　　C. 一般
  D. 比较同意　　　E. 非常同意

16. 本校所实施扶贫建设项目为学校的发展做出了有针对性的贡献。（　　）

  A. 非常不同意　　B. 比较不同意　　C. 一般
  D. 比较同意　　　E. 非常同意

17. 本校扶贫建设项目的负责人有着较强的组织和管理能力。（　　）

  A. 非常不同意　　B. 比较不同意　　C. 一般
  D. 比较同意　　　E. 非常同意

- 义务教育精准扶贫理论与实践

18. 本校扶贫建设项目负责人的合理安排保证了项目的顺利开展。（ ）
    A. 非常不同意　　　B. 比较不同意　　　C. 一般
    D. 比较同意　　　　E. 非常同意

19. 本校扶贫建设项目的负责人无法有效推动项目各项工作的实施。（ ）
    A. 非常不同意　　　B. 比较不同意　　　C. 一般
    D. 比较同意　　　　E. 非常同意

20. 本校扶贫建设项目的日常运行中经常出现各种小问题。（ ）
    A. 非常不同意　　　B. 比较不同意　　　C. 一般
    D. 比较同意　　　　E. 非常同意

21. 本校扶贫建设项目的日常管理有着标准化的规范流程。（ ）
    A. 非常不同意　　　B. 比较不同意　　　C. 一般
    D. 比较同意　　　　E. 非常同意

22. 本校为扶贫建设项目的有效运行制定了周全的规章制度。（ ）
    A. 非常不同意　　　B. 比较不同意　　　C. 一般
    D. 比较同意　　　　E. 非常同意

23. 扶贫建设项目的有序推行提高了本校的总体发展水平。（ ）
    A. 非常不同意　　　B. 比较不同意　　　C. 一般
    D. 比较同意　　　　E. 非常同意

24. 扶贫建设项目极大地鼓舞了学校教师的工作热情。（ ）
    A. 非常不同意　　　B. 比较不同意　　　C. 一般
    D. 比较同意　　　　E. 非常同意

25. 扶贫建设项目的有序开展真正改善了学生的日常学习和生活状况。（ ）
    A. 非常不同意　　　B. 比较不同意　　　C. 一般
    D. 比较同意　　　　E. 非常同意

26. 在扶贫政策的制定中，您认为有哪些地方还需要进一步关注和改善的？

27. 在扶贫建设项目的推行中，您认为政策的推行者应该提高哪些方面的能力？

28. 在扶贫建设项目的运行中，您认为还存在哪些不足和需要改善的地方？

（感谢您的填写。感谢您对本课题研究工作的大力支持！）

后　　记

　　近年来，党和国家高度重视教育扶贫工作。全国14个集中连片特困地区是实施教育精准扶贫战略的主要战场。为深入了解教育精准扶贫实效，重庆市教育科学研究院院长（长江师范学院原副院长）蔡其勇教授负责的国家社会科学基金2017年度教育学一般课题"集中连片特困地区义务教育精准扶贫实效评价与跟踪研究"课题组，在除吕梁山区和罗霄山区外的国家12个集中连片特困地区展开实证调查研究。通过深入集中连片特困地区部分区（市、县）教育主管部门、义务教育学校实地调研考察，并与当地校长和教师开展深度交流访谈，获得了鲜活、真实的材料。课题组紧紧围绕教育精准扶贫阻断贫困代际传递，完善精准扶贫保障机制体制，以及增强义务教育精准扶贫实效等问题，开展了较为深入的研究，以期实现"志智双扶"和对个体贫困的精准帮扶，提升教育扶贫的精准性和实效性，取得了较为丰硕的研究成果，先后刊载于《中国教育报》《中国社会科学报》《人民教育》《中国教育学刊》《教师教育研究》等刊物上。本课题主要成果受到两名副部级领导的肯定性指示，结题验收获得"免鉴"。调查研究表明：集中连片特困地区义务教育学校基本办学条件得到较大改善，教学场地及设施设备能基本满足教学活动需求；师资队伍建设整体较好，教师性别比例相对均衡，年龄结构比较合理；"两免一补""全面改薄""学生营养改善计划"等政策及项目得到落实。

　　本书是国家社会科学基金2017年度教育学一般课题"集中连片

后　记

特困地区义务教育精准扶贫实效评价与跟踪研究"的主要成果。全书主要包括贫困与反贫困、贫困与扶贫基本理论和基本方法、教育扶贫理论，以及义务教育精准扶贫的组织与运行机制、跟踪与实效评价，分析了导致贫困的内生性原因，探明了义务教育精准扶贫的路径，找准了教育扶贫组织与运行中存在的主要问题及改进策略，归纳总结了部分集中连片地区义务教育精准扶贫的成功经验和典型做法。

本书共七章。第一章贫困与扶贫、第二章集中连片特困地区扶贫与反贫困由向帮华教授、蔡其勇教授撰写，向帮华教授修改；第三章教育扶贫由刘河燕教授、贾伟老师撰写，张大友副教授修改；第四章义务教育精准扶贫组织和运行机制由蹇世琼教授、赵庆来老师撰写，蹇世琼教授修改；第五章义务教育精准扶贫跟踪与实效评价由王磊博士、周大众博士撰写，周大众博士修改；第六章集中连片特困地区义务教育精准扶贫调查报告由蔡其勇教授、毋锶锶老师、于海洪教授、赵庆来老师、王道福教授、向帮华教授、董艳娜老师、刘永贤老师撰写；第七章集中连片特贫地区教育精准扶贫经验由王道福教授、蔡其勇教授收集整理加工完成。苏志强副教授主持了问卷设计，毋锶锶老师、梁红梅副教授参与了问卷调查设计及调查数据处理与分析。向帮华教授对部分章节进行了修改、统稿，全书最后由蔡其勇教授统稿、定稿。

本书是对我国集中连片特困地区义务教育精准扶贫工作的实际成效的跟踪与评价，是对特困地区义务教育精准扶贫成效的真实反映，其研究结果对进一步提升义务教育扶贫的精准度具有现实指导意义和深远的历史意义，对广大教育扶贫研究者和教育工作者具有十分重要的学习借鉴意义。

研究过程中，我们得到集中连片特困地区近100个区（市）、县教育部门的大力支持和帮助，他们为课题组提供了第一手真实的材料和数据，并为我们开展调研和访谈工作提供了许多帮助和支持，保证了课题研究工作的顺利开展，在此表示衷心的感谢，并对他们长期奉

- 义务教育精准扶贫理论与实践

献特困地区教育事业致以崇高的敬意！本书的出版也得到中国社会科学出版社的大力支持和帮助，表示衷心的感谢！

"集中连片特困地区义务教育精准扶贫
实效评价与跟踪研究"课题组
2022 年 5 月